문학 필수개념 독해 연습 2

문학에서 '개념' 학습이 왜 필요할까요?

수학, 개념을 모르면 문제를 못 풀죠.
영어, 개념을 모르면 지문을 못 읽죠.
탐구도 개념을 모르면 문제를 못 풀죠.

그런데 국어는 '개념'을 몰라도
작품을 읽을 수 있고 문제도 읽을 수 있습니다.
작품도 막- 읽고 문제도 막- 풀어 봅니다.

그런데,
읽기는 읽었는데,
내가 읽은 것이 무슨 의미인지, 어떻게 해석되는지 모르겠습니다…
문제에서 뭘 묻고 있는지 모르겠습니다…
해설에서 제시한 정답보다 내가 선택한 답지가 더 정답 같습니다…

이럴 때 필요한 것이 문학의 '개념'입니다.

*화자가 누군지, 어떤 정서와 태도를 갖는지, 그것을 어떤 어조로 드러내는지를 알아야,
시를 이해하고 문제를 풀 수 있습니다.
*서술자가 누군지, 어떤 인물이 나오는지, 어떤 사건이 어떤 구성으로 전개되는지를 알아야,
소설을 이해하고 문제를 풀 수 있습니다.

이것이 바로 문학의 '개념'입니다.
'개념'은 결코 달라지지 않습니다.
작품을 제대로 이해하고 문제를 풀기 위해서는 변하지 않는 '개념'을 학습해야 합니다.

'개념' 학습이야말로 문학 학습, 그 자체입니다.

그러면 문학에서 '개념' 학습을 어떻게 하는 것이 좋을까요?

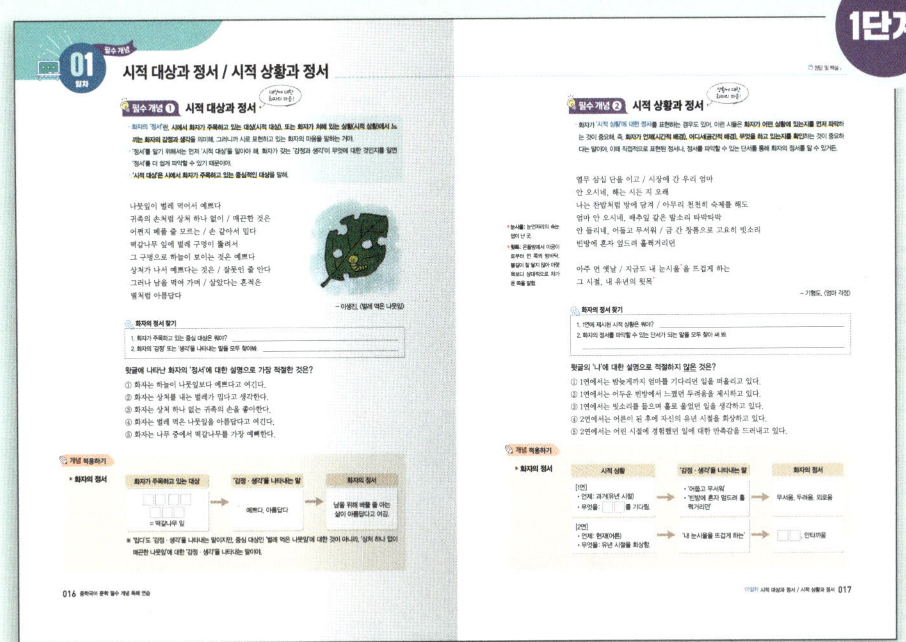

문학 필수 개념 집중 탐구

❶ 필수 개념 확인하기

쉽고 재미있게 설명된 개념을 차근차근 읽고 이해하기

❷ 작품에서 연습하기

개념 찾기 코너에 지시된 대로 작품에서 개념 찾기

❸ 개념 적용하기

쉽고 재미있게 정리된 개념 적용 내용을 확인하기

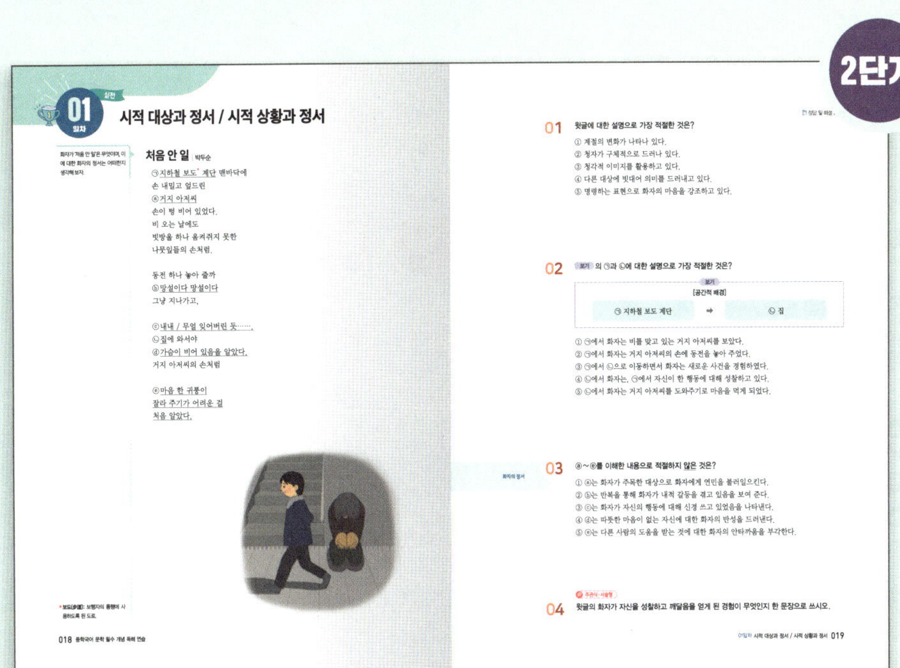

문학 필수 개념 실전 적용

❶ 문학 작품 감상하기

개념을 학습하기에 가장 안성맞춤인 작품 감상하기

❷ 개념 적용 문제 풀기

1단계에서 학습한 개념이 적용된 실전 문제 풀기

중학국어 문학 필수 개념 (1~3권)

시

Ⅰ 표현

❶ 비유: 직유 / 은유 `1권`
❷ 비유: 의인 / 활유
❸ 원형적 · 관습적 · 개인적 상징

❹ 영탄 / 설의 `2권`
❺ 대조 / 대구
❻ 반어 / 역설
❼ 대유: 제유 / 환유

❽ 객관적 상관물 / `3권`
　감정 이입

Ⅱ 운율

❶ 외형률 · 내재율 / `1권`
　음수율 · 음보율
❷ 반복 / 음성 상징어

Ⅲ 이미지

❶ 시각적 · 청각적 · `1권`
　후각적 · 미각적 · 촉각적 심상
❷ 공감각적 심상 /
　복합 감각적 심상

❸ 색채 이미지 / `3권`
　동적 · 정적 이미지 /
　상승 · 하강 이미지

소설

Ⅰ 인물

❶ 인물의 유형: 주동 · 반동 / `1권`
　평면 · 입체 / 전형 · 개성
❷ 인물 제시 방법: `2권`
　직접 제시 / 간접 제시
❸ 직설적 · 우회적 말하기 / `3권`
　고사를 인용하여 말하기

Ⅱ 갈등과 구성

❶ 내적 갈등 / 외적 갈등 `1권`
❷ 발단-전개-위기-절정-결말
❸ 순행적 · 역순행적 구성 / `2권`
　액자식 구성
❹ 암시 / 복선

Ⅲ 서술자와 시점

❶ 1인칭 주인공 시점 / `1권`
　1인칭 관찰자 시점
❷ 전지적 작가 시점 /
　3인칭 관찰자 시점
❸ 인물에 대한 서술자의 `3권`
　태도 / 편집자적 논평

극 문학

❶ 희곡의 구성 요소 / `1권`
　시나리오의 구성 요소
❷ 극 문학의 갈등 / 구성 단계
❸ 희곡의 특징 / `2권`
　희곡과 소설의 비교
❹ 시나리오의 특징
❺ 시나리오 용어 `3권`
❻ 극의 감상 방법:
　내재적 관점 / 외재적 관점

수필

❶ 수필의 내용과 형식 `1권`
❷ 수필의 성격
❸ 수필의 종류: `2권`
　경수필 VS 중수필
❹ 수필의 감상 `3권`
❺ 고전 수필의 갈래:
　내간체 수필과 설(說)

구성과 특징

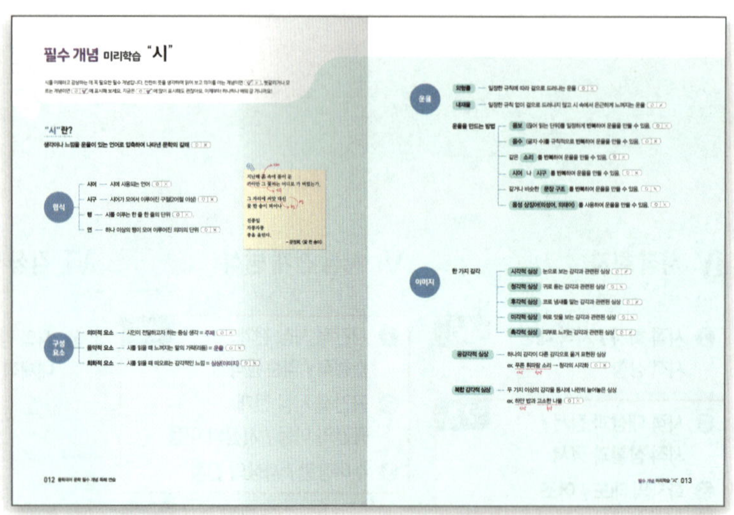

❶ 갈래별 **필수 개념** 미리학습

시, 소설, 극 문학, 수필의 필수 개념을 제시하고 아는
지 모르는지 체크하면서 앞으로 배울 문학 필수 개념
에 어떤 것들이 있는지 살펴볼 수 있습니다.

❷ '1일 2개념' 2단계 학습으로 문학 필수 개념 완성

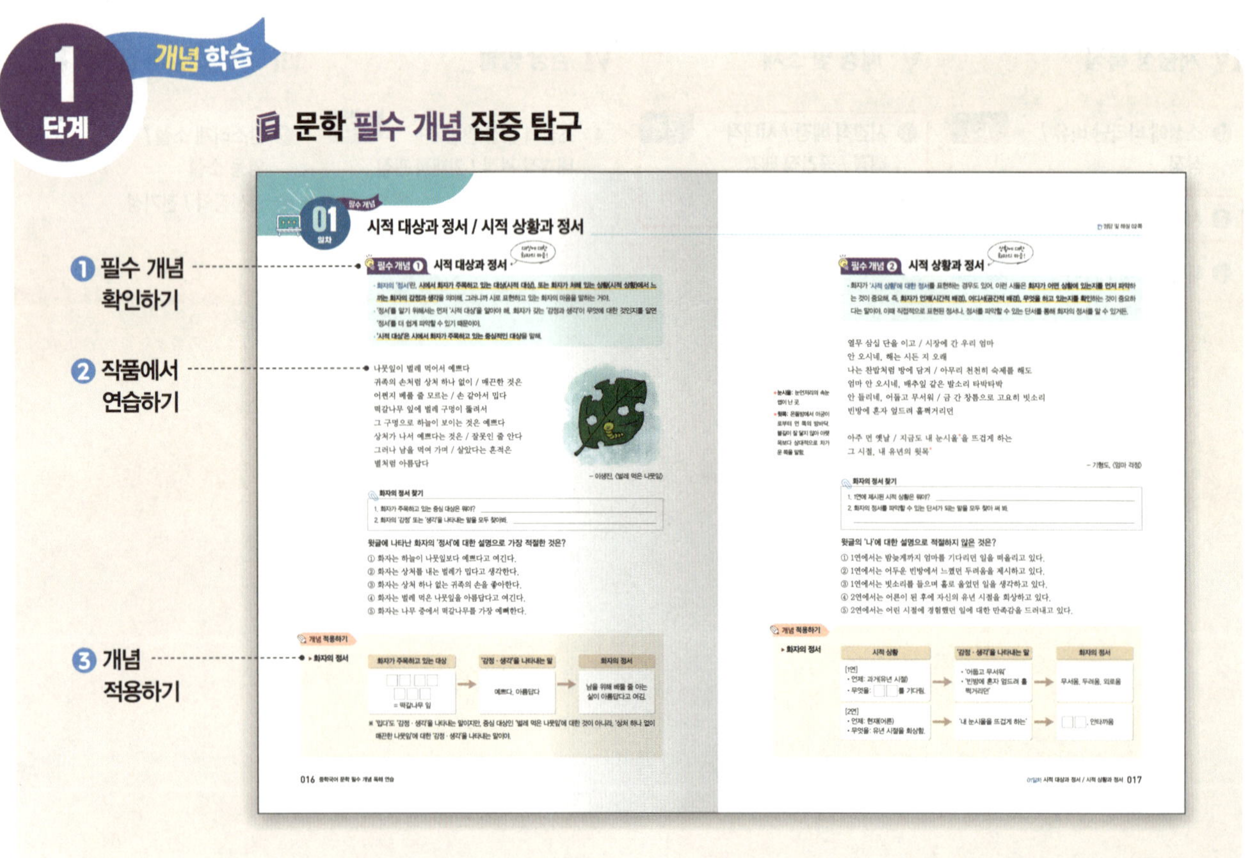

- ❶ 필수 개념 확인하기
- ❷ 작품에서 연습하기
- ❸ 개념 적용하기

1단계 개념 학습 ▶ 중학 국어 성취 기준에 기반한 문학 필수 개념을
작은 단위로 쪼개 하나하나 집중 탐구하고 작품에서 확인하여 명확하
게 이해할 수 있도록 구성하였습니다.

필수 문학 작품 학습 ▶ 9종 중학 국어 교과서 수록 작품부터 고1
기출 작품까지 중학생이 꼭 알아야 할 갈래별 필수 문학 작품을 모두
살펴볼 수 있도록 작품 목록을 구성하였습니다.

2단계

📖 문학 필수 개념 실전 적용

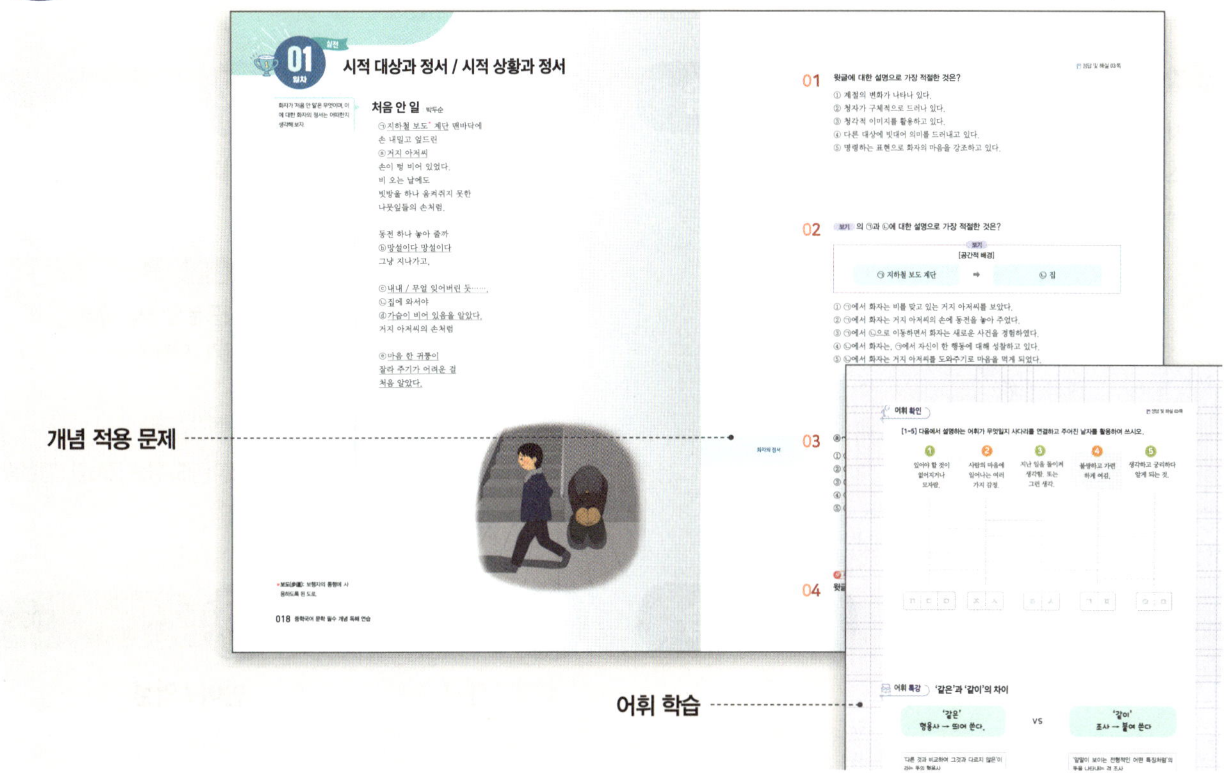

개념 적용 문제

어휘 학습

2단계 실전 문제 ▶ 1단계에서 학습한 개념을 실전 문제에서 직접 작품과 문제에 적용해 보게 하여 보다 충실한 개념 이해와 훈련이 가능하도록 하였습니다.

어휘 학습 ▶ 개념과 관련된 어휘, 작품에 나오는 어휘, 관용어, 속담, 한자 성어 등을 풍부하게 익힐 수 있도록 어휘 문제와 어휘 특강을 다양하게 수록하였습니다.

❸ 완벽한 지문 분석 / 정답 및 해설

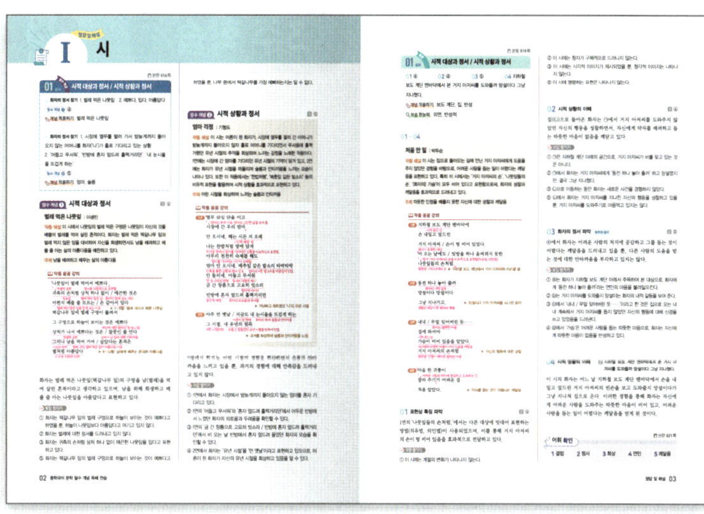

작품 꼼꼼 강의 ▶ 시, 소설, 극 문학, 수필의 지문을 모두 수록하고 행간주 분석과 깊이 있는 작품 해설을 제시하여 문학 필수 개념은 물론 작품까지 완벽하게 이해할 수 있도록 하였습니다.

정답 및 해설 ▶ 정답이 되는 이유와 오답이 되는 이유를 자세하게 설명하였습니다.

차례와 3주 학습 계획표

1주 학습

시

01 일차 → 016쪽

시적 대상과 정서 / 시적 상황과 정서

필수 개념

벌레 먹은 나뭇잎 | 이생진
엄마 걱정 | 기형도

실전

처음 안 일 | 박두순

02 일차 → 022쪽

화자의 태도 / 어조

필수 개념

자동문 앞에서 | 유하
딸기 | 이재무

실전

떨어져도 튀는 공처럼 | 정현종

2주 학습

07 일차 → 052쪽

대조 / 대구

필수 개념

까마귀 검다 하고 | 이직
풀잎에도 상처가 있다 | 정호승

실전

산에 언덕에 | 신동엽

08 일차 → 058쪽

반어 / 역설

필수 개념

먼 후일 | 김소월
봄 길 | 정호승

실전

독은 아름답다 | 함민복

3주 학습

13 일차 → 106쪽

서술 / 대화 / 묘사

필수 개념

보리 방구 조수택 | 유은실

실전

내가 그린 히말라야시다 그림 | 성석제

14 일차 → 116쪽

시간적 배경 / 시대적 배경 / 공간적 배경

필수 개념

고무신 | 오영수

실전

수난이대 | 하근찬

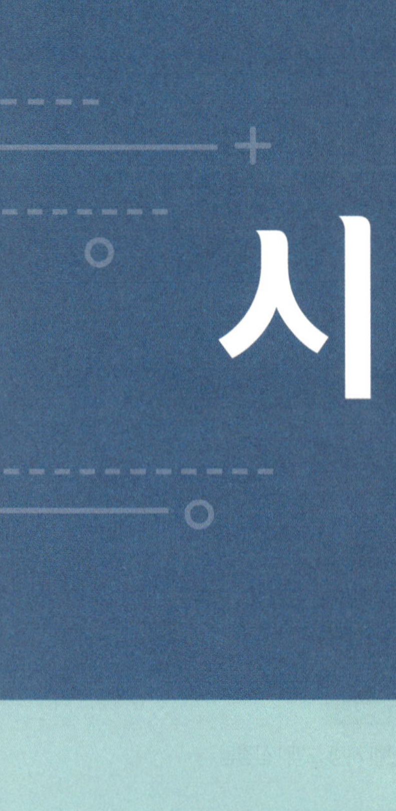

시

필수 개념 미리학습 "시"

시를 이해하고 감상하는 데 꼭 필요한 필수 개념입니다. 찬찬히 뜻을 생각하며 읽어 보고 의미를 아는 개념이면 ☑ ✕ , 헷갈리거나 모르는 개념이면 ○ ☑ 에 표시해 보세요. 지금은 ○ ☑ 에 많이 표시해도 괜찮아요. 이제부터 하나하나 배워 갈 거니까요!

"시"란?

생각이나 느낌을 운율이 있는 언어로 압축하여 나타낸 문학의 갈래 ○ ✕

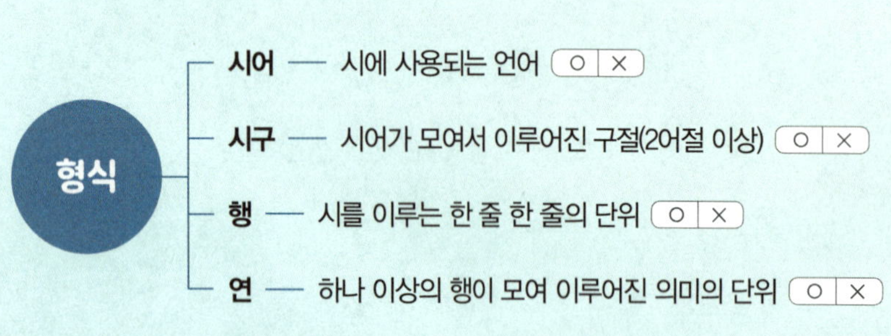

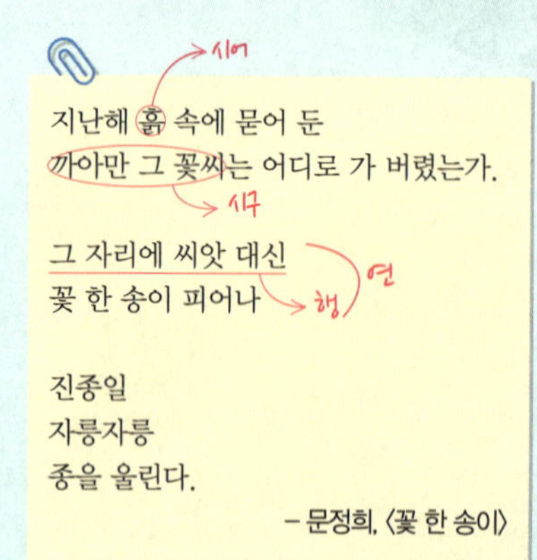

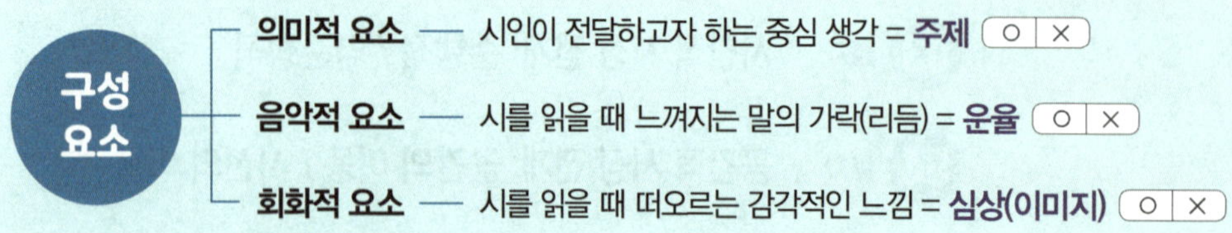

운율

외형률 ── 일정한 규칙에 따라 겉으로 드러나는 운율 ☐○ ☐×

내재율 ── 일정한 규칙 없이 겉으로 드러나지 않고 시 속에서 은근하게 느껴지는 운율 ☐○ ☐×

운율을 만드는 방법

- **음보** (끊어 읽는 단위)를 일정하게 **반복**하여 운율을 만들 수 있음. ☐○ ☐×
- **음수** (글자 수)를 규칙적으로 **반복**하여 운율을 만들 수 있음. ☐○ ☐×
- 같은 **소리** 를 **반복**하여 운율을 만들 수 있음. ☐○ ☐×
- **시어** 나 **시구** 를 **반복**하여 운율을 만들 수 있음. ☐○ ☐×
- 같거나 비슷한 **문장 구조** 를 **반복**하여 운율을 만들 수 있음. ☐○ ☐×
- **음성 상징어(의성어, 의태어)** 를 사용하여 운율을 만들 수 있음. ☐○ ☐×

이미지

한 가지 감각

- **시각적 심상** 눈으로 보는 감각과 관련된 심상 ☐○ ☐×
- **청각적 심상** 귀로 듣는 감각과 관련된 심상 ☐○ ☐×
- **후각적 심상** 코로 냄새를 맡는 감각과 관련된 심상 ☐○ ☐×
- **미각적 심상** 혀로 맛을 보는 감각과 관련된 심상 ☐○ ☐×
- **촉각적 심상** 피부로 느끼는 감각과 관련된 심상 ☐○ ☐×

공감각적 심상 ── 하나의 감각이 다른 감각으로 옮겨 표현된 심상

ex. 푸른 휘파람 소리 → 청각의 시각화 ☐○ ☐×
　　시각　　청각

복합 감각적 심상 ── 두 가지 이상의 감각을 동시에 나란히 늘어놓은 심상

ex. 하얀 밥과 고소한 나물 ☐○ ☐×
　　시각　　　후각

시적 화자

시적 화자 — 시에서 말하는 이 ◯ ✕

화자의 정서, 태도, 어조
- **화자의 정서** 시적 상황이나 대상에 대해 화자가 느끼는 감정과 생각 ◯ ✕ ▶ 016쪽
- **화자의 태도** 시적 상황이나 대상을 대하는 화자의 마음가짐이나 자세 ◯ ✕ ▶ 022쪽
- **화자의 어조** 대상에 대한 화자의 말투 ◯ ✕ ▶ 023쪽

시적 대상 — 시에서 화자가 바라보고 있거나 이야기하고 있는 사람이나 사물 ◯ ✕

시적 상황 — 시에서 화자가 처해 있는 형편이나 처지 ◯ ✕

시상 전개 방식

시간적 시상 전개
- **순행적 시상 전개** 시간의 흐름에 따라 시상을 전개하는 방식 ◯ ✕ ▶ 028쪽
- **역순행적 시상 전개** 시간의 흐름을 거슬러 시상을 전개하는 방식 ◯ ✕ ▶ 029쪽

공간적 시상 전개
- **공간의 이동** 화자나 대상이 있는 공간이 변하는 시상 전개 방식 ◯ ✕ ▶ 034쪽
- **시선의 이동** 시선의 이동에 따라 시상을 전개하는 방식 ◯ ✕ ▶ 035쪽

수미상관 — 시의 첫 부분과 끝부분을 서로 같거나 유사한 시구로 구성하는 방식 ◯ ✕ ▶ 040쪽

시상의 전환 — 시상이 전개되는 과정에서 화자의 정서나 태도가 바뀌는 것 ◯ ✕ ▶ 041쪽

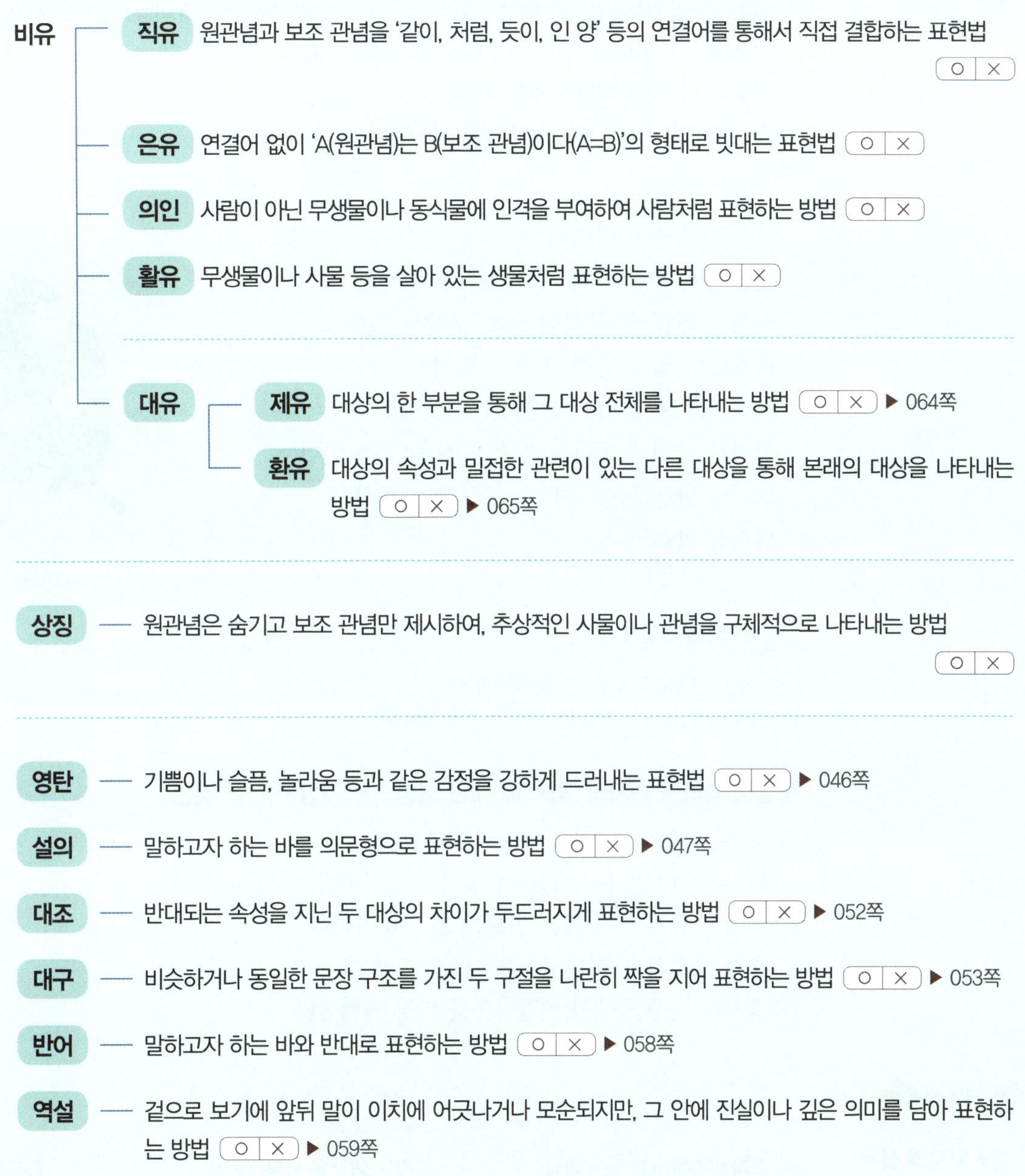

표현

* **원관념:** 비유에서 표현하고자 하는 실제 내용

* **보조 관념:** 비유에서 원관념의 뜻이나 분위기가 잘 드러나도록 빗대는 내용

비유
직유 원관념과 보조 관념을 '같이, 처럼, 듯이, 인 양' 등의 연결어를 통해서 직접 결합하는 표현법 (O | X)

은유 연결어 없이 'A(원관념)는 B(보조 관념)이다(A=B)'의 형태로 빗대는 표현법 (O | X)

의인 사람이 아닌 무생물이나 동식물에 인격을 부여하여 사람처럼 표현하는 방법 (O | X)

활유 무생물이나 사물 등을 살아 있는 생물처럼 표현하는 방법 (O | X)

대유
　제유 대상의 한 부분을 통해 그 대상 전체를 나타내는 방법 (O | X) ▶ 064쪽

　환유 대상의 속성과 밀접한 관련이 있는 다른 대상을 통해 본래의 대상을 나타내는 방법 (O | X) ▶ 065쪽

상징 — 원관념은 숨기고 보조 관념만 제시하여, 추상적인 사물이나 관념을 구체적으로 나타내는 방법 (O | X)

영탄 — 기쁨이나 슬픔, 놀라움 등과 같은 감정을 강하게 드러내는 표현법 (O | X) ▶ 046쪽

설의 — 말하고자 하는 바를 의문형으로 표현하는 방법 (O | X) ▶ 047쪽

대조 — 반대되는 속성을 지닌 두 대상의 차이가 두드러지게 표현하는 방법 (O | X) ▶ 052쪽

대구 — 비슷하거나 동일한 문장 구조를 가진 두 구절을 나란히 짝을 지어 표현하는 방법 (O | X) ▶ 053쪽

반어 — 말하고자 하는 바와 반대로 표현하는 방법 (O | X) ▶ 058쪽

역설 — 겉으로 보기에 앞뒤 말이 이치에 어긋나거나 모순되지만, 그 안에 진실이나 깊은 의미를 담아 표현하는 방법 (O | X) ▶ 059쪽

01 일차

시적 대상과 정서 / 시적 상황과 정서

필수 개념 ❶ 시적 대상과 정서

- 화자의 '정서'란, 시에서 화자가 주목하고 있는 대상(시적 대상), 또는 화자가 처해 있는 상황(시적 상황)에서 느끼는 화자의 감정과 생각을 의미해. 그러니까 시로 표현하고 있는 화자의 마음을 말하는 거야.
- '정서'를 알기 위해서는 먼저 '시적 대상'을 알아야 해. 화자가 갖는 '감정과 생각'이 무엇에 대한 것인지를 알면 '정서'를 더 쉽게 파악할 수 있기 때문이야.
- '시적 대상'은 시에서 화자가 주목하고 있는 중심적인 대상을 말해.

나뭇잎이 벌레 먹어서 예쁘다
귀족의 손처럼 상처 하나 없이 / 매끈한 것은
어쩐지 베풀 줄 모르는 / 손 같아서 밉다
떡갈나무 잎에 벌레 구멍이 뚫려서
그 구멍으로 하늘이 보이는 것은 예쁘다
상처가 나서 예쁘다는 것은 / 잘못인 줄 안다
그러나 남을 먹여 가며 / 살았다는 흔적은
별처럼 아름답다

– 이생진, 〈벌레 먹은 나뭇잎〉

화자의 정서 찾기

1. 화자가 주목하고 있는 중심 대상은 뭐야? ___________________________
2. 화자의 '감정' 또는 '생각'을 나타내는 말을 모두 찾아봐. ___________________________

윗글에 나타난 화자의 '정서'에 대한 설명으로 가장 적절한 것은?

① 화자는 하늘이 나뭇잎보다 예쁘다고 여긴다.
② 화자는 상처를 내는 벌레가 밉다고 생각한다.
③ 화자는 상처 하나 없는 귀족의 손을 좋아한다.
④ 화자는 벌레 먹은 나뭇잎을 아름답다고 여긴다.
⑤ 화자는 나무 중에서 떡갈나무를 가장 예뻐한다.

개념 적용하기

▶ 화자의 정서

화자가 주목하고 있는 대상	'감정·생각'을 나타내는 말	화자의 정서
□□□□ □□□ = 떡갈나무 잎	예쁘다, 아름답다	남을 위해 베풀 줄 아는 삶이 아름답다고 여김.

※ '밉다'도 '감정·생각'을 나타내는 말이지만, 중심 대상인 '벌레 먹은 나뭇잎'에 대한 것이 아니라, '상처 하나 없이 매끈한 나뭇잎'에 대한 '감정·생각'을 나타내는 말이야.

💡 필수 개념 ❷　시적 상황과 정서

> 상황에 대한 화자의 마음!

• 화자가 '**시적 상황**'에 대한 **정서**를 표현하는 경우도 있어. 이런 시들은 **화자가 어떤 상황에 있는지를 먼저 파악**하는 것이 중요해. 즉, **화자가 언제(시간적 배경), 어디서(공간적 배경), 무엇을 하고 있는지를 확인**하는 것이 중요하다는 말이야. 이때 직접적으로 표현된 정서나, 정서를 파악할 수 있는 단서를 통해 화자의 정서를 알 수 있거든.

열무 삼십 단을 이고 / 시장에 간 우리 엄마
안 오시네, 해는 시든 지 오래
나는 찬밥처럼 방에 담겨 / 아무리 천천히 숙제를 해도
엄마 안 오시네, 배추잎 같은 발소리 타박타박
안 들리네, 어둡고 무서워 / 금 간 창틈으로 고요히 빗소리
빈방에 혼자 엎드려 훌쩍거리던

아주 먼 옛날 / 지금도 내 눈시울*을 뜨겁게 하는
그 시절, 내 유년의 윗목*

– 기형도, 〈엄마 걱정〉

*눈시울: 눈언저리의 속눈썹이 난 곳.

*윗목: 온돌방에서 아궁이로부터 먼 쪽의 방바닥. 불길이 잘 닿지 않아 아랫목보다 상대적으로 차가운 쪽을 말함.

🔎 화자의 정서 찾기

1. 1연에 제시된 시적 상황은 뭐야? ___________________________
2. 화자의 정서를 파악할 수 있는 단서가 되는 말을 모두 찾아 써 봐.
____

윗글의 '나'에 대한 설명으로 적절하지 <u>않은</u> 것은?

① 1연에서는 밤늦게까지 엄마를 기다리던 일을 떠올리고 있다.
② 1연에서는 어두운 빈방에서 느꼈던 두려움을 제시하고 있다.
③ 1연에서는 빗소리를 들으며 홀로 울었던 일을 생각하고 있다.
④ 2연에서는 어른이 된 후에 자신의 유년 시절을 회상하고 있다.
⑤ 2연에서는 어린 시절에 경험했던 일에 대한 만족감을 드러내고 있다.

✏️ 개념 적용하기

▶ **화자의 정서**

시적 상황	'감정·생각'을 나타내는 말	화자의 정서
[1연] • 언제: 과거(유년 시절) • 무엇을: ☐☐를 기다림.	• '어둡고 무서워' • '빈방에 혼자 엎드려 훌쩍거리던'	무서움, 두려움, 외로움
[2연] • 언제: 현재(어른) • 무엇을: 유년 시절을 회상함.	'내 눈시울을 뜨겁게 하는'	☐☐, 안타까움

화자가 '처음 안 일'은 무엇이며, 이에 대한 화자의 정서는 어떠한지 생각해 보자.

처음 안 일 | 박두순

㉠지하철 보도* 계단 맨바닥에
손 내밀고 엎드린
ⓐ거지 아저씨
손이 텅 비어 있었다.
비 오는 날에도
빗방울 하나 움켜쥐지 못한
나뭇잎들의 손처럼.

동전 하나 놓아 줄까
ⓑ망설이다 망설이다
그냥 지나가고,

ⓒ내내 / 무얼 잊어버린 듯…….
㉡집에 와서야
ⓓ가슴이 비어 있음을 알았다.
거지 아저씨의 손처럼

ⓔ마음 한 귀퉁이
잘라 주기가 어려운 걸
처음 알았다.

*보도(步道): 보행자의 통행에 사용하도록 된 도로.

01 윗글에 대한 설명으로 가장 적절한 것은?

① 계절의 변화가 나타나 있다.
② 청자가 구체적으로 드러나 있다.
③ 청각적 이미지를 활용하고 있다.
④ 다른 대상에 빗대어 의미를 드러내고 있다.
⑤ 명령하는 표현으로 화자의 마음을 강조하고 있다.

02 보기 의 ㉠과 ㉡에 대한 설명으로 가장 적절한 것은?

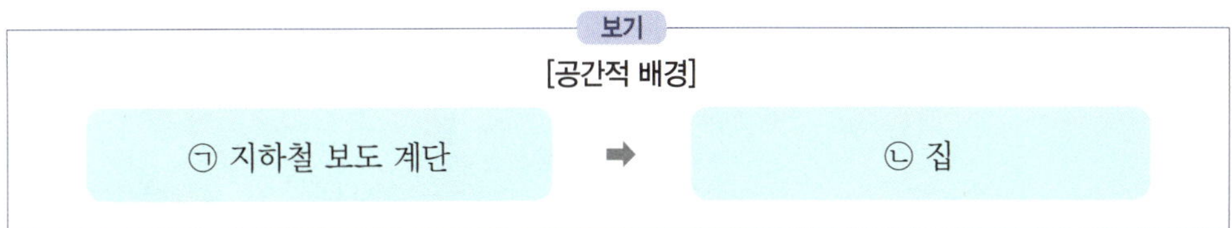

① ㉠에서 화자는 비를 맞고 있는 거지 아저씨를 보았다.
② ㉠에서 화자는 거지 아저씨의 손에 동전을 놓아 주었다.
③ ㉠에서 ㉡으로 이동하면서 화자는 새로운 사건을 경험하였다.
④ ㉡에서 화자는, ㉠에서 자신이 한 행동에 대해 성찰하고 있다.
⑤ ㉡에서 화자는 거지 아저씨를 도와주기로 마음을 먹게 되었다.

화자의 정서

03 ⓐ~ⓔ를 이해한 내용으로 적절하지 <u>않은</u> 것은?

① ⓐ는 화자가 주목한 대상으로 화자에게 연민을 불러일으킨다.
② ⓑ는 반복을 통해 화자가 내적 갈등을 겪고 있음을 보여 준다.
③ ⓒ는 화자가 자신의 행동에 대해 신경 쓰고 있었음을 나타낸다.
④ ⓓ는 따뜻한 마음이 없는 자신에 대한 화자의 반성을 드러낸다.
⑤ ⓔ는 다른 사람의 도움을 받는 것에 대한 화자의 안타까움을 부각한다.

🖐 주관식·서술형

04 윗글의 화자가 자신을 성찰하고 깨달음을 얻게 된 경험이 무엇인지 한 문장으로 쓰시오.

▶ **화자의 정서**

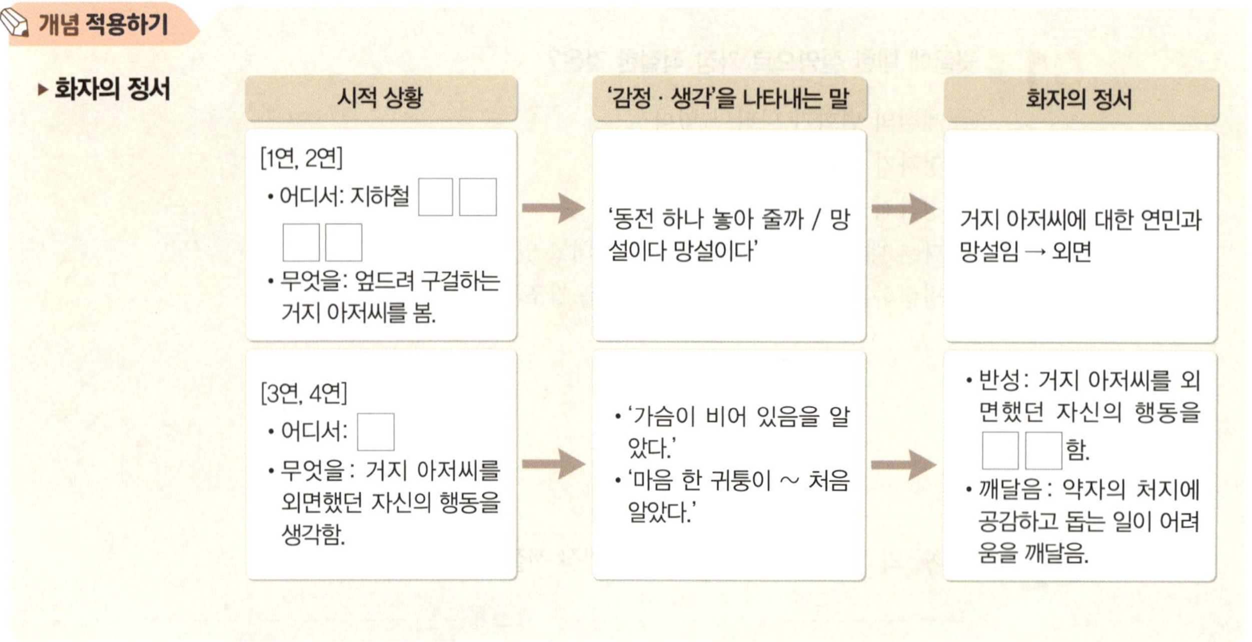

🔍 **작품 한눈에** **처음 안 일** | 박두순

한줄평 ▶ 일상적 경험을 바탕으로 어려운 사람을 ☐☐했던 자신의 태도를 성찰하는 시

시상 전개 방식과 어조

- **시상 전개**: 공간의 이동에 따른 전개(지하철 보도 계단 → 집)
- **특정 서술어의 반복**: 3연의 서술어 '알았다'가 4연에서는 '처음 알았다'로 반복됨.
- **어조**: 차분하게 자신을 되돌아보는 ☐☐☐ 어조

표현

- **직유법**: '나뭇잎들의 손처럼'과 '거지 아저씨의 손처럼'에서 직유법이 사용됨.
- **의인법**: '빗방울 하나 움켜쥐지 못한 / 나뭇잎들의 손처럼'에서 의인법이 사용됨.

시구의 의미

- **'비어 있음'의 의미**: 거지 아저씨의 '손이 비어 있는 것'은 물질적 결핍을 의미하지만, 화자의 '가슴이 비어 있는 것'은 따뜻한 마음, 즉 정신적 결핍을 의미함.

주제: 따뜻한 인정을 베풀지 못한 자신에 대한 성찰과 깨달음

어휘 확인

[1~5] 다음에서 설명하는 어휘가 무엇일지 사다리를 연결하고 주어진 낱자를 활용하여 쓰시오.

어휘 특강 '같은'과 '같이'의 차이

'같은'
형용사 → 띄어 쓴다.

VS

'같이'
조사 → 붙여 쓴다

'다른 것과 비교하여 그것과 다르지 않은'이라는 뜻의 형용사.
예 • 백옥 같은 피부
 • 꿈속 같다.

'앞말이 보이는 전형적인 어떤 특징처럼'의 뜻을 나타내는 격 조사.
예 • 눈같이 흰 꽃
 • 얼음장같이 차가운 방바닥

참고 '같이'는 부사로도 사용됨.
예 • 친구와 같이 사업을 하다.
 • 세월이 물과 같이 흐른다.

02 일차

화자의 태도 / 어조

💡 필수 개념 ❶ 화자의 태도

> 대상이나 상황을 대하는 자세

- 화자의 '태도(態 모양 태, 度 법도 도)'란 **시적 대상이나 시적 상황을 대하는 마음가짐이나 자세**를 말해.
- 같은 상황을 대하더라도 그 느낌은 각각 다를 수 있지? 예를 들어 특정 영화를 보면서 어떤 사람은 재미를 느끼지만 어떤 사람은 지루하다고 느낄 수 있잖아. 그렇다면 그 영화를 대하는 각각의 태도도 달라질 거야. 이처럼 **화자의 '태도'는 화자의 '정서'와 아주 밀접한 관계**를 가지고 있어. 즉 시적 대상이나 시적 상황에 대한 화자의 정서를 파악하면, 그에 대한 '태도'도 쉽게 파악할 수 있어.

이제 어디를 가나 아리바바의 참깨
주문 없이도 저절로 열리는
자동문 세상이다
언제나 문 앞에 서기만 하면
어디선가 전자 감응 장치*의 음흉한 혀끝이
날름날름 우리의 몸을 핥는다 순간
스르르 문이 열리고 스르르 우리들은 들어간다
스르르 열리고 스르르 들어가고
스르르 열리고 스르르 나오고
그때마다 우리의 손은 조금씩 퇴화되어 간다

– 유하, 〈자동문 앞에서〉 중에서

*전자 감응 장치: 사람이나 물체를 감지하는 전자 장치.

📎 화자의 태도 파악하기

1. 화자가 주목하고 있는 중심 대상은 뭐야? ______________________
2. '자동문'에 대한 화자의 태도를 짐작할 수 있게 하는 표현을 모두 찾아 써 봐.

☐☐☐ 혀끝, 그때마다 우리의 손은 조금씩 ☐☐되어 간다

윗글에 나타난 화자의 '태도'에 대한 설명으로 가장 적절한 것은?

① 화자는 '자동문'의 편리함을 예찬*하고 있다.
② 화자는 '자동문'의 부정적 영향을 비판하고 있다.
③ 화자는 '자동문'을 이용하는 자신을 긍정하고 있다.
④ 화자는 '자동문'의 주문에 걸린 현실의 모습에 체념하고 있다.
⑤ 화자는 '자동문'의 음흉한 혀끝을 받아들이려는 의지를 드러내고 있다.

*예찬: 무엇이 훌륭하거나 좋거나 아름답다고 찬양함.

✏️ 개념 적용하기

▶ **화자의 태도**

화자가 주목하고 있는 대상	화자의 생각	화자의 태도
자동문	자동문으로 인해 우리의 손이 퇴화되어 간다.	☐☐적 태도

필수 개념 ❷ 화자의 어조

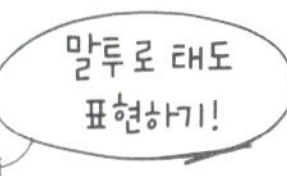

- **어조**란 쉽게 말해 **대상에 대한 말투**야. 그래서 대상에 대해 어떤 태도를 가지고 있느냐에 따라 어조가 달라지지. 친구와 다투면 말투부터 냉랭하게 바뀌지? 즉, 어조는 시적 대상에 대한 태도를 쉽게 파악할 수 있게 해.
- **어조를 파악하기 위해서는 서술어의 종결 어미에 주목**하는 것이 좋아. 의지적 어조를 사용할 수도 있고, 감탄을 나타내는 영탄적 어조를 사용할 수도 있어. 또한 사투리를 사용하면 정감 있는 말투로 향토색을 느낄 수 있지.

오십 리 길 짐차에 실려 왔어유
멀미도 가시기 전에 / 낯선 거리 쏴댕기면서*
지 몸 살 사람 찾고 있지유
목마름은 이냥저냥 견딜 수 있슈 / 헌디*, 볼기짝* 쥐어뜯으며
살결이 거칠다느니 / 단맛이 무르다느니 허진 말어유
지 몸이 그냥 지 몸인가유
이만한 몸띵이 하나 살리기 위해서도
하느님 손 농부 손 고루 탔어유*
그러니께 지폐 한 장으루다
우리 식구 사돈에 팔촌까지 두루 사 가는 선상님들
몸값이나 후하게 쳐주셔야겠슈

– 이재무, 〈딸기〉

*쏴댕기면서: 돌아다니면서.

*헌디: '그런데'의 사투리.

*볼기짝: 엉덩이.

*손 고루 탔어유: '손을 타다'는 원래 '사람이나 물건이 많은 사람의 손길이 미쳐 약하여지거나 나빠지다.'라는 의미이지만, 여기서는 '정성이나 노력이 더해지다.'의 의미로 사용됨.

📎 화자의 어조 파악하기

> 1. 이 시에서 문장을 끝맺는 말투 두 가지는 뭐야? ________________________
> 2. 이 시에서 말을 건네는 듯한 어조가 사용되었어? O ☐ X ☐

윗글에 대한 설명으로 적절하지 <u>않은</u> 것은?

① 사투리를 사용하여 정감 있는 분위기를 형성하고 있다.
② 의지와 강인함이 느껴지는 힘찬 어조를 사용하고 있다.
③ 딸기를 화자로, 딸기 사려는 사람을 청자로 설정하고 있다.
④ 화자가 청자에게 말을 건네는 듯한 어조를 사용하고 있다.
⑤ '~유, ~슈'라는 말투가 상황에 따라 명령하는 어조가 되기도 한다.

✏️ 개념 적용하기

▶ **화자의 어조**

화자의 태도 / 어조

화자는 '떨어져도 튀는 공처럼' 어떻게 하고 싶다는 말일까? 반복되는 종결 어미를 바탕으로 화자의 어조와 태도를 파악해 보자.

떨어져도 튀는 공처럼 | 정현종

그래 살아 봐야지
너도 나도 공이 되어
떨어져도 튀는 공이 되어

살아 봐야지
쓰러지는 법이 없는 둥근
공처럼, 탄력*의 나라의
왕자처럼

가볍게 떠올라야지
곧 움직일 준비되어 있는 꼴
둥근 공이 되어

㉠옳지 최선의 꼴
지금의 네 모습처럼
떨어져도 튀어 오르는 공
쓰러지는 법이 없는 공이 되어.

*탄력: 용수철처럼 튀거나 팽팽하게 버티는 힘.

01 윗글에 대한 설명으로 적절하지 <u>않은</u> 것은?

① 의도적으로 행을 바꾸어 변화를 주고 있다.
② 하강의 이미지와 상승의 이미지가 대비되고 있다.
③ 특정한 시구를 반복하여 화자의 태도를 강조하고 있다.
④ 직유법을 사용하여 화자가 추구하는 바를 드러내고 있다.
⑤ 공의 여러 가지 속성을 활용하여 다양한 사람들의 삶을 표현하고 있다.

02 다음 중 윗글을 들려주기에 가장 알맞은 사람은?

① 친구와 어떤 영화를 보러 갈지 고민하는 사람
② 이웃들에게 무관심한 자신을 반성하고 있는 사람
③ 길을 가다 지갑을 줍고 어떻게 할지 갈등하는 사람
④ 오래 준비했던 오디션에 떨어져 좌절하고 있는 사람
⑤ 평소에 남들과는 다른 독특한 행동을 많이 하는 사람

화자의 태도

03 ㉠에서 알 수 있는 대상에 대한 화자의 태도로 가장 적절한 것은?

① 관조*적 태도
② 냉소적 태도
③ 탈속*적 태도
④ 비판적 태도
⑤ 예찬적 태도

＊**관조:** 고요한 마음으로 사물이나 현상을 관찰하거나 비추어 봄.
＊**탈속:** 부나 명예와 같은 현실적인 이익을 추구하는 마음으로부터 벗어남.

🖊 주관식·서술형

화자의 어조

04 윗글에서 반복되는 종결 어미를 통해 알 수 있는 화자의 어조를 쓰시오.

반복되는 종결 어미	'—(아)야지'
화자의 어조	

▶ **화자의 태도**

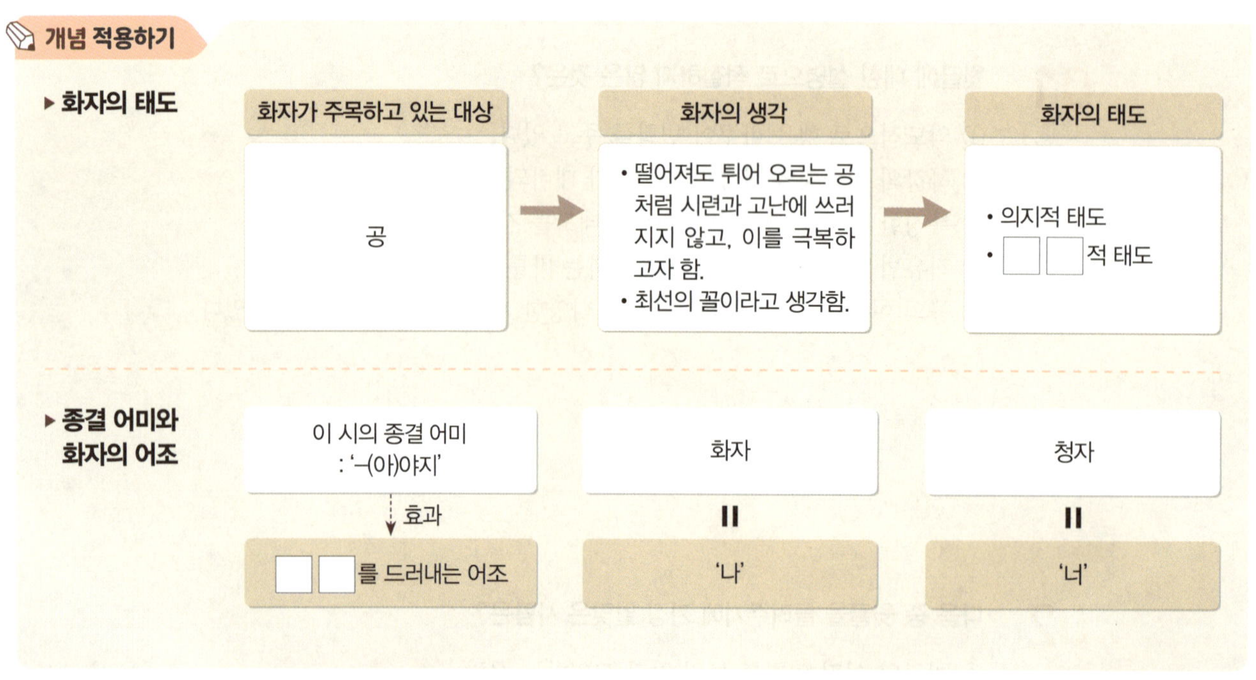

▶ **종결 어미와 화자의 어조**

떨어져도 튀는 공처럼 | 정현종

한줄평 ▶ 중심 소재인 ☐의 다양한 속성에 빗대어 바람직한 삶의 자세와 그에 대한 의지를 드러낸 시

어휘 확인

[1~10] 보기 에서 어휘의 뜻풀이 또는 예문의 (　　) 안에 들어갈 어휘 ㉠~㉤을 찾아 쓰시오.

보기
㉠ 냉소　　㉡ 밀접　　㉢ 낭독　　㉣ 좌절　　㉤ 음흉

뜻풀이

1 글을 소리 내어 읽음. [　　]

2 쌀쌀한 태도로 비웃음. 또는 그런 웃음. [　　]

3 아주 가깝게 맞닿아 있음. 또는 그런 관계에 있음. [　　]

4 겉으로는 부드러워 보이나 속으로는 엉큼하고 흉악함. [　　]

5 마음이나 기운이 꺾임. 또는 어떠한 계획이나 일 따위가 도중에 실패로 돌아감. [　　]

예문

6 기대가 크면 (　　)도 또한 크기 마련이다. [　　]

7 나는 그 남자의 (　　)한 속셈을 다 알고 있다. [　　]

8 그는 나를 바라보며 (　　)에 찬 목소리로 대답했다. [　　]

9 법정에서 판결문 (　　)이 시작되자 모두 숨을 죽였다. [　　]

10 글을 읽는 과정은 글을 쓰는 과정과 (　　)한 관련이 있다. [　　]

어휘 특강　종결 표현의 이해

종결 표현

문장을 끝내는 데 쓰이는 표현으로, 종결 어미의 형태에 따라 문장의 종류가 달라진다.

- **평서문**: 화자가 사건의 내용을 객관적으로 전달하는 문장.
  - 예 오늘부터 운동을 시작했다.

- **의문문**: 화자가 청자에게 질문하여 그 대답을 요구하는 문장.
  - 예 오늘부터 운동을 시작할까?

- **명령문**: 화자가 청자에게 무엇을 시키거나 행동을 요구하는 문장.
  - 예 오늘부터 운동을 시작해라.

- **청유문**: 화자가 청자에게 같이 행동할 것을 요청하는 문장.
  - 예 오늘부터 운동을 시작하자.

- **감탄문**: 화자가 자신의 느낌을 표현하는 문장.
  - 예 오늘부터 운동을 시작했구나!

03 일차 · 시간적 시상 전개: 순행적 / 역순행적

💡 필수 개념 ❶ 순행적 시상 전개

〈시간이 흘러가는 순서대로~〉

- **'시상(詩想)'은 시에 나타난 시인의 생각이나 감정**을 의미해. 말이 좀 어렵지? 시 속에는 모두 시인의 생각이나 감정이 드러나 있기 때문에 우리는 '시상'이라는 말이 나오면 그냥 쉽게 '시'라고 생각하면 돼.
- **시인은 자신의 생각이나 감정을 효과적으로 전달하기 위해 다양한 전개 방식을 사용하는데, 이를 '시상 전개 방식'이라고 해.** 그런데 시상이 시간과 관련하여 **순행적으로 전개된다는 것은 시가 시간의 흐름에 따라 전개되는 것**을 말해. '아침 → 저녁'과 같은 시간이나 '봄 → 여름'과 같은 계절, 인생의 흐름 등이 이에 해당해.

비가 오면 생기던 웅덩이에 씨앗 하나가 떨어졌지.

바람은 나뭇잎을 데려와 슬그머니 덮어 주고
겨울 내내 나뭇잎 / 온몸이 꽁꽁 얼 만큼 추웠지만
가만히 있어 주었지.

봄이 되고 / 벽돌담을 돌던 햇살이 스윽 손을 내밀었어.
그때, 땅강아지는 엉덩이를 들어 / 뿌리가 지나갈 길을 열어 주었지.
비가 오지 않은 날엔 지렁이도 / 물 한 모금 우물우물 나눠 주었지.

– 경종호, 〈새싹 하나가 나기까지는〉 중에서

📎 순행적 시상 전개 찾기

1. 이 시에 드러난 시간 표현을 찾아보자. ______________________________________
2. 이 시는 시간의 흐름에 따라 여러 자연물들이 등장해. O ☐ X ☐

윗글의 시상 전개에 대한 설명으로 가장 적절한 것은?

① 씨앗이 웅덩이에서 벗어나는 과정에 따라 전개한다.
② 씨앗이 열매가 되기까지의 색채 변화에 따라 전개한다.
③ 씨앗을 돕는 존재들의 행위를 계절의 변화에 따라 전개한다.
④ 씨앗에서 새싹이 나기까지의 과정을 공간의 변화에 따라 전개한다.
⑤ 새싹을 틔우기까지 나뭇잎의 변화를 시간의 순서에 따라 전개한다.

✏️ 개념 적용하기

▶ 순행적 시상 전개

1연	2연	3연
씨앗이 떨어짐.	바람이 나뭇잎으로 씨앗을 덮어 줌.	햇살이 손을 내밀고, 땅강아지가 엉덩이를 들어 주고, 지렁이가 물을 나누어 줌.
	계절적 배경: 겨울	계절적 배경: ☐

→ 시상 전개의 원리: ☐☐의 변화에 따른 순행적 시상 전개

필수 개념 ❷ 역순행적 시상 전개

- 시상 전개 방식 중에서 '과거 → 현재 → 미래'와 같이 시간의 순서에 따라 시상이 전개되는 것을 '순행적 시상 전 개'라고 했어. 반대로 **현재에서 과거로 시상이 전개되는 것은 '역순행적 시상 전개'**라고 하는데, **'역행(逆行)'은 '보 통의 방향과 반대 방향으로 거슬러 나아감.'**이라는 뜻이야. 보통의 방향과 반대라고 하니, 거꾸로 가는 것이겠지?

여승은 합장*하고 절을 했다. / 가지취*의 내음새가 났다.
쓸쓸한 낯이 옛날같이 늙었다. / 나는 불경처럼 서러워졌다.

평안도의 어느 산 깊은 금점판*
나는 파리한* 여인에게서 옥수수를 샀다.
여인은 나 어린 딸아이를 때리며 가을밤같이 차게 울었다.

섶벌*같이 나아간 지아비 기다려 십 년이 갔다.
지아비는 돌아오지 않고 / 어린 딸은 도라지꽃이 좋아 돌무덤으로 갔다.

산 꿩도 섧게 울은 슬픈 날이 있었다.
산 절의 마당귀에 여인의 머리오리가 눈물방울과 같이 떨어진 날이 있었다.

– 백석, 〈여승〉

***합장:** 두 손바닥을 합하여 마음이 한결같음을 나타 내는 불교식 인사.

***가지취:** 취나물의 일종.

***금점판:** 금광의 일터.

***파리한:** 몸이 마르고 낯빛 이나 살색이 핏기가 전혀 없는.

***섶벌:** 재래종 꿀벌.

역순행적 시상 전개 찾기

1. 1연에서 화자는 누구를 만났어? ________________________

2. 1~4연을 시간의 순서대로 나열해 봐. ________________________

윗글의 시상 전개 방식으로 가장 적절한 것은?

① 화자의 경험이 '과거–현재–미래'의 순서로 전개되고 있다.
② 시간이 점점 과거로 거슬러 올라가며 시상이 전개되고 있다.
③ 계절에 따라 화자의 정서가 변화하며 시상이 전개되고 있다.
④ 화자가 만난 여승의 미래의 모습에 대한 상상이 제시되고 있다.
⑤ 화자가 만난 여승의 사연을 중심으로 과거의 사건이 제시되고 있다.

✏️ 개념 적용하기

▶ 역순행적 시상 전개

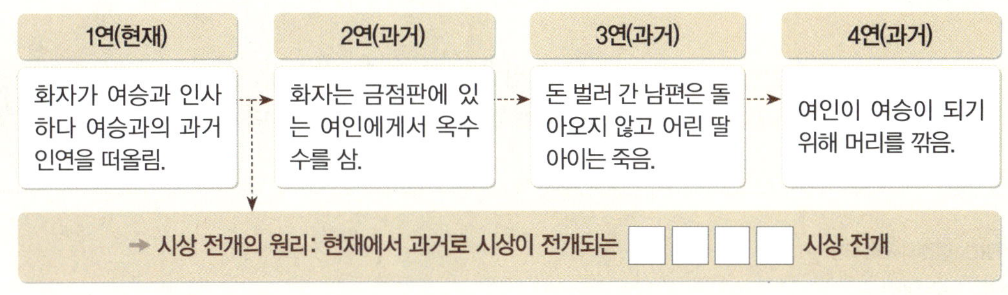

시간적 시상 전개: 순행적 / 역순행적

화자의 현재 상황을 바탕으로 시상이 어떻게 전개되는지 확인해 보자.

성탄제 | 김종길

어두운 방 안엔
빠알간* 숯불이 피고,

외로이 늙으신 할머니가
애처로이 잦아드는 어린 목숨을 지키고 계시었다.

이윽고 눈 속을
아버지가 약을 가지고 돌아오시었다.

아 아버지가 눈을 헤치고 따 오신
㉠그 붉은 산수유 열매—

나는 한 마리 ⓐ어린 짐생*,
젊은 아버지의 서느런 옷자락에
열로 상기한* 볼을 말없이 부비는 것이었다.

이따금 뒷문을 눈이 치고 있었다.
ⓑ그날 밤이 어쩌면 성탄제의 밤이었을지도 모른다.

ⓒ어느새 나도
그때의 아버지만큼 나이를 먹었다.

옛것이라곤 찾아볼 길 없는
성탄제 가까운 도시에는
ⓓ이제 반가운 그 옛날의 것이 내리는데,

ⓔ서러운 서른 살 나의 이마에
불현듯 아버지의 서느런 옷자락을 느끼는 것은,

눈 속에 따 오신 산수유 붉은 알알이
아직도 내 혈액 속에 녹아 흐르는 까닭일까.

＊**빠알간**: '빨간'의 시적 허용.

＊**짐생**: '짐승'의 방언.

＊**상기한**: 얼굴이 붉어진.

01 **윗글의 표현상 특징으로 적절하지 <u>않은</u> 것은?**

① 의도적으로 틀린 표현을 사용하고 있다.
② 붉은색과 흰색의 색채 대비가 드러나 있다.
③ 감탄사를 통해 화자의 고조된 감정을 드러내고 있다.
④ 과거와 현재의 대비를 통해 현재의 분위기를 나타내고 있다.
⑤ 추측하는 문장을 통해 대상을 의심하는 정서를 드러내고 있다.

02 **㉠을 이해한 내용으로 가장 적절한 것은?**

① 눈과 동일하게 차가운 이미지를 지니고 있다.
② 화자가 스스로를 반성하게 만드는 매개체이다.
③ 아버지의 헌신적인 사랑을 보여 주는 소재이다.
④ 할머니의 치료를 위해 아버지가 구해 오신 약이다.
⑤ 가족 간의 유대가 약해진 현실에 대한 비판이 담겨 있다.

03 **ⓐ~ⓔ에 대한 설명으로 적절하지 <u>않은</u> 것은?**

순행적 시상 전개

① ⓐ: 열로 앓고 있던 어린 시절의 화자 자신을 표현한 말이다.
② ⓑ: 아버지가 눈을 헤치고 산수유 열매를 따 오신 날 밤이다.
③ ⓒ: 시간의 변화를 나타내 현재 화자가 어른이 되었음을 보여 준다.
④ ⓓ: 과거를 회상하고 있는 현재의 시점으로 성탄제 즈음에 해당한다.
⑤ ⓔ: 과거의 시점으로 되돌아가 시상이 역순행적으로 전개되고 있음을 나타낸다.

*어절: 문장을 구성하고 있는 각각의 마디. 문장 성분의 최소 단위로서 띄어쓰기의 단위가 된다.

04 **화자가 어린 시절을 회상하게 되는 매개체가 되는 소재를 표현한 말을 찾아 4어절*로 쓰시오.**

▶ **시상 전개 방식**

1~6연	7~10연
• 과거(어린 시절)	• ☐☐
고열에 시달리던 어린 화자를 위해 아버지가 눈을 헤치고 붉은 산수유 열매를 따 오심.	성탄제 즈음의 도시를 걷다 눈을 맞으며 어린 시절 아버지의 사랑을 떠올림.

→ 시상 전개의 원리: ☐☐의 흐름에 따른 순행적 시상 전개

🔍 작품 한눈에 **성탄제** | 김종길

한줄평 ▶ 어린 시절의 추억을 떠올리며 느끼는 아버지의 사랑

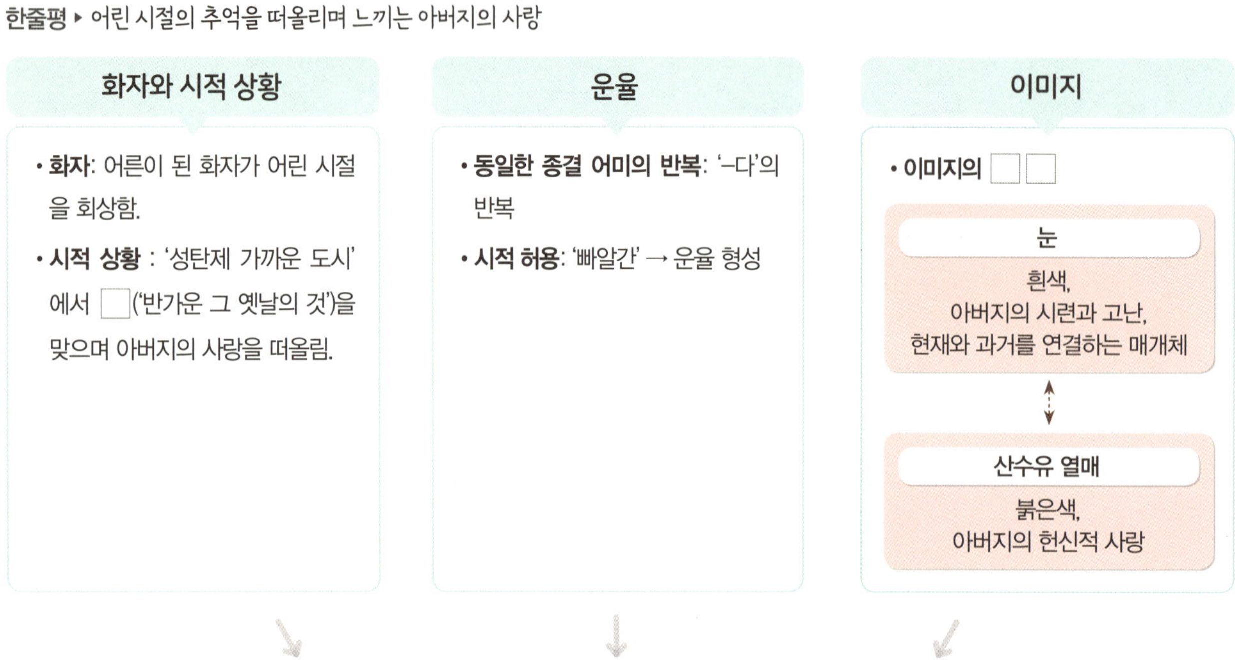

화자와 시적 상황	운율	이미지
• **화자**: 어른이 된 화자가 어린 시절을 회상함. • **시적 상황** : '성탄제 가까운 도시'에서 ☐('반가운 그 옛날의 것')을 맞으며 아버지의 사랑을 떠올림.	• **동일한 종결 어미의 반복**: '–다'의 반복 • **시적 허용**: '빠알간' → 운율 형성	• **이미지의** ☐☐ **눈** 흰색, 아버지의 시련과 고난, 현재와 과거를 연결하는 매개체 ⇅ **산수유 열매** 붉은색, 아버지의 헌신적 사랑

주제 : 아버지의 사랑에 대한 추억과 그리움

어휘 확인

[1~5] 다음에서 설명하는 어휘가 무엇일지 주어진 낱자를 활용하여 쓰시오.

1 일의 앞뒤 사정과 까닭.

2 끈과 띠라는 뜻으로, 둘 이상을 서로 연결하거나 결합하게 하는 것. 또는 그런 관계.

3 둘 사이에서 어떤 일을 맺어 주는 것.

4 사상이나 감정, 세력 따위가 한창 무르익거나 높아지다.

5 확실히 알 수 없어서 믿지 못하는 마음.

어휘 특강

소리는 같지만 뜻이 다른 단어를 동음이의어(同音異義語)라고 한다.

동음이의어

차다¹ 동사

❶ 발로 내어 지르거나 받아 올리다.
　예 공을 **차다**.

❷ 발을 힘껏 뻗어 사람을 치다.
　예 그는 상대편 선수를 발로 **찼다**.

❸ 혀끝을 입천장 앞쪽에 붙였다가 떼어 소리를 내다.
　예 혀를 끌끌 **차다**.

❹ 발로 힘 있게 밀어젖히다.
　예 선수들은 출발선을 **차며** 힘차게 내달렸다.

다의어

❺ 날쌔게 빼앗거나 움켜 가지다.
　예 매가 병아리를 **차서** 하늘 높이 날아갔다.

두 가지 이상의 뜻을 가진 단어를 다의어(多義語)라고 한다.

차다

차다² 동사

❶ 일정한 공간에 사람, 사물, 냄새 따위가 더 들어갈 수 없이 가득하게 되다.
　예 버스에 사람이 가득 **차다**.

❷ 감정이나 기운 따위가 가득하게 되다.
　예 실의에 **차다**.

❸ 어떤 높이나 한도에 이르는 상태가 되다.
　예 쌓인 눈이 가랑이까지 **찼다**.

다의어

❹ 정한 수량, 나이, 기간 따위가 다 되다.
　예 기한이 **차다**.

차다³ 형용사

❶ 몸에 닿은 물체나 대기의 온도가 낮다.
　예 겨울 날씨가 매우 **차다**.

다의어

❷ 인정이 없고 쌀쌀하다.
　예 김 선생은 사람이 너무 **차서** 학생들이 따르지 않는다.

공간적 시상 전개: 공간의 이동 / 시선의 이동

필수 개념 ❶ 공간의 이동에 따른 시상 전개

> 공간 자체의 이동!

- 학교에서 수업을 마치고 집으로 가면, '학교 → 집'으로 장소가 바뀌지? 이처럼 **공간의 이동에 따라 시상이 전개**된다는 것은 **화자나 대상이 있는 공간이 변하는 경우**를 말해.
- 이때 화자나 대상이 어떤 장소에서 어떤 장소로 이동하는지를 파악하는 것이 중요해. 그리고 **각각의 공간에서 화자가 어떤 행동을 하는지, 어떤 정서를 갖게 되는지를 판단**해야 해. 예를 들어 '학교 → 집'으로 이동하는 것과 '학교 → 분식집'으로 이동하는 화자의 정서는 다르겠지?

***거머흿들**: 검은빛과 흰빛이 뒤섞인 모양.

***곰븨님븨 님븨곰븨 천방지방 지방천방**: 엎치락뒤치락 허둥거리는 모양.

***주추리 삼대**: 밭머리에 모아 세워 둔 삼의 줄기.

***모쳐라**: '마침'의 옛말.

님이 오마 하거늘 저녁밥을 일찍 지어 먹고

중문 나서 대문 나가 문지방 위에 치달아 앉아 손을 들어 이마에 얹고 오는가 가는가 건너편 산 바라보니 거머흿들* 서 있거늘 저것이 님이로다 버선 벗어 품에 품고 신 벗어 손에 쥐고 곰븨님븨 님븨곰븨 천방지방 지방천방* 진 데 마른 데 가리지 말고 우당탕퉁탕 건너가서 정(情)엣말 하려 하고 곁눈으로 흘깃 보니 작년 칠월 사흘날 껍질 벗긴 주추리 삼대* 야무지게도 날 속였구나

모쳐라* 밤이기에 망정이지 행여 낮이런들 남 웃길 뻔 했구나

– 작자 미상, 〈님이 오마 하거늘〉

공간의 이동 파악하기

1. 이 시조에서 화자가 이동하는 공간을 써 봐. (중문 → ☐ ☐ → 문지방 → 건너편 산)
2. 화자가 건너편 산으로 뛰어 올라간 이유는 뭐야? _______________________

윗글의 시상 전개 방식으로 가장 적절한 것은?

① 임의 행동 변화에 따라 시상이 전개된다.
② 화자의 공간 이동에 따라 시상이 전개된다.
③ 과거를 회상하는 방식으로 시상이 전개된다.
④ 밤에서 아침으로의 시간 변화에 따라 시상이 전개된다.
⑤ 임의 생각을 오해하게 된 과정에 따라 시상이 전개된다.

개념 적용하기

▶ **공간의 이동에 따른 시상 전개**

공간	중문 → 대문 → 문지방		건너편 산
화자의 행동	임을 기다리며 ☐☐☐☐을 바라봄.	'거머흿들'을 보고 허둥대며 내달음.	'거머흿들'이 임이 아니라 ☐☐☐☐☐ 였음을 깨달음.
화자의 정서	임을 기다림, 그리움	반가움과 기대	멋쩍음, 실망감

필수 개념 ❷ 시선의 이동에 따른 시상 전개

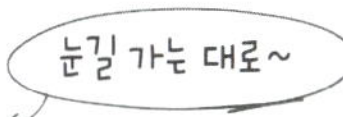

- 화자가 바라보는 대상이 달라짐에 따라 시상이 전개되는 방식도 있어. 이를 '**시선의 이동**'에 따른 시상 전개라고 해. **'시선의 이동'은 화자의 시선, 즉 '눈길'이 이동하는 거야.**
- '시선의 이동'이 나타날 때, 화자가 바라보는 대상에 따라, '먼 곳(원경) → 가까운 곳(근경) / 가까운 곳 → 먼 곳', '위 → 아래 / 아래 → 위', '오른쪽 → 왼쪽 / 왼쪽 → 오른쪽' 등과 같이 시선의 이동이 일정한 방향성을 가질 수도 있어.

＊당콩밥: 강낭콩을 넣어 지은 밥.
＊박각시: 박각시 나방.
＊주락시: 줄각시 나방.
＊한불: 일정한 범위의 공간에 사람이나 물건 따위가 쭉 널려 있는 모양.
＊도루래: 땅강아지.
＊팟중이: 메뚜깃과의 곤충.
＊잔콩: '팥'의 방언.

당콩밥*에 가지 냉국의 저녁을 먹고 나서
바가지꽃 하이얀 지붕에 박각시* 주락시* 붕붕 날아오면
집은 안팎 문을 횅하니 열젖기고
인간들은 모두 뒷등성으로 올라 멍석자리를 하고 바람을 쏘이는데
풀밭에는 어느새 하이얀 다림질감들이 한불* 널리고
도루래*며 팟중이* 산 옆이 들썩하니 울어 댄다.
이리하여 하늘에 별이 잔콩* 마당 같고
강낭밭에 이슬이 비 오듯 하는 밤이 된다.

        – 백석, 〈박각시 오는 저녁〉

📎 공간 및 시선의 이동 파악하기

1. 이 시의 공간은 ☐에서 ☐☐☐으로 바뀌고 있어. ________________________
2. 화자가 바라보는 대상이 바뀌고 있어? O ☐ X ☐

윗글에 대한 설명으로 적절하지 <u>않은</u> 것은?

① 이 시의 화자는 관찰자 역할을 하고 있다.
② 화자의 시선의 이동에 따라 시상이 전개된다.
③ 화자의 시선은 사람에서 사람으로 이동한다.
④ 화자의 시선은 근경에서 원경으로 옮겨 간다.
⑤ 화자의 시선 이동과 함께 공간의 변화도 나타난다.

✏️ 개념 적용하기

▶ **공간의 이동과 시선의 이동**

	1행	2행	3행	4행	5~6행	7~8행
화자의 시선	당콩밥에 가지 냉국 (저녁상)	바가지꽃 (박꽃)이 핀 지붕	열어젖힌 집 안팎 문	뒷등성에서 바람을 쐬는 사람들	하얀 다림질감	☐이 가득한 밤하늘
공간	집			뒷등성		
	근경					☐ ☐

04 일차 · 실전

공간적 시상 전개: 공간의 이동 / 시선의 이동

각 연에서 화자가 바라보는 대상이 무엇인지 찾아보자.

청노루 | 박목월

머언 산 청운사(靑雲寺)*
낡은 기와집

산은 자하산(紫霞山)*
봄눈 녹으면

느릅나무*
속잎 피어 가는 열두 굽이를

[A]
┌ 청노루*
│ 맑은 눈에
│
│ 도는
└ 구름

*청운사: 푸른색 기와를 지닌 절.
작가가 상상하여 창작한 절 이름.

*자하산: 보랏빛 산. 작가가 상상
하여 창작한 산 이름.

*청노루: 푸른색의 노루. 작가가
상상한 노루.

📖 정답 및 해설 10쪽

01 윗글의 표현상 특징으로 가장 적절한 것은?

① 같은 문장을 반복하여 운율을 형성하고 있다.
② 감탄사를 사용하여 화자의 놀람을 드러내고 있다.
③ 의문문을 활용하여 화자의 궁금증을 부각하고 있다.
④ 눈으로 느낄 수 있는 시각적 이미지를 사용하고 있다.
⑤ 말을 건네는 듯한 어조로 친근감을 느끼게 하고 있다.

02 [A]에 대한 설명으로 가장 적절한 것은?

① 청노루가 제자리에서 돌고 있는 모습을 제시하였다.
② 눈 감고 서 있는 청노루의 순수한 모습을 제시하였다.
③ 청노루의 맑은 눈동자에 비친 구름의 모습을 제시하였다.
④ 청노루가 구름에 가려져 보이지 않는 모습을 제시하였다.
⑤ 구름 위에서 뛰어 놀고 있는 청노루의 모습을 제시하였다.

시선의 이동에 따른
시상 전개

03 윗글을 영상으로 제작할 때 고려할 사항으로 적절하지 <u>않은</u> 것은?

① 1연에서 멀리 산속에 있는 절의 기와지붕을 보여 준다.
② 2연에서 멀리 보이는 산의 색을 보라색으로 신비롭게 보여 준다.
③ 3연에서 느릅나무를 근경으로 보여 주다가 속잎을 원경으로 보여 준다.
④ 4연에서 청노루의 맑은 눈을 근경으로 보여 준다.
⑤ 5연에서 청노루의 눈에 비친 구름의 모습을 확대하여 보여 준다.

🖐 주관식·서술형

04 보기 의 ㉠에 해당하는 시어 세 개를 윗글에서 찾아 쓰시오.

> **보기**
>
> '탈속적(脫俗的)'이란 부나 명예와 같은 현실적인 이익을 추구하는 마음으로부터 벗어난 것을 의미한다. 그래서 ㉠'탈속적 이미지'는 사람들이 살고 있는 현실 세계에서 벗어난 자연 공간이나 자연적 소재를 떠올리게 만드는 역할을 한다. 즉, 탈속적 이미지는 사람의 발길이 닿지 않는 아주 깊은 산속과 같은 공간을 떠올리게 한다거나, 현실에는 존재하지 않더라도 그러한 깊은 산속에서 있을 법한 상상 속의 무언가를 떠올리게 한다.

▶ **시선의 이동에 따른 시상 전개**

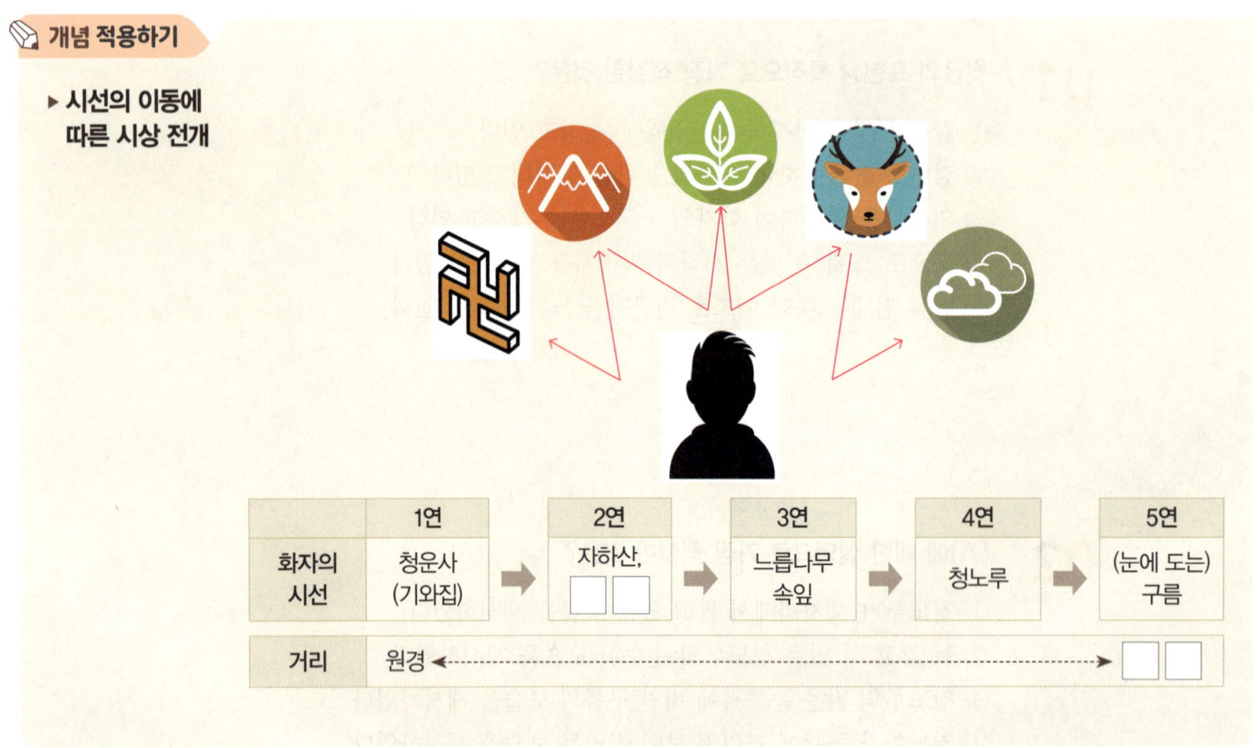

청노루 | 박목월

한줄평 ▶ 탈속적 공간에서의 봄 풍경을 이미지 중심으로 묘사한 시

시상 전개 방식	운율	이미지
• 원경에서 근경으로의 □□의 이동에 따른 시상 전개 • 정적 이미지(청운사, 기와집, 자하산)와 동적 이미지(청노루, 구름)가 조화를 이룸.	• 명사로 시상을 마무리함으로써 여운을 남김. • '머언': 시적 허용을 통해 부드러운 느낌을 주면서 □□을 형성함.	• **'청운사', '청노루'**: 푸른색 • **'자하산'**: 보라색 • **'봄눈'**: 흰색 • **'느릅나무 속잎'**: 연두색 • **'구름'**: 흰색

주제: 봄의 정취와 탈속적 이상향에 대한 동경

[1~5] 보기 의 글자들을 조합하여 다음 뜻풀이에 해당하는 단어를 만드시오.

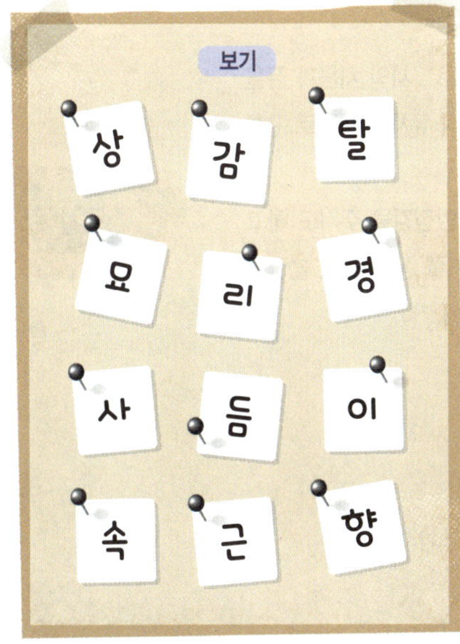

1 일정한 음악적 규칙에 따라 반복되며 움직이는 느낌. →

2 인간이 생각할 수 있는 최선의 상태를 갖춘 완전한 사회. →

3 부나 명예와 같은 현실적인 이익을 추구하는 마음으로부터 벗어남. →

4 어떤 대상이나 사물, 현상 따위를 언어로 서술하거나 그림을 그려서 표현함. →

5 가까이 보이는 경치. 또는 가까운 데서 보는 경치. →

📚 **어휘 특강** **접미사 '-적'의 이해**

접미사 '-적' (일부 명사 또는 명사구 뒤에 붙어) '그 성격을 띠는', '그에 관계된', '그 상태로 된'의 뜻을 더하는 접미사.

- **공간적**: 공간에 관계되거나 공간의 성질을 띤 것.

- **시간적**: 시간에 관한 것.

- **비판적**: 현상이나 사물의 옳고 그름을 판단하여 밝히거나 잘못된 점을 지적하는 것.

- **규칙적**: 일정한 질서가 있거나 규칙을 따르는 것.

- **현실적**: ① 현재 실제로 존재하거나 실현될 수 있는 것.
  ② 실제로 얻을 수 있는 이익 따위를 우선시하는 태도.

- **동적**: 움직이는 성격의 것.

- **정적**: 정지 상태에 있는 것.

> - **접미사**: 파생어를 만드는 접사로, 어근이나 단어 뒤에 붙어 새로운 단어가 되게 하는 말. '선생님'의 '-님', '지우개'의 '-개', '먹히다'의 '-히-' 따위가 있다.

수미상관 / 시상의 전환

필수 개념 ❶ 수미상관

- **수미상관(首尾相關)**에서 '수미'란 '머리 수(首)', '꼬리 미(尾)'로, 시의 처음과 끝을 의미해. 즉 수미상관은 **시의 첫 부분과 끝부분을 서로 같거나 유사한 시구로 구성하는 것**을 말하지.
- 수미상관이 사용되면 **운율을 형성할 뿐만 아니라, 형태적 안정감**을 주기도 하고 **의미가 강조되는 효과**가 나타나. 아래쪽에 빵이 없는 햄버거를 상상해 봐. 불안정하지? 그리고 같거나 유사한 시구가 반복되니 의미도 강조될 거야.

내*를 건너서 숲으로 / 고개를 넘어서 마을로

어제도 가고 오늘도 갈 / 나의 길 새로운 길

민들레가 피고 까치가 날고 / 아가씨가 지나고 바람이 일고

나의 길은 언제나 새로운 길 / 오늘도…… 내일도……

내를 건너서 숲으로 / 고개를 넘어서 마을로

– 윤동주, 〈새로운 길〉

*내: 시내.

수미상관 찾기

1. 이 시에 똑같은 연이 있어? O ☐ X ☐
2. 이 시에는 ☐☐☐☐의 시상 전개 방식이 사용되고 있어. ______________

윗글의 시상 전개상 특징으로 올바른 것은?

> ① 첫 연을 마지막 연에서 똑같이 반복하고 있어.

> ② 시간이 과거로 거슬러 올라가며 시상이 전개되고 있어.

개념 적용하기

▶ 수미상관의 구조

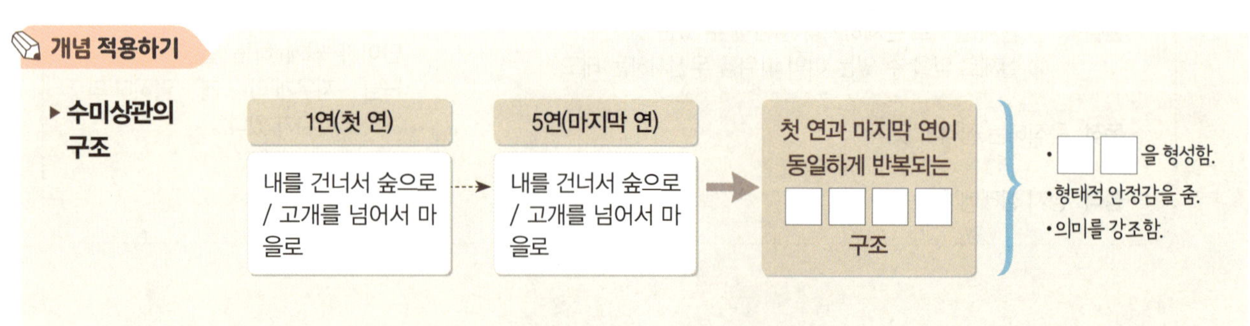

1연(첫 연)	5연(마지막 연)	첫 연과 마지막 연이 동일하게 반복되는 ☐☐☐☐ 구조	
내를 건너서 숲으로 / 고개를 넘어서 마을로	내를 건너서 숲으로 / 고개를 넘어서 마을로		• ☐☐을 형성함. • 형태적 안정감을 줌. • 의미를 강조함.

💡 필수 개념 ❷ 시상의 전환

- 시에는 화자의 정서가 드러나기 마련이야. 그런데 '**시상의 전환**'은 **이러한 화자의 정서가 바뀌는 거야. 즉 시상이 전개되는 과정에서 새로운 관점이나 상황을 제시함으로써 화자의 정서나 태도가 전환되는 시상 전개 방식을 말해.**
- '나는 어릴 때 채소를 싫어했어. 그런데 지금은 좋아해.'에서 '채소'에 대한 화자의 태도가 '부정적 → 긍정적'으로 변하고 있지? 이처럼 '그러나, 그런데, 하지만' 등 앞과 뒤의 내용이 상반될 때 쓰는 접속어에 집중해 봐.

옛날 밥상머리에는 / 할아버지 할머니 얼굴이 있었고
어머니 아버지 얼굴과
형과 동생과 누나의 얼굴이 맛있게 놓여 있었습니다.
가끔 이웃집 아저씨와 아주머니 / 먼 친척들이 와서
밥상머리에 간식처럼 앉아 있었습니다.
어떤 때는 외지에 나가 사는
고모와 삼촌이 외식처럼 앉아 있기도 했습니다.
이런 얼굴들이 풀잎 반찬과 잘 어울렸습니다.

그러나 지금 내 새벽 밥상머리에는
고기반찬이 가득한 늦은 밥상머리에는
아들도 딸도 아내도 없습니다. / 모두 밥을 사료처럼 퍼 넣고
직장으로 학교로 동창회로 나간 것입니다.

− 공광규, 〈얼굴 반찬〉 중에서

🔖 시상의 전환 파악하기

1. 1연에서 2연으로 시상이 전개되면서 □□□라는 접속어가 사용되고 있어. ___________
2. 1연과 2연의 시적 상황이 같아? O □ X □

윗글의 시상 전개상 특징으로 올바른 것은?

> ① 2연의 '그러나'는 시상이 전환된다는 것을 알려 줘.

> ② 2연에서 1연과 동일한 밥상머리의 모습을 제시하고 있어.

✏️ 개념 적용하기

▶ **시상의 전환**

1연		2연
• '옛날 밥상머리에는 ~이 있었습니다.'(상황) • □□ 반찬	시상의 전환 → '그러나'	• '지금 ~ 밥상머리에는 ~도 없습니다.'(상황) • 고기반찬
옛날 밥상머리의 모습(긍정적)		지금 밥상머리의 모습(□□□)

수미상관 / 시상의 전환

이 시가 형태적 안정감을 가지는
이유는 무엇일까?

나룻배와 행인 | 한용운

나는 나룻배
당신은 행인.

당신은 흙발로 나를 짓밟습니다.
나는 당신을 안고 물을 건너갑니다.
나는 당신을 안으면 깊으나 옅으나 급한 여울이나 건너갑니다.

만일 당신이 아니 오시면 나는 바람을 쐬고 눈비를 맞으며 밤에서 낮까지 당신
을 기다리고 있습니다.
당신은 물만 건너면 나를 돌아보지도 않고 가십니다그려.
그러나 당신이 언제든지 오실 줄만은 알아요.
나는 당신을 기다리면서 날마다 날마다 낡아 갑니다.

나는 나룻배
당신은 행인.

01 윗글에 대한 설명으로 적절하지 <u>않은</u> 것은?

① 시적 화자가 겉으로 드러나 있다.
② 경어체를 사용하여 화자의 태도를 강조하고 있다.
③ '나'와 '당신'의 관계를 비유적으로 나타내고 있다.
④ 여성적 어조를 통해 주제를 효과적으로 드러내고 있다.
⑤ 음성 상징어*를 통해 대상을 생동감 있게 표현하고 있다.

*음성 상징어: 소리나 움직임을 표현한 말로, 의성어와 의태어가 있음.

02 윗글에 나타난 화자의 태도로 적절한 것은?

① '당신'의 무관심한 모습을 동경함.
② '당신'의 사랑을 받지 못해 좌절함.
③ '당신'이 언제든지 돌아올 것이라고 믿음.
④ '당신'의 사랑을 받지 못하는 자신을 반성함.
⑤ '당신'을 한없이 기다리는 자신의 모습을 자책함.

03 윗글의 시상 전개 방식으로 가장 적절한 것은?

수미상관

① 상황의 원인을 밝히고 그에 따른 결과를 제시한다.
② 계절의 변화에 따라 대상이 변하는 모습을 보여 준다.
③ 수미상관의 구성 방식을 사용하여 형태적 안정감을 준다.
④ 희망적 정서를 절망적 정서로 전환하여 주제를 드러낸다.
⑤ 화자의 다양한 행위를 나열하여 부정적 현실을 비판한다.

🖋 주관식·서술형

04 윗글의 3연에서 화자의 시련과 고난을 상징하는 시어 두 개를 찾아 쓰시오.

▶ 시상 전개 방식

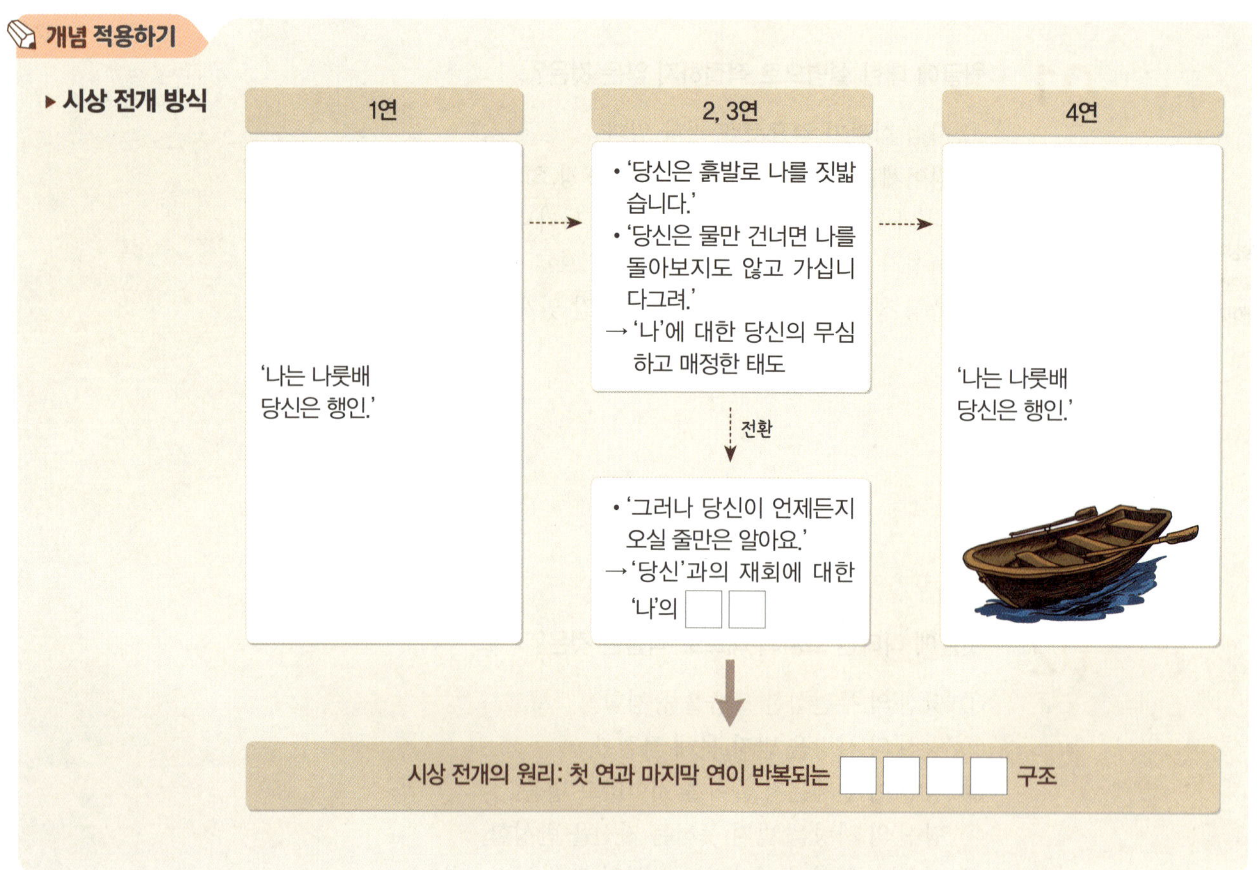

 나룻배와 행인 | 한용운

한줄평 ▶ 참된 사랑의 본질인 희생과 믿음을 노래한 시

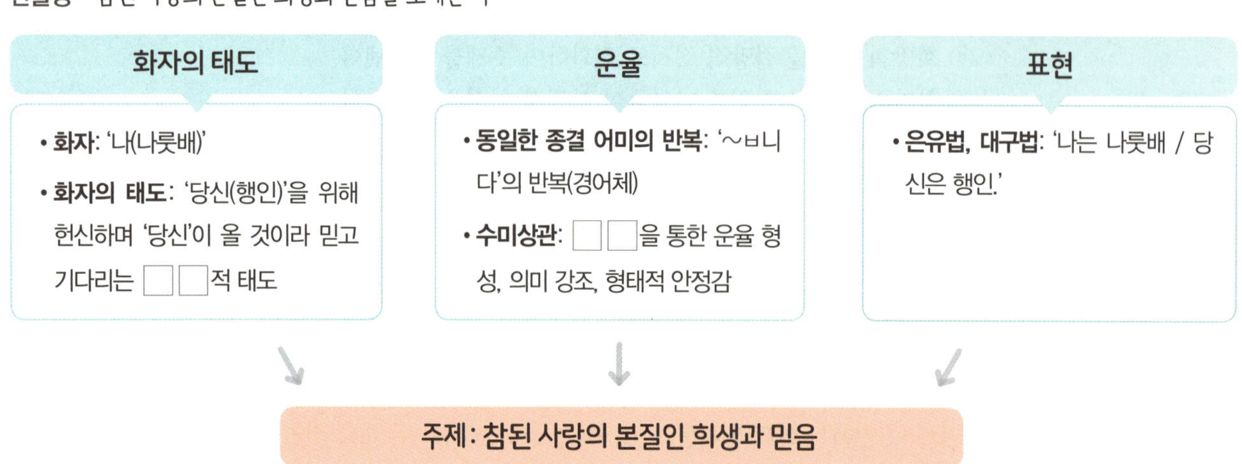

[1~5] 어휘의 뜻풀이와 어휘 ㉠~㉤을 바르게 연결하시오.

[6~10] 예문의 (　　　) 안에 들어갈 어휘 ㉠~㉤을 바르게 연결하시오.

뜻풀이	어휘	예문

1 다른 방향이나 상태로 바꾸다.

2 몸과 마음을 바쳐 있는 힘을 다하다.

3 죽 벌여 놓다. 또는 나란히 줄을 짓다.

4 본디부터 가지고 있는 사물 자체의 성질이나 모습.

5 자신의 결함이나 잘못에 대하여 스스로 깊이 뉘우치고 자신을 책망함.

㉠ 나열하다
㉡ 전환하다
㉢ 자책
㉣ 헌신하다
㉤ 본질

6 내용을 항목별로 (　　　).

7 형태는 다르지만 (　　　)은 같다.

8 심한 (　　　)으로 괴로워하다.

9 병든 사람들을 위해 (　　　).

10 우울한 기분을 즐거운 마음으로 (　　　).

어휘 특강

ⓑ 비슷한 말　　ⓐ 반대말

ⓑ **출현하다**
나타나거나 나타나서 보이다.
예 서울 북쪽 하늘에 비행기가 출현했다.

ⓑ **드러나다**
가려 있거나 보이지 않던 것이 보이게 되다.
예 구름이 걷히자 산봉우리가 드러났다.

ⓑ **두드러지다**
겉으로 뚜렷하게 드러나다.
예 살이 쭉 빠져서 더 커진 눈이 두드러져 보였다.

나타나다
보이지 아니하던 어떤 대상의 모습이 드러나다.
예 뜻밖에 목격자가 우리 앞에 나타났다.

ⓐ **사라지다**
현상이나 물체의 자취 따위가 없어지다.
예 달이 구름 속으로 사라졌다.

ⓐ **숨다**
보이지 않게 몸을 감추다.
예 너구리가 굴속에 숨어 버렸다.

ⓐ **떠나다**
있던 곳에서 다른 곳으로 옮기다.
예 그는 유럽으로 떠났다.

영탄 / 설의

필수 개념 ❶ 영탄

- 영탄법(咏嘆法)이란 **자신의 감정을 있는 그대로 드러내어 강하게 표현하는 방법**이야. 슬픔이나 기쁨, 놀라움, 감동, 깨달음 등 화자가 자신의 정서를 강렬하게 표현하는 거지.
- 영탄법을 사용하게 되면 **화자의 정서가 직접적으로 표출됨으로써 자신의 정서를 강조**할 수 있어. 영탄법을 사용할 때는 보통 '오', '아', '-구나', '-아라/-어라', '-도다'와 같은 말로 감탄을 표현하는데, 느낌표가 쓰일 때도 있고 아닐 때도 있으니 문장 전체를 잘 확인해야 해.

참 맑아라
겨우 제 이름밖에 쓸 줄 모르는
열이, 열이가 착하게 닦아 놓은
유리창 한 장

먼 해안선과 다정한 형제 섬
그냥 그대로 눈이 시린
가을 바다 한 장

열이의 착한 마음으로 그려 놓은
아아, 참으로 맑은 세상 저기 있으니

– 정일근, 〈바다가 보이는 교실 10〉

영탄법 찾기

1. 이 시에 사용된 감탄사를 찾아봐. ____________________
2. '참 맑아라'에서 '-아라'는 감탄의 의미를 나타내. O ☐ X ☐

윗글에 대한 설명으로 적절한 것은?

① 감탄형 어미 '-아라'와 감탄사 '아아'를 사용하였다.

② 특별히 강한 느낌을 표현하는 문장 부호를 사용하였다.

개념 적용하기

▶ 이 시에 나타난 영탄법

감탄을 나타내는 종결 어미 '-아라'		감탄사		열이가 닦아 놓은 맑은 유리창과 열이의 맑은 마음에 대한
'참 맑아라'	------	'아아'		☐ ☐

필수 개념 ❷   설의

- **설의법(設疑法)**이란 **말하고자 하는 바를 의문형으로 표현하는 것**을 말해. 그러니까 질문은 질문인데, 대답이 필요 없는 질문을 하는 거지. 예를 들어 '공든 탑이 무너지랴'라고 표현하는 것은 '공든 탑은 무너지지 않는다.'라는 의미잖아. **일반적이고 평범한 문장을 의문문으로 표현함으로써 독자로 하여금 그 대답을 생각해 보게 하는 거야.**
- 설의법을 사용하면 표현에 변화를 줌으로써 **화자의 정서를 강조하는 효과**를 줄 수 있어.

내 벗이 몇인가 하니 수석(水石)과 송죽(松竹)이라
동산(東山)에 달 오르니 그 더욱 반갑구나
두어라 이 다섯밖에 또 더하여 무엇하리   〈제1수〉

작은 것이 높이 떠서 만물을 다 비추니
밤중의 광명(光明)이 너만 한 것이 또 있겠느냐
보고도 말하지 아니하니 내 벗인가 하노라   〈제6수〉

– 윤선도, 〈오우가〉 중에서

🔗 설의법 찾기

1. 〈제1수〉에 사용된 질문 형식의 문장은 뭐야? _______________________
2. 〈제6수〉에 사용된 질문 형식의 문장은 뭐야? _______________________
3. 1, 2번의 문장들의 답이 정해져 있어? O □ X □

윗글에서 질문 형식의 문장을 사용한 효과로 가장 적절한 것은?

① 〈제1수〉에서는 내 벗에 달이 포함되지 않음을 드러낸다.
② 〈제1수〉에서는 다섯 벗 이외에 다른 벗이 필요함을 나타낸다.
③ 〈제6수〉에서는 달의 크기를 실제보다 부풀려서 표현한다.
④ 〈제6수〉에서는 밤중에 달빛이 가장 밝다는 점을 강조한다.
⑤ 〈제6수〉에서는 보고도 말하지 않는 달의 속성을 비판한다.

✏️ 개념 적용하기

▶ 이 시에 나타난 설의법

	〈제1수〉	〈제6수〉
설의법이 사용된 표현	'두어라 이 다섯밖에 또 더하여 무엇하리'	'밤중의 광명이 너만 한 것이 또 있겠느냐'
의미 및 효과	화자에게는 다섯 벗(물, 바위, 소나무, ☐ ☐ ☐ , 달)만 있으면 충분하다는 것을 강조함.	☐ 이 밤중에 가장 밝은 존재임을 강조함.

영탄 / 설의

이 시에서 질문의 형식을 통해 의미를 전달하고 있는 표현을 모두 찾아보자.

가난한 사랑 노래 | 신경림
- 이웃의 한 젊은이를 위하여

가난하다고 해서 외로움을 모르겠는가
㉠너와 헤어져 돌아오는
눈 쌓인 골목길에 새파랗게 달빛이 쏟아지는데.
가난하다고 해서 두려움이 없겠는가
두 점*을 치는 소리
방범대원*의 호각 소리 메밀묵 사려 소리에
㉡눈을 뜨면 멀리 육중한* 기계 굴러가는 소리.
가난하다고 해서 그리움을 버렸겠는가
㉢어머님 보고 싶소 수없이 뇌어* 보지만
㉣집 뒤 감나무에 까치밥으로 하나 남았을
새빨간 감 바람 소리도 그려 보지만.
가난하다고 해서 사랑을 모르겠는가
내 볼에 와 닿던 네 입술의 뜨거움
㉤사랑한다고 사랑한다고 속삭이던 네 숨결
돌아서는 내 등 뒤에 터지던 네 울음.
가난하다고 해서 왜 모르겠는가
가난하기 때문에 이것들을
이 모든 것들을 버려야 한다는 것을.

***두 점**: 새벽 두 시, 통금 시간을 알리던 소리.
***방범대원**: 경찰을 보조하여 범죄를 막는 일을 하던 사람.
***육중한**: 투박하고 무거운.
***뇌어**: 한 번 한 말을 여러 번 거듭 말하여.

정답 및 해설 14쪽

01 윗글의 시구에 사용된 이미지를 바르게 연결하시오.

시구

(1) '눈 쌓인 골목길에 새파랗게 달빛이 쏟아지는데.' ·

(2) '돌아서는 내 등 뒤에 터지던 네 울음.' ·

(3) '내 볼에 와 닿던 네 입술의 뜨거움' ·

이미지

· ㉠ 청각적 이미지

· ㉡ 시각적 이미지

· ㉢ 촉각적 이미지

02 ㉠~㉤에 대한 이해로 적절하지 <u>않은</u> 것은?

① ㉠: 화자가 외로움을 느끼게 되는 상황이다.
② ㉡: 화자에게 두려움을 느끼게 하는 소리이다.
③ ㉢: 화자가 고향을 떠나 있는 상황임을 알 수 있다.
④ ㉣: 화자가 그리워하는 고향의 모습을 감각적으로 표현하였다.
⑤ ㉤: 화자가 '너'에게 속삭이던 말을 그대로 인용*하였다.

*인용: 남의 말이나 글을 자신의 말이나 글 속에 끌어 씀.

03 윗글에 사용된 표현 방법으로 적절한 것은?

설의

① 직유법을 사용하여 시적 상황을 구체적으로 표현한다.
② 설의법을 반복적으로 사용하여 다양한 감정을 드러낸다.
③ 의인법을 사용하여 대상에 대한 친근한 느낌을 드러낸다.
④ 사물의 이름을 부르는 돈호법을 사용하여 주의를 불러일으킨다.
⑤ 어순을 의도적으로 바꾸는 도치법을 사용하여 대상을 예찬한다.

주관식·서술형

04 다음 빈칸에 들어갈 알맞은 말을 2음절로 쓰시오.

> 이 시의 화자는 삶에서 느끼는 외로움, 두려움, 그리움, 사랑의 인간적 감정들을 표현한 다음, 이러한 자신의 감정들을 버려야 한다고 표현하고 있다. 화자는 그 이유를 ☐☐ 때 문이라고 말하고 있다. 이것은 화자가 그러한 감정들을 느낄 만한 여유조차 갖지 못할 정도로 힘겨운 삶을 살고 있음을 보여 준다.

▶ **이 시에 나타난 설의법**

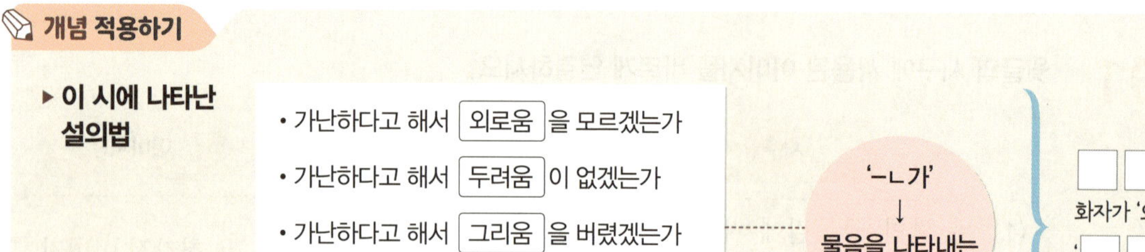

- 가난하다고 해서 외로움 을 모르겠는가
- 가난하다고 해서 두려움 이 없겠는가
- 가난하다고 해서 그리움 을 버렸겠는가
- 가난하다고 해서 사랑 을 모르겠는가
- 가난하다고 해서 왜 모르겠는가

'-ㄴ가'
↓
물음을 나타내는 어미

☐☐ 의 형식을 통해 화자가 '외로움'과 '두려움', '☐☐☐', '사랑'의 감정을 알고 있음을 강조함.

🔍 **작품 한눈에** **가난한 사랑 노래** | 신경림

한줄평 ▶ 도시의 가난한 젊은이들의 고단한 삶과 가슴 아픈 사랑을 형상화한 시

화자의 상황과 정서	이미지	표현
• **화자**: '나' • **화자의 현재 상황**: ① 고향을 떠나 도시로 옴. ② 고향과 어머니를 그리워함. ③ 사랑하는 사람과 이별함.	• **시각적 이미지**: '눈 쌓인 골목길에 새파랗게 달빛이 쏟아지는데.'에서 흰색과 파란색의 색채 대비를 통해 외롭고 쓸쓸한 분위기를 드러냄. • **청각적 이미지**: ① '두 점을 치는 소리 ~ 육중한 기계 굴러가는 소리.': 낯선 도시 생활에서 느끼는 두려움 ② '돌아서는 내 등 뒤에 터지던 네 울음.': 사랑을 이룰 수 없는 슬픔 • ☐☐**적 이미지**: '내 볼에 와 닿던 네 입술의 뜨거움'을 통해 사랑의 감정을 표현함.	• **설의법**: 설의법을 반복적으로 사용하여 화자의 정서와 주제를 강조함. • **도치법**: '가난하다고 해서 왜 모르겠는가 / 가난하기 때문에 이것들을 / 이 모든 것들을 버려야 한다는 것을.'에서 문장의 ☐☐를 바꾸어 의미를 강조함.

↓ ↓ ↓

주제: 가난한 젊은이들의 아픈 사랑과 외로운 삶

[1~5] 다음에서 설명하는 어휘가 무엇일지 사다리를 연결하고 주어진 낱자를 활용하여 쓰시오.

1 일부에 한정되지 아니하고 전체에 걸치는 것.

2 남의 말이나 글을 자신의 말이나 글 속에 끌어 씀.

3 범죄가 생기지 않도록 미리 막음.

4 차례나 위치 따위를 서로 뒤바꿈.

5 사람이나 사물의 이름을 불러 주의를 불러일으키는 수사법.

어휘 특강

소리는 같지만 뜻이 다른 단어를 동음이의어(同音異義語)라고 한다.

그리다¹ 동사 ◀┈┈ 동음이의어 ┈┈▶ **그리다²** 동사

다의어

❶ 연필, 붓 따위로 어떤 사물의 모양을 그와 닮게 선이나 색으로 나타내다.
예 그림을 <u>그리다</u>.

❷ 생각, 현상 따위를 말이나 글, 음악 등으로 나타내다.
예 이 소설은 서민 생활의 애환을 <u>그리고</u> 있다.

❸ 어떤 모양을 일정하게 나타내거나 어떤 표정을 짓다.
예 화살이 포물선을 <u>그리며</u> 날아간다.

❹ 상상하거나 회상하다.
예 그는 자신을 반가워할 가족들을 <u>그리며</u> 선물을 준비했다.

두 가지 이상의 뜻을 가진 단어를 다의어(多義語)라고 한다.

❶ 사랑하는 마음으로 간절히 생각하다.
예 그는 오랜 외국 생활을 마치고 꿈에 <u>그리던</u> 조국 땅을 밟았다.

07 일차 · 필수 개념

대조 / 대구

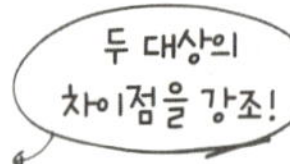

필수 개념 ❶ 대조

- 대조법은 **반대 속성을 지닌 두 대상을 나란히 제시하여 두 대상의 차이가 두드러지게 표현하는 방법**을 말해. 예를 들어 '겉은 바삭, 속은 촉촉.'에서처럼 '바삭하다'와 '촉촉하다'의 상반된 속성을 통해 '겉'과 '속'의 차이점을 강조하는 거지.
- 대조법을 사용하여 **두 대상의 차이를 선명하게 보여 줄 수도 있지만, '겉은 약해 보이지만, 속은 강하다.'처럼 어느 한쪽을 더 강조하는 효과**를 얻을 수도 있어.

까마귀 검다 하고 백로야 웃지 마라.
겉이 검은들 속조차 검겠느냐?
겉 희고 속 검은 이는 너뿐인가 하노라.

– 이직, 〈까마귀 검다 하고〉

대조법 찾기

1. 이 시조에서 반대되는 속성을 지닌 두 대상은 뭐야?	___________
2. 두 대상이 겉으로 지닌 상반된 속성은 뭐야?	___________

윗글을 이해한 내용으로 적절하지 <u>않은</u> 것은?

① 까마귀와 백로의 색채 이미지가 대조된다.
② 화자는 자신과 까마귀의 차이점을 대조하고 있다.
③ 백로는 겉과 속이 다른 위선적인 사람을 의미한다.
④ 화자는 백로가 겉은 희지만 속은 검다고 생각한다.
⑤ 화자는 까마귀가 겉은 검지만 속은 검지 않다고 생각한다.

개념 적용하기

▶ 이 시에 나타난 대조법

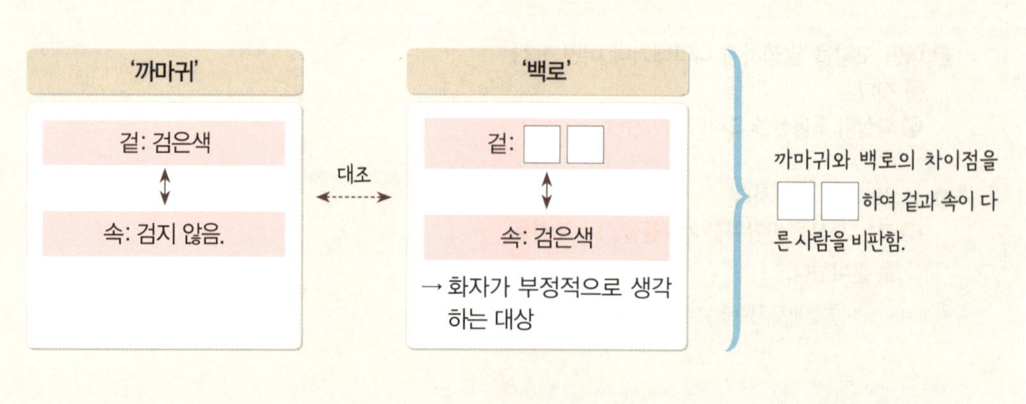

💡 필수 개념 ❷ 대구

- **대구법**은 **비슷하거나 동일한 문장 구조를 가진 두 구절을 나란히 짝을 지어 표현하는 방법**이야. 그래서 '**대구(對句)'의 뜻도 구절이 서로 마주 대한다는 의미**인 거지.
- 대구법을 사용하면 문장 구조가 반복되기 때문에 자연스럽게 운율이 형성되고, 연속된 두 구절이 대칭되기 때문에 형태적인 안정감도 느낄 수 있어.
- **대구법과 대조법의 차이**

대구법	대조법
의미와는 관련 없이, 짜임이 비슷함.	의미가 서로 상반되어야 함.

풀잎에도 상처가 있다
꽃잎에도 상처가 있다
너와 함께 걸었던 들길을 걸으면
들길에 앉아 저녁놀을 바라보면
상처 많은 풀잎들이 손을 흔든다
상처 많은 꽃잎들이
가장 향기롭다

                – 정호승, 〈풀잎에도 상처가 있다〉

📎 대구법 찾기

1. 1행과 2행은 동일한 문장 구조를 가지고 있어. O☐ X☐
2. 1행과 2행은 서로 연속되어 짝을 이루고 있어. O☐ X☐

윗글에 대한 설명으로 가장 적절한 것은?

① 첫 행과 마지막 행이 동일하게 반복되면서 리듬감을 형성해.

② 연속된 두 행에서 동일한 문장 구조가 반복되면서 리듬감을 형성해.

✏️ 개념 적용하기

▶ **이 시에 나타난 대구법**

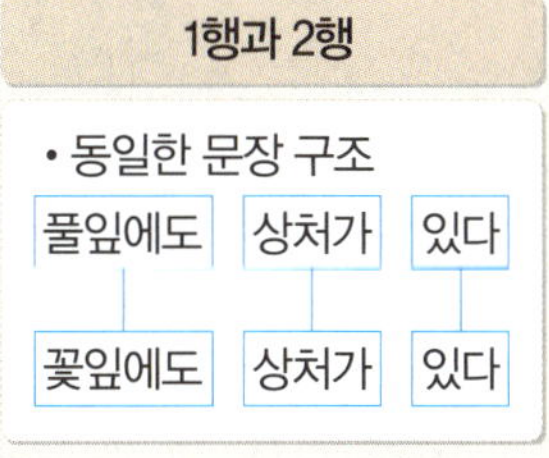

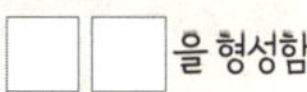

비슷하거나 동일한 문장 구조를 나란히 짝을 지어 표현하여 ☐☐을 형성함.

대조 / 대구

화자는 왜 '산에 언덕에' '꽃'이 피어나기를 바라는 것일까? 이 시에서 반복되는 문장 구조를 확인하고, 그 의미를 생각해 보자.

산에 언덕에 | 신동엽

그리운 그의 얼굴 다시 찾을 수 없어도
화사한 그의 꽃
산에 언덕에 피어날지어이.

그리운 그의 노래 다시 들을 수 없어도
맑은 그 숨결
들에 숲속에 살아갈지어이.

쓸쓸한 마음으로 들길 더듬는 행인아.

[A] ┌ 눈길 비었거든 바람 담을지네.
    └ 바람 비었거든 인정 담을지네.

그리운 그의 모습 다시 찾을 수 없어도
울고 간 그의 영혼
들에 언덕에 피어날지어이.

01 윗글에 대한 설명으로 적절한 것은?

① 의문문의 문장 형식으로 주제를 강조하고 있다.
② 화자와 자연이 하나가 된 모습을 부각하고 있다.
③ 직유법을 통해 화자가 소망하는 바를 나타내고 있다.
④ '그리움'이라는 화자의 정서를 직접적으로 제시하고 있다.
⑤ '-ㄹ지어이'의 반복을 통해 화자의 체념적 태도를 드러내고 있다.

대구

02 [A]와 같은 표현법이 사용된 예로 가장 적절한 것은?

① 개구리 올챙이 적 생각 못 한다.
② 구르는 돌에는 이끼가 끼지 않는다.
③ 사공이 많으면 배가 산으로 올라간다.
④ 콩 심은 데 콩 나고 팥 심은 데 팥 난다.
⑤ 호랑이에게 물려 가도 정신만 차리면 산다.

03 보기 를 통해 윗글을 감상한 내용으로 적절하지 <u>않은</u> 것은?

> **보기**
>
> 1960년 4월 19일 학생들과 시민들은 민주주의를 외치면서 정권의 독재에 항거하여 거리로 나선다. 그러나 이를 저지하려는 경찰과의 충돌 끝에 수많은 학생들과 시민들이 희생된다. 4·19 혁명은 신동엽 시인이 현실 비판 의식 속에서 민주주의를 지키고자 하는 참여적인 시를 쓰는 계기가 되었다.

① 창작 배경을 고려할 때, '그'는 4·19 혁명의 희생자로 볼 수 있겠군.
② '그의 꽃'과 '그 숨결'은 민주주의를 외치던 '그'의 정신이 부활한 것이겠군.
③ '그의 노래'는 시대적인 요구가 담긴 목소리라고 할 수 있겠군.
④ '인정'은 '그'에 대한 독재 정권의 억압을 의미하는 것이겠군.
⑤ '울고 간 그의 영혼'을 통해 '그'가 안타까운 죽음을 맞이했음을 알 수 있겠군.

*대변: 어떤 사람이나 단체를 대신하여 그의 의견이나 태도를 표함.

🖋 **주관식·서술형**

04 윗글에서 화자의 정서와 태도를 대변*하고 있는 대상을 찾아 2음절로 쓰시오.

▶ **화자의 정서와 대구법**

화자의 정서

• '그'의 부재: 화자의 그리움

1연	2연	5연
'그리운 그의 얼굴'	'그리운 그의 노래'	'그리운 그의 모습'

→ '그'가 부재하는 현실이 드러남.

• '그'의 부활: 화자의 소망

1연	2연	5연
'화사한 그의 꽃' → '피어날지어이.'	'맑은 그 ☐☐', → '살아갈지어이.'	'그의 영혼' → '피어날지어이.'

→ '그'의 정신이 부활하기를 소망함.

대구법

'눈길 비었거든 바람 담을지네.'

'바람 비었거든 인정 담을지네.'

→ 동일한 ☐☐ ☐☐를 가진 두 구절이 짝을 지어 연속적으로 제시됨.

🔍 **작품 한눈에** **산에 언덕에** | 신동엽

한줄평 ▶ 그리운 이에 대한 추모와 '그'의 정신이 계승되기를 바라는 마음을 표현한 시

운율과 표현

• **문장 구조의 반복(1, 2, 5연)**: 동일한 문장 구조가 반복되며 운율을 형성함.

• **'-ㄹ지어이'의 반복**: 운율을 형성하고 화자의 ☐☐을 강조함.

• **대구법**: '눈길 비었거든 바람 담을지네. / 바람 비었거든 인정 담을지네.'

화자의 정서

• **'그'의 부재로 인한 ☐☐☐**: '그리운 그의 얼굴', '그리운 그의 노래', '그리운 그의 모습'

• **'그'의 부활에 대한 소망**: '화사한 그의 꽃 ~ 피어날지어이.', '맑은 그 숨결 ~ 살아갈지어이.', '그의 영혼 ~ 피어날지어이.'

외재적 감상

• **4·19 혁명과 신동엽 시인**
1960년 4월 19일 학생들과 시민들은 민주주의를 외치면서 정권의 독재에 항거하여 거리로 나선다. 그러나 이를 저지하려는 경찰과의 충돌 끝에 수많은 학생들과 시민들이 희생된다. 4·19 혁명은 신동엽 시인이 현실 비판 의식 속에서 참여적인 시를 쓰는 계기가 되었다.

주제: 그리운 이의 부활에 대한 소망

🔍 어휘 확인

[1~10] 보기 에서 어휘의 뜻풀이 또는 예문의 (   ) 안에 들어갈 어휘 ㉠~㉤을 찾아 쓰시오.

보기

㉠ 참여 ㉡ 독재 ㉢ 억압 ㉣ 저지 ㉤ 항거

[뜻풀이]

1 순종하지 아니하고 맞서서 반항함. [   ]

2 자기의 뜻대로 자유로이 행동하지 못하도록 억지로 억누름. [   ]

3 막아서 못하게 함. [   ]

4 어떤 일에 끼어들어 관계함. [   ]

5 특정한 개인이나 단체가 모든 권력을 차지하여 모든 일을 독단으로 처리함. [   ]

[예문]

6 적들의 침공을 (   )하기 위해 전열을 정비하였다. [   ]

7 홍보 부족 때문인지 사람들의 (   )가 너무 적었다. [   ]

8 시민 혁명으로 (   ) 정권이 무너졌다. [   ]

9 오랫동안 민중들은 지배 계급에 대한 (   )를 계속해 왔다. [   ]

10 그는 약자를 (   )하고 강자에게 굽실거린다. [   ]

📚 어휘 특강) '지'의 띄어쓰기

'지'를 띄어 쓰는 경우 의존 명사   VS   '-ㄴ지'와 같이 붙여 쓰는 경우 어미

'지'를 띄어 쓰는 경우

어떤 일이 있었던 때로부터 지금까지의 동안을 나타내는 말.
- 예 · 그를 만난 지도 꽤 오래되었다.
- · 집을 떠나온 지 어언 3년이 지났다.
- · 강아지가 집을 나간 지 사흘 만에 돌아왔다.

'-ㄴ지'와 같이 붙여 쓰는 경우

❶ 막연한 의문이 있는 채로 그것을 뒤 절의 사실이나 판단과 관련시키는 데 쓰는 연결 어미.
- 예 · 얼마나 부지런한지 세 사람 몫의 일을 해낸다.
- · 그는 몸이 약한지 감기에 잘 걸린다.

❷ 해할 자리나 간접 인용절에 쓰여, 막연한 의문을 나타내는 종결 어미.
- 예 · 아버님, 어머님께서도 안녕하신지.

08 일차 필수 개념

반어 / 역설

필수 개념 ❶ 반어

- **반어법**은 **말하고자 하는 바와 반대로 표현하는 방법**을 의미해. 예를 들어 내가 무언가를 잘못했을 때, 부모님께서 '잘했다!'라고 하신다면 이때 '잘했다'는 칭찬이 아니니까 반어법이 사용된 표현인 거지.
- 작품에서 반어법이 사용되었는지를 알려면 **앞뒤 문맥을 잘 살펴야 해**. 먼저 화자가 처한 상황과 화자의 정서를 확인해 보자. 이때 **화자의 상황이나 정서와 달리 반대로 표현하고 있다면 반어법이 사용**된 거야.

먼 훗날 당신이 찾으시면
그때에 내 말이 '잊었노라'

당신이 속으로 나무라면
'무척 그리다가 잊었노라'

그래도 당신이 나무라면
'믿기지 않아서 잊었노라'

오늘도 어제도 아니 잊고
먼 훗날 그때에 '잊었노라'

– 김소월, 〈먼 후일〉

📎 반어법 찾기

1. 각 연마다 공통적으로 화자의 정서를 표현한 말이 뭐야? ________________________________
2. 화자는 4연에서 '오늘도 어제도 아니 잊고'를 통해 '당신'을 잊을 수 (있음, 없음)을 드러내고 있어.

윗글의 화자의 정서에 대한 설명으로 가장 적절한 것은?

① 지금은 '당신'을 잊었지만 '당신'이 찾으면 잊지 않을 것이다.
② 지금 '당신'을 잊지 못하는 것을 먼 훗날 후회하게 될 것이다.
③ '당신'을 잊을 것이라고 말하지만 '당신'을 잊을 수 없을 것이다.
④ 지금은 '당신'을 믿고 있지만 미래에는 '당신'을 믿지 못할 것이다.
⑤ '당신'을 잊지 못할 것이라고 말하지만 곧 '당신'을 잊게 될 것이다.

✏️ 개념 적용하기

▶ **이 시에 나타난 반어법**

표현	속마음		
'잊었노라' ↔	결코 잊을 수 없다.	먼 훗날을 가정하여 그때에 '잊었노라'라고 말하겠다고 반복함으로써 '당신'을 결코 잊을 수 없다는 속마음을 ☐☐함.	'당신'을 잊지 못하는 화자의 마음을 '잊었노라'라고 ☐☐적으로 표현함. → 화자의 정서와 주제 강조

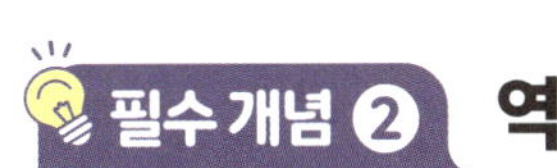 필수 개념 ❷ 역설 

- **역설법**이란 **겉으로 보기에 앞뒤 말이 이치에 어긋나거나 모순되지만, 그 안에 진실이나 깊은 의미를 담아 표현하는 방법**이야.

- '모순(矛盾)'은 중국 초나라 상인이 창과 방패를 팔면서 창은 어떤 방패로도 막지 못하는 창이라고 하고 방패는 어떤 창으로도 뚫지 못하는 방패라 하여 앞뒤가 맞지 않는 말을 하였다는 데서 유래해. '님은 갔지마는 나는 님을 보내지 아니하였습니다.'를 예로 들어 보자. '님'은 갔는데, '나'는 '님'을 안 보냈다니, 겉으로 완전 모순되지? 하지만 그만큼 '님'과 이별하고 싶지 않은 '나'의 마음이 절절하게 느껴지잖아. 이렇게 **앞뒤가 서로 맞지 않지만 독자들에게 스스로 의미를 깊이 생각해 보게 해서 보다 깊은 의미를 전달할 수 있는 표현법**이 역설법이야.

ㄱ 길이 끝나는 곳에서도 / 길이 있다
ㄴ 길이 끝나는 곳에서도 / 길이 되는 사람이 있다
스스로 봄 길이 되어 / 끝없이 걸어가는 사람이 있다
강물은 흐르다가 멈추고 / 새들은 날아가 돌아오지 않고
하늘과 땅 사이의 모든 꽃잎은 흩어져도 / 보라
ㄷ 사랑이 끝난 곳에서도 / 사랑으로 남아 있는 사람이 있다
스스로 사랑이 되어 / 한없이 봄 길을 걸어가는 사람이 있다

– 정호승, 〈봄 길〉

📎 역설법 찾기

1. '길이 끝나는 곳에서도 / 길이 있다'는 이치에 맞는 표현이야? O ☐ X ☐
2. 이치에 맞지 않거나 모순된 표현을 모두 찾아 써 봐.

____

ㄱ~ㄷ을 이해한 내용으로 맞으면 ○표, 틀리면 ×표를 하시오.

(1) ㄱ은 겉으로는 모순되지만, 절망 속에서도 희망이 있음을 의미해.　　　　　　　　　(　　)
(2) ㄴ은 겉으로는 모순되지만, 절망 속에서도 희망을 가지는 사람이 있음을 의미해. (　　)
(3) ㄷ은 겉으로는 모순되지만, 사랑이 없는 현실에도 이별의 고통이 있음을 의미해. (　　)

✏️ 개념 적용하기

▶ **이 시에 나타난 역설법**

이치에 어긋나는 표현	의미
• '길이 끝나는 곳에서도 / 길이 있다' • '길이 끝나는 곳에서도 / 길이 되는 사람이 있다' • '사랑이 끝난 곳에서도 / 사랑으로 남아 있는 사람이 있다'	→ 절망적 상황 속에서도 ☐☐ 이 존재한다. → 절망적인 상황 속에서도 희망을 잃지 않는 사람이 있다. → 사랑이 없는 곳에서도 사랑을 베푸는 사람이 있다.

☐☐☐ 을 활용하여 절망적인 상황일지라도 희망과 사랑이 있다는 믿음을 강조하여 표현함.

반어 / 역설

'독'은 '건강이나 생명에 해가 되는 성분'인데 왜 아름답다고 했는지 그 표현과 효과를 살펴보자.

독은 아름답다 | 함민복

은행나무 열매에서 구린내가 난다
주의해 주세요 ㉠구린내가 향기롭다

밤톨이 여물면서 밤송이가 따가워진다
㉡날카롭게 찌르는 가시가 너그럽다

㉢복어알을 먹으면 죽는다
㉣복어의 독이 복어의 사랑이다

자식을 낳고 술을 끊은 친구가 있다
㉤친구의 독한 마음이 아름답다

01 윗글의 표현상 특징으로 적절한 것은?

① 계절의 흐름에 따라 시상을 전개하였다.
② 후각적 이미지와 촉각적 이미지를 사용하였다.
③ 일상에서 쉽게 접하기 힘든 소재들을 활용하였다.
④ 모든 시행을 같은 글자로 시작하여 운율을 형성하였다.
⑤ 반성적이고 의지적인 어조로 화자의 정서를 표현하였다.

02 윗글의 화자에 대한 설명으로 적절하지 <u>않은</u> 것은?

① 화자는 '은행나무 열매'의 '구린내'에 대해 긍정적으로 생각하고 있다.
② 화자는 '은행나무 열매'를 밟지 않아야 향기로운 냄새가 난다고 여기고 있다.
③ 화자는 '밤송이'의 '가시'가 '밤톨'을 보호한다고 생각하고 있다.
④ 화자는 '복어의 독'을 다른 사람들과 다르게 여기고 있다.
⑤ 화자는 '은행나무 열매', '밤톨', '복어알'을 '자식'과 연관 짓고 있다.

역설

03 ㉠~㉤ 중 역설법이 사용되지 <u>않은</u> 것은?

① ㉠
② ㉡
③ ㉢
④ ㉣
⑤ ㉤

04 윗글에서 친구의 독한 마음이 아름답다고 한 이유가 무엇인지 한 문장으로 서술하시오.

▶ 이 시에 나타난
☐☐☐

	1연	2연	3연	4연
모순된 표현	'구린내가 향기롭다'	'날카롭게 찌르는 가시가 너그럽다'	'복어의 독이 복어의 사랑이다'	'친구의 독한 마음이 아름답다'
의미	'구린내'는 '은행나무 열매'를 보호하는 역할을 함. → 향기롭다	'밤송이'의 '날카롭게 찌르는 가시'는 '밤톨'을 보호하는 역할을 함. → 너그럽다	'복어의 독'은 '복어알'을 보호하는 역할을 함. → 사랑이다	자식을 위해 '독한 마음'을 먹은 것으로, 친구의 자식에 대한 사랑을 보여 줌. → 아름답다

⬇

일반적으로 부정적으로 여기는 대상들을 ☐☐☐ 으로 바라봄으로써
모순된 표현 속에 담긴 깊은 뜻을 전달함.

🔍 작품 한눈에 **독은 아름답다** | 함민복

한줄평 ▶ 자식을 소중히 여기고 보호하려는 부모의 사랑을 드러낸 시

시상 전개와 운율

- **소재의 나열**: 각 연마다 특정 소재를 제시하여 시상을 전개함.
- **연과 행의 배치**: 각 연은 모두 2행으로 구성되어 있으며, 각 시행의 길이를 비슷하게 하여 구조적 안정감을 줌.
- **종결 어미 '–다'의 반복**: 운율을 형성함.

표현

- ☐☐☐: 모순된 표현 속에 담긴 깊은 뜻을 전달함.
- **독창적 관점**: 소재에 대한 일반적인 인식과 다른 독창적 관점을 드러냄. → 대상의 부정적인 특성을 긍정적으로 바라보면서 대상의 가치를 새롭게 인식함.

소재

- **'은행나무 열매', '밤톨', '복어알'**: '자식'을 의미하는 소재로, 4연에서 자연스럽게 '자식'과 연결됨.
- **'구린내', '가시', '복어의 독', '독한 마음'**: 자식을 소중히 여기고 보호하려는 ☐☐의 사랑을 드러냄.

⬇ ⬇ ⬇

주제: 자식에 대한 부모의 사랑에서 느껴지는 아름다움

어휘 확인

[1~10] 보기 에서 어휘의 뜻풀이 또는 예문의 (   ) 안에 들어갈 어휘 ㉠~㉤을 찾아 쓰시오.

보기

| ㉠ 긍정적 | ㉡ 가정 | ㉢ 반성적 | ㉣ 문맥 | ㉤ 모순 |

뜻풀이

1 글월에 표현된 의미의 앞뒤 연결. [   ]

2 그러하거나 옳다고 인정하는 것. 또는 바람직한 것. [   ]

3 자신의 언행에 대하여 잘못이나 부족함이 없는지 돌이켜 보는 것. [   ]

4 사실이 아니거나 또는 사실인지 아닌지 분명하지 않은 것을 임시로 인정함. [   ]

5 어떤 사실의 앞뒤, 또는 두 사실이 이치상 어긋나서 서로 맞지 않음을 이르는 말. [   ]

예문

6 자신의 삶을 (   )으로 되짚어 보다. [   ]

7 네 이야기는 (   )이 있어 잘 이해할 수가 없다. [   ]

8 하나의 단어는 (   )에 따라 다양한 의미를 가진다. [   ]

9 다음 달 선거가 실시된다는 (   ) 아래 준비를 해 왔다. [   ]

10 그는 미래를 (   )으로 보고 항상 희망과 의욕에 차서 살아간다. [   ]

어휘 특강

🔴 비 비슷한 말   🔵 반 반대말

비 망각하다
어떤 사실을 잊어버리다.
예 그는 경찰이라는 자신의 신분을 망각하고 범죄를 저질렀다.

비 까먹다
어떤 사실이나 내용 따위를 잊어버리다.
예 그는 자기 생일도 까먹는 사람이다.

비 떠나다
어떤 일이나 사람들과 관계를 끊거나 관련이 없는 상태가 되다.
예 그는 그 일에서 마음이 떠난 지 오래였다.

잊다
한번 알았던 것을 기억하지 못하거나 기억해 내지 못하다.
예 본 지 오래된 영화라서 그 제목을 잊었다.

반 기억하다
이전의 인상이나 경험을 의식 속에 간직하거나 도로 생각해 내다.
예 나는 아직도 그를 반장으로 기억하고 있다.

반 암기하다
외워 잊지 아니하다.
예 영어 문장을 암기하다.

반 알다
교육이나 경험, 사고 행위를 통하여 사물이나 상황에 대한 정보나 지식을 갖추다.
예 단어의 뜻을 알아야 그 문장의 뜻을 이해할 수 있다.

09 일차

대유: 제유 / 환유

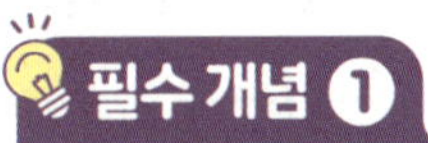

필수 개념 ❶ 제유

- 대유법은 대상의 한 부분이나 사물의 속성을 통해 대상 전체나 그 사물 자체를 나타내는 방법을 말해. 대유법에는 대표적으로 제유법과 환유법이 있어.
- 제유법(提 끌 제, 喩 깨달을 유)은 대상의 한 부분을 통해 그 대상 전체를 나타내는 방법이야. 예를 들어 '빵 아니면 죽음을 달라.'에서 '빵'은 '식량'의 일부이지만 먹을 것 전체, 즉 식량을 표현하니까 제유에 해당해.

평상이 있는 국숫집에 갔다 / 붐비는 국숫집은 삼거리 슈퍼 같다
평상에 마주 앉은 사람들 / 세월 넘어온 친정 오빠를 서로 만난 것 같다
국수가 찬물에 헹궈져 건져 올려지는 동안 / 쯧쯧쯧쯧 쯧쯧쯧쯧,
㉠손이 ㉡손을 잡는 ㉢말
㉣눈이 ㉤눈을 쓸어 주는 말
병실에서 온 사람도 있다 / 식당 일을 손 놓고 온 사람도 있다
사람들은 평상에만 마주 앉아도 / 마주 앉은 사람보다 먼저 더 서럽다
세상에 이런 짧은 말이 있어서 / 세상에 이런 깊은 말이 있어서
국수가 찬물에 헹궈져 건져 올려지는 동안 / 쯧쯧쯧쯧 쯧쯧쯧쯧,
큰 푸조나무 아래 우리는 / 모처럼 평상에 마주 앉아서

– 문태준, 〈평상이 있는 국숫집〉

제유법 찾기

1. '손이 손을 잡는 말'에서 신체의 일부를 의미하는 시어는 뭐야? _______________
2. '손이 손을 잡는 말'에서 신체의 일부를 의미하는 '손'은 대상 전체인 사람을 나타내? O☐ X☐

㉠~㉤을 이해한 내용으로 적절하지 않은 것은?

① ㉠: 위로하는 사람을 신체의 일부인 '손'으로 표현하였다.
② ㉡: 위로받는 사람을 신체의 일부인 '손'으로 표현하였다.
③ ㉢: 위로와 공감의 표현인 '쯧쯧쯧쯧 쯧쯧쯧쯧'을 의미한다.
④ ㉣: 상대방의 말에 공감하는 사람을 '눈'으로 표현하였다.
⑤ ㉤: 상대방의 말에 공감하지 못하는 사람을 '눈'으로 표현하였다.

개념 적용하기

▶ 이 시에 나타난 제유법

'손이'	'손을'	'잡는 말'
'눈이'	'눈을'	'쓸어 주는 말'
위로(공감)하는 사람	위로(공감)받는 사람	위로(공감)의 말 = '쯧쯧쯧쯧 쯧쯧쯧쯧'

신체의 일부분인 ☐ 과 ☐ 을 통해 위로(공감)하는 사람과 위로(공감)받는 사람을 나타냄.

필수 개념 ❷ 환유

- **환유법(換 바꿀 환, 喩 깨달을 유)은 대상의 속성과 밀접한 관련이 있는 다른 대상을 통해 본래의 대상을 나타내는 방법**이야. 예를 들어 '펜이 칼보다 강하다.'라는 말의 의미는 '지식이 무력보다 강하다.'인데, 여기서 '펜'은 '지식'을, '칼'은 '무력'을 의미하는 거지.
- 우리 민족을 표현할 때 흔히 '백의민족(白衣民族)'이라고 하는 것도, 과거에 흰옷을 즐겨 입었다는 우리 민족의 특성을 활용한 환유에 해당해.

껍데기는 가라.
사월도 알맹이만 남고
껍데기는 가라.

껍데기는 가라.
동학년 곰나루의, 그 아우성만 살고
껍데기는 가라.
　　　　　　　　(중략)
껍데기는 가라.
한라에서 백두까지 / 향그러운 흙 가슴만 남고
그, 모오든 쇠붙이는 가라.

– 신동엽, 〈껍데기는 가라〉 중에서

🔗 환유법 찾기

1. 마지막 연에 제시된 '쇠붙이'는 (강한, 부드러운) 속성을 가지고 있어.
2. 1에서 확인한 '쇠붙이'의 속성에서는 (전쟁, 평화)이/가 떠올라.

윗글에 나타난 표현에 대한 설명으로 적절한 것은?

① '전쟁'의 속성과 관련이 있는 '쇠붙이'를 통해 '전쟁'을 나타냈어.

② '평화'의 속성과 관련이 있는 '껍데기'를 통해 '평화'를 나타냈어.

✏️ 개념 적용하기

▶ **이 시에 나타난 환유법**

'　　　'

쇠로 된 도구나
쇠의 부스러기 또는 쇳조각을
통틀어 이르는 말.

➡ 무력, 전쟁 등을 나타냄.
→ 4 · 19 혁명('사월')과 동학 혁명('동학년 곰나루의, 그 아우성')을 바탕으로 할 때, 군사 정권이나 외세를 의미하기도 함.

대상의 속성과 관련이 있는 다른 대상('쇠붙이')을 통해 본래의 대상을 나타냈으므로,
　　　　　이 사용됨.

대유: 제유 / 환유

일제 강점기라는 시대적 상황을 바탕으로 '들'과 '봄'이 무엇을 의미하는지 생각해 보자.

빼앗긴 들에도 봄은 오는가 | 이상화

지금은 남의 땅 — 빼앗긴 ㉮들에도 봄은 오는가?

나는 온몸에 햇살을 받고
푸른 하늘 푸른 들이 맞붙은 곳으로
가르마 같은 논길을 따라 ㉠꿈속을 가듯 걸어만 간다.

입술을 다문 하늘아 들아
내 맘에는 내 혼자 온 것 같지를 않구나.
네가 끌었느냐 누가 부르더냐 ㉡답답해라 말을 해 다오.

(중략)

나비 제비야 깝치지* 마라
맨드라미 들마꽃에도 인사를 해야지
ⓐ아주까리기름*을 바른 이가 김매던 그 들이라 다 보고 싶다.

내 손에 호미를 쥐어 다오
살찐 젖가슴과 같은 부드러운 이 흙을
발목이 시도록 밟아도 보고 좋은 땀조차 흘리고 싶다.

㉢강가에 나온 아이와 같이
짬도 모르고 끝도 없이 닫는 내 혼아
무엇을 찾느냐 어디로 가느냐 ㉣우스웁다 답을 하려무나.

나는 온몸에 풋내를 띠고
㉤푸른 웃음 푸른 설움 어우러진 사이로
다리를 절며 하루를 걷는다 아마도 봄 신령이 지폈나보다.

그러나 지금은 — 들을 빼앗겨 봄조차 빼앗기겠네.

* **깝치지** : 재촉하지.
* **아주까리기름** : 아주까리 열매를 짜서 만든 기름으로, 과거 우리나라 여인들이 머리에 발랐음.

01 윗글의 표현상 특징으로 적절한 것은?

① 밝음과 어둠의 대립적인 구도가 나타나 있다.
② 자연과 문명을 대조하여 깨달음을 부각하고 있다.
③ 의성어와 의태어를 사용하여 생동감을 드러내고 있다.
④ 묻고 답하는 수미상관의 구성을 통해 시상을 전개하고 있다.
⑤ 말의 일반적인 순서를 바꾸어 말하고자 하는 바를 강조하고 있다.

02 ㉠~㉤에 대한 설명으로 적절하지 <u>않은</u> 것은?

① ㉠: 화자는 마치 꿈을 꾸는 듯한 느낌을 받고 있다.
② ㉡: 화자의 답답한 심정이 드러나 있다.
③ ㉢: 보고 싶은 대상에 대한 화자의 그리움이 나타나 있다.
④ ㉣: 화자의 자조적*인 웃음이 드러나 있다.
⑤ ㉤: 화자는 기쁨과 서러움을 동시에 느끼고 있다.

＊자조적: 자기를 비웃는 듯한 것.

대유 - 환유

03 ⓐ에 나타난 표현법으로 적절한 것은?

① 의인법을 사용하여 대상을 친근하게 드러낸다.
② 영탄법을 사용하여 그리움의 정서를 표출한다.
③ 환유법을 사용하여 우리 민족을 떠올리게 한다.
④ 과장법을 사용하여 김을 매는 모습을 강조한다.
⑤ 반어법을 사용하여 말하고자 하는 바를 부각한다.

🖐 주관식·서술형

대유 - 제유

04 ㉮는 제유법이 사용된 표현이다. 이를 고려할 때, ㉮의 의미가 무엇인지 한 단어로 쓰시오.

▶ **이 시에 나타난 대유법**

제유	환유
'빼앗긴 들'	'아주까리기름을 바른 이'
⇩	⇩
'들'은 '국토'의 일부	전통적인 한국 여인의 이미지 → 우리 민족의 특성이 반영됨.
⇩	⇩
국토 전체, ☐☐을 의미함.	☐☐☐☐을 의미함.

국토의 일부분인 '들'로 국토 전체를 나타내는 ☐☐와 우리 민족의 특성을 통해 우리 민족을 나타내는 ☐☐가 사용됨.

🔍 작품 한눈에 **빼앗긴 들에도 봄은 오는가** | 이상화

한줄평 ▶ 일제에 국권을 빼앗긴 현실을 아름다운 봄 풍경과 대비하여 표현한 시

시상 전개와 어조

- **수미상관**: 묻고 답하는 '질문 – 대답' 형식의 수미상관 구조로 시상을 전개하여 시적 의미를 강조하고 운율을 형성함.
- **어조**: 명령적·영탄적 어조의 사용으로 화자의 정서를 강하게 드러냄.

이미지

- **감각적 이미지의 사용**: 시각적 이미지, ☐☐☐ 이미지('풋내'), 촉각적 이미지('부드러운', '시도록'), 공감각적 이미지('푸른 웃음' – 청각의 시각화)
- **향토적 이미지**: 다양한 향토적 소재를 사용하여 국권 회복의 염원을 그림.

표현

- ☐☐☐: '가르마 같은', '꿈속을 가듯', '살찐 젖가슴과 같은', '강가에 나온 아이와 같이'
- **역설법**: '푸른 웃음 푸른 설움' → 서로 모순되는 표현으로 시적 화자의 복합적인 심리를 드러냄.
- **대유법(제유)**: '들을 빼앗겨 봄조차 빼앗기겠네.' → 국토의 일부분인 '들'로 국토 전체를 나타냄.

주제: 국권(국토)을 잃은 현실에 대한 슬픔과 안타까움

 **어휘 확인**

📖 정답 및 해설 21쪽

[1~5] 다음에서 설명하는 어휘가 무엇일지 주어진 낱자를 활용하여 쓰시오.

1 사물의 특징이나 성질.

2 자기를 비웃는 듯한 것.

3 인류가 이룩한 물질적, 기술적, 사회 구조적인 발전.

4 나무로 만든 침상의 하나. 밖에다 내어 앉거나 드러누워 쉴 수 있도록 만든 것.

5 남의 감정, 의견, 주장 따위에 대하여 자기도 그렇다고 느낌. 또는 그렇게 느끼는 기분.

어휘 특강 ‘다르다’와 ‘틀리다’의 구별

다르다 형용사	VS	틀리다 동사

비교가 되는 두 대상이 서로 같지 아니하다.
예
- 쌍둥이도 서로 성격이 다르다.
- 아들이 아버지와 얼굴이 다르다.
- 칠월이 되자 날씨가 하루기 디르게 디워진디.

셈이나 사실 따위가 그르게 되거나 어긋나다.
예
- 계산이 틀리다.
- 대사를 하나도 안 틀리고 줄줄 외다.
- 문제까지 알려 줬는데도 답을 틀리다니 이해할 수가 없구나.

소설

필수 개념 미리학습 "소설"

소설을 이해하고 감상하는 데 꼭 필요한 필수 개념입니다. 찬찬히 뜻을 생각하며 읽어 보고 의미를 아는 개념이면 ☑ ✕, 헷갈리거나 모르는 개념이면 ○ ☑ 에 표시해 보세요. 지금은 ○ ☑ 에 많이 표시해도 괜찮아요. 이제부터 하나하나 배워 갈 거니까요!

"소설"이란?

현실 세계에 있음 직한 일을 작가가 상상하여 꾸며 쓴 산문 문학 ○ ✕

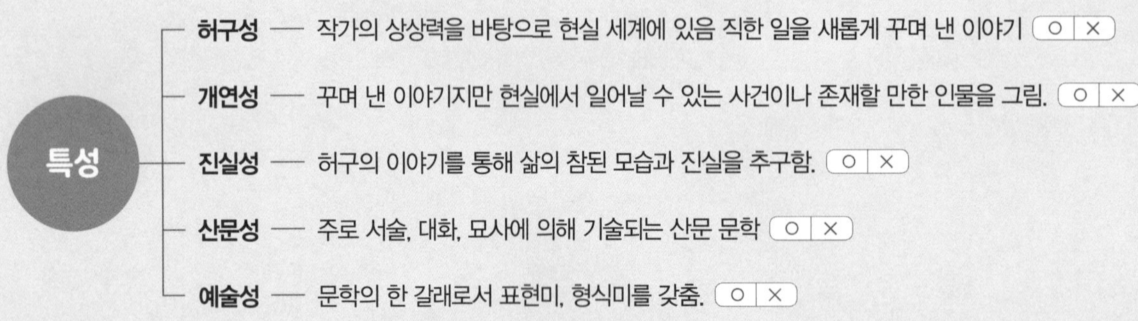

특성

허구성	작가의 상상력을 바탕으로 현실 세계에 있음 직한 일을 새롭게 꾸며 낸 이야기	○ ✕
개연성	꾸며 낸 이야기지만 현실에서 일어날 수 있는 사건이나 존재할 만한 인물을 그림.	○ ✕
진실성	허구의 이야기를 통해 삶의 참된 모습과 진실을 추구함.	○ ✕
산문성	주로 서술, 대화, 묘사에 의해 기술되는 산문 문학	○ ✕
예술성	문학의 한 갈래로서 표현미, 형식미를 갖춤.	○ ✕

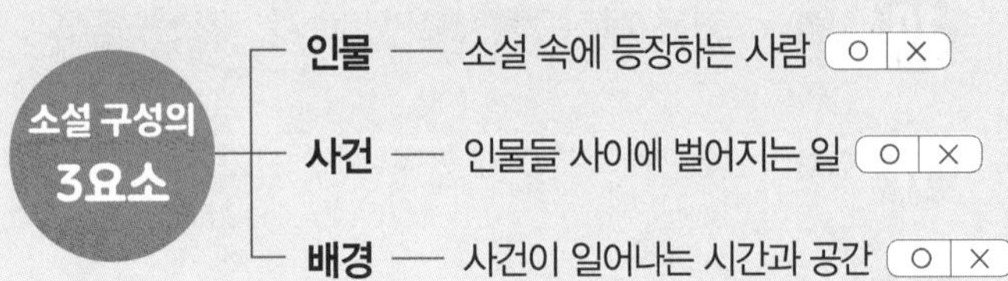

소설 구성의 3요소

인물	소설 속에 등장하는 사람	○ ✕
사건	인물들 사이에 벌어지는 일	○ ✕
배경	사건이 일어나는 시간과 공간	○ ✕

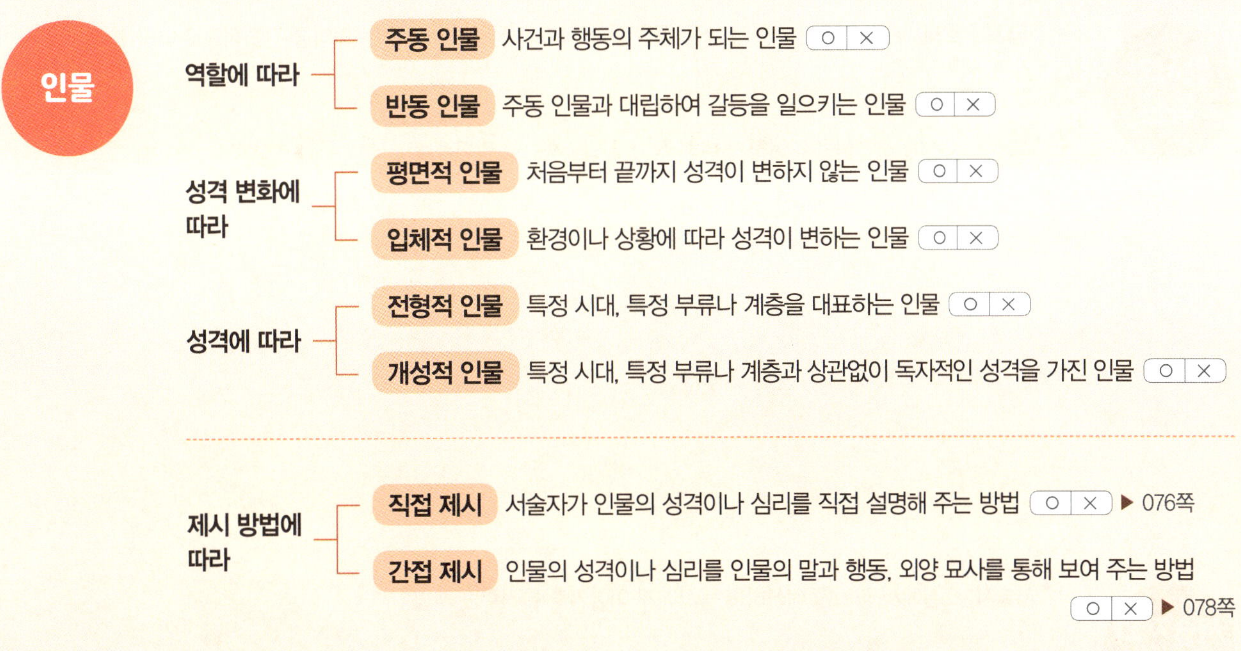

인물

역할에 따라
- **주동 인물** 사건과 행동의 주체가 되는 인물 ○ ×
- **반동 인물** 주동 인물과 대립하여 갈등을 일으키는 인물 ○ ×

성격 변화에 따라
- **평면적 인물** 처음부터 끝까지 성격이 변하지 않는 인물 ○ ×
- **입체적 인물** 환경이나 상황에 따라 성격이 변하는 인물 ○ ×

성격에 따라
- **전형적 인물** 특정 시대, 특정 부류나 계층을 대표하는 인물 ○ ×
- **개성적 인물** 특정 시대, 특정 부류나 계층과 상관없이 독자적인 성격을 가진 인물 ○ ×

제시 방법에 따라
- **직접 제시** 서술자가 인물의 성격이나 심리를 직접 설명해 주는 방법 ○ × ▶ 076쪽
- **간접 제시** 인물의 성격이나 심리를 인물의 말과 행동, 외양 묘사를 통해 보여 주는 방법 ○ × ▶ 078쪽

갈등

* **갈등**: 문학 작품 속에서 인물의 내적 심리나 인물 간의 심리 혹은 관계가 복잡하게 얽혀 있는 상태 ○ ×

내적 갈등 — 한 인물의 마음속에서 일어나는 갈등 ○ ×

외적 갈등 — 인물과 그를 둘러싼 외부적인 요인 사이의 대립으로 일어나는 갈등 ○ ×
ex. 인물과 인물 사이의 갈등, 인물과 사회 사이의 갈등 등

구성

구성 단계

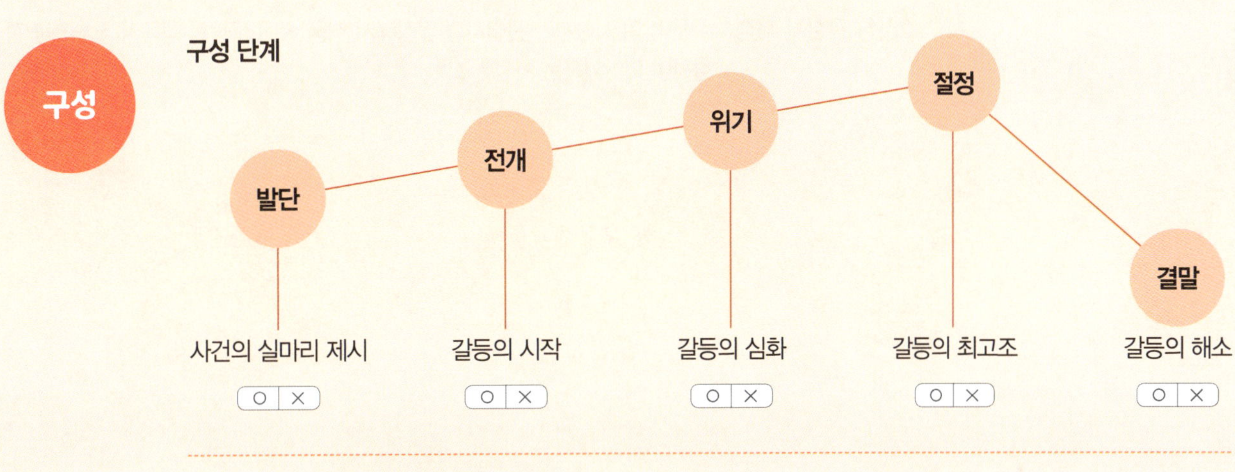

발단 — 전개 — 위기 — 절정 — 결말

발단	전개	위기	절정	결말
사건의 실마리 제시	갈등의 시작	갈등의 심화	갈등의 최고조	갈등의 해소
○ ×	○ ×	○ ×	○ ×	○ ×

구성 방식
- **순행적 구성** 시간의 순서에 따라 내용이 전개되는 구성 방식 ○ × ▶ 086쪽
- **역순행적 구성** 시간의 흐름을 거슬러 내용이 전개되거나 현재와 과거가 교차되는 구성 방식 ○ × ▶ 086쪽
- **액자식 구성** 이야기 속에 또 다른 이야기를 넣어 서술하는 구성 방식 ○ × ▶ 088쪽

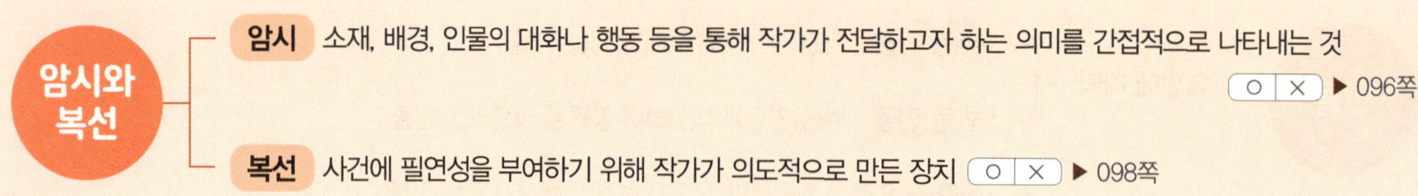

암시와 복선
암시 소재, 배경, 인물의 대화나 행동 등을 통해 작가가 전달하고자 하는 의미를 간접적으로 나타내는 것 ○ ✕ ▶ 096쪽
복선 사건에 필연성을 부여하기 위해 작가가 의도적으로 만든 장치 ○ ✕ ▶ 098쪽

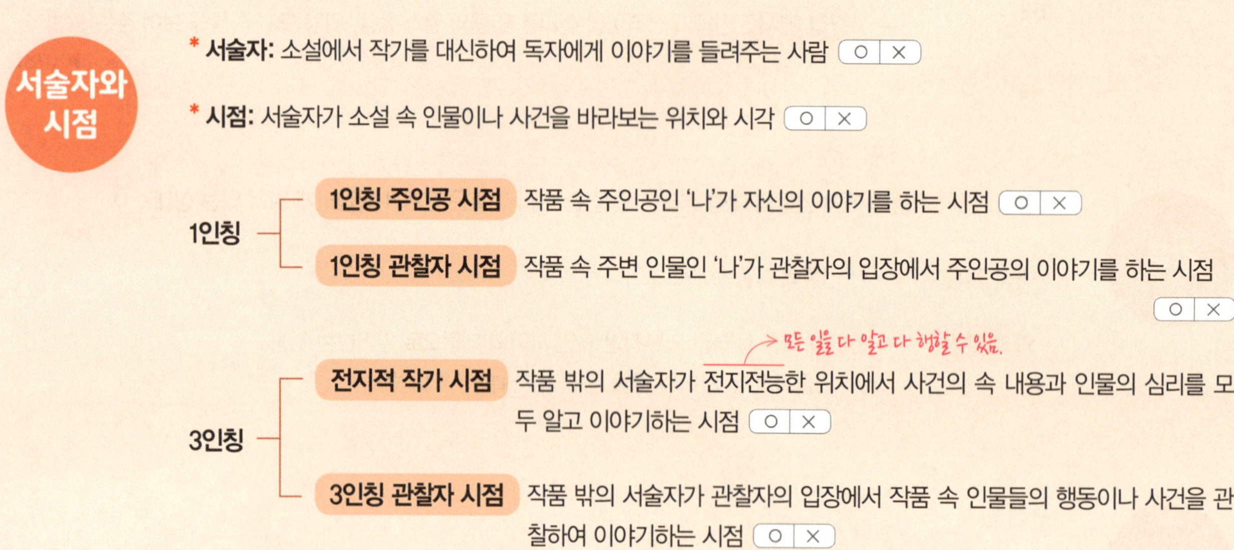

서술자와 시점
* 서술자: 소설에서 작가를 대신하여 독자에게 이야기를 들려주는 사람 ○ ✕
* 시점: 서술자가 소설 속 인물이나 사건을 바라보는 위치와 시각 ○ ✕
1인칭
1인칭 주인공 시점 작품 속 주인공인 '나'가 자신의 이야기를 하는 시점 ○ ✕
1인칭 관찰자 시점 작품 속 주변 인물인 '나'가 관찰자의 입장에서 주인공의 이야기를 하는 시점 ○ ✕
3인칭
→ 모든 일을 다 알고 다 행할 수 있음.
전지적 작가 시점 작품 밖의 서술자가 전지전능한 위치에서 사건의 속 내용과 인물의 심리를 모두 알고 이야기하는 시점 ○ ✕
3인칭 관찰자 시점 작품 밖의 서술자가 관찰자의 입장에서 작품 속 인물들의 행동이나 사건을 관찰하여 이야기하는 시점 ○ ✕

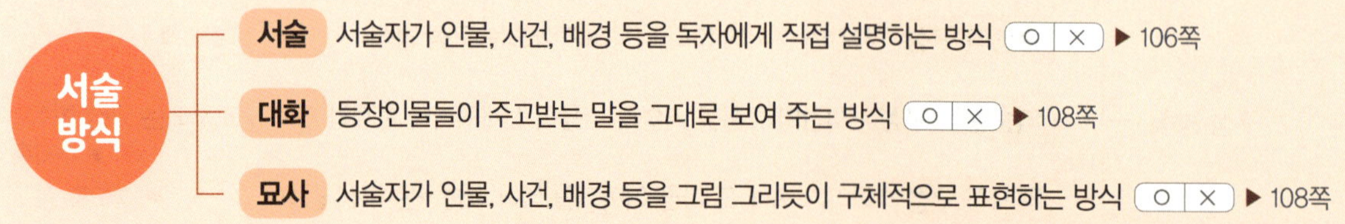

서술 방식
서술 서술자가 인물, 사건, 배경 등을 독자에게 직접 설명하는 방식 ○ ✕ ▶ 106쪽
대화 등장인물들이 주고받는 말을 그대로 보여 주는 방식 ○ ✕ ▶ 108쪽
묘사 서술자가 인물, 사건, 배경 등을 그림 그리듯이 구체적으로 표현하는 방식 ○ ✕ ▶ 108쪽

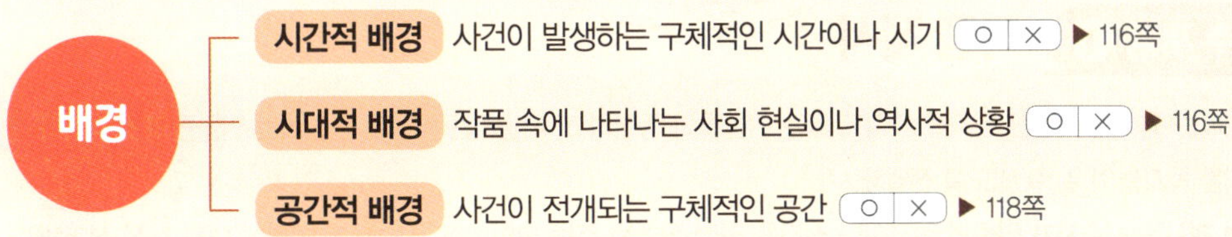

배경
시간적 배경 사건이 발생하는 구체적인 시간이나 시기 ○ X ▶ 116쪽
시대적 배경 작품 속에 나타나는 사회 현실이나 역사적 상황 ○ X ▶ 116쪽
공간적 배경 사건이 전개되는 구체적인 공간 ○ X ▶ 118쪽

소재
소재 글을 쓰기 위해 사용하는 글감, 즉 글의 재료 ○ X ▶ 126쪽

인물 제시 방법: 직접 제시 / 간접 제시

필수 개념 ❶ 직접 제시

> 인물의 성격
> 대놓고 말하기!

- 소설에는 제각각 다양한 성격을 가지고 있는 인물들이 등장하고, 서술자는 작품에 등장하는 인물들의 성격이나 심리를 독자들이 알 수 있도록 전달해.
- **직접 제시**는 **서술자가 인물의 성격이나 심리를 직접 설명해 주는 방법**이야. 서술자가 인물에 대해 직접 설명해 주기 때문에 직접 제시를 **'말하기'**라고도 하지.
- '예쁘다', '친절하다', '불안하다'와 같이 서술자가 인물에 대해 직접적으로 말하는 방식이니 **인물의 특성을 분명하게 드러낼 수 있고, 사건의 진행 속도도 빨라질 수 있어.** 하지만 **독자의 상상력을 제한**하기도 해.

📖 전체 줄거리

짝사랑하던 미옥이에게 편지를 쓴 열여섯의 '나'는 미옥이에게 답장을 받고 기뻐하며 집으로 돌아오는데, 중국에 살던 일가라는 아저씨가 집으로 찾아온다. 스스럼없고 넉살 좋은 아저씨는 우리 집에 계속 머무르게 되고, 엄마는 답답함을 느낀다. 어느 날, 엄마는 '나'의 편지를 압수한 것 때문에 아빠와 싸우고 집을 나간다. 아저씨는 자신 때문에 엄마가 집을 나간 것이라고 미안해하고, 아저씨가 떠난 날 엄마가 돌아온다. '나'는 아저씨의 외로움을 생각한다.

＊우사: 외양간. 마소를 기르는 곳.

＊투실투실하다: 보기 좋을 정도로 살이 통통하게 찐 데가 있다.

[앞부분의 줄거리] 봄 방학을 하기 일주일 전 미옥이에게 편지를 쓴 '나'는 봄 방학을 하는 날, 미옥이에게 답장을 받고 기쁜 마음으로 집에 돌아오는데 중국에 살던 '일가'라는 아저씨가 집으로 찾아온다. 아저씨는 '일가'라는 이유로 가족들에게 스스럼없고 친밀한 모습을 보이는데, 아저씨가 자신의 이야기를 계속하는 바람에 '나'는 미옥이의 편지를 읽어 보지 못하고 있다.

  그날은 아저씨의 연변 이야기, 아니 랴오닝 성 이야기, 큰할아버지 이야기, 아저씨의 중국 생활 이야기, 아저씨의 외갓집 이야기, 이북에 살고 있다는 아저씨의 외삼촌 이야기, 아저씨가 한국에 들어와 산 이야기를 듣느라 온 식구가 꼼짝도 못하고 지나가 버렸다. 아저씨는 말하자면 한국에 돈을 벌러 온 '조선족' 이주 노동자인 것이다. 술잔 비워지는 속도가 점점 빨라지면서 아저씨의 흥분 상태도 고조되고 있었다. 우사＊에서는 소가 밥 달라고 매애거렸다. 아버지는 안절부절못하였다. 그러나 아저씨는 아버지를 도통 놓아주려 하질 않는 것이었다. 엄마가 잠깐 '과일이라도.' 하면서 일어설라치면 '과일은 무슨, 일없습네다.' 하면서 극구 만류하는 통에 엄마 또한 주저앉을 수밖에 없곤 하였다. 나는 적당한 때를 봐서 슬쩍 일어서야지, 하고서 아저씨의 말에 귀를 기울이는 체하면서 속으로는 계속 미옥이의 편지만 생각하고 있었다.

  "창이야, 우사에 가서 소먹이 좀 주고 오너라."

  아버지가 끝내 일어서지 못하고 내게 일을 시켰다.

  나는 냉큼 일어나 우사로 갔다. 이제 소먹이만 주고 나면 내 방에 들어가 미옥이의 편지를 볼 수 있을 것이다. 우리 집 소는 모두 일곱 마리다. 다들 엉덩잇살이 투실투실하고＊ 어깨가 떡 벌어졌다.

  내가 한참 소먹이를 주고 있는데 뒤에서 갑자기 아저씨 소리가 났다.

  "하아, 그놈들, 궁뎅이도 차암."

  그것은 내가 아저씨를 처음 만났을 때 했던 말하고 똑같은 것이었다. 나는 나도 모르게 내 엉덩이 쪽으로 손이 갔다. 그랬더니 거름 더미 쪽으로 돌아서서 소변을 보던 아저씨가 그것은 언제 봤는지 돌아선 채로 손을 저어 보였다. 안 보고도 어떻게 내 손이 엉덩이 쪽으로 갔는지 알 수 있단 말인가. 아저씨는 결코 기분 좋은 느낌 따위는 손톱만큼도 주지 않는 사람이었다.

– 공선옥, 〈일가〉

📎 직접 제시 판단하기

1. 이 글의 서술자는 누구야? ___________________
2. 서술자는 아저씨의 이야기를 듣고 있는 아버지의 심리를 ('안절부절못하였다', '여유로웠다')고 제시하고 있어.

다음 빈칸에 들어갈 알맞은 말을 쓰시오.

윗글의 서술자 '나'는 고조되는 아저씨의 심리와 우사에 소먹이를 주러 가야 하는 아버지의 초조하고 불안한 심리를 ☐☐☐으로 제시하고 있다.

✏️ 개념 적용하기

▶ 〈일가〉에 나타난 직접 제시

'나' = 주인공 = ☐☐☐
미옥이를 좋아하는 마음을 편지에 담아 표현한 열여섯 살의 순수한 사춘기 소년

아저씨
아버지와 술을 마시며 자신의 이야기를 함. 술잔 비워지는 속도가 빨라지면서 흥분 상태가 고조됨.

아버지
아저씨의 이야기를 들으면서 소먹이를 주어야 한다는 마음에 안절부절못함.

➡ 서술자 '나'는 자신의 이야기를 하며 고조된 아저씨의 심리와 소먹이를 주어야 하기 때문에 안절부절못하는 아버지의 심리를 ☐☐☐☐ 방법으로 전달하고 있어.

🖨 개념 확장하기

직접 제시의 효과

• 서술자가 인물의 성격이나 심리를 분석해서 직접 설명하기 때문에 독자에게 오해 없이 전달할 수 있음.

• 서술자가 인물의 성격이나 심리를 바로 전달해 주므로 사건 전개 속도가 빠름.

• 서술자가 직접 설명하기 때문에 독자가 인물에 대해 상상하기 어려움.

인물 제시 방법: 직접 제시 / 간접 제시

필수 개념 ❷ 간접 제시

인물의 성격
상상하기!

- **간접 제시**는 **인물의 성격이나 심리를 인물의 말과 행동, 외양 묘사를 통해 보여 주는 방식**이야. 그래서 '**보여 주기**'라고도 해.
- 예를 들어 자신의 이익을 챙기기 위해 다른 사람에게 냉정하게 내뱉는 말이나 이기적인 행동을 통해 인물의 성격을 알 수 있도록 보여 주면, 간접 제시가 되는 거야. 반면에 서술자가 어떤 인물에 대해 '인정이 없고 이기적이다.'라고 말하면 직접 제시가 되겠지.
- 간접 제시는 주로 인물의 말이나 행동, 외양 묘사를 통해 이루어지니까 **해당 장면이 보이는 것 같은 생생함과 현장감**을 느낄 수 있어. 또한 서술자는 장면을 보여 주기만 하기 때문에 **독자들은 자유롭게 상상**하며 읽을 수도 있지.

"실례하갔습네다."

바로 과수원의 그 사람이다.

"아악!" / 나는 나도 모르게 비명을 지르고 말았다.

"첨 보는 사이도 아닌데 웬 악을 지르고 그러네?"

아저씨는 나를 향해 눈을 찡끗해 보이기까지 한다. 그때 부엌에서 밥을 차리고 있던 엄마가 내 비명에 놀라 손에 반찬 그릇을 든 채로 마루에 나왔다.

"아주마니, 안녕하십네까?"

"아, 네에. 연변에서 오신 그분이신가요?"

아니, 저 이상한 말 쓰는 아저씨가 미리 연락하고 오는 우리 집 손님이었단 말인가?

"옌벤*이라니요, 어째 한국 사람들은 중국서 왔다면 고저 다아 옌벤서 왔다고 알고 있습네까? 저는 저어 랴오닝성 다롄*서 왔지요."

엄마는 얼굴이 벌게져 버렸다.

"아이구, 그렇다고 뭐 그렇게 부끄러워할 필요는 없습네다. 반갑습네다, 제수씨."

"하여간 뭐어, 어서 오세요." / "자아, 기럼 올라가겠습네다."

아저씨는 신발을 벗고 마루로 턱 올라앉는다.

엄마는 아버지가 있는 우사로 갔다. 나는 내 방으로 얼른 들어가 버렸다. 마루에서 아저씨가 우렁우렁한 목소리로 나를 부른다.

"야야, 내가 무섭네? 무서워할 것 없다. 나는 너의 일가*니까니."

일가니까니? 일가니까니가 뭐람. 나는 미옥이의 편지를 뜯어보고 싶었지만 마루에 있는 '일가니까니'라는 사람이 신경이 쓰여 편지를 뜯어보지도 못하고 책상 앞에 멍하니 앉아 있었다. (중략)

엄마는 우리 식구만 있을 때 쓰는 도리밥상을 접고 손님 올 때 쓰는 교자상을 폈다. 그러면서 벌써 얼굴에 수심이 깔리고 있었다. 엄마의 그런 얼굴을 보고 내 마음이 편할 리 없었다. 나는 떨떠름한 기분으로 방에 들어가 고개를 꾸벅 숙여 인사를 했다.

– 공선옥, 〈일가〉

*옌벤: 연변. 중국 길림성 동부에 있는 자치주.
*다롄: 대련. 중국 랴오둥 반도의 남쪽 끝에 있는 항만 도시.
*일가(一家): 「1」 한집안. 「2」 성(姓)과 본이 같은 겨레붙이.

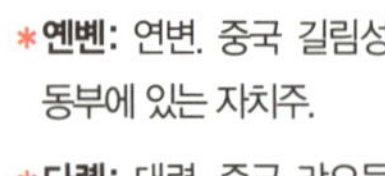

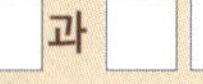 간접 제시 판단하기

1. 서술자 '나'가 아저씨의 성격을 직접적으로 말하고 있어? O ☐ X ☐   → O: 직접 제시, X: 간접 제시
2. 아저씨의 말과 행동을 통해 볼 때, 아저씨는 (무뚝뚝한, 넉살이 좋은) 성격임을 알 수 있어.

윗글에 대한 설명으로 가장 적절한 것은?

① '나'의 행동을 통해 아저씨에 대한 호기심을 보여 주고 있다.
② 일가라는 아저씨가 찾아온 사건을 '나'가 요약해서 설명하고 있다.
③ 말과 행동을 통해 아저씨의 스스럼없는 성격을 간접적으로 제시하고 있다.
④ 아저씨의 말과 행동에 대한 어머니의 불쾌감을 직접적으로 드러내고 있다.
⑤ 아저씨의 외양을 구체적으로 묘사하여 아저씨에 대한 '나'의 두려움을 표현하고 있다.

개념 적용하기

▶ 〈일가〉에
나타난
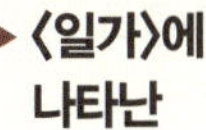
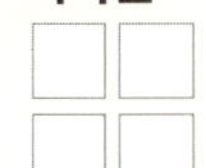

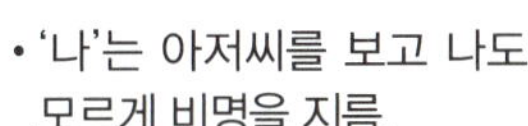

➡ '일가'라며 '나'와 어머니에게 스스럼없이 대하는 아저씨의 ☐ 과 ☐☐ 을 통해 넉살 좋은 아저씨의 성격을 간접적으로 제시하고 있어.

개념 확장하기

간접 제시의 효과

• 인물의 말과 행동, 외양 묘사를 통해 보여 주므로, 독자는 장면을 생생하게 떠올릴 수 있음.
• 독자는 인물의 말과 행동을 통해 인물의 성격이나 심리를 판단하기 때문에 작가가 드러내고자 한 인물의 성격을 자유롭게 상상할 수 있는 여지가 있음. 예를 들어 작가가 굉장히 신중한 성격의 인물을 묘사하려고 했는데, 독자는 그 인물을 결정 장애를 가진 인물이라고 생각할 수도 있음.

인물 제시 방법: 직접 제시 / 간접 제시

📖 전체 줄거리

발단 점순이는 닭싸움으로 계속 '나'의 약을 올린다.

전개 나흘 전, 감자를 준 호의를 거절당한 점순이가 '나'와 '나'의 닭을 괴롭힌다.

위기 약이 오른 '나'는 수탉에게 고추장을 먹여 싸우게 했으나 소용이 없다.

절정 빈사지경이 된 '나'의 수탉을 보고 화가 난 '나'는 점순네 수탉을 때려죽인다.

결말 점순이가 닭을 죽인 일을 눈감아 주기로 하고 '나'는 점순이와 함께 동백꽃 속에 파묻힌다.

＊쪼간: 어떤 사건.

＊쌩이질: 한창 바쁠 때에 쓸데없는 일로 남을 귀찮게 구는 짓.

＊항차: 하물며.

＊동리: 주로 시골에서, 여러 집이 모여 사는 곳.

＊얼병이: 얼뜨기. 겁이 많고 어리석으며 다부지지 못해 어수룩하고 얼빠져 보이는 사람을 낮잡아 이르는 말.

동백꽃 | 김유정

전개 나흘 전 감자 쪼간＊만 하더라도 나는 저에게 조금도 잘못한 것은 없다.

계집애가 나물을 캐러 가면 갔지 남 울타리 엮는 데 쌩이질＊을 하는 것은 다 뭐냐. 그것도 발소리를 죽여 가지고 등 뒤로 살며시 와서

"얘! 너 혼자만 일하니?" / 하고 긴치 않는 수작을 하는 것이다.

어제까지도 저와 나는 이야기도 잘 않고 서로 만나도 본척만척하고 이렇게 점잖게 지내던 터이련만 오늘로 갑작스레 대견해졌음은 웬일인가. 항차＊ 망아지만 한 계집애가 남 일하는 놈 보구…….

"그럼 혼자 하지 떼루 하듸?" / 내가 이렇게 내뱉는 소리를 하니까

"너 일하기 좋니?" / 또는, / "한여름이나 되거든 하지 벌써 울타리를 하니?"

㉠잔소리를 두루 늘어놓다가 남이 들을까 봐 손으로 입을 틀어막고는 그 속에서 깔깔댄다. 별로 우스울 것도 없는데 날씨가 풀리더니 이놈의 계집애가 미쳤나 하고 의심하였다. 게다가 조금 뒤에는 제 집께를 할금할금 돌아다보더니 행주치마의 속으로 꼈던 바른손을 뽑아서 나의 턱밑으로 불쑥 내미는 것이다. 언제 구웠는지 아직도 더운 김이 홱 끼치는 굵은 감자 세 개가 손에 뿌듯이 쥐였다.

"느 집엔 이거 없지?"

하고 생색 있는 큰소리를 하고는 제가 준 것을 남이 알면은 큰일 날 테니 여기서 얼른 먹어 버리란다. 그리고 또 하는 소리가

"너, 봄 감자가 맛있단다."

"난 감자 안 먹는다, 니나 먹어라."

나는 고개도 돌리지 않고 일하던 손으로 그 감자를 도로 어깨 너머로 쑥 밀어 버렸다.

그랬더니 그래도 가는 기색이 없고, 뿐만 아니라 쌔근쌔근하고 심상치 않게 숨소리가 점점 거칠어진다. 이건 또 뭐야, 싶어서 그때에야 비로소 돌아다보니 나는 참으로 놀랐다. 우리가 이 동리＊에 들어온 것은 근 삼 년째 되어 오지만 여태껏 가무잡잡한 점순이의 얼굴이 이렇게까지 홍당무처럼 새빨개진 법이 없었다. 게다 눈에 독을 올리고 한참 나를 요렇게 쏘아보더니 나중에는 눈물까지 어리는 것이 아니냐. 그리고 바구니를 다시 집어 들더니 이를 꼭 악물고는 엎더질 듯 자빠질 듯 논둑으로 휭하게 달아나는 것이다.

어쩌다 동리 어른이

"너 얼른 시집을 가야지?" / 하고 웃으면

"염려 마서유. 갈 때 되면 어련히 갈라구!"

이렇게 천연덕스레 받는 점순이였다. 본시 부끄럼을 타는 계집애도 아니거니와 또한 분하다고 눈에 눈물을 보일 얼병이＊도 아니다. 분하면 차라리 나의 등어리를 바구니로 한 번 모질게 후려 쌔리고 달아날지언정. / 그런데 고약한 그 꼴을 하고 가더니 그 뒤로는 나를 보면 잡아먹으려고 기를 복복 쓰는 것이다.

*방언: 어느 한 지방에서만 쓰는, 표준어가 아닌 말. 사투리.

*해학적: 익살스럽고도 품위가 있는 말이나 행동이 있는 것.

01 윗글에 대한 설명으로 적절하지 <u>않은</u> 것은?

① 계절적 배경을 알 수 있는 소재가 나타나고 있다.
② 방언*을 사용하여 토속적인 분위기를 조성하고 있다.
③ 인물의 심리를 해학적*으로 표현하여 드러내고 있다.
④ 주인공이 직접 이야기하는 방식으로 친근감을 주고 있다.
⑤ 서로 다른 공간에서 동시에 벌어지는 사건을 전달하고 있다.

02 ㉠을 통해 알 수 있는 내용으로 가장 적절한 것은?

① '나'는 평소에 점순이에게 부정적인 감정을 지니고 있었다.
② '나'는 말을 거는 점순이의 의도를 알아차리지 못하고 있다.
③ 점순이는 남의 일에 참견하기를 좋아하는 성격을 지니고 있다.
④ 점순이는 '나'가 봄에 울타리를 하는 것을 못마땅하게 여기고 있다.
⑤ 점순이는 홀로 고생하며 일하는 '나'를 위해 곁에서 도와주려 하고 있다.

03 인물 제시 방법

보기 를 바탕으로 윗글을 이해한 내용으로 적절하지 <u>않은</u> 것은?

> **보기**
>
> 소설에서 인물을 제시하는 방법은 '직접 제시'와 '간접 제시'로 나눌 수 있다. '직접 제시' 방법은 서술자가 인물의 성격이나 심리 및 태도 등을 직접적으로 설명하는 방법이다. 반면에 '간접 제시' 방법은 인물의 말이나 행동, 외양 묘사를 통해 인물의 성격이나 심리 및 태도 등을 간접적으로 보여 주는 방법이다. 이를 통해 독자는 인물의 성격을 판단할 수 있다.

① 동리 어른과 점순이의 대화를 통해 점순이의 당돌한 성격을 알 수 있다.
② '나'가 점순이를 '부끄럼을 타는 계집애'라고 표현하는 것은 '간접 제시'이다.
③ '나'에게 감자를 건네는 행동을 통해 점순이의 심리를 보여 주는 것은 '간접 제시'이다.
④ 점순이의 말과 행동을 이해하지 못하는 모습을 통해 '나'가 어리숙한 인물임을 알 수 있다.
⑤ '나'에게 호의를 거절당한 후 보이는 점순이의 행동을 통해 점순이가 매우 자존심이 상하고 화가 났음을 알 수 있다.

*어절: 문장을 구성하고 있는 각각의 마디. 문장 성분의 최소 단위로서 띄어쓰기의 단위가 된다.
⑩ '잘못한∨것은∨없다.'는 3어절임.

🖊 **주관식·서술형**

04 '나'에 대한 점순이의 호감을 드러내는 소재를 찾아 4어절*로 쓰시오.

📖 전체 줄거리

발단 점순이는 닭싸움으로 계속 '나'의 약을 올린다.

▼

전개 나흘 전, 감자를 준 호의를 거절당한 점순이가 '나'와 '나'의 닭을 괴롭힌다.

▼

위기 약이 오른 '나'는 수탉에게 고추장을 먹여 싸우게 했으나 소용이 없다.

▼

절정 빈사지경이 된 '나'의 수탉을 보고 화가 난 '나'는 점순네 수탉을 때려죽인다.

▼

결말 점순이가 닭을 죽인 일을 눈감아 주기로 하고 '나'는 점순이와 함께 동백꽃 속에 파묻힌다.

절정 거지반 집에 다 내려와서 나는 호드기* 소리를 듣고 발이 딱 멈추었다. 산기슭에 널려 있는 굵은 바윗돌 틈에 노란 동백꽃이 소보록하니 깔리었다. 그 틈에 끼어 앉아서 점순이가 청승맞게시리 호드기를 불고 있는 것이다. 그보다 더 놀란 것은 그 앞에서 또 푸드득, 푸드득, 하고 들리는 닭의 횃소리다. 필연코 요년이 나의 약을 올리느라고 또 닭을 집어내다가 내가 내려올 길목에다 ㉠쌈을 시켜 놓고 저는 그 앞에 앉아서 천연스레 호드기를 불고 있음에 틀림없으리라.

나는 약이 오를 대로 다 올라서 두 눈에서 불과 함께 눈물이 퍽 쏟아졌다. 나무 지게도 벗어 놓을 새 없이 그대로 내동댕이치고는 지게막대기를 뻗치고 허둥지둥 달려들었다.

가까이 와 보니, 과연 나의 짐작대로 ㉡우리 수탉이 피를 흘리고 거의 빈사지경*에 이르렀다. 닭도 닭이려니와 그러함에도 불구하고 눈 하나 깜짝 없이 고대로 앉아서 호드기만 부는 그 꼴에 더욱 치가 떨린다. 동리에서도 소문이 났거니와 나도 한때는 걱실걱실* 일 잘하고 얼굴 예쁜 계집애인 줄 알았더니 시방 보니까 그 눈깔이 꼭 ㉢여우 새끼 같다.

나는 대뜸 달려들어서 나도 모르는 사이에 큰 수탉을 ㉣단매*로 때려 엎었다. 닭은 푹 엎어진 채 다리 하나 꼼짝 못 하고 그대로 죽어 버렸다. 그리고 나는 멍하니 섰다가 점순이가 매섭게 눈을 홉뜨고 닥치는 바람에 뒤로 벌렁 나자빠졌다.

"이놈아! 너 왜 남의 닭을 때려죽이니?"

"그럼 어때?"

하고 일어나다가

"뭐, 이 자식아! **누 집 닭인데?**"

하고 복장*을 떼미는 바람에 다시 벌렁 자빠졌다. 그러고 나서 가만히 생각을 하니 분하기도 하고 무안도 스럽고 또 **한편 일을 저질렀으니** 인젠 땅이 떨어지고 집도 내쫓기고 해야 되는지 모른다.

결말 나는 비슬비슬 일어나며 소맷자락으로 눈을 가리고는 얼김에 엉, 하고 ㉤울음을 놓았다. 그러다 점순이가 앞으로 다가와서

"그럼 너 이담부텀 안 그럴 테냐?"

하고 물을 때에야 비로소 살길을 찾은 듯싶었다. 나는 눈물을 우선 씻고 뭘 안 그러는지 명색도 모르건만

"그래!"

하고 무턱대고 대답하였다.

"요담부터 또 그래 봐라. **내 자꾸 못살게 굴 테니!**"

"**그래그래, 인젠 안 그럴 테야!**"

"닭 죽은 건 염려 마라, 내 안 이를 테니."

그리고 뭣에 떠다밀렸는지 나의 어깨를 짚은 채 그대로 픽 쓰러진다. 그 바람에 나의 몸뚱이도 겹쳐서 쓰러지며 한창 피어 퍼드러진 노란 동백꽃 속으로 폭 파묻혀 버렸다. / 알싸한 그리고 향긋한 그 내음새에 나는 땅이 꺼지는 듯이 온 정신이 그만 아찔하였다.

***호드기**: 봄철에 물오른 버드나무 가지의 껍질을 고루 비틀어 뽑은 껍질이나 짤막한 밀짚 토막 따위로 만든 피리.

***빈사지경**: 거의 죽게 된 처지나 형편.

***걱실걱실**: 성질이 너그러워 말과 행동을 시원스럽게 하는 모양.

***단매**: 단 한 번 때리는 매.

***복장**: 가슴의 한복판.

05 윗글에 대한 설명으로 적절한 것은?

① '과거 – 현재 – 과거'로 사건을 진행하고 있다.
② 작품 속 인물이 다른 인물을 관찰하여 서술하고 있다.
③ 후각적 이미지를 활용하여 인물의 심리를 표현하고 있다.
④ 인물 간의 갈등을 엄숙하고 진지한 말투로 전달하고 있다.
⑤ 비속어*를 사용하여 인물에 대한 친근감을 드러내고 있다.

*비속어: 격이 낮고 속된 말.

06 ㉠~㉤에 대한 설명으로 적절하지 <u>않은</u> 것은?

① ㉠: '나'를 괴롭히기 위한 점순이의 의도가 담겨 있다.
② ㉡: 점순이가 '나'에 대한 원망을 표현하는 대상이다.
③ ㉢: 점순이에 대한 '나'의 부정적인 감정이 담겨 있다.
④ ㉣: '나'와 점순이 사이에 새로운 갈등을 불러일으키고 있다.
⑤ ㉤: 점순네 닭을 죽인 데 대한 '나'의 불안한 심리를 드러낸다.

07 보기 를 참고하여 윗글을 이해한 내용으로 적절하지 <u>않은</u> 것은?

인물 제시 방법

*소작농: 일정한 소작료를 지급하며 다른 사람의 농지를 빌려 짓는 농사. 또는 그런 농민.
*마름: 지주를 대리하여 소작권을 관리하는 사람.

> **보기**
>
> 〈동백꽃〉은 대조적 성격을 지닌 두 남녀의 사랑의 감정을 그려 내고 있다. 소작농*의 아들인 주인공 '나'는 어리숙하고 눈치가 없는 순박한 소년이다. 반면에 마름*의 딸인 '점순이'는 적극적이며 당돌한 성격으로 자신의 마음을 모르는 '나'에게 끊임없이 관심을 표현한다. 이처럼 이 작품에서는 두 사람의 성격 차이뿐만 아니라 소작농의 아들과 마름의 딸이라는 계층적 차이까지 보여 주고 있다.

① 점순이가 계속 닭싸움을 붙이는 것은 '나'에 대한 관심의 표현이다.
② "누 집 닭인데?"라는 말은 '나'가 마름 집의 닭을 죽였다는 의미이다.
③ '한편 일을 저질렀으니'는 점순이와 '나' 사이에 사랑이 싹텄음을 나타낸다.
④ "내 자꾸 못살게 굴 테니!"는 점순이의 적극적이고 당돌한 성격을 보여 준다.
⑤ "그래그래, 인젠 안 그럴 테야!"라는 '나'의 대답은 '나'가 어리숙하고 눈치 없는 인물임을 드러낸다.

08 🖎 주관식·서술형

윗글에서 '동백꽃'의 역할을 다음과 같이 정리할 때, 빈칸에 들어갈 알맞은 말을 쓰시오.

> • 서정적이고 향토적인 분위기를 느끼게 한다.
> • '나'와 점순이가 ☐☐하는 분위기를 조성한다.
> • '나'와 점순이 사이의 풋풋한 사랑의 감정을 감각적으로 표현한다.

▶ 〈동백꽃〉의 인물

'나'
- 점순이네 집 소작인의 아들
- 순박하고 어리숙한 성격으로 눈치가 없어서 점순이의 마음을 알아채지 못함.
- 점순이가 닭싸움을 거는 이유를 눈치채지 못하고 괴로워함.

'점순이'
- 소작인들을 관리하는 마름의 딸
- 당돌하고 적극적인 성격으로 '나'에 대한 관심을 표현함.
- '나'가 자신의 호의를 거절하자 닭싸움으로 '나'를 괴롭힘.

▶ 〈동백꽃〉의 인물 제시 방법

직접 제시	간접 제시
• 서술자가 인물의 성격이나 심리를 직접적으로 ☐☐함. 예 '본시 부끄럼을 타는 계집애도 아니거니와 또한 분하다고 눈에 눈물을 보일 얼병이도 아니다.'	• 인물의 말이나 ☐☐을 제시하여 인물의 성격이나 심리를 간접적으로 보여 줌. 예 어쩌다 동리 어른이 "너 얼른 시집을 가야지?" 하고 웃으면 "염려 마서유. 갈 때 되면 어련히 갈라구!"

🔍 작품 한눈에 **동백꽃** | 김유정

한줄평 ▶ 열일곱 살 소년 소녀의 순박한 애정을 해학적으로 그린 소설

사건	소재	서술상 특징
• **'나'의 감자 거절**: 점순이가 '나'에게 감자를 주었다가 거절당함.(갈등의 계기) • **닭싸움**: 점순이가 자기네 수탉과 '나'의 수탉을 싸움 붙임.(갈등의 심화) → 화가 난 '나'가 점순네 수탉을 때려죽임.(갈등의 절정) • **화해**: 점순이가 없던 일로 해 주겠다고 하고 둘이 동백꽃 속에 파묻힘.(갈등의 해소)	• **☐☐**: '나'에 대한 점순이의 애정과 관심을 드러냄. 둘 사이의 갈등의 원인 • **닭싸움**: '나'에 대한 점순이의 관심과 분노의 표현. 갈등을 심화시키는 소재이면서 갈등 해소의 매개체가 됨. • **동백꽃**: 향토적·서정적 분위기 조성. '나'와 점순이의 갈등이 해소되고 사랑이 시작됨을 나타냄.	• **역순행적 구성**: 현재('나'의 수탉이 수난을 당함.) → 과거('나'의 감자 거절, 닭싸움 패배) → 현재('나'가 점순네 수탉을 죽임. 둘이 동백꽃에 파묻힘.) • **해학적**: 어리숙하고 눈치가 없는 '나'를 주인공이자 서술자로 내세워 웃음을 자아냄. • **방언 사용**: 토속적이고 향토적인 분위기를 형성함.

주제: 사춘기 시골 소년 소녀의 순박한 ☐☐

[1~5] 보기 의 글자들을 조합하여 다음 뜻풀이에 해당하는 단어를 만드시오.

보기

소 사 안
농 학 호
해 빈 작
의 무

1 수줍거나 창피하여 볼 낯이 없음. →

2 친절한 마음씨. 또는 좋게 생각하여 주는 마음. →

3 익살스럽고도 품위가 있는 말이나 행동. →

4 거의 죽게 됨. 또는 그런 상태. →

5 일정한 소작료를 지급하며 다른 사람의 농지를 빌려 짓는 농사. 또는 그런 농민. →

어휘 특강

소리는 같지만 뜻이 다른 단어를 동음이의어(同音異義語)라고 한다.

가리다¹ 동사 ◀┈┈ 동음이의어 ┈┈▶ **가리다²** 동사

❶ 보이거나 통하지 못하도록 막다.
예 **손으로 얼굴을 가리다.**
시야를 가리다.

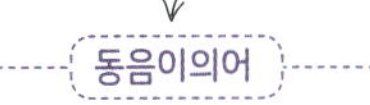

가리다

❶ 여럿 가운데서 하나를 구별하여 고르다.
예 **우승 팀을 가리다.**

❷ 낯선 사람을 대하기 싫어하다.
예 **낯을 가리다.**

❸ 잘잘못이나 좋은 것과 나쁜 것 따위를 따져서 분간하다.
예 **시비를 가리다.**

❹ 똥오줌을 눌 곳에 누다.
예 **그 아이는 아직 대소변을 못 가린다.**

❺ 음식을 골라서 먹다.
예 **음식을 가리지 말고 골고루 먹어라.**

다의어

두 가지 이상의 뜻을 가진 단어를 다의어(多義語)라고 한다.

순행적·역순행적 구성 / 액자식 구성

과거가 먼저냐,
현재가 먼저냐!

필수 개념 ❶ 순행적·역순행적 구성

• 작가는 소설을 쓸 때 상상력을 발휘하여 이야기를 구성하는데, 구성 방식은 사건의 진행 방식에 따라 '순행적 구성'과 '역순행적 구성'으로 나눌 수 있어.
• **순행적 구성**은 **시간의 순서에 따라 '과거 → 현재'로 사건이 전개**되고, **역순행적 구성**은 **시간의 흐름을 거슬러 '현재 → 과거'로 내용이 전개되거나 현재와 과거가 교차되면서 사건이 전개돼.**
• 이렇게 사건의 시간의 흐름을 바꾸는 이유는, **현재의 사건과 연결되는 과거의 특정 장면을 강조**하기 위한 경우가 많아. 따라서 과거 회상 장면이 나오면, 해당 과거가 현재에 주는 의미를 꼭 파악해 두자.

📖 전체 줄거리

심청은 봉사인 아버지의 눈을 뜨게 하기 위해 공양미 삼백 석에 팔려 인당수에 몸을 던지고, 용궁에서 어머니를 만난다. 연꽃 속에서 환생하여 황제와 혼인한 심청은 전국의 맹인들을 위로하는 잔치를 열어 아버지를 찾고, 심봉사는 눈을 뜨게 된다.

✱**반야:** 깊은 밤.

✱**맹상군:** 중국 전국 시대 제나라의 재상. 진나라에 사신으로 갔다가 죽을 위기에 처했으나 닭 울음소리를 잘 흉내 내는 사람의 도움으로 죽음을 모면함.

가 천지가 사정없어 이윽고 닭이 우니 심청이 하릴없어,

"닭아 닭아, 우지 마라. 제발 덕분에 우지 마라. 반야✱ 진관에서 닭 울음 기다리던 맹상군✱이 아니로다. 네가 울면 날이 새고, 날이 새면 나 죽는다. 죽기는 섧잖아도 의지 없는 우리 아버지 어찌 잊고 가잔 말이냐?"

어느덧 동방이 밝아 오니, 심청이 아버지 진지나 마지막 지어 드리리라 하고 문을 열고 나서니, 벌써 뱃사람들이 사립문 밖에서,

"오늘이 배 떠나는 날이오니 수이 가게 해 주시오."

하니, 심청이 이 말을 듣고 얼굴빛이 없어지고 손발에 맥이 풀리며 목이 메고 정신이 어지러워 뱃사람들을 겨우 불러,

"여보시오 선인네들, 나도 오늘이 배 떠나는 날인 줄 이미 알고 있으나, 내 몸 팔린 줄을 우리 아버지가 아직 모르십니다. 만일 아시게 되면 지레 야단이 날 테니, 잠깐 기다리면 진지나 마지막으로 지어 잡수시게 하고 말씀 여쭙고 떠나게 하겠어요."

– 작자 미상, 〈심청전〉

📖 전체 줄거리

'나'는 점순이와 성례를 올려 준다는 장인의 말만 믿고 대가도 없이 일하고 있지만, 장인은 점순이의 키를 핑계로 혼인을 계속 미룬다. 점순이의 부추김에 '나'는 성례 문제를 따지지만, 점순이가 아버지 편을 들자 충격을 받는다. 장인은 가을에 성례를 시켜 주겠다고 하고, '나'는 다시 일을 하러 나간다.

✱**거불지다:** 둥글고 두두룩하게 툭 비어져 나오다.

✱**내병:** 냇병. 몸안의 병.

✱**몰 붓다:** 모를 붓다.

나 그래 내 어저께 싸운 것이지 결코 장인님이 밉다든가 해서가 아니다.

모를 붓다가 가만히 생각을 해 보니까 또 승겁다. 이 벼가 자라서 점순이가 먹고 좀 큰다면 모르지만 그렇지도 못할 걸 내 심어서 뭘 하는 거냐. 해마다 앞으로 축 거불지는✱ 장인님의 아랫배(가 너머 먹는 걸 모르고 내병✱이라나, 그 배)를 불리기 위하야 심으곤 조끔도 싶지 않다. / "아이구 배야!"

난 몰 붓다✱ 말고 배를 씨다듬으면서 그대루 논둑으로 기어올랐다. 그리고 겨드랑에 꼈던 벼 담긴 키를 그냥 땅바닥에 털썩 떨어치며 나도 털썩 주저앉았다. 일이 암만 바뻐도 나 배 아프면 고만이니까. 아픈 사람이 누가 일을 하느냐. 파릇파릇 돋아 오른 풀 한 숲을 뜯어 들고 다리의 거머리를 쓱쓱 문대며 장인님의 얼굴을 쳐다보았다.

논 가운데서 장인님도 이상한 눈을 해 가지고 한참 날 노려보드니

"너, 이 자식, 왜 또 이래, 응?" / "배가 좀 아파서유!"

하고 풀 우에 슬며시 쓰러지니까 장인님은 약이 올랐다. 저도 논에서 철벙철벙 둑으로 올라오드니 잡은 참 내 멱살을 웅켜잡고 뺨을 치는 것이 아닌가……

– 김유정, 〈봄·봄〉

📎 **순행적·역순행적 구성 판단하기**

1. 가에서 '닭이 우니'와 '동방이 밝아 오니' 중에서 시간상 먼저인 것은 뭐야? ______________

2. 나에서 '나'는 장인님과 언제 싸운 이야기를 하고 있어? ______________

다음을 읽고 괄호 안에서 알맞은 말을 고르시오.

(1) 가에서는 아침이 밝고 뱃사람들이 심청을 찾아오는 (시간의 흐름에 따라, 시간의 흐름을 거슬러) 내용이 전개되고 있다.

(2) 나에서는 '나'가 '장인님'과 싸운 어제의 사건을 회상하는 (순행적 구성, 역순행적 구성) 이 나타나 있다.

✏️ **개념 적용하기**

▶ 〈심청전〉 =
☐☐☐ 구성

- 배 떠나는 날 새벽이 되어 닭이 우니, 심청은 날이 새면 뱃사람들에게 팔려 죽게 되는 것을 슬퍼함.
- 동이 트고 심청이 아버지께 마지막 진지를 지어 드리려고 나오는데 뱃사람들이 벌써 와서 기다리고 있음. 그래서 심청은 아버지가 마지막 진지를 다 잡수실 동안 기다려 달라고 그들에게 부탁함.

➡ 뱃사람들에게 팔려 가는 날, 심청이 겪는 심리적 갈등이 ☐☐☐☐☐ 에 따라 서술되는 순행적 구성으로 사건이 전개되고 있어.

▶ 〈봄·봄〉 =
☐☐☐ ☐ 구성

- '나'는 점순이와 혼인하려고 장인의 집에서 데릴사위로 3년 7개월째 일하고 있음.
- 그런데 장인은 점순이의 키가 작아서 혼인을 할 수 없다며 '나'에게 일만 시킴. 화가 난 '나'는 어제 논에서 일을 하다가 장인과 싸움을 함.

➡ '나'는 어제 장인과 싸웠던 것을 회상하며 이야기하고 있어. 이처럼 시간의 순서에 따르지 않고 ☐☐ 의 사건으로 거슬러 올라가서 서술하는 방식을 역순행적 구성이라고 해.

🖥 **개념 확장하기**

순행적 구성과 역순행적 구성	순행적 구성	역순행적 구성
	• 시간의 흐름대로 사건이 진행되는 구성 방식 = 평면적 구성 • 한 인물이 태어나서 죽을 때까지의 이야기를 제시하는 일대기적 구성의 고전 소설에 흔히 나타남.	• 시간의 흐름을 바꾸어 사건이 진행되는 구성 방식 = 입체적 구성 • 현대 소설에서 특정 장면을 강조하고자 할 때 주로 활용함.

순행적·역순행적 구성 / 액자식 구성

필수 개념 ❷ 액자식 구성

이야기 속에 또 하나의 이야기가?

- 액자 속에 사진이나 그림을 넣어 둔 것처럼, 이야기 속에 **또 다른 이야기를 넣어 서술하는 방식을 액자식 구성**이라고 해. 즉 두 가지의 이야기가 전개되는 거지.
- 둘 중 더 중요한 이야기는 뭘까? 바로 **내부 이야기**야. 액자에서도 액자의 틀보다 안에 있는 그림이 더 중요하듯 말야. 보통 액자식 구성은 **'외화 → 내화 → 외화'로 교차**되면서 **서술의 입체성을 강화**하고, 전달하고자 하는 이야기를 다른 이야기 속에 집어넣어서 **진실성을 더해 주는 기능**을 해.

📖 전체 줄거리

'나'는 〈그 여자네 집〉이라는 시를 보고 옛날 고향의 만득이와 곱단이를 떠올린다. 만득이와 곱단이는 잘 어울리는 한 쌍이었는데, 만득이가 징병을 가게 되자 곱단이는 정신대를 피하기 위해 다른 남자와 혼인을 한다. 해방 후 곱단이는 다시 집으로 돌아오지 못하고, 만득이도 순애와 혼인을 한다. 이후 '나'는 실향민을 위로하기 위한 모임에서 만득이를 만나 일제의 만행에 대한 그의 분노를 들으며 연민을 느낀다.

*범강장달이: 키가 크고 우락부락하게 생긴 사람을 이르는 말.

*고명딸: 아들 많은 집의 외딸.

*이엉: 초가집의 지붕이나 담을 이기 위하여 짚이나 새 따위로 엮은 물건.

*부산: 급하게 서두르거나 시끄럽게 떠들어 어수선함.

*품앗이: 힘든 일을 거들어 주면서 품을 지고 갚고 하는 일.

내가 《녹색 평론》에서 그 시를 처음 읽고 깜짝 놀란 것은, 이건 바로 우리 고향 마을과 곱단이와 만득이 이야기다 싶었기 때문이다. 지금은 칠순이 훨씬 넘은 장만득 씨는 아직도 문학 청년 기질을 가지고 있다. 불과 몇 년 전까지만 해도 신춘 문예 철만 되면 가슴이 울렁거린다고 했다. 가슴이 울렁거린 게 아니라 응모도 해 봤으리라고 나는 넘겨짚고 있다. 그 울렁거림이 얼마나 참을 수 없는 울렁거림이라는 걸 알고 있기 때문이다. 만일 그 시가 김용택이라는 유명한 시인의 시가 아니라 처음 들어 보는 시인의 시였다면 나는 장만득 씨가 가명으로 등단을 했으리란 걸 의심치 않았을 것이다. 나는 그 시를 읽고 또 읽었다. 처음에 희미했던 영상이 마치 약물에 담근 인화지처럼 점점 선명해졌다. 숨어 있던 수줍은 아름다움까지 낱낱이 드러내자, 나는 마침내 그리움과 슬픔으로 저린 마음을 주체할 수가 없어서 혼자서 느릿느릿 포도주 한 병을 비웠다.

곱단이는 범강장달이* 같은 아들을 내리 넷이나 둔 집의 막내딸이자 고명딸*이었다. 부지런한 농사꾼 아버지와 착실한 아들들은 가을이면 우리 마을에서 제일 먼저 이엉*을 이었다. 다섯 장정이 휘딱 해치울 일이건만 제일 먼저 곱단이네 지붕에 올라앉아 부산*을 떠는 건 만득이였다. 만득이는 우리 동네의 유일한 읍내 중학생이라 품앗이* 일에서는 저절로 제외되곤 했건만, 곱단이네가 일손이 모자라는 집도 아닌데 제일 먼저 달려들곤 했다. 곱단이 작은오빠하고 만득이는 친구 사이였다. 그래도 마을 사람들은 만득이가 곱단이네 집 일이라면 발 벗고 나서고 싶어 하는 게 친구네 집이라서가 아니라 그 여자, 곱단이네 집이기 때문이라는 걸 알고 있었다. 부엌에서 더운 점심을 짓느라 연기가 곧게 올라가는 따뜻한 가을날, 곱단이네 지붕에 제일 먼저 뛰어올라 깃발처럼 으스대는 만득이를 보고 동네 노인들은 제 색시가 고우면 처갓집 말뚝에도 절을 한다더니만, 하고 혀를 찼지만 그건 곧 만득이가 곱단이 신랑이 되리라는 걸 온 동네가 다 공공연하게 인정하고 있다는 증거였다.

– 박완서, 〈그 여자네 집〉

📎 액자식 구성 판단하기

1. 작품 속에 이야기가 몇 개 있어? (　　　　　　)개
2. 외부 이야기가 내부 이야기보다 중요해? O ☐ X ☐

윗글의 구성 방식에 대한 설명으로 적절하지 <u>않은</u> 것은?

❝ ① '나'가 떠올린 곱단이와 만득이의 이야기는 '외부 이야기'에 해당한다. ❞

❝ ②《녹색 평론》에서 읽은 시는 '나'가 곱단이와 만득이의 이야기를 하는 계기가 된다. ❞

✏️ 개념 적용하기

▶〈그 여자네 집〉
= ☐☐☐☐
구성

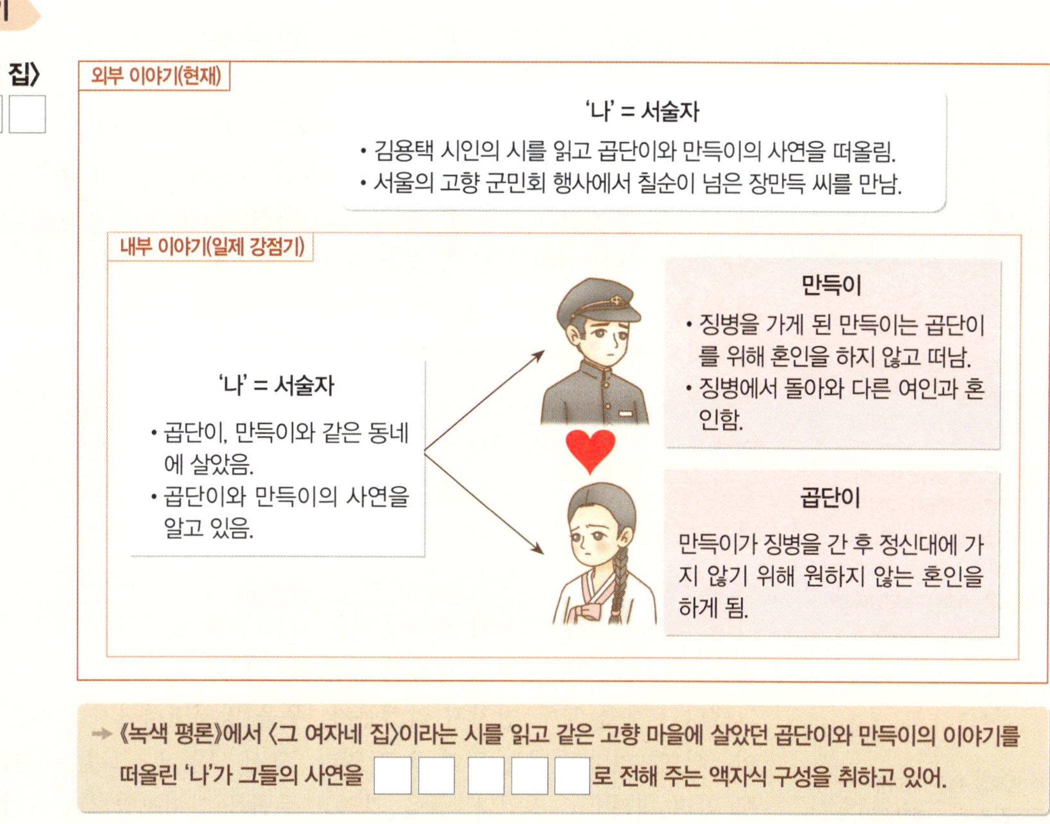

➡ 《녹색 평론》에서 〈그 여자네 집〉이라는 시를 읽고 같은 고향 마을에 살았던 곱단이와 만득이의 이야기를 떠올린 '나'가 그들의 사연을 ☐☐☐☐☐로 전해 주는 액자식 구성을 취하고 있어.

🖨️ 개념 확장하기

액자식 구성의 주의할 점!

• 외화(외부 이야기)와 내화(내부 이야기)의 시점을 다르게 서술하는 경우도 있는데, 보통 **외화는 1인칭 시점, 내화는 3인칭 시점**으로 서술하는 경우가 많음.

• 역순행적 구성은 시간의 흐름이 '현재 → 과거 → 현재'로 교차되는 방식이고, 액자식 구성은 '외화 → 내화 → 외화'로 교차되는 방식임. 액자식 구성으로 진행되면서 내화에 '과거 회상'의 장면이 나올 수 있지만, **'역순행적 구성 = 액자식 구성'으로 일반화해서는 안 됨.**

순행적·역순행적 구성 / 액자식 구성

작품에 등장하는 노새는 한 마리밖에 없어. 그렇다면 '노새 두 마리'는 무엇을 의미할까?

📖 전체 줄거리

발단 새 동네가 들어서면서 동네가 변하고, 아버지의 연탄 배달 주문이 늘어난다.

전개 어느 날, 연탄을 실은 마차가 가파른 골목길을 오르던 중 노새가 고꾸라지고 순식간에 노새가 달아난다.

위기 그날 밤(어제) '나'는 노새가 멀리 달아나는 꿈을 꾸고 다음 날 새벽부터 아버지와 함께 다시 노새를 찾으러 나간다.

절정 (오늘) '나'와 아버지는 노새를 찾기 위해 정처 없이 다니다가 동물원으로 들어서고, '나'는 얼룩말 우리 앞에 서 있는 아버지를 보고 노새와 닮았다고 생각한다.

결말 집으로 돌아오자 어머니는 노새가 사람들을 다치게 하고 가게 물건을 박살 내어 경찰이 왔다는 소식을 전하고 그 말을 들은 아버지는 말없이 집을 나간다. '나'는 아버지를 찾아 캄캄한 골목을 뛰어다닌다.

*노새: 암말과 수나귀 사이에서 난 잡종으로 크기는 말보다 약간 작으며 생김새는 나귀를 닮았음. 몸이 튼튼하고 힘이 세어 무거운 짐을 나를 수 있음.

*깜냥: 스스로 일을 헤아림. 또는 헤아릴 수 있는 능력.

*하릴없이: 달리 어떻게 할 도리가 없이.

*어귀: 드나드는 목의 첫머리.

*우라질: 일이 뜻대로 안 되거나 마음에 안 들 때 혼자서 욕으로 하는 말.

노새 두 마리 | 최일남

전개 가엾게도 노새*는 원래 회색빛이었는데도 ⓐ우리 집에 온 뒤로는 차츰 연탄 때가 묻어 검정빛으로 변해 갔다. 엉덩이께는 물론 갈기도 까맣게 연탄 가루가 앉아 있었다. 내가 깜냥*으로는 지성스럽게 털어 주고 닦아 주고 하는데도, 연탄 때는 속살까지 틀어박히는지 닦아 줄 때만 조금 희끗하다가 한바탕 배달을 갔다 오면 도로 그 모양이었다. 하지만 노새도 내 그런 정성을 짐작은 하는지, 멍청히 서 있다가도 내가 가까이 가면 고개를 위아래로 흔들어 아는 체를 했다. 그랬는데 ⓑ그 노새가 오늘은 우리 집에 없다.

ⓒ노새가 갑자기 달아난 건 어저께 일이었다. ⓓ아버지는 연탄을 실은 뒤 노새의 고삐를 잡고 나는 그냥 뒤따르고 있었다. 내가 뒤따르는 것은 아버지에게 큰 도움이 못 되고 하릴없이* 따라다니기만 할 뿐이었다.

(중략)

그 **가파른 골목길 어귀***에 이르자 아버지는 미리서 **노새** 고삐를 낚아 잡고 한달음에 올라갈 채비를 하였다. 그러나 어쩐 일인지 다른 때 같으면 사백 장 정도 싣고는 힘 안 들고 올라설 수 있는 고개인데도 이날따라 오름길 중턱에서 턱 걸리고 말았다. 아버지는 어, 하는 눈치더니 고삐를 거머쥐고 힘껏 당겼다. **이마에 힘줄이 굵게 돋았다. 얼굴이 빨개**졌다. 나는 얼른 달라붙어 죽어라고 밀었다. 그러나 길바닥에는 살얼음이 한 겹 살짝 깔려 있어서 **마차를** 미는 내 발도 줄줄 미끄러져 나가기만 했다. 노새는 앞뒤 발을 딱딱 소리를 낼 만큼 힘껏 땅을 밀어냈으나 마차는 그때마다 **살얼음** 위에 노새의 발자국만 하얗게 긁힐 뿐 조금도 올라가지 않았다. 아직은 아래쪽으로 밀려 내리지 않고 제자리에 버티고 선 것만도 다행이었다. 사람들이 몇 명 지나갔으나 모두 **쳐다보기만 할 뿐** 아무도 달라붙지는 않았다. 그전에도 그랬다. 사람들은 얼핏 도와주고 싶은 생각이 났다가도, 상대가 연탄 마차인 것을 알고는 감히 손을 내밀지 못했다. 도대체 어디다 손을 댄단 말인가. 제대로 하자면 손만 아니라 배도 착 붙이고 밀어야 할 판인데 그랬다간 옷을 모두 망치지 않겠는가, 옷을 망치면서까지 친절을 베풀 사람은 이 세상엔 없다고 나는 믿어 오고 있다. 그건 그렇고, 그런 시간에도 마차는 자꾸 밀려 내려오고 있었다. 돌을 괴려고 주변을 살펴보았으나 그만한 돌이 얼른 눈에 띄지 않을뿐더러, 그나마 나까지 손을 놓으면 와르르 밀려 내려올 것 같아서 손을 뗄 수가 없었다. 아버지는 평소의 그답지 않게 사정없이 노새에게 매질을 해댔다. / "이랴, 우라질* 놈의 노새, 이랏!"

노새는 눈을 뒤집어 까다시피 하면서 바득바득 악을 써 댔으나 판은 이미 그른 판이었다. 그때였다. ⓔ노새가 발에서 잠깐 힘을 빼는가 싶더니 마차가 아래쪽으로 와르르 흘러내렸다. 뒤미처 노새가 고꾸라지고 연탄 더미가 데구루루 무너졌다. 아버지는 밀려 내려가는 마차를 따라 몇 발짝 뒷걸음질을 치다가 홀랑 물구나무 서는 꼴로 나자**빠졌다.**

01 윗글에 대한 설명으로 가장 적절한 것은?

① 액자식 구성을 통해 사건을 전개하고 있다.
② 시간의 흐름에 따라 이야기를 진행하고 있다.
③ 서술자가 작품 밖에서 사건을 관찰하여 전달하고 있다.
④ 현재에서 과거로 거슬러 올라가 사건을 서술하고 있다.
⑤ 인물 간의 대화를 통해 주인공이 처한 상황을 드러내고 있다.

02 윗글의 내용을 이해한 것으로 적절하지 <u>않은</u> 것은?

① '나'는 노새 갈기의 연탄 가루를 털어 주곤 하였다.
② '나'는 아버지와 함께 연탄 배달을 하러 가기도 했다.
③ '나'는 마차가 미끄러지지 않도록 돌을 찾아 마차에 괴었다.
④ 아버지는 평소와 달리 노새가 힘을 내도록 심하게 매질을 하였다.
⑤ 아버지는 미끄러지는 마차를 따라 뒷걸음질 치다가 뒤로 넘어졌다.

03 〈보기〉를 바탕으로 윗글을 감상한 내용으로 적절하지 <u>않은</u> 것은?

*삼륜차: 바퀴가 세 개 달린 차. 바퀴가 앞에 한 개, 뒤에 두 개 달려 있는데 주로 짐을 실어 나른다.

> **보기**
>
> 　이 작품은 1970년대 어느 겨울 도시 변두리 동네를 배경으로 한다. 당시는 급격한 근대화와 도시화가 진행되고 삼륜차*가 등장한 시기지만, '나'의 아버지는 이러한 변화에 적응하지 못하고 노새를 이용해 연탄 배달을 다닌다. 〈노새 두 마리〉는 이런 아버지의 모습을 통해 사회 변화의 흐름에 뒤처진 도시 빈민의 고단한 삶과 그를 둘러싼 냉혹한 현실을 다루고 있다.

① '살얼음'은 시간적 배경이 겨울임을 보여 주는군.
② '가파른 골목길'은 급격한 근대화와 도시화가 진행되던 1970년대 사회를 보여 주는군.
③ '노새'가 끄는 '마차'로 연탄 배달을 하는 아버지는 사회 변화의 흐름에 뒤처진 인물임을 보여 주는군.
④ '이마에 힘줄이 굵게 돋'고 '얼굴이 빨개'진 아버지의 모습은 육체노동을 하는 도시 빈민의 고단한 삶을 보여 주는군.
⑤ '쳐다보기만 할 뿐' 아버지를 도와주지 않고 지나쳐 간 사람들은 아버지를 둘러싼 냉혹한 현실의 모습을 보여 주는군.

🖐 주관식·서술형

04 ⓐ~ⓔ를 사건이 일어난 순서대로 배열(㉠)하고, 그 구성 방식(㉡)을 쓰시오.

㉠: _______________________________ ,　㉡: _______________________________

전체 줄거리

발단 새 동네가 들어서면서 동네가 변하고, 아버지의 연탄 배달 주문이 늘어난다.

전개 어느 날, 연탄을 실은 마차가 가파른 골목길을 오르던 중 노새가 고꾸라지고 순식간에 노새가 달아난다.

위기 그날 밤(어제) '나'는 노새가 멀리 달아나는 꿈을 꾸고 다음 날 새벽부터 아버지와 함께 다시 노새를 찾으러 나간다.

절정 (오늘) '나'와 아버지는 노새를 찾기 위해 정처 없이 다니다가 동물원으로 들어서고, '나'는 얼룩말 우리 앞에 서 있는 아버지를 보고 노새와 닮았다고 생각한다.

결말 집으로 돌아오자 어머니는 노새가 사람들을 다치게 하고 가게 물건을 박살 내어 경찰이 왔다는 소식을 전하고 그 말을 들은 아버지는 말없이 집을 나간다. '나'는 아버지를 찾아 캄캄한 골목을 뛰어다닌다.

절정 ⓐ술집 안에는 사람들이 가득 차서 왁왁 떠들어 대고 있었다. 돼지고기를 굽는 냄새, 찌개 냄새, 김치 냄새가 집 안에 가득했다. 사람들은 우리를 의아스런* 눈초리로 쳐다보았으나 이내 시선을 거두고 자기들의 얘기 속으로 다시 들어갔다. 나는 들어가자마자 그 냄새를 힘껏 들이마셨다. 쓰러질 것 같았다. 아버지는 소주 한 병과 안주를 시키더니 안주는 내 쪽으로 밀어 주고 술만 거푸* 마셔 댔다.

(중략)

"㉠이제부터 내가 노새다. 이제부터 내가 노새가 되어야지 별수 있니? 그놈이 도망쳤으니까 이제 내가 노새가 되는 거지."

기분 좋게 취한 듯한 아버지는 놀라는 나를 보고 히힝 한 번 웃었다. 나는 어쩐지 그런 아버지가 무섭지만은 않았다. 그러면 형들이나 나는 노새 새끼고, 어머니는 암노새고, 할머니는 어미 노새가 되는 것일까? 나도 아버지를 따라 히히힝 웃었다. 어른들은 이래서 술집에 오는 모양이었다. 나는 안주만 집어 먹었는데도 술 취한 사람마냥 턱없이 즐거웠다. 노새 가족…… . ㉡노새 가족은 우리 말고는 이 세상에 또 없을 것이다.

결말 그러나 그러한 생각은 아버지와 내가 집에 당도했을 때 무참히 깨어지고 말았다. 우리를 본 어머니가 허둥지둥 달려 나와 매달렸다.

"이걸 어쩌우, 글쎄 경찰서에서 당신을 오래요. 노새가 사람을 다치고 가게 물건들을 박살을 냈대요. 이걸 어쩌지."

"노새는 찾았대?"

"찾고나 그러면 괜찮게요? 노새는 간데온데없고 사람들만 다치고 하니까, 누구네 노새가 그랬는지 수소문 끝에 우리 집으로 순경이 찾아왔지 뭐유."

오늘 낮에 지서*에서 나온 사람이 우리 노새가 튀는* 바람에 많은 피해를 입었으니 ㉢도로 무슨 법이라나 하는 법으로 아버지를 잡아넣어야겠다고 이르고 갔다는 것이었다. 아버지는 술이 확 깨는 듯 그 자리에 선 채 한동안 눈만 데룩데룩 굴리고 서 있더니 힝 하고 코를 풀었다. 그러고는 아무 말 없이 스적스적 문밖으로 걸어 나갔다. 나는 '아버지' 하고 따랐으나 아버지는 돌아보지도 않고 어두운 골목길을 나가고 있었다.

나는 그 순간 ㉣또 한 마리의 노새가 집을 나가는 것 같은 착각을 일으켰다. 그러고는 무엇인가가 뒤통수를 때리는 것을 느꼈다. 아, ㉤우리 같은 노새는 어차피 이렇게 비행기가 붕붕거리고, 헬리콥터가 앵앵거리고, 자동차가 빵빵거리고, 자전거가 쌩쌩거리는 대처*에서는 발붙이기 어려운 것인가 하는 생각이 들었다. 언젠가 남편이 택시 운전사인 칠수 어머니가 하던 말,

ⓑ"최소한도 자동차는 굴려야지 지금이 어느 땐데 노새를 부려."

했다는 말이 생각났다. 그러나 그것은 잠깐 동안이고 나는 금방 아버지를 쫓았다. 또 한 마리의 노새를 찾아 캄캄한 골목길을 마구 뛰었다.

---

*의아스럽다: 의심스럽고 이상한 데가 있다.

*거푸: 잇따라 거듭.

*지서: 본서에서 갈려 나가, 그 관할 아래 서 지역의 일을 맡아 하는 관서. 주로 경찰 지서를 이른다.

*튀다: '달아나다'를 속되게 이르는 말.

*대처: 도회지. 사람이 많이 살고 상공업이 발달한 번잡한 지역.

📖 정답 및 해설 29쪽

05 ⓐ에 대한 설명으로 적절한 것은?

① 아버지가 노새를 잃은 상실감을 달래는 공간
② 아버지가 도망간 노새의 행방을 알게 되는 공간
③ '나'가 아버지 대신 집안을 책임지겠다고 결심하는 공간
④ '나'가 가난한 아버지에게 원망의 감정을 품게 되는 공간
⑤ '나'가 아버지와 같은 삶을 살지 않겠다고 다짐하는 공간

06 ⊙~⊙에 대한 설명으로 적절하지 <u>않은</u> 것은?

① ⊙: 작품의 제목이 '노새 두 마리'인 이유를 드러낸다.
② ⊙: '나'의 순진하고 천진난만한 면모를 보여 준다.
③ ⊙: 달아난 노새가 아버지를 더욱 힘들게 하고 있다.
④ ⊙: 붙잡힌 노새를 찾으러 경찰서로 간 아버지를 상징한다.
⑤ ⊙: 변화된 사회에 적응하지 못하고 소외*된 존재를 상징한다.

＊**소외**: 어떤 무리에서 기피하여 따돌리거나 멀리함.

07 윗글을 통해 알 수 있는 인물의 심리로 적절하지 <u>않은</u> 것은?

	인물	심리
①	술집에서 노새가 되겠다고 말하는 아버지	가족의 생계를 책임지고자 하는 마음
②	경찰서에서 아버지를 찾는다고 말하는 어머니	앞으로 닥칠 일을 걱정하는 마음
③	노새를 찾았는지 어머니에게 묻는 아버지	노새를 찾기를 바라는 마음
④	시대에 맞지 않게 자동차를 굴리지 않고 노새를 부린다고 말하던 칠수 어머니	아버지의 처지를 동정하는 마음
⑤	노새가 입힌 피해를 법에 따라 처리하겠다는 말을 듣고 집을 나간 아버지를 찾으러 나간 '나'	아버지를 걱정하는 마음

✏️ **주관식·서술형**

08 ⓑ의 의미를 다음과 같이 정리하고자 할 때, 괄호 안에 공통으로 들어갈 말을 3음절로 쓰시오.

> '지금'은 (   )가 진행되고 있는 시기로, '자동차'는 (   ) 시대에 어울리고 필요한 수단이지만 '노새'는 (   ) 시대에 뒤떨어진 수단이라고 할 수 있다.

▶ 〈노새 두 마리〉의 구성

□□□□ 구성	'노새 찾기'의 경로(□□의 이동)
'오늘'은 노새가 우리 집에 없다는 사실을 먼저 이야기하고 뒤이어 '어제' 가파른 골목길에서 노새가 사라지게 된 상황을 구체적으로 드러냄. ⇒ 현재의 사건과 연결되는 과거의 특정 장면을 강조함.	• '나'의 꿈속: [골목 → 큰길 → 횡단보도 → 번화가 → 큰 시장 → 한길 → 한강 다리 → 고속 도로] ⇒ 1970년대 산업화·도시화의 현실을 드러냄. • 현실: [거리 → 동물원 → 술집 → 집] ⇒ '나'가 아버지의 삶에 대해 깨닫게 됨.

▶ 〈노새 두 마리〉의 의미

'나' = 서술자
- 아버지의 연탄 배달을 돕는 착한 소년
- 아버지와 함께 노새를 찾으러 다니면서 아버지의 고달픈 삶을 이해하게 됨.

관찰 ┄┄→

노새 두 마리
아버지 = 노새
- 힘들고 고달픈 일(연탄 배달)을 함.
- 시대의 변화(산업화·도시화)에 적응하지 못하고 소외된 존재

🔍 작품 한눈에 노새 두 마리 | 최일남

한줄평 ▶ 급변하는 시대 상황에 적응하지 못하는 도시 빈민의 고달픈 삶을 그린 소설

사건

- **연탄 배달**: 아버지의 일. 아버지는 노새가 끄는 마차로 연탄을 배달함.
- **노새의 탈출**: 가파른 골목길을 오르다 마차에서 고꾸라진 노새가 달아남.
- **노새 찾기**: 아버지와 '나'는 이틀 동안 노새를 찾으러 다니지만 찾지 못함.
- **집을 나간 아버지**: 노새가 입힌 피해 때문에 순경이 왔었다는 말을 듣고 아버지가 집을 나감.

소재 및 배경

- **□□**: 시대 변화에 적응하지 못하는 존재. 힘들고 고달픈 일을 하는 '아버지'와 동일시되는 대상
- **가파른 골목길**: 아버지가 처한 힘들고 가난한 삶을 상징함.
- **동물원**: 노새와 닮은 아버지를 발견하고 노새와 함께 살아온 아버지의 존재를 깨닫는 공간
- **술집(대폿집)**: 노새를 잃은 상실감을 떨쳐 내고 아버지가 삶의 의지를 다지는 공간

서술상 특징

- **역순행적 구성**: 현재(노새가 우리 집에 없음.) → 과거(2년 전에 우리 집에 온 노새) → 과거(어제 노새가 사라짐.) → 현재(노새를 찾으러 다니다 돌아옴. → 아버지가 집을 나감. → '나'가 아버지를 찾으러 나감.) ⇒ 현재와 과거를 교차하며 사건을 전개함.
- **1인칭 □□□ 시점**: 어린 서술자인 '나'의 시선을 통해 아버지의 고달픈 삶을 사실적으로 그려 냄.

주제: 시대 변화에 적응하지 못하는 도시 빈민의 고달픈 삶

[1~10] 보기 에서 어휘의 뜻풀이 또는 예문의 (　　) 안에 들어갈 어휘 ㉠~㉤을 찾아 쓰시오.

보기
| ㉠ 교차 | ㉡ 품앗이 | ㉢ 응모 | ㉣ 소외 | ㉤ 가명 |

[뜻풀이]

| **1** 서로 엇갈리거나 마주침.

[　　] | **2** 실제의 자기 이름이 아닌 이름.

[　　] | **3** 모집에 응하거나 지원함.

[　　] | **4** 힘든 일을 서로 거들어 주면서 품을 지고 갚고 하는 일.
[　　] | **5** 어떤 무리에서 기피하여 따돌리거나 멀리함.
[　　] |

[예문]

| **6** 나는 가끔 주위 사람들에게서 (　　)된 느낌을 받는다.
[　　] | **7** 많은 (　　) 작품 가운데 몇몇 작품만이 엄선되었다.
[　　] | **8** 옷감은 씨실과 날실의 (　　)가 뚜렷했다.
[　　] | **9** 그는 본명을 숨기고 (　　)을 썼다.
[　　] | **10** 농번기가 되면 이웃들은 서로 서로 (　　)를 다닌다.
[　　] |

📦 어휘 **특강**　　'발'이 들어간 관용 표현

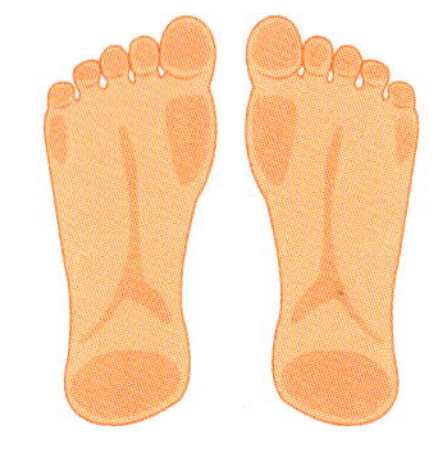

관용 표현 → 둘 이상의 단어가 고정적으로 결합하여 새로운 의미를 만들어 낸 경우, 그 단어 구성을 이르는 말

사람이나 동물의 다리 맨 끝부분.

- **발을 끊다**: 오가지 않거나 관계를 끊다.
  예 그는 멀리 이사를 간 후 고향 모임에 <u>발을 끊게</u> 되었다.

- **발이 넓다**: 사귀어 아는 사람이 많아 활동하는 범위가 넓다.
  예 그 사람은 그쪽 방면으로 <u>발이 넓어</u> 네가 도움을 받을 수 있다.

- **발이 묶이다**: 몸을 움직일 수 없거나 활동할 수 없는 형편이 되다.
  예 갑작스러운 태풍으로 손님들이 <u>발이 묶였다.</u>

- **발 벗고 나서다**: 적극적으로 나서다.
  예 그는 옳다고 생각하는 일이라면 항상 <u>발 벗고 나서는</u> 사람이다.

- **누울 자리 봐 가며 발을 뻗어라**: 어떤 일을 할 때 그 결과가 어떻게 되리라는 것을 생각하여 미리 살피고 일을 시작하라는 말.

- **발 없는 말이 천리 간다**: 말은 비록 발이 없지만 천 리 밖까지도 순식간에 퍼진다는 뜻으로, 말을 삼가야 함을 비유적으로 이르는 말.

12 일차

암시 / 복선

필수 개념 ① 암시

넌지~시 알려 주기!

- 소설은 갈등이 드러나는 사건을 다루는 이야기 문학이야. 그런데 인물 간의 관계는 어떠하고, 사건은 어떻게 전개되고 해결되는지 단순하게 서술해 버리면 재미가 별로 없겠지? 그래서 작가는 **소재, 배경, 인물의 대화나 행동 등을 통해 자신이 전달하고자 하는 의미를 간접적으로 나타내는 경우**가 많아. 이를 **암시**라고 해. 독자들은 작가의 암시를 통해 짐작하는 재미를 느끼지.
- 작가는 암시를 통해 **앞으로 일어날 사건**뿐만 아니라, **작품의 분위기나 주제, 인물의 심리, 성격** 등을 넌지시 알려 주기도 해.

📖 전체 줄거리

소년은 징검다리에서 물장난을 하는 소녀에게 비켜 달라는 말을 하지 못한다. 며칠 후 소녀가 먼저 말을 걸고, 둘은 산 너머에 가기로 한다. 그러나 산을 내려오는 중에 갑자기 소나기를 만나 비를 피하고, 불어난 도랑을 소년이 소녀를 업고 건너온다. 이후 며칠 앓았던 소녀는 소년에게 이사를 가게 될 것이라고 한다. 소년은 윤 초시네 집 제사에 다녀온 아버지와 어머니의 대화를 통해 소녀가 죽기 전에 입던 옷을 그대로 입혀서 묻어 달라고 했음을 알게 된다.

㉠산이 가까워졌다. / 단풍잎이 눈에 따가웠다.

"야아!" / 소녀가 산을 향해 달려갔다.

이번은 소년이 뒤따라 달리지 않았다. 그러고도 곧 소녀보다 더 많은 꽃을 꺾었다.

"이게 들국화, 이게 싸리꽃, 이게 도라지꽃……."

"도라지꽃이 이렇게 예쁜 줄은 몰랐네. 난 ㉡보랏빛이 좋아! …… 그런데 이 양산같이 생긴 노란 꽃이 뭐지?" / "마타리꽃."

소녀는 마타리꽃을 양산 받듯이 해 보인다. 약간 상기된* 얼굴에 살포시 보조개를 떠올리며.

다시 소년은 꽃 한 옴큼을 꺾어 왔다. 싱싱한 꽃가지만 골라 소녀에게 건넨다.

그러나 소녀는, / "하나도 버리지 마라."

(중략)

소녀가 분홍 스웨터 앞자락을 내려다본다. 거기에 ㉢검붉은 진흙물 같은 게 들어 있었다.

소녀가 가만히 보조개를 떠올리며,

"그래 이게 무슨 물 같니?"

소년은 스웨터 앞자락을 바라다보고 있었다.

"내, 생각해 냈다. 그날 도랑을 건너면서 내가 업힌 일이 있지? 그때 네 등에서 옮은 물이다."

소년은 얼굴이 확 달아오름을 느꼈다.

㉣갈림길에서 소녀는,

"저, 오늘 아침에 우리 집에서 ㉤대추를 땄다. 낼 제사 지내려고……."

대추 한 줌을 내준다. 소년은 주춤한다.

"맛봐라. 우리 증조할아버지가 심었다는데, 아주 달다."

소년은 두 손을 오그려 내밀며,

"참 알도 굵다!"

– 황순원, 〈소나기〉

*상기되다: 흥분이나 부끄러움으로 얼굴이 붉어지다.

📎 암시 판단하기

1. 앞으로 (밝은, 어두운) 분위기의 내용이 전개될 것 같아.

2. 앞으로의 사건에 대해 직접적으로 언급해, 간접적으로 암시해? (직접적 언급, 간접적 암시)

㉠~㉤ 중 보기 의 ⓐ에 해당하는 것끼리 묶을 수 있는 것은?

> 보기

〈소나기〉는 다양한 소재를 활용하여 주제나 배경을 제시하고, 앞으로 일어날 사건을 ⓐ암시하기도 한다. 소녀는 결국 소나기를 맞은 후 죽음을 맞이하는데 작가는 특정한 색깔을 통해 소녀의 죽음을, 특정한 공간을 통해 소년과 소녀의 엇갈린 운명을 암시하고 있다.

① ㉠, ㉡　　　② ㉠, ㉢　　　③ ㉡, ㉣　　　④ ㉢, ㉣　　　⑤ ㉣, ㉤

🖍 개념 적용하기

▶ **"난 보랏빛이 좋아!"**

= ☐☐의 암시

• 소녀가 소심한 소년에게 먼저 말을 걸고 산 너머에 가 보자고 함.
• 소년은 산에 핀 꽃 한 옴큼을 꺾어 소녀에게 줌.
• 보라색 도라지꽃을 본 소녀가 "난 보랏빛이 좋아!"라고 말함.

소년

순박한 시골 소년으로 마음을 적극적으로 표현하지 않지만 소녀에 대한 애정이 깊음.

소년이 꽃을 꺾어 줌.

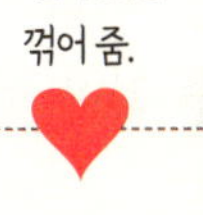

소녀

서울에서 살다 온 윤 초시네 손녀로 소년에게 먼저 말을 걸어 친해지고 싶은 마음을 표현함.

➡ 소년이 소녀에게 도라지꽃을 꺾어 주자 소녀는 보랏빛이 좋다고 말하는데, '보랏빛'은 흔히 어둡고 우울한 느낌을 주며 죽음을 연상시키지. 따라서 "난 보랏빛이 좋아!"라는 말은 소녀의 죽음을 ☐☐해.

🖨 개념 확장하기

암시의 효과

• 독자의 흥미를 불러일으키고 작품의 재미를 더함.
• 독자에게 암시를 통해 넌지시 알려 줌으로써 앞으로 일어날 일들에 대해 심리적으로 준비를 하게 함.

암시 / 복선

필연성을 부여하기 위한 의도적 장치!

💡 필수 개념 ❷ 복선

- **복선**은 앞으로 일어날 사건을 독자에게 암시해 주는 것으로 **사건에 필연성을 부여**하기 위해 작가가 **의도적으로 만든 장치**야. 그래서 작품을 다 읽고 나면 "아, 이게 복선이었구나!" 하고 알게 되지.
- 복선은 작품의 주제를 효과적으로 드러내고, 이야기에 진실성을 부여해.
- 암시와 복선을 명확하게 구분하기 힘든 경우가 많은데, 암시가 복선보다 더 포괄적인 개념이야.

㉠참 먹장구름* 한 장이 머리 위에 와 있다. 갑자기 사면이 소란스러워진 것 같다. 바람이 우수수 소리를 내며 지나간다. ㉡삽시간에 주위가 보랏빛으로 변했다.

산을 내려오는데 떡갈나무 잎에서 빗방울 듣는* 소리가 난다. 굵은 빗방울이었다. 목덜미가 선뜩선뜩했다. 그러자 대번에 눈앞을 가로막는 빗줄기.

비안개 속에 원두막이 보였다. 그리로 가 비를 그을* 수밖에.

그러나 원두막은 기둥이 기울고 지붕도 갈래갈래 찢어져 있었다. 그런대로 비가 덜 새는 곳을 가려 소녀를 들어서게 했다.

㉢소녀는 입술이 파아랗게 질렸다. 어깨를 자꾸 떨었다.

무명 겹저고리를 벗어 소녀의 어깨를 싸 주었다. 소녀는 비에 젖은 눈을 들어 한 번 쳐다보았을 뿐, 소년이 하는 대로 잠자코 있었다. 그러고는 안고 온 꽃묶음 속에서 가지가 꺾이고 꽃이 이그러진 송이를 골라 발밑에 버린다.

소녀가 들어선 곳도 비가 새기 시작했다. 거기서 더 비를 그을 수 없었다.

밖을 내다보던 소년이 무엇을 생각했는지 수수밭 쪽으로 달려간다. 세워 놓은 수숫단 속을 비집어 보더니, 옆의 수숫단을 날라다 덧세운다. 다시 속을 비집어 본다. 그러고는 이쪽을 향해 손짓을 한다.

㉣수숫단 속은 비는 안 새었다. 그저 어둡고 좁은 게 안됐다. 앞에 나앉은 소년은 그냥 비를 맞아야만 했다. 그런 소년의 어깨에서 김이 올랐다.

소녀가 속삭이듯이, 이리 들어와 앉으라고 했다. 괜찮다고 했다. 소녀가 다시 들어와 앉으라고 했다. 할 수 없이 뒷걸음질을 쳤다. ㉤그 바람에 소녀가 안고 있는 꽃묶음이 망그러졌다.

(중략)

남폿불* 밑에서 바느질감을 안고 있던 어머니가,

"증손이라곤 계집애 그 애 하나뿐이었지요?"

"그렇지. 사내애 둘 있던 건 어려서 잃어버리고……."

"어쩌면 그렇게 자식 복이 없을까."

"글쎄 말이지. 이번 앤 꽤 여러 날 앓는 걸 약도 변변히 못 써 봤다더군. 지금 같아서는 윤 초시네도 대가 끊긴 셈이지……. 그런데 참 이번 계집애는 어린 것이 여간 잔망스럽지가* 않아. 글쎄 죽기 전에 이런 말을 했다지 않아? 자기가 죽거든 자기 입던 옷을 꼭 그대로 입혀서 묻어 달라고……."

– 황순원, 〈소나기〉

*먹장구름: 먹빛같이 시꺼먼 구름.

*듣다: 눈물, 빗물 따위의 액체가 방울져 떨어지다.

*긋다: 비를 잠시 피하여 그치기를 기다리다.

*남폿불: 남포등에 켜 놓은 불.

*잔망스럽다: 얄밉도록 맹랑한 데가 있다.

복선 판단하기

1. 소녀의 죽음은 갑자기 우연히 발생한 사건이야? O ☐ X ☐   → O: 우연, X: 필연(복선)
2. 사건 전개에 필연적인 역할을 하는 소재는 무엇일까? (　　　　　　)

㉠~㉤ 중 [보기] 의 설명에 해당하는 내용으로 적절하지 <u>않은</u> 것은?

───── 보기 ─────

　'복선'은 앞으로 다가올 상황을 암시하기 위해 작가가 의도적으로 만든 장치이다. 작가는 '소녀의 죽음'이라는 비극적 결말을 암시하기 위해 순수한 소년과 소녀가 만나 친밀감을 쌓게 되는 사건을 어둡고 불안하게 그리고 있다.

① ㉠   ② ㉡   ③ ㉢   ④ ㉣   ⑤ ㉤

 개념 적용하기

▶ 〈소나기〉의
'소나기' =
비극적 결말의
☐ ☐

소년
- 갑자기 소나기가 내리자 소녀가 비를 맞지 않도록 애씀.
- 며칠 동안 소녀가 보이지 않자 궁금해함.

······ 소나기 ······

소녀
- 소나기를 맞고 유난히 추워함.
- 며칠 동안 앓다가 답답해서 개울로 나와 소년을 기다림.

↓ 소녀의 죽음

→ 갑자기 내린 소나기를 맞은 소녀는 결국 죽음을 맞이하므로, ☐ ☐ ☐ 는 비극적 결말의 복선이야.

암시 / 복선

'나'는 끊어진 다리의 교각 위에 핀 꽃에 '쥐바라숭꽃'이라는 이름을 붙여 줘. 그럼, 바람에 날려 강으로 떨어진 '쥐바라숭꽃'은 무엇을 의미하는 것일까?

📖 **전체 줄거리**

발단 전쟁이 나자 피란민들이 오가면서 마을의 인심이 사나워지고 '나'는 할머니, 누나와 함께 고모네로 피란을 가다 돌아온다.

전개 피란길에 혼자 남겨진 명선이는 '나'를 따라와 차갑게 구는 어머니에게 금반지를 내밀고 우리 집에 살게 되지만, 놀고먹기만 하여 '나'의 부모님에게 미움을 사게 된다.

위기 아버지가 몸수색을 하며 금반지를 찾으려 하자 명선이는 집을 나가고 숲속 소나무 위에서 알몸으로 발견되어 여자아이임이 밝혀진다.

절정 명선이의 금반지를 차지하려는 '나'의 부모의 속셈으로 명선이는 '나'의 집에 계속 함께 살게 되고, 끊어진 만경강 다리의 철근 위에서 놀다가 비행기 폭음에 놀라 다리에서 떨어져 죽는다.

결말 '나'는 명선이가 죽고 난 후, 무서움을 무릅쓰고 명선이가 놀던 끊어진 다리 끝까지 갔다가 거기서 금반지를 넣어둔 주머니를 발견하지만, 너무 놀라 금반지를 모두 강물에 떨어뜨린다.

＊**인지**: 둘째 손가락. 집게손가락.

＊**뒤란**: 집 뒤 울타리의 안.

＊**앞섶**: 옷의 앞자락에 대는 섶.

＊**교각**: 다리를 받치는 기둥.

＊**대궁**: '대'의 방언. 식물의 줄기를 이르는 말.

＊**강심**: 강의 한복판. 또는 그 물속.

기억 속의 들꽃 | 윤흥길

[앞부분의 줄거리] 6·25 전쟁 중 피란길에 부모를 잃은 소녀 명선이가 마을에 나타난다. '나'는 명선이를 '계집애처럼 생긴 녀석'이라고 생각하고, 명선이는 '나'를 따라오지만 피란민들로 인해 식량이 축날 것을 걱정한 '나'의 어머니는 명선이에게 다른 집으로 가라고 한다.

전개 이때 녀석이 또 예의 그 계집애처럼 간드러진 소리로 어머니를 불러 세웠다. "따른 집에나 가 보라니께!" / "아줌마한테 요걸 보여 줄려구요."

녀석은 엄지와 인지＊를 붙여 동그라미를 만들어 보였다. 그 동그라미 위에 다른 또 하나의 작은 동그라미가 노란 빛깔을 띠면서 날름 올라앉아 있었다. 뒤란＊ 그늘 속에서도 그것은 충분히 반짝이고 있었다. 그걸 보더니 어머니의 눈에 환하게 불이 켜졌다. / "아아니, 너, 고거 ㉠금가락지 아니냐!"

말이 채 끝나기도 전에 금반지는 어느새 어머니의 손에 건너가 있었다. 솔개가 병아리를 채듯이 서울 아이의 손에서 금반지를 낚아채어 어머니는 한참을 치떠보고 내립떠보는가 하면, 혓바닥으로 침을 묻혀 무명 저고리 앞섶＊에 싹싹 문질러 보다가 나중에는 이빨로 깨물어 보기까지 했다. 마침내 어머니의 얼굴에 만족스런 미소가 떠올랐다.

(중략)

절정 "야아, 저게 무슨 꽃이지?"

그런데 그 애는 놀림 대신 갑자기 뚱딴지같은 소리를 질렀다. 말 타듯이 철근 뭉치에 올라앉아서 그 애가 손바닥으로 가리키는 곳을 내려다보았다. 거대한 교각＊ 바로 위, 무너져 내리다 만 콘크리트 더미에 이전에 보이지 않던 꽃송이 하나가 피어 있었다. 바람을 타고 온 꽃씨 한 알이 교각 위에 두껍게 쌓인 먼지 속에 어느새 뿌리를 내린 모양이었다. / "꽃 이름이 뭔지 아니?"

난생처음 보는 듯한, 해바라기를 축소해 놓은 모양의 동전만 한 들꽃이었다.

"쥐바라숭꽃……."

나는 간신히 대답했다. 시골에서 볼 수 있는 거라면 명선이는 내가 뭐든지 다 알고 있다고 믿는 눈치였다. 쥐바라숭이란 이 세상엔 없는 꽃 이름이었다. 엉겁결에 어떻게 그런 이름을 지어낼 수 있었는지 나 자신도 어리벙벙할 지경이었다.

"쥐바라숭꽃…… 이름처럼 정말 이쁜 꽃이구나. 참 앙증맞게두 생겼다."

또 한바탕 위험한 곡예 끝에 그 애는 기어코 그 쥐바라숭꽃을 꺾어 올려 손에 들고는 냄새를 맡아 보다가 손바닥 사이에 넣어 대궁＊을 비벼서 양산처럼 팽글팽글 돌리다가 끝내는 머리에 꽂는 것이었다. 다시 이쪽으로 건너오려는데, 이때 바람이 휙 불어 명선이의 치맛자락이 홀렁 들리면서 머리에서 꽃이 떨어졌다. 나는 해바라기 모양의 그 작고 노란 쥐바라숭꽃 한 송이가 바람에 날려, 싯누런 흙탕물이 도도히 흐르는 강심＊을 향해 바람개비처럼 맴돌며 떨어져 내리는 모양을 아찔한 현기증으로 지켜보고 있었다.

01

윗글의 '나'에 대한 설명으로 적절하지 <u>않은</u> 것은?

① '나'는 명선이에 관한 이야기를 전달하고 있다.
② '나'는 처음에 명선이를 남자아이라고 생각했다.
③ '나'는 명선이가 물어본 들꽃의 이름을 알지 못했다.
④ '나'는 명선이가 다리 아래로 추락할 것을 예감하였다.
⑤ '나'는 명선이의 기대를 저버리고 싶지 않아 꽃 이름을 지어냈다.

02

㉠을 중심으로 윗글을 이해한 내용으로 가장 적절한 것은?

＊환심을 사다: 어떤 사람이 다른 사람의 마음에 들도록 여러 방법으로 힘쓰다.

＊내색: 마음속에 느낀 것을 얼굴에 드러냄. 또는 그 낯빛.

① 명선이는 금가락지를 자랑하려고 어머니에게 보여 주었다.
② 명선이는 '나'의 환심을 사기* 위해 금가락지를 꺼내 놓았다.
③ '나'는 어머니가 명선이의 금가락지를 빼앗을지도 모른다고 생각했다.
④ 어머니는 금가락지를 보고 별다른 반응을 보이지 않으려고 애를 썼다.
⑤ 어머니는 명선이의 금가락지가 진짜인 것을 알고 기쁜 내색*을 하였다.

03

'쥐바라숭꽃'의 의미를 다음과 같이 연결할 때, ⓐ~ⓒ에 들어갈 말을 바르게 짝지은 것은?

'쥐바라숭꽃'		'명선이'
• 꽃씨가 (ⓐ)을/를 타고 날아옴.	=	• 피란 중 흘러들어 옴.
• 쉽게 꺾이는 연약한 존재임.		• 작고 연약한 (ⓑ)임.
• 두껍게 쌓인 먼지 속에 뿌리를 내리는 강인한 생명력을 지님.		• (ⓒ)의 상황에서도 꿋꿋하고 강한 생존력을 보여 줌.

	ⓐ	ⓑ	ⓒ
①	교각	겁쟁이	전쟁
②	교각	어린아이	오해
③	바람	겁쟁이	화합
④	바람	어린아이	전쟁
⑤	먼지	겁쟁이	오해

✍ 주관식·서술형

04

윗글에서 '명선이의 죽음'을 암시하는 내용을 찾아 3어절로 쓰시오.

전개 어느 날 명선이는 유독 가탈스럽게 구는 어떤 아이하고 대판거리＊로 싸움을 했다. ㉠싸움을 하는데 역시 생긴 모양에 어울리게 상대방의 얼굴을 손톱으로 할퀴고 머리끄덩이를 잡는 바람에 우리 또래 사이에서 크나큰 웃음거리가 되었다. 서울 아이들은 싸움도 가시내처럼 간사스럽게 하는 모양이었다. 상대방이 딴죽＊을 걸어 넘어뜨리고 위에서 덮쳐누르고, 한창 열세에 몰려 맥을 못 추던 명선이가 별안간 날라리 소리 비슷한 괴상한 비명과 함께 엄청난 기운으로 상대방의 몸뚱이를 벌렁 떠둥그뜨려＊ 버렸다. 첫 번째 싸움에서 명선이는 승리자가 되었다. 그리고 그 후로 계속된 두 번째, 세 번째 싸움에서도 으레 상대방의 밑에 깔렸다가 무서운 힘으로 떨치고 일어나서는 승리를 했다.

어느 날, 명선이는 부모가 죽던 순간을 나에게 이야기했다. 피란길에서 공습＊을 만나 가까운 곳에 폭탄이 떨어졌는데, 한참 정신을 잃었다가 깨어나 보니 어머니의 커다란 몸뚱이가 숨도 못 쉴 정도로 전신을 무겁게 덮어 누르고 있더라는 것이었다.

"그래서 마구 소릴 지르면서 엄마를 떠밀었단다. 난 그때 엄마가 죽은 줄도 몰랐어."

그리고 명선이는 숙부네가 저를 버리고 도망치던 때의 이야기도 들려주었다.

"실은 말이지, 숙부가 날 몰래 내버리고 도망친 게 아니라 내가 숙부한테서 도망친 거야. 숙부는 기회만 있으면 날 죽일라구 그랬거든."

숙부가 널 죽이려 한 이유가 뭐냐는 내 질문에 그 애는 무심코 대답하려다 말고 갑자기 입을 꾹 다물더니만 언제까지고 나를 경계하는 눈으로 잔뜩 노려보고 있었다.

(중략)

절정 날이 가고 달이 갔다. 어느덧 초가을로 접어드는 날씨였다. 남쪽에서 쳐 올라오는 국방군에 밀려 인민군이 북쪽으로 쫓겨 가기 시작한다는 소문이 돌았다. 생각보다 전쟁이 일찍 끝나, 남쪽으로 피란 갔던 명선네 숙부가 어느 날 불쑥 마을에 다시 나타날 경우를 생각하면서 어머니는 딱할 정도로 조바심을 치기 시작했다. 내가 벌써 귀띔을 해 주어서 어른들은 명선이가 숙부로부터 버림받은 게 아니라 스스로 도망쳤다는 사실을 이미 알고 있었다. 전쟁이 끝나기 전에 어떻게든 명선이의 입을 열게 하려고 아버지는 수단 방법을 안 가릴 기세였다.

그날도 나는 명선이와 함께 부서진 다리에 가서 놀고 있었다. 예의 그 위험천만한 곡예 장난을 명선이는 한창 즐기는 중이었다. 콘크리트 부위를 벗어나 그 애가 앙상한 철근을 타고 거미줄처럼 지옥의 가장귀를 향해 조마조마하게 건너갈 때였다. 이때 우리들 머리 위의 하늘을 두 쪽으로 가르는 굉장한 폭음이 귀빰을 갈기는 기세로 갑자기 울렸다. 푸른 하늘 바탕을 질러 하얗게 호주기＊ 편대＊가 떠가고 있었다. 비행기의 폭음에 가려 나는 철근 사이에서 울리는 비명을 거의 듣지 못했다. 다른 것은 도무지 무서워할 줄 모르면서도 유독 비행기만은 병적으로 겁을 내는 서울 아이한테 얼핏 생각이 미쳐 눈길을 하늘에서 허리가 동강이 난 다리로 끌어 내렸을 때, 내가 본 것은 강심을 겨냥하고 빠른 속도로 멀어져 가는 한 송이 쥐바라숭꽃이었다.

05 윗글에 대한 설명으로 가장 적절한 것은?

① 작품의 주인공이 다른 인물과의 갈등을 회상하여 서술하고 있다.
② 작품 밖의 서술자가 사건을 객관적으로 관찰하여 서술하고 있다.
③ 작품 밖의 서술자가 인물의 내면 심리를 단정적*으로 서술하고 있다.
④ 작품 속의 서술자가 다른 인물에 대해 알고 있는 사건을 서술하고 있다.
⑤ 작품 속의 서술자가 자신의 심리적 갈등을 고백하는 형식으로 서술하고 있다.

*단정적: 딱 잘라서 판단하고 결정하는 것.

06 윗글을 통해 알 수 있는 내용이 <u>아닌</u> 것은?

① 숙부가 명선이를 버리고 간 이유
② 명선이가 다리에서 추락하게 된 이유
③ 명선이가 비행기를 병적으로 겁내는 이유
④ 명선이가 싸움에서 밑에 깔리면 괴력을 발휘하는 이유
⑤ 아버지가 전쟁이 끝나기 전에 명선이의 입을 열게 하려는 이유

07 ㉠에 대한 설명으로 가장 적절한 것은?

① 명선이가 괴팍한 인물임을 보여 주고 있다.
② 명선이가 본래는 여자아이임을 암시하고 있다.
③ 명선이의 행동에 대한 '나'의 안타까움이 나타나 있다.
④ 명선이가 동네 아이들을 미워하고 있음을 드러내고 있다.
⑤ 명선이가 공격적인 성격을 지니게 되었음을 나타내고 있다.

주관식·서술형

암시 / 복선

08 윗글에서 보기 의 ⓐ, ⓑ에 해당하는 사건을 쓰시오.

보기

'트라우마'는 ⓐ과거의 충격적 경험이 정신적 고통과 상처로 남아서 ⓑ비슷한 일이 발생했을 때, 당시의 감정을 다시 ㄴ끼면서 심각한 심리적 불안을 겪는 증상을 말한다. 〈기억 속의 들꽃〉은 인물의 트라우마가 비극적 결말로 이어지는 복선의 역할을 하고 있다.

ⓐ : ☐☐ 으로 인한 어머니의 죽음   ⓑ : 비행기의 ☐☐

▶ '강으로 떨어진 쥐바라숭꽃' = 명선의 죽음에 대한 ☐☐

'나' = ☐인칭 서술자
- 끊어진 만경강 다리 위에 명선이와 함께 놀러 감.
- 교각 위에 핀 꽃의 이름을 '쥐바라숭꽃'이라고 말함.
- '쥐바라숭꽃'이 바람에 날려 강으로 떨어짐.

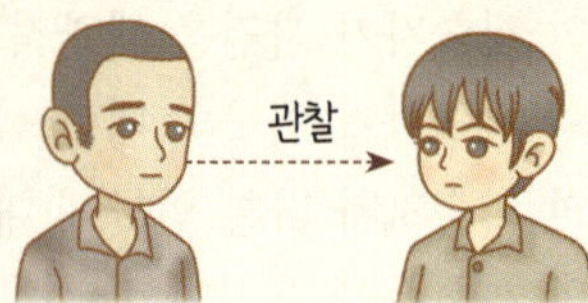

명선이(= '쥐바라숭꽃')
- 피란 중에 부모가 죽고 홀로 남겨진 상황에서도 강인하게 살아감.
- 끊어진 만경강 다리 위에서 놀기를 좋아함.
- 부모가 준 ☐☐☐를 가지고 살아남고자 했으나 결국 죽음을 맞이함.

▶ 〈기억 속의 들꽃〉에 나타난 암시와 복선

인물에 대한 암시	인물의 비극적 죽음에 대한 복선
• 명선이의 행동을 통해 명선이가 '여자아이'임을 암시함. • 명선이가 끊어진 다리 위에 핀 꽃을 꺾어 머리에 꽂음. → 꽃이 바람에 날려 강으로 떨어짐. → 명선이의 추락을 암시함.	• 아이들과 싸울 때마다 밑에 깔리면 괴력을 발휘하는 명선이의 행동 특성 → 공습에 대한 공포(공습으로 인한 어머니의 죽음)는 비행기 폭음과 함께 명선이의 죽음에 대한 복선으로 기능함. • 끊어진 다리 위에서 놀기 좋아하는 명선이 → 비행기의 폭음 → 명선이의 죽음

기억 속의 들꽃 | 윤흥길

한줄평 ▶ 전쟁의 폐허 속에서도 한 송이 들꽃처럼 강인했던 한 아이의 죽음을 회상하는 소설

사건

- **명선이의 등장**: 피란 도중 고아가 된 명선이가 '나'의 어머니에게 금반지를 주고 함께 살게 됨.
- **명선이의 가출**: '나'의 부모님이 금반지에 대해 캐묻자 명선이가 집을 나가고 여자아이임이 밝혀짐.
- **명선이의 죽음**: 비행기 폭음에 놀란 명선이가 다리 위에서 떨어짐. '나'는 끊어진 다리 끝에서 금반지가 든 주머니를 발견하지만 강물에 떨어뜨림.

소재

- **금반지**: 명선이의 생존 수단이자 어른들의 ☐☐을 드러냄.
- **끊어진 만경강 다리**: 명선이가 금반지를 숨긴 장소. 전쟁의 파괴성과 비극성을 드러냄.
- **쥐바라숭꽃(들꽃)**: 끊어진 다리 위에 핀 들꽃. 강인한 생명력을 상징함. → 전쟁 중에 홀로 강인하게 살아가는 명선이를 상징함.

서술상 특징

- **회상의 형식**: 6·25 전쟁 때의 기억을 회상하고 있으나 당시 사건은 시간의 흐름에 따라 전개됨.
- **어린 서술자**: 어린아이인 '나'의 시선을 통해 전쟁의 비극성과 비인간성을 드러냄. → 1인칭 관찰자 시점
- **사투리와 비속어 사용**: 향토성과 사실성을 높임.
- **제목의 의미**: 주인공 명선이의 비극적 삶을 나타냄.

주제: ☐☐으로 인한 인간성 상실의 비극

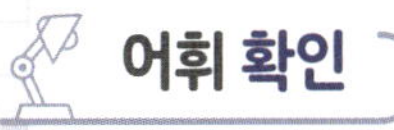

어휘 확인

정답 및 해설 37쪽

[1~5] 어휘의 뜻풀이와 어휘 ㉠~㉤을 바르게 연결하시오.

[6~10] 예문의 ( ) 안에 들어갈 어휘 ㉠~㉤을 바르게 연결하시오.

뜻풀이	어휘	예문
1 조마조마하여 마음을 졸임. 또는 그렇게 졸이는 마음.	㉠ 괴력	**6** 작고 허약한 체구 안에 엄청난 ( )을 숨기고 있다.
2 괴상할 정도로 뛰어나게 센 힘.	㉡ 조바심	**7** 사고 예방을 위한 ( )를 게을리해서는 안 된다.
3 남에게 영향을 끼칠 기운이나 태도.	㉢ 열세	**8** 그는 나에게 금방이라도 달려들 ( )다.
4 뜻밖의 사고가 생기지 않도록 조심하여 단속함.	㉣ 경계	**9** 적군에 비해 수적으로 절대적인 ( )이다.
5 상대편보다 힘이나 세력이 약함. 또는 그 힘이나 세력.	㉤ 기세	**10** 저녁 약속 시간에 늦을까 봐 ( )을 내다.

어휘 특강) '가리키다'와 '가르치다'의 구별

가리키다 동사	VS	가르치다 동사

가리키다
손가락 따위로 어떤 방향이나 대상을 집어서 보이거나 말하거나 알리다.
예 · 그는 손가락으로 북쪽을 **가리켰다**.
· 시곗바늘이 이미 오후 네 시를 **가리키고** 있었다.

가르치다
지식이나 기능, 이치 따위를 깨닫게 하거나 익히게 하다.
예 · 그는 그녀에게 운전을 **가르쳤다**.
· 저는 지금 초등학교에서 어린아이들을 **가르치고** 있습니다.

서술 / 대화 / 묘사

필수 개념 ❶ 서술

> 서술자가 직접 설명하여 전달!

- 작가는 서술자를 통해 인물이나 사건, 배경을 독자에게 전달하는데, **서술자가 독자에게 내용을 전달하는 방식을 '서술 방식'**이라고 해. 작품의 서술 방식에는 크게 '서술', '묘사', '대화'가 있단다.
- **서술**은 **서술자가 사건이 진행되어 가는 과정이나 인물의 행동, 성격 등을 직접 이야기하는 방법**이야. 예를 들면, 오영수의 〈고무신〉에서 '남이가 세숫대야에 걸레랑 헌 양말이랑 담아 옆에 끼고 막 대문 밖을 나서는데 엿장수의 가위 소리가 들려왔다.'라고 설명하는 게 서술이지.

📖 전체 줄거리

'나'는 방귀를 자주 뀌기 때문에 '보리 방구'라는 별명을 가진 수택이와 짝이 된다. 모두가 지저분한 외모에 냄새까지 나는 수택이와 짝이 되는 것을 싫어했지만, '나'는 착한 어린이 상을 받은 학생답게 꾹 참아 보기로 한다. 수택이는 하루도 빠짐없이 '나'의 책상에 본인이 배달하는 신문을 넣어 두고, 아이들의 놀림에 화가 난 '나'는 수택이 앞에서 신문을 구겨 난로에 던져 버린다. 시간이 흐르고 어른이 된 '나'는 수택이가 그날이 생각나더라도 너무 아프지 않았으면 하고 바란다.

나는 가만히 서서 수택이 어깨를 보았어. 어깨솔기*가 터진 스웨터 틈으로 누렇게 바랜 내복이 보였지. 수택이는 어깨를 떨고 있었어. 누런 내복도, 낡고 터진 스웨터도 함께 떨렸지. 그리고 내 어깨도.

나는 서랍에서 신문을 꺼냈어. 신문을 들고 뒤로 돌아섰지. 나는 난로 쪽으로 성큼성큼 걸어갔고, 아이들 시선은 나한테로 모아졌어. 나는 난로 뚜껑을 열었어. 난로 속에는 석탄이 빨갛게 달구어져 있었지. 나는 두 손으로 있는 힘껏 신문을 구겨서 공처럼 만들었어. 그러고는 아이들 보란 듯이 신문을 난로 속에 던져 버렸단다.

신문에는 금세 불이 붙었어. 내 가슴은 쿵쾅쿵쾅 뛰기 시작했어. 교실은 숨소리도 들릴 만큼 조용했고, 나는 난로 뚜껑을 덮고 교실 밖으로 나가 버렸지. 그리고 다시는…… 다시는 말이야, 수택이 얼굴을 똑바로 보지 못했어.

다시 보지 못한 건 수택이 얼굴뿐이 아니었어. 바들바들 떨던 어깨도, 어깨를 축 늘어뜨린 뒷모습도 제대로 볼 수 없었어. 곧 겨울 방학이 되었고, 수택이는 방학 때 시골 친척 집으로 이사를 가 버리고 말았거든. 왜 갔는지 아는 사람은 아무도 없었어. 선생님은 가정 형편상 이사 갔다는 말만 하셨고.

나는 6학년이 되어서도 자꾸 태워 버린 신문 생각이 났어. 신문을 접거나 구길 때면 그날 구겨 버린 신문 생각이 났지. 초등학교를 졸업한 뒤에도 몇 년 동안 난로 속에 뭐를 집어넣는 것만 봐도, 신문 재가 목구멍을 꽉 막고 있는 것처럼 답답했어.

그리고 시간이 많이 흐른 지금도 이렇게 겨울 부츠 속에 신문지를 구겨 넣을 때면, 봄 신발을 꺼내 구겨 넣었던 신문지를 빼낼 때면, 나는 한참씩 수택이 생각에 잠긴단다. 수택이는 지금 어디서 어떻게 살까 궁금해지기도 하지.

어디서 무얼 했으면 좋겠냐고? 음…… 어디서 무얼 하든…… 그날이 생각나지 않았으면…… 생각나더라도 너무 아프지 않았으면…… 그랬으면, 내 친구 수택이가 꼭 그랬으면 좋겠어.

– 유은실, 〈보리 방구 조수택〉

＊**어깨솔기**: 옷의 어깨선을 맞붙여 꿰맨 줄.

📎 서술 판단하기

1. 이 글의 서술자는 누구야? ____________________
2. 서술자가 사건을 직접 설명하고 있어? O ☐ X ☐

→ O: 서술, X: 묘사/대화

윗글의 서술 방식에 대한 설명으로 적절한 것은?

① 수택이와 '나'의 대화를 통해 서로의 갈등을 그려 내고 있어.

② '나'가 과거의 사건에 대한 자신의 마음을 직접적으로 드러내고 있어.

🖍 개념 적용하기

▶ 수택이에 대한 '나'의 마음 = ☐☐을 통해 설명하기

- 6학년이 되고, 초등학교를 졸업한 이후에도 태워 버린 신문이 생각남.
- 어른이 된 후에도 신문지를 볼 때면 수택이 생각을 하면서 수택이가 그날의 상처를 잊고 살기를 바라는 마음을 가짐.

'나' = 서술자	수택이에 대한 미안함	수택이
'나'와 수택이가 사귄다는 소문에 화가 난 '나'는 수택이가 준 어린이 신문을 난로에 넣어 태워 버림.		• 신문 배달을 하는 아이로 지독한 냄새가 나는 방구를 자주 뀜. • '나'와의 사건 이후 이사를 감.

➡ 어른이 된 '나'는 초등학교 5학년 때 수택이에게 한 자신의 행동을 후회히며 수택이에 대한 미안한 마음을 ☐☐☐으로 서술하여 솔직하게 드러내고 있어.

서술 / 대화 / 묘사

필수 개념 ❷ 대화와 묘사

- **대화**는 **등장인물들이 주고받는 말을 그대로 보여 주는 방식**이야. 일상생활에서도 대화를 해 보면 상대방이 어떤 사람인지 짐작할 수 있듯이, 소설 속 등장인물의 대화를 통해서도 인물의 성격이나 심리, 사건의 전개 과정 등을 파악할 수 있어.
- **묘사**는 **서술자가 인물이나 사건, 배경 등을 마치 그림을 그리듯이 구체적으로 표현하는 방식**이야. 이를 통해 독자는 그 장면을 눈으로 보듯이 머릿속에 생생하게 떠올릴 수 있지.

수택이는 석간신문*을 배달하는 아이였어. 머리는 자주 감지 않아서 기름이 흐르는 데다가 비듬이 덕지덕지 붙어 있었어. 손톱 밑은 새카맣고, 잠바* 소맷부리는 때에 절어 번질대고 몸에서는 꼭 시궁창 냄새 같은 게 났어. 게다가 하루에 몇 번씩 방귀를 뀌는데 냄새가 아주 지독했어. 아이들은 수택이가 가까이 오는 것도 싫어했어.

수택이는 머리를 긁적이면서 한 발 한 발 앞으로 내디뎠어. 그러고는 우리 반에서 제일 도수가 높은 안경을 쓴 아이 옆에 앉았지. 나는 그만 숨이 멎어 버리는 것 같았어. 그게 바로 나였거든.

앞에 나와 있는 남자애들이 킥킥대기 시작했어. 자리에 앉아 있는 여자애들은 그제야 안심을 하는 눈치였고. 한숨을 후유 내쉬기도 하고, 속닥속닥 귀엣말*도 주고받는 거야.

나는 얼굴이 빨갛게 달아올랐어.

'보리 방구 조수택이 내 짝이 되다니…….'

수택이 냄새보다 아이들이 킥킥대는 소리가 더 참기 힘들었지.

나는 바로 짝을 바꿔 달라고 말하고 싶었어. 그전에 수택이 짝이 된 아이들은 그렇게 해서 바꿨거든. 선생님은 물론 들어주시지 않았지. 번번이 수택이가 바꿔 달라고 한 거였어. 짝이 싫어하는 눈치를 보이면 선생님한테 가서 이렇게 말했거든.

"선생님, 맨 뒷자리로 보내 주세요."

"왜?"

"혼자 있으면 가방 걸기도 편하고, 팔도 안 걸려서 좋거든요."

"그렇다고 자꾸 혼자 앉으면 어떡해?"

"그래도 짝꿍 팔에 걸려서 공부를 못 하겠어요. 뒤로 갈래요."

선생님은 가라, 가지 마라 말씀하시지 않았어. 입을 다물고 가만히 계셨지. 그러면 수택이는 조용히 자리로 돌아가 짐을 챙겨서 늘 앉던 자리로 돌아갔어. 교실 맨 뒤에 혼자 앉는 자리는 거의 수택이 차지였지.

— 유은실, 〈보리 방구 조수택〉

*석간신문: 매일 저녁때에 발행되는 신문.

*잠바: 점퍼. 품이 넉넉하고 활동성이 좋은 서양식 웃옷.

*귀엣말: 남의 귀 가까이에 입을 대고 소곤거리는 말.

대화와 묘사 판단하기

1. 인물이 주고받는 말을 통해 이야기를 전달하는 방식은? (대화, 묘사)
2. 대상을 그림을 그리듯이 생생하게 보여 주는 방식은? (대화, 묘사)

윗글을 읽고 인물에 대해 이해한 내용으로 적절하지 <u>않은</u> 것은?

① '나'의 얼굴이 달아오른 것은 수택이와 짝이 된 것이 당황스러웠기 때문이다.

② 수택이가 지저분한 것은 집에서 제대로 보살핌을 받지 못하고 있기 때문이다.

③ 수택이가 맨 뒷자리로 가겠다는 것은 '나'가 싫어하는 눈치를 주었기 때문이다.

④ 선생님이 아무 말도 하지 않는 것은 수택이가 뒷자리로 가겠다고 하는 이유를 알기 때문이다.

⑤ 수택이가 늘 교실의 맨 뒷자리에 혼자 앉는 것은 반 아이들과 어울리지 못하고 있기 때문이다.

개념 적용하기

▶ '수택이' =
외양 ☐☐
와 ☐☐를
통해 보여 주기

'나' ─ 관찰 → ☐☐ ─→

수택이
- 머리는 자주 감지 않아서 기름이 흐르는 데다가 비듬이 덕지덕지 붙어 있음.
- 손톱 밑은 새카맣고, 잠바 소맷부리는 때에 절어 번질대고 몸에서는 꼭 시궁창 냄새 같은 게 남.
⇒ 어린아이지만 제대로 보살핌을 받지 못하는 수택이의 처지를 알 수 있음.

수택이 ←─ 대화 ─→ 선생님

"선생님, 맨 뒷자리로 보내 주세요." / "왜?"
"혼자 있으면 가방 걸기도 편하고, 팔도 안 걸려서 좋거든요." / "그렇다고 자꾸 혼자 앉으면 어떡해?"
"그래도 짝꿍 팔에 걸려서 공부를 못 하겠어요. 뒤로 갈래요."
⇒ 반 아이들과 어울리지 못하는 수택이의 처지를 알 수 있음.

→ 수택이의 외모를 자세히 묘사하고 수택이와 선생님의 대화를 제시하여 수택이의 처지를 ☐☐☐으로 보여 주고 있어.

서술 / 대화 / 묘사

자신이 그리지 않은 '히말라야시다 그림'으로 장원을 한 '0'과 같은 상황이 생긴다면 어떤 선택을 하게 될까?

📖 **전체 줄거리**

발단 현재 유명한 화가인 '0'(백선규)과 그림을 좋아하여 미술관에 가서 그림 감상하기를 즐기는 '1'은 초등학교 4학년 때의 사건으로 다른 삶을 살게 된다.

▼

전개 '0'의 아버지와 동창인 '0'의 담임 선생님은 화가의 꿈을 이루지 못한 친구를 위해 '0'에게 미술 대회에 나갈 기회를 주고, '0'은 초등학교 3학년 때 4학년 대신 사생 대회에 나가 장원을 한다.

▼

위기 4학년이 된 '0'은 다시 사생 대회에 참가하고, 부유한 가정에서 미술 과외를 받은 '1'도 사생 대회에 참가한다. '1'은 뒤에 앉은 '0'의 냄새가 거슬렸지만 이미 밑그림을 그렸기 때문에 자리를 옮기지 않고, '0'은 장원을 한다.

▼

절정 '0'이 장원 상을 받은 그림은 '1'의 것이었지만 '0'은 '1'이 그린 그림일 것이라 생각하면서도 진실을 외면하고, '1'도 '0'이 느낄 좌절감을 생각하며 굳이 그 사실을 밝힐 필요를 느끼지 않는다.

▼

결말 성인이 된 '1'은 우연히 길을 걸어가는 '0'을 보고 인사를 할까 생각하다 각자의 길이 다르다고 생각하며 그만둔다.

***교사:** 학교의 건물.

***히말라야시다:** 개잎갈나무. 소나뭇과의 상록 침엽 교목.

***영산홍:** 진달랫과의 상록 관목.

내가 그린 히말라야시다 그림 | 성석제

위기 **가** 1

㉠그해 봄에 나는 군 학예 대회에서 글짓기 백일장에 나가지 못했어. 그건 당연하지. 내가 읍에서 몇 번째 안에 드는 부잣집 딸이라고 해서 누가 봐도 재능이 없는데 글짓기 대표로 내보낼 수는 없지. 그 대신 나는 사생 대회 대표로 뽑혔어. 그때 우리 학교는 한 학년이 다섯 반이고 4학년 이상 한 반에 두 명씩 대회에 나가니까 우리 학교에서만 서른 명이 참가하는 거야. 대개는 미술반에 있는 애들이었어. 문예반에 있는 애들은 학교에서 십 리 이십 리 떨어진 데 사는 농촌 애들이 많은데 미술반 애들은 거의 다 읍내 애들이고 좀 잘사는 애들이었어. 글짓기는 연필하고 지우개, 원고지만 있어도 되지만 미술은 크레파스, 화판, 스케치북이 필요하고 그것들은 빨리 써 버리게 되니까 돈이 좀 들거든. 그런 게 나하고 무슨 큰 상관이 있는 건 아니지만.

사생 대회는 토요일 오전에 우리 학교에서 열렸어. ㉡우리가 다니는 초등학교가 군에서 가장 오래된 학교라서 그랬던 것 같아. 건물도 오래됐고 나무도 커서 그림 그릴 게 많았는지도 몰라. 우리 학교 다니는 애들한테 유리한 것 같긴 했지.

우리는 주최 측이 확인 도장을 찍어서 준 도화지를 한 장씩 받아서 그림을 그리기 위해 여기저기로 흩어졌지. 그런데 내 뒤에서 그림을 그리던 녀석, ㉢옷도 지저분하고 검정 고무신을 신은 데다 간장 냄새가 나던 녀석이 기억에 오래 남았어. 그 냄새며 꼴이 싫어서 자리를 옮기려고 했지만 이미 노란색 크레파스로 그 앞의 나무와 갈색 나무 교사*의 밑그림을 그린 뒤라서 그럴 수도 없었어. 참 그 냄새, 머리가 아프도록 지독했어. 그건 한마디로 하면 가난의 냄새였어.

나 0

한 아이는 낯이 익었어. (중략) ㉣자주색 원피스에 검정 에나멜 구두를 신고 있었고 머리에 푸른 구슬 리본을 매고 있는데 무척 얼굴이 희고 예뻤지. 나하고 한 반이었다고 해도 나 같은 촌뜨기에게는 말을 걸지도 않았겠지.

ⓐ그 여자애와 나는 비슷한 점이 하나도 없었어. 크레파스부터 한 번도 쓰지 않은 새것, 한 번만 더 쓰면 더 쓸 수 없도록 닳은 것이라는 차이가 있었어. 처음부터 다른 길에서 출발해서 가다가 우연히 두어 시간 동안 같은 장소에서 비슷한 그림을 그리게 되겠지만 앞으로 영원히 만날 일이 없을 것 같은 사람이야. 그 여자아이도 그걸 의식하고 있는 것 같았어. 나를 한 번 힐끗 넘겨다보고는 코를 찡그리더니 더 이상 눈길을 주지 않았어. 자리를 뜰 것 같았는데 계속 그리기는 하더군. 나를 의식하기 전에 밑그림을 그렸던 게 아까웠겠지.

㉤히말라야시다*가 쑥색 가지를 늘어뜨리고 있는 화단이 있고 화단 뒤에 나무 쪽을 붙인 벽이, 벽 위쪽에 흰 종이가 발린 유리창이 있는 교사가 있었어. 히말라야시다 앞에 키 작은 영산홍*이 서 있고, 화단을 따라 발라진 시멘트 길에 햇빛이 비치고 있었어.

01 윗글에 대한 설명으로 적절하지 <u>않은</u> 것은?

① 1인칭 주인공 시점을 취하고 있다.
② 과거를 회상하는 형식으로 사건을 서술하고 있다.
③ 동일한 시간에 일어난 일을 각자의 관점에서 전달하고 있다.
④ '1'은 '0'에 대한 인상을 후각적 이미지를 통해 드러내고 있다.
⑤ 좋은 자리를 차지하기 위한 '1'과 '0'의 갈등을 보여 주고 있다.

02 윗글을 읽은 학생의 반응으로 적절하지 <u>않은</u> 것은?

① '1'이 다니는 학교에서 사생 대회가 개최되었군.
② '1'은 미술 용품을 준비하기에 넉넉한 가정 형편이었겠군.
③ '1'은 '0'을 유난히 가난해 보이는 남자아이라고 기억하고 있군.
④ '0'은 '1'을 자신과 전혀 다른 처지에 있는 아이라고 여기고 있군.
⑤ '0'은 '1'의 모습을 보고 다시 만나게 되기를 간절하게 바라고 있군.

대화와 묘사

03 ㉠~㉤ 중, 보기 의 밑줄 친 '묘사'가 나타나는 부분끼리 바르게 묶은 것은?

> **보기**
>
> 소설의 내용을 전달하는 서술 방식은 크게 '서술', '묘사', '대화'로 나눌 수 있다. '서술'은 서술자가 인물이나 사건, 배경 등을 직접 설명하는 방법이다. 이와 달리 <u>'묘사'는 서술자가 인물, 사건, 배경 등을 마치 그림을 그리듯이 생생하게 보여 주는 방법</u>이고, '대화'는 인물들이 주고받는 말을 그대로 보여 주는 방법이다.

① ㉠, ㉡, ㉢
② ㉠, ㉢, ㉣
③ ㉡, ㉢, ㉣
④ ㉡, ㉣, ㉤
⑤ ㉢, ㉣, ㉤

주관식·서술형

*단적: 곧바르고 명백한 것

04 ⓐ를 단적*으로 보여 주는 소재를 찾아 한 단어로 쓰시오.

📖 **전체 줄거리**

발단 현재 유명한 화가인 '0' (백선규)과 그림을 좋아하여 미술관에 가서 그림 감상하기를 즐기는 '1'은 초등학교 4학년 때의 사건으로 다른 삶을 살게 된다.

▼

전개 '0'의 아버지와 동창인 '0'의 담임 선생님은 화가의 꿈을 이루지 못한 친구를 위해 '0'에게 미술 대회에 나갈 기회를 주고, '0'은 초등학교 3학년 때 4학년 대신 사생 대회에 나가 장원을 한다.

▼

위기 4학년이 된 '0'은 다시 사생 대회에 참가하고, 부유한 가정에서 미술 과외를 받은 '1'도 사생 대회에 참가한다. '1'은 뒤에 앉은 '0'의 냄새가 거슬렸지만 이미 밑그림을 그렸기 때문에 자리를 옮기지 않고, '0'은 장원을 한다.

▼

절정 '0'이 장원 상을 받은 그림은 '1'의 것이었지만 '0'은 '1'이 그린 그림일 것이라 생각하면서도 진실을 외면하고, '1'도 '0'이 느낄 좌절감을 생각하며 굳이 그 사실을 밝힐 필요를 느끼지 않는다.

▼

결말 성인이 된 '1'은 우연히 길을 걸어가는 '0'을 보고 인사를 할까 생각하다 각자의 길이 다르다고 생각하며 그만둔다.

*너절하다: 허름하고 지저분하다.

*무장간첩: 전투에 필요한 장비를 갖춘 간첩.

*124군 부대: 1968년 청와대를 습격하기 위해 수도권에 침입했던 북한의 부대.

절정 **가** 1

[A]
나는 한 번도 상 같은 건 받아 본 적 없어. 학교 다닐 때 그 흔한 개근상도 못 받았으니까. 상에 욕심을 부려 본 적도 없었어. 내게는 모자란 게 없어서 그랬는지도 몰라. 어릴 때는 부유한 집안에서 단 하나밖에 없는 딸로 사랑을 받으며 자랐고 여자 대학에서 가정학을 공부하다가 판사인 남편을 중매로 만나서 결혼했지. 내가 권력이나 돈을 손에 쥔 건 아니라도 그런 것 때문에 불편한 적도 없어. 아이들은 예쁘고 별문제 없이 잘 자라 주었지. 큰아이가 중학교부터 미국에 가서 공부할 때는 적응에 힘이 들었지만 결국 학생 회장까지 지내서 신문에도 여러 번 났지. 나는 상을 못 받았지만 내가 타고난 행운, 삶 자체가 상이다 싶어.

그렇지만 단 한 번 상을 받을 뻔한 적은 있지. 나 자신의 실수 때문에 못 받은 거니까 누구를 원망할 수도 없지만. 그 실수를 인정하고 내가 받을 상이 남에게 간 것을 바로잡을 수 있었을까. 할 수 있었을지도 몰라. 아버지에게 이야기했다면. 아니면 천수기 선생님한테라도.

왜 안 했을까. 그때 나를 스쳐 가던 그 아이, 그 아이의 표정 때문인지도 몰라. 땟국물이 흐르던 목덜미, 전신에서 풍겨 나던 뭔가 찌든 듯한 그 냄새, 그 너절한* 인상이 내 실수와 잘못된 과정을 바로잡는 게 너절하고 귀찮은 일이라는 생각을 하게 했을 거야. 어쩌면 그 결과 한 아이가 가지게 될지도 모르는 씻지 못할 좌절감이 내게도 약간 느껴졌는지도 모르지. 상관없어. 나는 그런 상하고는 담을 쌓고 살아도 행복해. 그런 스트레스를 받는 것 자체가 싫어. 왜 내가 그렇게 살아야 하는데?

나 0

나는 까치발을 하고 손을 최대한 쳐들어서 그림 뒷면의 번호를 확인했어. 네모진 칸 안에 쓰인 숫자는 분명히 124였어. 124, 북한에서 무장간첩*을 훈련한 그 124군 부대*의 124. 그렇지만 그건 내 글씨가 아니었어.

누가, 왜 제 번호를 쓰지 않고 내 번호를 썼을까. 실수로? 이런 실수를 하고, 제가 받을 상을 다른 사람이 받았다는 걸 알면 가만히 있을까. 그렇지는 않을 거야. 다른 학교에 다니는 아이라서 제 실수를 모르고 있는 거겠지.

아니야. 그 그림은 구도로 봐서 내가 그렸던 바로 그 장소에서 아주 가까운 데서 그린 그림이었어. 그 그림을 그린 아이는 천수기 선생님과 함께 다니던 그 아이인 게 틀림없었어. 그러니까 나와 같은 학교에 다니는 아이라는 거지. 그러면 그 아이는 제가 그린 그림을 봤을 거야. ㉠그런데 왜? 왜 아무 말을 하지 않은 거지? (중략)

나는 가슴이 찢어질 것 같은 통증을 느끼면서 강당을 걸어 나왔어. 열 걸음쯤 떼었을 때 강당 문으로 어떤 여자아이가 걸어 들어왔어. 자주색 원피스를 입고 있었어. 검정 에나멜 구두를 신고 있었지. 나는 그 여자아이를 지나칠 때 눈을 감았어. 눈을 감은 채 열 걸음쯤 걸어가서 다시 눈을 떴어.

정답 및 해설 40쪽

05 윗글의 내용을 이해한 것으로 적절하지 <u>않은</u> 것은?

① '1'은 귀찮고 스트레스 받는 일을 피하고 싶어 한다.
② '1'은 자신의 삶을 행운으로 여기며 스스로의 삶에 만족감을 느낀다.
③ '0'은 자신이 상을 받게 된 상황에 대해 심리적으로 갈등을 겪고 있다.
④ '0'은 자신이 상을 받은 그림의 번호를 의도적으로 보지 않으려고 하였다.
⑤ '0'은 강당에 걸린 그림의 주인이 사생 대회에서 만난 여자아이라고 생각하였다.

06 ㉠에 대한 '1'의 대답으로 가장 적절한 것은?

① 네가 나보다 그림을 잘 그리기 때문이야.
② 네가 좌절감을 느낄 것 같았기 때문이야.
③ 실수를 아버지에게 말하고 싶지 않았기 때문이야.
④ 실수를 바로잡을 수 없을 것이라고 생각했기 때문이야.
⑤ 실수를 천수기 선생님께 말하는 것이 부끄러웠기 때문이야.

서술

07 [A]의 서술 방식에 대한 설명으로 가장 적절한 것은?

① 인물이 살아온 과정을 요약적으로 서술하고 있다.
② 인물이 주고받는 말을 통해 내면을 보여 주고 있다.
③ 인물의 외적 갈등의 과정을 생생하게 전달하고 있다.
④ 인물의 외양을 묘사하여 성격적 특징을 드러내고 있다.
⑤ 인물의 행동을 통해 심리를 간접적으로 제시하고 있다.

🖊 **주관식·서술형**

08 윗글의 서술자를 '0'과 '1'로 교차하여 제시함으로써 얻을 수 있는 효과를 쓰시오.

> ☐☐ 상황에 처한 두 인물의 심리와 대응 방식을 통해 사건을 입체적으로 이해할 수 있다.

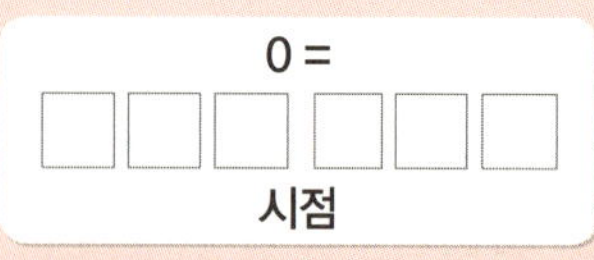

▶ **'0'과 '1' =** ☐ **명의 서술자가 각자의 시점에서 서술하는 형식**

0 = ☐☐☐☐☐☐ 시점

- 가난한 형편으로 크레파스가 닳아서 더 쓸 수 없을 때까지 씀.
- '1'의 그림으로 장원 상을 받게 되지만 진실을 밝히지 않음.
- 자신의 재능을 의심하며 최선을 다해 그림을 그려 유명한 화가가 됨.

1 = ☐☐☐☐☐☐ 시점

- 부잣집 고명딸로 부족함 없는 삶을 살아감.
- 자신의 그림으로 '0'이 장원 상을 받게 되지만 굳이 밝히려고 하지 않음.
- 어른이 된 후에도 취미인 그림 감상을 하며 여유 있는 삶을 누림.

▶ **서술을 통한 효과**

2명의 서술자에 의한 ☐☐

- '0'과 '1'로 제시되는 두 명의 서술자가 등장함.
- 사생 대회의 결과가 뒤바뀐 사건에 대해 각자의 시점에서 서술함.

→

효과

- 동일한 사건에 대한 인물들의 서로 다른 생각과 대응 방식을 알 수 있고, 이를 서로 비교해 볼 수 있음.
- 하나의 사건을 서로 다른 관점에서 바라볼 수 있어 사건을 입체적으로 이해할 수 있음.

🔍 **작품 한눈에** — **내가 그린 히말라야시다 그림** | 성석제

한줄평 ▶ 누군가의 인생이 우연한 계기로 인해 달라질 수 있음을 보여 주는 소설

사건

- **사생 대회**: 4학년 때 같은 학교 학생인 '0'과 '1'이 참가함.
- **뒤바뀐 결과**: '1'이 참가 번호를 잘못 쓰는 바람에 '0'이 장원을 수상함.
- **선택**: 부유하게 자란 '1'은 굳이 수상 결과를 바꾸려고 하지 않음. '0'은 '1'이 그린 그림이라고 생각하면서도 진실을 밝히지 않음. → 그 후 '0'은 최선을 다해 노력하여 유명한 화가가 됨.

소재 및 배경

- **사생 대회**: '0'은 '1'을 보고 다른 부류의 사람이라고 생각하며, '1'은 '0'에게서 지독한 ☐☐의 냄새를 맡음.
- **히말라야시다 그림**: '0'과 '1'이 동일한 대상을 두고 그린 풍경화
- **124번**: '0'의 사생 대회 참가 번호 → 남한에 내려온 무장간첩을 훈련한 124군 부대를 연상하게 함. → 시대적 배경이 1970년대임을 보여 줌.

서술상 특징

- **☐☐☐☐ 구성**: 과거의 사건과 행동이 등장인물의 현재에 어떤 영향을 미쳤는지를 잘 드러냄.
- **2명의 서술자, 1인칭 주인공 시점**: '0'과 '1'이 각자의 시점에서 '사생 대회'와 관련된 사건을 서술함.
- **교차 서술**: 2명의 서술자가 교대로 서술하여 동일한 사건에 대한 각 인물의 내면적 갈등과 그 대응 방식을 입체적으로 드러냄.

주제: 선택의 갈림길에 선 아이들의 갈등과 성장

어휘 확인

[1~5] 다음에서 설명하는 어휘가 무엇일지 사다리를 연결하고 주어진 낱자를 활용하여 쓰시오.

1 계획이나 의지 따위가 꺾여 자신감을 잃은 느낌이나 기분.

2 행사나 모임을 주장하고 기획하여 엶.

3 결혼이 이루어지도록 중간에서 소개하는 일.

4 매일 저녁때에 발행되는 신문.

5 남의 귀 가까이에 입을 대고 소곤거리는 말.

| ㄱ | ㅇ | ㅁ |

| ㅈ | ㅊ |

| ㅈ | ㅁ |

| ㅈ | ㅈ | ㄱ |

| ㅅ | ㄱ |

어휘 특강

소리는 같지만 뜻이 다른 단어를 동음이의어(同音異義語)라고 한다.

걸다¹ 형용사 ←‥‥ 동음이의어 ‥‥→ **걸다²** 동사

다의어

❶ 흙이나 거름 따위가 기름지고 양분이 많다.
예 퇴비로 땅을 **걸게** 만들었다.

❷ 액체 따위가 내용물이 많고 진하다.
예 풀을 너무 **걸게** 쑤어서 풀질하기가 어렵다.

❸ 음식 따위가 가짓수가 많고 푸짐하다.
예 이 식당은 반찬이 **걸게** 나온다.

❹ 말씨나 솜씨가 거리낌이 없고 푸지다.
예 이웃집 아낙은 입이 어찌나 **건지** 아무도 못 당한다.

❺ ('-게'의 꼴로 쓰여) 푸짐하고 배부르다.
예 잔칫집에 가서 **걸게** 먹고 왔다.

두 가지 이상의 뜻을 가진 단어를 다의어(多義語)라고 한다.

걸다

❶ 벽이나 못 따위에 어떤 물체를 떨어지지 않도록 매달아 올려놓다.
예 벽에 그림을 **걸다.**
옷걸이에 옷을 **걸다.**
금메달을 목에 **걸다.**

시간적 배경 / 시대적 배경 / 공간적 배경

필수 개념 ① 시간적 배경·시대적 배경

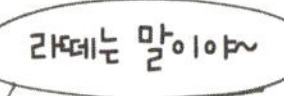

- 소설에서 **배경**은 등장인물이 활동하는 작품의 무대야. 배경에는 크게 시간적·시대적 배경과 공간적 배경이 있어.
- **시간적 배경**은 쉽게 '**언제**'라고 생각하면 돼. **사건이 발생하거나 인물이 행동하는 구체적인 시간이나 시기**를 가리키지. **시대적 배경**은 작품 속에 나타나는 **사회적 현실이나 역사적 상황 등 시대적 상황**을 보여 주기 때문에 '**사회적 배경**'이라고도 해.

📖 전체 줄거리

남이는 식모로 있는 집의 아이들이 추석치레로 받은 자신의 옥색 고무신을 엿과 바꿔 먹자 마을을 찾아온 엿장수에게 고무신을 내놓으라고 한다. 이때 엿장수가 남이의 저고리 앞섶에 붙은 벌을 쫓으려다 벌에 쏘인다. 이후로 엿장수는 남이를 보기 위해 동네에 자주 나타난다. 그 무렵 남이의 아버지가 남이를 데려가 시집보내겠다고 하고, 남이는 엿장수가 준 새 옥색 고무신을 신고 아버지를 따라간다. 엿장수는 꽃놀이를 가는 줄 알았던 남이가 떠나는 모습을 울음 고개에서 바라본다.

**귀환 동포:* 전쟁이나 징용으로 외국으로 나갔다가 고국으로 돌아온 사람을 부르는 말.

**좀되다:* 사람의 됨됨이나 언행이 너무 치사스럽고 잘다. 여기서는 '몸집이 작은'이라는 뜻으로 쓰임.

**권식:* 한집에 사는 식구.

**채비:* 어떤 일이 되기 위하여 필요한 물건, 자세 따위가 미리 갖추어져 차려지거나 그렇게 되게 함. 또는 그 물건이나 자세.

**눈시울:* 눈언저리의 속눈썹이 난 곳.

보리밭 이랑에 모이를 줍는 낮닭 울음만이 이따금씩 들려오는 고요한 이 마을에도 올봄 접어들어 안타까운 이별이 있었다.

바다와 시가지 일부가 한꺼번에 내다보이는, 지대가 높고 귀환 동포*가 누더기처럼 살고 있는 산기슭 마을이었다. 그렇기에 마을 사람들은 철수 내외와 같이 가난뱅이 월급쟁이가 아니면 대개가 그날그날의 날품팔이이다.

[중략 부분의 줄거리] 남이는 철수네 집에서 식모아이로 일하고 있는 열여덟 살의 소녀이다. 그런데 철수네 아이들이 남이가 추석치레로 받은 옥색 고무신을 엿과 바꿔 먹자, 남이는 고무신을 돌려 달라고 엿장수에게 성화를 부린다. 이를 계기로 엿장수는 남이를 보려고 동네에 자주 나타나는데, 어느 날 남이 아버지가 남이를 시집보내겠다고 철수네 집에 찾아온다.

"우리 동네 말임더, 나이 올해 스무 살 먹은 얌전한 신랑이 있는데, 모자 단둘이고요, 뱃일이고 바닷일이고 입 댈 것 없지요." / 철수는 듣다못해,

"그래서 영감은 거기다 남이를 시집보내겠단 말씀이죠?" / "암요."

그러자 철수 아내가,

"보이소, 나도 스물한 살 때 이 집에 시집을 왔는데, 뭣이 그리 급해서⋯⋯. 더구나 남이는 나이만 열여덟이지 원래 좀된* 편이라 숙성한 애들의 열대여섯밖에는 안 뵈는데⋯⋯."

"아니올시더. 부모 갖고 살림 있으면야 한 해 두 해 늦어도 까딱없지요. 암, 까딱없고말고⋯⋯."

"그렇잖아도 스무 살은 안 넘길 작정을 하고 또 그리 준비도 하고 있소."

스무 살이라는 말에 남이 아버지는 그만 질색을 하면서,

"언머어이, 무슨 말인교? 당찮심더!"

하고는 낯까지 붉히었다. 철수 아내가 또 무슨 말을 하려는 것을 철수는 손짓으로 막고,

"영감, 잘 알았소. 그만 건너가서 편히 쉬이소."

하자 그제서야 남이 아버지는 안심이 되는 듯 일어서며,

"내일 아침에 일찍 가겠심더. 안 그런교? 기왕 남의 권식*될 바야 하루라도 일찍 보내는 기 좋지 않겠는교." / 하고 또 뭐라고 중얼중얼하면서 건너갔다.

남이는 여느 때와 조금도 다름없이 부엌에서 아침 채비*를 하고 있다. 다만 다른 것은 눈시울*이 약간 부은 것뿐이다.

– 오영수, 〈고무신〉

시간적·시대적 배경 판단하기

1. 이 글에 나타난 시간적 배경은 (봄, 가을)이야.
2. 이 글의 시대적 배경은 □□ □□들이 돌아온 광복 이후임을 알 수 있어.

윗글에서 시간적 배경을 알 수 있는 단어들끼리 바르게 묶은 것은?

① 올봄, 시집
② 올봄, 아침
③ 스무 살, 아침
④ 바다, 귀환 동포
⑤ 보리밭 이랑, 올봄

✏️ 개념 적용하기

▶ 〈고무신〉의
시간적 ·
시대적 배경
= '올봄',
   '귀환 동포'
   (광복 이후)

귀환 동포들이 돌아온 광복 후의 어느 봄

남이 아버지	남이
• 남이가 혼인할 남자를 정해 옴. • 철수의 말을 듣지 않고 남이를 데리고 가려 함.	• 철수네 집에서 식모살이하는 18살 소녀 • 엿장수를 좋아하면서도 아버지의 결정을 거역하지 못함.

***가부장적**: 가부장이 가족에 대한 지배권을 행사하는 가족 형태, 또는 그런 지배 형태와 같은 것.

→ 청춘 남녀의 애틋한 사랑과 이별이 이루어지는 '올봄'은 □□□ 배경을, 엿장수를 좋아하면서도 아버지의 말을 거역하지 못하고 아버지가 결정한 혼인을 해야 하는 남이의 모습은 가부장적* 권위가 유지되던 당시의 □□□ 상황을 보여 주고 있어.

📖 개념 확장하기

시간적 · 시대적 배경의 예

• 시간적 배경에는 아침 · 저녁과 같은 특정한 시간대, 봄 · 여름과 같은 계절, 1940년대나 2020년대와 같은 특정한 연대 등이 있음.
• 일제 강점기와 6 · 25 전쟁 등 소설 속 사회 현실과 역사적 상황은 시대적 배경이라고 볼 수 있음.

시간적 배경 / 시대적 배경 / 공간적 배경

필수 개념 ❷ 공간적 배경

- **공간적 배경**은 <u>사건이 전개되고 인물의 행위가 일어나는 장소</u>를 말해. 방, 집, 거리, 농촌, 서울 등과 같은 구체적이고 물리적인 장소가 공간적 배경에 해당하겠지?
- 공간적 배경은 인물이 속한 곳, 즉 **사회 계층, 환경 등의 특성을 드러낼 수 있어.** 예를 들어 '서울'과 '농촌'이 지니는 배경의 의미가 각각 다른 것처럼 말이야.

바로 이때다. ㉠골목에서 엿장수 가위 소리가 들려왔다. 남이는 재빨리 윤이를 업고, 영이의 손목을 잡은 채 밖으로 나갔다. 남이 아버지는 벌써 저만치 철수와 하직을 하면서 내려가고, 엿장수는 막 철수네 집 앞에서 대문을 나서는 남이와 마주쳤다. 엿장수는 얼빠진 사람처럼 남이를 바라보는데 남이의 눈에는 순간 어두운 그림자가 지나갔다.

(중략)

남이는 약간 망설이다가 역시 암말도 없이 한 손으로 받아 가지고는 영이를 앞세우고 안으로 들어왔다. 엿장수는 멍하니 대문만 쳐다보고 있다가 침을 한 번 꿀꺽 삼키고 나서 엿판을 둘러메고는 혼잣말로,

"꽃놀이를 가면 ㉡자천 골짜기지. 그럼 한 걸음 앞서 울음 고개로 질러감 되겠지."

이렇게 중얼대면서 엿장수는 빠른 걸음으로 담 모퉁이를 돌아 울음 고개로 향해 갔다.

남이는 그 엿장수에게서 받은 엿을 영이에게 둘, 윤이에게 둘 각각 손에 쥐여 주고서도 한 동강이 잘라 입에 넣고는 손수건으로 윤이 눈물 자국과 영이 코밑을 닦아 주고서야 보퉁이를 들고 일어섰다.

영이와 윤이는 엿 먹기에 여념*이 없었다.

철수 아내는 보퉁이 한 개를 들고 따라 나오면서 남이에게 귀엣말로 뭣을 일러 주고……. 이래서 남이는 떠나간다. 다만 한 가지 철수 내외에게 수수께끼는 ㉢마을 중턱에서 남이를 보내고 서서 그의 뒷모양을 바라보는데, 남이가 어이한* 옥색 고무신을 신고 가는 것이다. 더구나 한 번도 신지 않은 새것을…….

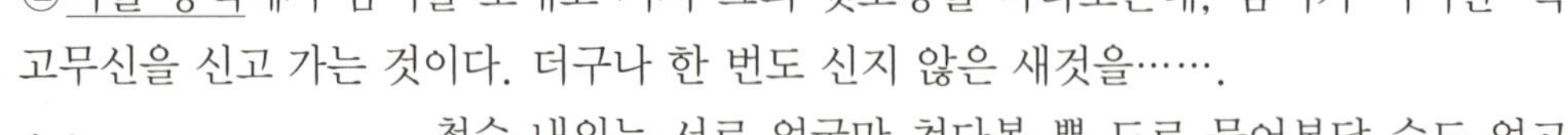

철수 내외는 서로 얼굴만 쳐다볼 뿐 도로 물어본달 수도 없고 해서 그만두었다.

㉣보리밭 사이 조그만 언덕길로 옥색 고무신을 신은 남이는 갔다. 자천 골짜기로 꽃놀이를 가는 줄만 알았던 남이가 난데없는 영감 하나를 따라가고 있는 광경을 엿장수는 ㉤울음 고개 위에서 멀거니 바라보고 있는 것을 남이 자신이야 알 리도 없었다.

– 오영수, 〈고무신〉

*__여념:__ 어떤 일에 대하여 생각하고 있는 것 이외의 다른 생각.

*__어이하다:__ '어찌하다'를 예스럽게 이르는 말. 여기서는 '어디서 생겼는지 알 수 없다.'는 의미로 쓰임.

공간적 배경 판단하기

1. 남이와 엿장수가 □□하는 장면이야.

2. 인물의 상황을 드러내는 (시간적, 공간적) 배경을 확인할 수 있어.

윗글의 ㉠~㉤에 대한 설명으로 적절하지 <u>않은</u> 것은?

① ㉠: 남이가 엿장수에게 떠난다는 말을 못하는 공간이다.

② ㉡: 엿장수와 남이가 꽃놀이를 가기로 약속한 공간이다.

③ ㉢: 남이가 새 고무신을 신었다는 것을 철수 부부가 알게 되는 공간이다.

④ ㉣: 남이가 아버지를 따라 마을을 떠나는 모습이 나타나는 공간이다.

⑤ ㉤: 남이와 이별하게 된 엿장수의 슬픔과 안타까움이 드러나는 공간이다.

개념 적용하기

▶ '□□ □□'
= 엿장수가 남이와의 이별을 알아차리는 공간

• 엿장수는 곱게 차려입은 남이를 보고 꽃놀이를 간다고 생각함.
• 엿장수는 남이가 자천 골짜기로 갈 것이라 생각하고 울음 고개를 질러 남이를 따라가려고 함.
• 울음 고개에서 엿장수는 남이가 어떤 영감을 따라가는 것을 멍하니 바라봄.

엿장수		남이
• 남이가 떠난다는 사실을 알지 못함. • '울음 고개'에서 남이의 떠나는 모습을 멀거니 바라봄.	 이별	• 엿장수에게 자신이 떠나는 것을 말하지 못함. • 아버지가 정한 혼인을 하기 위해 엿장수가 준 새 고무신을 신고 떠남.

→ 남이를 따라가던 엿장수가 남이가 떠난다는 것을 알게 되는 '울음 고개'는 남이와 이별하게 된 엿장수의 슬픔과 안타까움을 장소 이름을 통해 보여 주는 □□□ 배경이야.

개념 확장하기

'배경'의 역할

• 작품의 전반적인 분위기를 드러냄.

• 사건이 실제 벌어진 것처럼 느끼게 하여 인물의 행동과 사건이 사실성을 지니도록 함.

• 시대적 배경은 등장인물의 의식이나 행동 등이 지니는 사회적 의미를 드러냄.

'수난'은 견디기 어려운 일을 당했다는 뜻인데, 이러한 수난을 부모와 자식 두 세대가 당한다는 것은 어떤 의미일까?

📖 **전체 줄거리**

발단 아들 진수가 전쟁터에서 돌아온다는 소식을 들은 만도는 이른 아침부터 서둘러 역으로 마중을 나간다.

전개 진수를 위해 읍내에서 고등어를 산 만도는 정거장 대합실에서 진수를 기다리며 징용에 끌려가서 왼팔을 잃게 된 자신의 과거를 회상한다.

위기 만도는 기차에서 내린 진수가 한쪽 다리를 잃은 사실을 알고 분노를 터뜨린다.

절정 주막집에 들러 술을 마신 뒤 진수에게 자초지종을 들은 만도는 앞으로 어찌 살까 하는 진수의 하소연을 듣고 진수를 위로한다.

결말 외나무다리에 이르러 만도는 진수를 업고, 진수는 지팡이와 고등어를 쥐고 외나무다리를 건넌다. 서로 의지하여 외나무다리를 건너는 이들 부자의 모습을 용머리재가 내려다본다.

＊**대합실:** 공공시설에서 손님이 기다리며 머물 수 있도록 마련한 곳.

＊**징용:** 일제 강점기에, 일본 제국주의자들이 조선 사람을 강제로 동원하여 부리던 일.

＊**북해도:** 일본 북쪽 끝에 있는 홋카이도 본도와 부속 도서로 된 지방.

＊**남양 군도:** 제차 세계 대전 후에 일본 제국주의의 통치를 받던 미크로네시아의 섬을 부르는 말.

수난이대 | 하근찬

발단 정거장 대합실＊에 와서 이렇게 도사리고 앉아 있노라면, 만도는 곧잘 생각나는 일이 한 가지 있었다. 그 일이 머리에 떠오르면, 등골을 찬 기운이 좍 스쳐 내려가는 것이었다. 손가락이 시퍼렇게 굳어져서 이끼 낀 나무토막 같은 팔뚝이 지금도 저만큼 눈앞에 보이는 듯했다.

전개 바로 이 정거장 마당에 백 명 남짓한 사람들이 모여 웅성거리고 있었다. 그중에는 만도도 섞여 있었다. 기차를 기다리고 있는 것이었으나, 그들은 모두 자기네들이 어디로 가는 것인지 알지를 못했다. 그저 차를 타라면 탈 사람들이었다. 징용＊에 끌려 나가는 사람들이었다. 그러니까, 지금으로부터 십이삼 년 옛날의 이야기인 것이다. / 북해도＊ 탄광으로 갈 것이라는 사 [A] 람도 있었고, 틀림없이 남양 군도＊로 간다는 사람도 있었다. 더러는 만주로 가면 좋겠다고 하기도 했다. 만도는 북해도가 아니면 남양 군도일 것이고, 거기도 아니면 만주겠지, 설마 저희들이 하늘 밖으로야 끌고 갈까 보냐고 아무렇지도 않은 듯이 그 들창코로 담배 연기를 푹푹 내뿜고 있었다. 그러나 마음이 좀 덜 좋은 것은, 마누라가 저쪽 변소 모퉁이 벚나무 밑에 우두커니 서서 한눈도 안 팔고 이쪽만을 바라보고 있는 때문이었다.

(중략)

만도는 정신이 아찔했다. 공습이었던 것이다. 산등성이를 넘어 달려든 비행기가 머리 위로 아슬아슬하게 지나가는 것이다. 미처 정신을 차리기도 전에 또 한 대가 뒤따라 날아드는 것이 아닌가? 만도는 그만 넋을 잃고 굴 안으로 도로 달려 들어갔다. 달려 들어가서 굴 바닥에 아무렇게나 팍 엎드려 버리고 말았다. 그 순간이었다. 쾅! 굴 안이 미어지는 듯하면서 다이너마이트가 터졌다. 만도의 두 눈에서 불이 번쩍했다. / 만도가 어렴풋이 눈을 떠 보니, 바로 거기 눈앞에 누구의 것인지 모를 팔뚝이 하나 아무렇게나 던져져 있었다. 손가락이 시퍼렇게 굳어져서, 마치 이끼 낀 나무토막처럼 보이는 팔뚝이었다. 만도는 그것이 자기의 어깨에 붙어 있던 것인 줄을 알자 그만 으악! 하고 정신을 잃어버렸다. 재차 눈을 떴을 때는 그는 푹신한 담요 속에 누워 있었고, 한쪽 어깻죽지가 못 견디게 쿡쿡 쑤셔 댔다. 절단 수술은 이미 끝난 뒤였다.

위기 꽤애액 기차 소리였다. 멀리 산모퉁이를 돌아오는가 보다. 만도는 자리를 털고 벌떡 일어서며, 옆에 놓아 둔 고등어를 집어 들었다. 기적 소리가 가까워질수록 그의 가슴은 울렁거렸다. 대합실 밖으로 뛰어나가, 플랫폼이 잘 보이는 울타리 쪽으로 가서 발돋움을 했다. / 땡땡땡…… 종이 울자, 한참 만에 차는 소리를 지르면서 달려들었다. 기관차의 옆구리에서는 김이 픽픽 풍겨 나왔다. 만도의 얼굴은 바짝 긴장되었다. 시꺼먼 열차 속에서 꾸역꾸역 사람들이 나왔다. 꽤 많은 손님이 쏟아져 내리는 것이었다. 만도의 두 눈은 곧장 이리저리 굴렀다. 그러나 아들의 모습은 쉽사리 눈에 띄지 않았다.

01 윗글의 서술상 특징으로 가장 적절한 것은?

① 액자식 구성으로 새로운 사건을 전개하고 있다.
② 작품 속의 서술자가 자신의 경험을 직접 제시하고 있다.
③ 회상을 통해 인물의 과거 상황을 생생하게 전달하고 있다.
④ 도시와 농촌의 모습을 대비하여 갈등의 원인을 드러내고 있다.
⑤ 인물 간의 대화를 통해 내면 심리를 간접적으로 전달하고 있다.

02 윗글의 내용과 일치하지 <u>않는</u> 것은?

① 만도가 정거장으로 나간 이유는 아들을 기다리기 위해서이다.
② 만도는 징용에 끌려갈 때 어디로 가든 상관이 없다고 생각했다.
③ 만도는 징용을 간 곳에서 다이너마이트 사고로 한쪽 팔을 잃었다.
④ 만도는 마누라가 자신을 보고 있는 것을 외면*하기 위해 담배를 피웠다.
⑤ 만도는 기적 소리가 가까이 들리자 아들이 온다는 기대감으로 가슴이 설레었다.

*외면: 마주치기를 꺼리어 피하거나 얼굴을 돌림.

공간적 배경

03 윗글의 내용을 다음과 같이 공간을 중심으로 나타낼 때, A~D를 시간의 순서대로 바르게 배열한 것은?

A	B	C	D
정거장 대합실	정거장 마당	굴 안	울타리

① A → B → C → D
② A → C → B → D
③ B → A → C → D
④ B → C → A → D
⑤ B → C → D → A

🖐 주관식·서술형

시대적 배경

04 [A]에서 시대적 배경을 드러내는 소재 네 가지를 찾아 쓰시오.

위기 술을 마시고 나면 이내 오줌이 마려워진다. 만도는 길가에 아무렇게나 쭈그리고 앉아서 고기 묶음을 입에 물려고 한다. 그것을 본 진수는,

ㄱ"아부지, 그 고등어 이리 주이소."

한다. 팔이 하나밖에 없는 몸으로 물건을 손에 든 채 소변을 볼 수는 없는 것이다. 아버지가 볼일을 마칠 때까지, 진수는 저만큼 떨어져 서서 지팡이를 한쪽 손에 모아 쥐고, 다른 손으로 고등어를 들고 있었다. 볼일을 다 본 만도는 얼른 가서 아들의 손에서 고등어를 다시 받아 든다.

절정 개천 둑에 이르렀다. **외나무다리**가 놓여 있는 그 시냇물이다. ⓐ진수는 슬그머니 걱정이 되었다. 물은 그렇게 깊은 것 같지 않지만, 밑바닥이 모래흙이어서 지팡이를 짚고 건너가기가 만만할 것 같지 않기 때문이다. 외나무다리 위로는 도저히 건너갈 재주가 없고……. 진수는 하는 수 없이 둑에 퍼지고* 앉아서 바짓가랑이를 걷어 올리기 시작했다. 만도는 잠시 멀뚱히 서서 아들의 하는 양을 내려다보고 있다가

"진수야, 그만두고 자아, 업자."

하는 것이었다.

"ㄴ업고 건느면 일이 다 되는 거 아니가. 자아, 이거 받아라."

고등어 묶음을 진수 앞으로 민다. / "……."

ㄷ진수는 퍽 난처해하면서 못 이기는 듯이 그것을 받아 들었다. 만도는 등어리를 아들 앞에 갖다 대고 **하나밖에 없는 팔을 뒤로 버쩍 내밀며**

"자아, 어서!"

진수는 지팡이와 고등어를 각각 한 손에 쥐고, 아버지의 등어리로 가서 슬그머니 업혔다. 만도는 팔뚝을 뒤로 돌려서 아들의 하나뿐인 다리를 꼭 안았다. 그리고

"팔로 내 목을 감아야 될 끼다."

했다. 진수는 무척 황송한 듯 한쪽 눈을 찍 감으면서 고등어와 지팡이를 든 두 팔로 아버지의 굵은 목줄기를 부둥켜안았다. 만도는 아랫배에 힘을 주며 끙! 하고 일어났다. 아랫도리가 약간 후들거렸으나 걸어갈 만은 했다. 외나무다리 위로 조심조심 발을 내디디며 만도는 속으로,

'ㄹ이제 새파랗게 젊은 놈이 벌써 이게 무슨 꼴이고. **세상을 잘못 타고나서 진수 니 신세도 참 똥이다, 똥.**'

이런 소리를 주워섬겼고*, 아버지의 등에 업힌 진수는 곧장 미안스러운 얼굴을 하며

'ㅁ나꺼정 이렇게 되다니, 아부지도 참 복도 더럽게 없지. 차라리 내가 죽어 버렸더라면 나았을 낀데…….' / 하고 중얼거렸다.

결말 만도는 아직 술기가 약간 있었으나, 용케 몸을 가누며 **아들을 업고 외나무다리를 조심조심 건너가는 것이었다.** 눈앞에 우뚝 솟은 용머리재가 이 광경을 가만히 내려다보고 있었다.

*퍼지르다: 팔다리를 아무렇게나 편하게 뻗다.

*주워섬기다: 들은 대로 본 대로 이러저러한 말을 아무렇게나 늘어놓다.

05 ㉠~㉤에 나타나는 인물의 심리로 적절하지 <u>않은</u> 것은?

① ㉠: 아버지를 배려하는 마음이 담겨 있다.
② ㉡: 진수의 불편함을 덜어 주고 싶은 마음이 담겨 있다.
③ ㉢: 자신의 마음을 몰라주는 아버지에 대한 체념이 담겨 있다.
④ ㉣: 진수의 불행을 안타까워하는 마음이 담겨 있다.
⑤ ㉤: 아버지의 처지에 대한 안타까움과 미안한 마음이 담겨 있다.

06 ⓐ의 이유로 가장 적절한 것은?

① 시냇물이 너무 깊어 보여서
② 시냇물의 물살이 너무 세 보여서
③ 외나무다리가 낡아서 부러질 것 같아서
④ 한쪽 다리로 외나무다리를 건너는 것이 어려워서
⑤ 아버지가 외나무다리를 건너는 것이 힘들 것 같아서

기출

07 보기 를 바탕으로 윗글을 감상한 내용으로 적절하지 <u>않은</u> 것은?

> **보기**
>
> 〈수난이대〉는 일제 강점기에 징용으로 끌려가 한쪽 팔을 잃은 아버지 만도와 6·25 전쟁에서 한쪽 다리를 잃고 상이군인*이 된 아들 진수의 수난을 통해 민족의 시련이 개인의 삶에 미치는 영향을 보여 준다. 그리고 결말 부분에서 어려움을 함께 헤쳐 나가는 만도 부자의 모습을 통해 민족적 수난을 극복하고자 하는 의지와 가능성을 상징적으로 드러내고 있다.

***상이군인**: 전투나 군사상 공무 중에 몸을 다친 군인

① '고기 묶음'은 만도의 불편한 신체 상태를 부각한다.
② '외나무다리'는 만도 부자에게 닥친 시련과 고난을 상징한다.
③ 만도가 '하나밖에 없는 팔을 뒤로 버쩍 내밀며' 진수를 업는 모습은 만도 부자가 고난을 극복하기 어려울 것임을 암시한다.
④ '세상을 잘못 타고나서 진수 니 신세도 참 똥이다, 똥.'이라는 것은 민족의 수난이 개인의 수난으로 이어지고 있음을 의미한다.
⑤ 만도가 '아들을 업고 외나무다리를 조심조심 건너가는 것'은 화합과 협력을 통해 우리 민족의 수난을 극복할 수 있음을 보여 준다.

주관식·서술형

08 윗글에서 다음의 설명에 해당하는 문장을 찾아 처음과 끝 어절을 쓰시오.

> 자연이 인간을 바라보는 시선으로 전환하여 상황을 객관화하고 결말에 여운을 남기고 있다.

▶ 〈수난이대〉의
시대적 배경
'징용' = ☐☐
☐☐☐ ,
'수류탄' =
☐ · ☐☐
☐

만도(아버지, 1대)	역사적 시련으로 수난을 당한 부자	진수(아들, 2대)
일제 강점기에 징용에 끌려가 강제 노역을 하던 중에 사고로 한쪽 팔을 잃음.		6 · 25 전쟁에 참전하여 수류탄 파편에 맞아 한쪽 다리를 잃은 상이군인이 됨.

아버지 만도와 아들 진수가 각기 다른 시대 상황을 겪으면서 대를 이어 비극적인 처지에 놓이게 됨.

▶ 〈수난이대〉의
배경과 효과

시대적 배경과 공간적 배경
- '징용'과 '수류탄': 아버지 만도와 아들 진수가 겪는 수난의 시대적 배경을 보여 줌.
- 외나무다리: 만도와 진수에게 닥친 시련과 고난을 상징함. 만도와 진수가 서로 협력하여 시련을 극복하는 계기를 제공함.

→

배경의 특징과 효과
- 만도 부자가 겪은 수난의 내용을 사실적이고 압축적으로 드러냄.
- 상징적 공간을 통해 수난의 극복 의지라는 주제 의식을 효과적으로 드러냄.

🔍 작품 한눈에 **수난이대** | 하근찬

한줄평 ▶ 한쪽 팔이 없는 아버지가 한쪽 다리를 잃은 아들을 업고 외나무다리를 건너가는 모습을 오랫동안 떠올리게 되는 소설

사건	소재 및 배경	서술상 특징
• **아버지의 마중**: 일제 강점기 징용에 끌려가 한쪽 팔을 잃은 만도가 기차역에서 아들을 기다림. • **아들의 귀환**: 6 · 25 전쟁에 참전했던 진수가 한쪽 다리를 잃은 채 돌아옴. • **귀가**: 한쪽 팔이 없는 아버지가 한쪽 다리가 없는 아들을 업고 외나무다리를 건너 집으로 돌아감. → 만도 부자가 서로 협력하여 외나무다리를 건넘.	• **징용**: 만도가 수난을 겪은 시대적 배경이 일제 강점기임을 보여 줌. • **수류탄, 상이군인**: 진수가 수난을 겪은 시대적 배경이 6 · 25 전쟁임을 보여 줌. • ☐☐☐: 아들 진수에 대한 만도의 애정을 보여 주는 소재. 한쪽 팔이 없는 만도의 신체적 결함을 부각함. • **외나무다리**: 만도와 진수에게 닥친 시련을 상징함.	• ☐☐☐☐ **구성**: 현재(만도가 기차역으로 진수를 마중 나옴.) → 과거(징용에 끌려가 한쪽 팔을 잃은 만도의 과거 사건 회상) → 현재(만도가 아들을 만나 함께 집으로 돌아감.) • **사투리의 사용**: 향토적인 정서를 드러냄.

↓ ↓ ↓

주제: 수난의 현실과 그 극복 의지

어휘 확인

[1~10] 보기 에서 어휘의 뜻풀이 또는 예문의 (   ) 안에 들어갈 어휘 ㉠~㉤을 찾아 쓰시오.

보기

| ㉠ 귀환 | ㉡ 하직 | ㉢ 수난 | ㉣ 절단 | ㉤ 여념 |

[뜻풀이]

1 어떤 일에 대하여 생각하고 있는 것 이외의 다른 생각.

[   ]

2 먼 길을 떠날 때 웃어른께 작별을 고하는 것.

[   ]

3 자르거나 베어서 끊음.

[   ]

4 다른 곳으로 떠나 있던 사람이 본래 있던 곳으로 돌아오거나 돌아감.

[   ]

5 견디기 힘든 어려운 일을 당함.

[   ]

[예문]

6 그는 아버지께 (   )을 고하고 물러 나왔다.

[   ]

7 할머니는 정화수를 떠 놓고 삼촌의 무사한 (   )을 빌었다.

[   ]

8 그해 우리 가족에게는 뜻하지 않은 (   )이 닥쳤다.

[   ]

9 아내는 저녁 식사를 준비하느라고 (   )이 없었다.

[   ]

10 의사는 환자의 (   ) 부위를 봉합하였다.

[   ]

어휘 특강

비 비슷한 말   **반** 반대말

비 금지하다
법이나 규칙이나 명령 따위로 어떤 행위를 하지 못하도록 하다.
예 외부인의 출입을 금지하다.

비 차단하다
액체나 기체 따위의 흐름 또는 통로를 막거나 끊어서 통하지 못하게 하다.
예 교통을 차단하다.

비 방해하다
남의 일을 간섭하고 막아 해를 끼치다.
예 모처럼 갖는 휴식을 방해해 죄송합니다.

막다
길, 통로 따위가 통하지 못하게 하다.
예 차량이 다니지 못하도록 길을 막아 놓았다.

반 공격하다
나아가 적을 치다.
예 적군의 고지를 공격하다.

반 뚫다
막힌 것을 통하게 하다.
예 막힌 하수도를 뚫다.

반 열다
닫히거나 잠긴 것을 트거나 벗기다.
예 약병의 뚜껑을 열다.

소재의 기능

💡 필수 개념 ① 소재의 기능 ①

- 옷을 만들기 위해서 '옷감'이 필요하듯이, 글을 쓰기 위해서는 '글감'이 필요해. 글을 쓰기 위해 사용하는 글감, 즉 글의 재료를 **소재**라고 해.
- 어떤 재료든 글의 소재가 될 수 있지만, 작가는 자신이 글을 쓴 의도를 가장 효과적으로 드러낼 수 있는 소재를 활용하겠지? 따라서 소재는 **갈등 발생의 원인**이 되기도 하고 **갈등 해소의 실마리**가 되기도 해. 또, 주제를 잘 드러내기 위해 **대립적인 소재를 활용**하는 경우도 있어.

📖 전체 줄거리

'나'가 살고 있는 궁전 아파트에서 할머니 두 분이 떨어져서 자살을 한다. 아파트 값 하락을 걱정한 주민들은 반상회를 열어 베란다에 쇠창살을 달자는 의견 등을 내지만, 엄마를 따라 반상회에 간 '나'는 그 대책이 쇠창살보다는 민들레꽃이라고 생각한다. '나'는 엄마에게 필요 없는 존재라는 생각에 옥상으로 올라간 적이 있지만, 옥상 시멘트 바닥 틈 사이에 핀 작은 민들레꽃을 보고 부끄러움을 느꼈던 기억을 떠올린다.

아파트 광장에 차와 사람의 움직임이 멎자 둥근 달이 하늘 한가운데 와서 옥상을 대낮같이 비춰 주었습니다. 마치 세상에 달하고 나하고만 있는 것 같은 기분이 들었습니다. 그때 나는 민들레꽃을 보았습니다. 옥상은 시멘트로 빤빤하게 발라 놓아 흙이라곤 없습니다. 그런데도 한 송이의 민들레꽃이 노랗게 피어 있었습니다. 봄에 엄마 아빠와 함께 야외로 소풍 가서 본 민들레꽃이었습니다.

나는 하도 이상해서 톱니 같은 이파리를 들치고 밑동*을 살펴보았습니다. 옥상의 시멘트 바닥이 조금 파인 곳에 한 숟갈도 안 되게 흙이 조금 모여 있었습니다. 그건 어쩌면 흙이 아니라 먼지일지도 모릅니다. 하늘을 날던 먼지가 축축한 날, 몸이 무거워 옥상에 내려앉았다가 비를 맞고 떠내려가면서 그곳이 움푹하여 모이게 된 것입니다. 그 먼지 중에 민들레 씨앗이 있었나 봅니다. 싹이 나고 잎이 돋고 꽃이 피게 하기에는 너무 적은 흙이어서 잎은 시들시들하고 꽃은 작은 단추만 했습니다. 그러나 흙을 찾아 공중을 날던 수많은 민들레 씨앗 중에서 그래도 뿌리를 내릴 수 있는 한 줌의 흙을 만난 게 고맙다는 듯이 꽃은 샛노랗게 피어서 달빛 속에서 곱게 웃고 있었습니다.

도시로 부는 바람을 탄 민들레 씨앗들은 모두 시멘트로 포장한 딱딱한 땅을 만나 싹을 틔우지도 못하고 죽어 버렸으련만, 단 하나의 민들레 씨앗은 옹색하나마* 흙을 만난 것입니다. 흙이랄 것도 없는 한 줌의 먼지에 허겁지겁 뿌리를 내리고, 눈물겹도록 노랗게 핀 민들레꽃을 보자 나는 갑자기 부끄러운 생각이 들었습니다. 살고 싶지 않아 하던 것이 큰 잘못같이 생각되었습니다.

(중략)

그러나 그 일을 통해 사람은 언제 살고 싶지 않아지나를 알게 된 것입니다. 사람은 사랑하는 사람이 자기를 없어져 줬으면 할 때에 살고 싶지가 않아집니다. 돌아가신 할머니의 가족들도 말이나 눈치로 할머니가 안 계셨으면 하고 바랐을 것이 틀림없습니다.

그리고 살고 싶지 않아 베란다나 옥상에서 떨어지려고 할 때에 그것을 막아 주는 건 쇠창살이 아니라 민들레꽃이라는 것도 틀림없습니다. 그것도 내가 겪어서 이미 알고 있는 일이니까요.

— 박완서, 〈옥상의 민들레꽃〉

***밑동**: 나무줄기에서 뿌리에 가까운 부분. 채소 따위 식물의 굵게 살진 뿌리 부분.

***옹색하다**: 형편이 넉넉하지 못하여 생활에 필요한 것이 없거나 부족하다.

소재의 의미 판단하기

1. 이 글의 중심 소재는 뭐야? ___________________
2. '나'는 '민들레꽃'을 보고 (부끄러움, 두려움)을 느끼고 있어.

윗글의 민들레꽃과 대립되는 의미를 지닌 소재로 가장 적절한 것은?

① 옥상
② 톱니
③ 먼지
④ 바람
⑤ 쇠창살

개념 적용하기

▶ '□□□
□' = 생명의
소중함과
희망을 일깨움.

- '나'가 살고 있는 궁전 아파트에서 두 명의 노인이 스스로 목숨을 끊음.
- 주민들은 비싼 아파트 값이 떨어질까 봐 긴급 대책 반상회를 함.
- 엄마를 따라 반상회에 간 '나'는 자신의 경험을 바탕으로 의견을 말하려고 하지만 제지당함.
- 집안의 막내인 '나'는 가족에게 불필요한 존재라는 느낌을 받고 상처를 입은 적이 있음.

'나'	민들레꽃
• 가족에게 자신이 필요하지 않고, 엄마가 '나'를 거짓으로 사랑했다는 생각이 들었음. • 살고 싶지 않은 마음에 옥상으로 올라감.	• 강인한 생명력으로 '나'에게 부끄러운 마음이 들게 함. • 생명의 소중함과 희망의 의미를 일깨워 줌.

옥상의 시멘트 바닥에서 발견 →

→ 옥상의 시멘트 바닥 틈 사이 한 줌 먼지 속에서 핀 작은 '민들레꽃'은 옥상에 올라간 '나'에게 □□의 소중함과 희망의 의미를 깨닫게 해 주었어.

개념 확장하기

소재의 의미와 기능 Ⅰ

- 작품의 주제를 효과적으로 드러냄.
- 인물의 처지나 상황, 심리를 드러냄.
- 인물의 갈등을 유발하거나 해소하는 기능을 함.

소재의 기능

💡 필수 개념 ② 소재의 기능 ②

소재를 대하는 인물의 태도

- 우리는 특정 소재를 대하는 인물의 태도에서 **인물의 성격이나 심리를 파악**할 수 있어. '제비'의 부러진 다리를 고쳐 주는 '흥부'의 모습에서 우리는 착하고 인정 많은 모습을 알 수 있잖아.
- 소재는 작품의 제목으로 활용되어 **작가의 가치관을 보여 주거나 주제를 드러내기도 해**. 그리고 **회상의 매개체**가 되기도 하지. 소재의 의미를 묻는 문제는 정말 자주 출제되기 때문에, 작품을 읽으면서 소재의 다양한 기능에 대해 생각해 보는 습관을 갖도록 하자.

📖 전체 줄거리

서울에서 의사로 있는 창섭은 병원 확장 이전에 필요한 돈을 시골의 땅을 팔아 해결할 계획으로 고향에 온다. 마을에 들어서자 아버지는 동네 사람들과 함께 돌다리를 고치고 있다. 창섭은 아버지에게 자신의 계획을 설명하며, 땅을 팔고 서울로 모두 올라가자고 하지만 아버지는 단호하게 거절한다. 창섭은 자신과 아버지의 세계가 다르다는 것을 깨닫고 서울로 올라간다. 아버지는 다음 날 새벽 고쳐 놓은 돌다리로 나가 양치와 세수를 하고, 땅을 지키는 것이 천리임을 되새긴다.

*장정: 나이가 젊고 기운이 좋은 남자.

*시체: 그 시대의 풍습·유행을 따르거나 지식 따위를 받음. 또는 그런 풍습이나 유행.

*작만: '장만'을 한자를 빌려서 쓴 말.

*느르지논: 철원군 철원읍 사요리 일대의 기름진 논을 이르는 말.

*독시장밭: 철원에 소재한 선비소(늪) 위에 있는 밭 이름.

*변리: 남에게 돈을 빌려 쓴 대가로 치르는 일정한 비율의 돈.

*도시: 도무지. 아무리 해도.

"원, 요즘 사람들은 힘두 줄었나 봐! 그 다리 첨 놀 제 내가 어려서 봤는데 불과 여남은 이서 거들던 돌인데 장정* 수십 명이 한나절을 씨름을 허다니!"

"나무다리가 있는데 건 왜 고치시나요?"

"너두 그런 소릴 허는구나. 나무가 돌만 하다든? 넌 그 다리서 고기 잡던 생각두 안 나니? 서울루 공부 갈 때 그 다리 건너서 떠나던 생각 안 나니? 시체* 사람들은 모두 인정이란 게 사람헌테만 쓰는 건 줄 알드라! 내 할아버님 산소에 상돌을 그 다리로 건네다 모셨구, 내가 천잘 끼구 그 다리루 글 읽으러 댕겼다. 네 어미두 그 다리루 가말 타구 내 집에 왔어. 나 죽건 그 다리루 건네다 묻어……. 난 서울 갈 생각 없다."

"네?"

"천금이 쏟아진대두 난 땅은 못 팔겠다. 내 아버님께서 손수 이룩허시는 걸 내 눈으루 본 밭이구, 내 할아버님께서 손수 피땀을 흘려 모신 돈으루 작만(作滿)*허신 논들이야. 돈 있다구 어디 가 느르지논* 같은 게 있구, 독시장밭* 같은 걸 사? 느르지논 둑에 선 느티나문 할아버님께서 심으신 거구, 저 사랑 마당에 은행나무는 아버님께서 심으신 거다. 그 나무 밑에를 설 때마다 난 그 어룬들 동상이나 다름없이 경건한 마음이 솟아 우러러보군 헌다. 땅이란 걸 어떻게 일시 이해를 따져 사구팔구 허느냐? 땅 없어 봐라, 집이 어딨으며 나라가 어딨는 줄 아니? 땅이란 천지만물의 근거야. 돈 있다구 땅이 뭔지두 모르구 욕심만 내 문서 쪽으로 사 모기만 하는 사람들, 돈놀이처럼 변리*만 생각 허구 제 조상들과 그 땅과 어떤 인연이란 건 도시* 생각지 않구 헌신짝 버리듯 하는 사람들, 다 내 눈엔 괴이한 사람들루밖엔 뵈지 않드라."

"……."

"네가 뉘 덕으루 오늘 의사가 됐니? 내 덕인 줄만 아느냐? 내가 땅 없이 뭘루? 밭에 가 절하구 논에 가 절해야 쓴다. 자고로 하눌 하눌 허나 하눌의 덕이 땅을 통허지 않군 사람헌테 미치는 줄 아니? 땅을 파는 건 그게 하눌을 파나 다름없는 거다."

– 이태준, 〈돌다리〉

소재의 기능 판단하기

1. 이 작품의 제목은 뭐야? (   )
2. 소재를 통해 아버지의 가치관이 드러나? O ☐ X ☐

윗글에서 '아버지'가 소중하게 여기는 대상이 <u>아닌</u> 것은?

① 땅
② 그 다리
③ 느르지논
④ 독시장밭
⑤ 나무다리

개념 적용하기

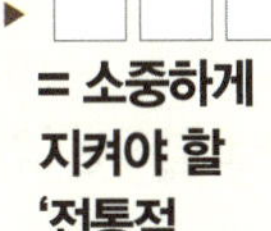
▶ '☐☐☐'
= 소중하게
지켜야 할
'전통적
가치관'

- 의사인 창섭(아들)은 병원 확장에 필요한 자금을 마련하기 위해 고향의 땅을 팔 것을 아버지에게 제안하기 위해 고향으로 내려옴.
- 창섭은 마을 입구에서 마을 사람들과 돌다리를 고치고 있는 아버지를 봄.
- 아들은 나무다리를 두고 돌다리를 고치는 아버지에게 그 이유를 물음.
- 아버지는 아들에게 가족사의 일부인 돌다리의 의미를 알려 주고, 땅을 팔자는 아들의 제안을 거절함.

아버지		아들(창섭)
• 가족의 역사가 담긴 돌다리를 새로 놓인 나무다리보다 중요하게 여김. • 땅을 천지만물의 근거로 생각함. • 땅의 가치를 지키고, 팔지 않으려고 함. → 전통적 가치를 중시함.	 '돌다리', '땅'	• 편리한 나무다리를 두고 돌다리를 고치는 아버지를 이해하지 못함. • 땅을 물질적·금전적 가치로 생각함. • 병원 확장을 위해 땅을 팔 수 있다고 생각함. → 현실적 가치를 중시함.

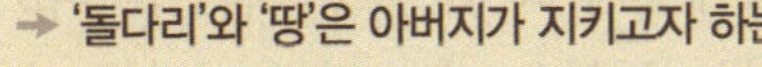 
→ '돌다리'와 '땅'은 아버지가 지키고자 하는 ☐☐☐ 가치관을 드러내는 소재야.

개념 확장하기

**소재의 의미와
기능 Ⅱ**

- 특정 소재를 대하는 인물의 태도를 통해 인물의 성격이나 심리를 파악할 수 있음.
- 주제 의식을 알 수 있게 함으로써 작가의 가치관을 드러냄.
- 과거 사건에 대한 회상의 매개체가 되기도 함.
- 시대적·사회적 분위기를 드러내는 기능을 함.

가난한 형편 때문에 가고 싶었던 상급 학교(중학교)에 진학하지 못한 아들이 매일 하늘 위로 '연'을 날릴 때의 마음과 그것을 보는 어머니의 마음은 어땠했을까?

📖 **전체 줄거리**

발단 혼자 아들을 키우는 어머니는 가난한 처지 때문에 아들이 원하는 상급 학교(중학교)에 보내지 못한다.

▼

전개 아들은 학교에 가지 않는 대신 하루 종일 연날리기를 하고, 어머니는 언제 어디서나 그 연을 보며 연이 아들의 마음을 위로해 주고 있다고 생각한다.

▼

위기 밭에서 일을 하던 어머니는 얼레의 실이 모두 풀린 채 높이 떠서 바람에 심하게 오르내리는 아들의 연을 보며 불안감을 느낀다.

▼

절정 어머니는 실이 끊어져 날아간 연을 하염없이 바라본 후 차분한 태도로 마을로 돌아온다.

▼

결말 어머니는 하늘을 바라보며 떠난 아들이 어디서나 건강하기를 빈다.

＊**적막스럽다:** 고요하고 쓸쓸하다.

＊**상급 학교:** 보다 높은 등급의 학교. 여기에서는 중학교를 가리킴.

＊**당하다:** 사리에 마땅하거나 가능하다.

＊**하고하다:** 많고 많다.

＊**이랑:** 논이나 밭을 갈아 골을 타서 두두룩하게 흙을 쌓아 만든 곳.

연 | 이청준

발단 마을 쪽 하늘에선 연이 떠오르지 않는 날이 없었다.

연은 먼 하늘 여행을 꿈꾸는 작은 새처럼 하루 종일 마을 위를 맴돌았다.

들에서나 산에서나 마을 근처에선 언제 어디서나 새처럼 하늘을 떠도는 연을 볼 수 있었다. / 연이 하늘에 떠올라 있는 동안은 어머니도 마음이 차라리 편했다.

들에서나 산에서나 어머니는 이따금 자신도 모르게 그 연을 찾아 일손을 멈추곤 했다. 그리고 그 적막스런＊ 봄 하늘을 바라보며 허기진 한숨을 삼키곤 했다.

아비 없이 자란 놈이라 하는 수가 없는가 보았다.

"우리 집 처지에 상급 학교＊가 당하기나＊ 한 소리냐. 이름자나마 쓰고 읽게 된 걸 다행으로 알거라."

전개 어미 곁에서 함께 땅이나 파고 살자던 소리가 아들놈의 어린 가슴에 못을 박은 모양이었다.

"상급 학교 못 가면 연이나 실컷 띄우고 놀 거야. 상급 학교 안 보내 준 대신 연실이나 많이 만들어 줘."

상급 학교 신학을 난념한 대신 아들놈은 ㄱ 철 늦은 언날리기 놀이를 시작했다. 연실 마련이 어려워서 제철에는 남의 집 애들 연 띄우는 거나 곁에서 늘 부러워해 오던 녀석이었다.

어머니는 큰맘 먹고 연실을 마련해 냈고, 아들놈은 그때부터 하고한＊ 날 연에만 붙어 지냈다.

봄이 되어 제 또래 아이들이 모두 마을을 떠나 읍내 상급 학교로 가 버린 다음에도 아들놈은 혼자서 그 파란 봄 보리밭 위로 하루같이 연만 띄워 올리고 있었다. 아침나절에 띄워 올린 연이 해 질 녘까지 마을의 하늘을 맴돌았다.

어머니는 언제 어디서나 그 아들의 연을 볼 수 있었다.

연을 보면 아들의 얼굴을 보는 것 같았고, 아들의 마음을 보는 것 같았다.

연은 언제나 머나먼 하늘 여행을 꿈꾸고 있는 작은 새처럼 보였고, 그래서 언젠가는 실줄을 끊고 마을의 하늘을 떠나가 버릴 것처럼 어머니의 마음을 불안하게 했다.

하지만 연이 그렇게 하늘에 떠올라 있는 동안엔 어머니도 아직은 마음을 놓을 수 있었다. 연이 하늘을 나는 동안은 어느 집 양지바른 담벼락 아래, 마을의 회관 뜰 한구석에, 또는 아지랑이 피어오르는 어느 보리밭 이랑＊ 끝에 그 봄 하늘처럼 적막스럽고 외로운 아들의 모습이 선하기 때문이었다.

그래서 어머니는 아들놈의 연날리기를 탓해 본 일이 한 번도 없었다.

철 늦은 연날리기에 넋이 나간 아들놈을 원망해 본 일이 한 번도 없었다.

녀석의 마음이 고이 머물고 있는 연의 위로를 감사할 뿐이었다.

연에 실린 아들의 마음이 하늘을 내려오는 저녁 연처럼 조용히 다시 마을로 가라앉기를 기다릴 뿐이었다.

01

윗글에 대한 설명으로 가장 적절한 것은?

① 계절적 배경이 드러나 있다.
② 인물 간의 갈등이 심화되고 있다.
③ 시간의 흐름에 따라 사건을 전개하고 있다.
④ 작품 속 서술자가 사건을 객관적으로 서술하고 있다.
⑤ 공간적 배경을 통해 앞으로 전개될 사건을 암시하고 있다.

02

윗글에서 아들이 '연'을 날리는 이유로 가장 적절한 것은?

① 공부를 하고 싶지 않았기 때문이다.
② 돌아가신 아버지가 보고 싶었기 때문이다.
③ 읍내로 간 또래 친구들과 놀고 싶었기 때문이다.
④ 그동안 마련하지 못했던 연실이 생겼기 때문이다.
⑤ 상급 학교에 진학하지 못해 좌절감을 느꼈기 때문이다.

03

소재의 기능

보기 를 바탕으로 윗글을 이해한 내용으로 적절하지 <u>않은</u> 것은?

> **보기**
>
> 이 작품에서 '연'은 상징적 의미를 지니는 소재로, 작가는 '연'을 날리는 아들을 생각하는 어머니를 통해 '연'이 상징하는 것이 무엇인지 보여 준다. '연을 보면 아들의 얼굴을 보는 것 같았고, 아들의 마음을 보는 것 같았다.'라는 부분은 '연'이 '아들'과 동일시되고 있음을 의미한다.

① 어머니에게 연이 보인다는 것은 아들이 마을에 머물러 있음을 의미한다.
② 어머니가 아들의 연날리기를 원망하는 것은 아들이 마음을 잡고 자신과 농사짓기를 바라는 것을 의미한다.
③ 연이 떠 있는 동안 어머니의 마음이 편했다는 것은 어머니가 아들의 존재를 확인하고 안도하는 것을 의미한다.
④ 언젠가 연이 마을의 하늘을 떠날 것 같아 불안해하는 것은 어머니가 아들이 떠날까 봐 불안해하는 것을 의미한다.
⑤ 아들의 마음이 저녁 연처럼 조용히 가라앉기를 기다리는 것은 아들이 자신의 곁에 남아 주기를 바라는 것을 의미한다.

주관식·서술형

04

'연'을 비유하고 있는 대상을 찾아 한 단어로 쓰시오.

위기 그러던 어느 날이었다. / 하루는 결국 ㉠이변＊이 일어나고 말았다.

그날은 유독 봄바람이 들녘을 설치던 날이었다.

어머니는 이날도 고개 너머 들밭 언덕에서 봄 무릇＊을 캐고 있던 참이었다.

바람을 태우기가 좋아 그랬던지 아들놈은 이날따라 연을 더 하늘 높이 띄워 올리고 있었다. 마을에서 띄워 올린 녀석의 연이 고개 이쪽 어머니의 머리 위까지 까맣게 떠올라 와 있었다. 얼레＊의 실이 모조리 풀려 나와 하늘 끝까지 닿고 있는 것 같았다.

무릇 싹을 찾아 헤매던 어머니의 발길이 자꾸만 헛디딤질＊을 되풀이했다. 연이 너무 높은 데다가 전에 없이 드센 바람기 때문에 마음이 놓이지 않는 탓이었다. 팽팽하게 하늘을 가로질러 올라간 연실 끝에서 드센 바람을 받고 심하게 오르내리는 연을 따라 어머니의 마음도 불안하게 흔들리고 있었다.

절정 아니나 다를까.

불안감에 쫓기던 어머니가 어느 순간엔가 다시 그 하늘의 연을 찾았을 때였다.

연이 있어야 할 곳에 연의 모습이 보이질 않았다.

연은 어느새 실이 끊어져 날아간 것이었다. ㉡빗살처럼 곧게 하늘로 뻗어 오르던 연실이 머리 위를 구불구불 힘없이 흘러 내려오고 있었다.

실이 뻗쳐 올라가 있던 쪽 하늘을 자세히 살펴보니, 아직도 한 점 까만 새처럼 허공 속으로 아득히 멀어져 가고 있는 것이 있었다.

어머니는 아예 밭 언덕에 주저앉아 연의 흔적이 시야에서 사라질 때까지 그 하염없는 눈길을 하늘에 못 박고 있었다.

(중략)

결말 "아지매요. 건이 새끼 좀 빨리 쫓아가 봐야 혀요. 건이 새끼 아까 도회지＊ 돈벌이 간다고 읍내께로 튀었다니께요. 지는 도회지 가서 돈 벌어 온다고 연실 같은 건 내나 실컷 감아 가지라면서요……."

어머니가 흐느적흐느적 허기진 걸음걸이로 마을을 들어섰을 때였다. 아들놈의 연실을 감아 들이고 있던 이웃집 조무래기 놈이 제풀에 먼저 변명을 하고 나섰으나, 어머니는 이번에도 미리 모든 것을 짐작하고 있었던 것처럼 놀라는 빛이 없었다. 앞뒤 사정을 궁금해하거나 집을 나간 녀석을 원망하는 기색 같은 것도 없었다. 아들의 뒤를 서둘러 쫓아 나서려기는커녕 걸음 한번 멈추지 않고 말없이 그냥 녀석의 곁을 지나쳐 갈 뿐이었다. 그러고는 내처＊ 그 텅 빈 초가의 사립문을 들어서고 나서야 아들의 연이 날아간 하늘을 향해 어머니는 발길을 잠깐 머물러 섰을 뿐이었다. / 하지만 이제 연의 흔적은 보이지 않았다. 텅 빈 하늘만 하염없이 멀어져 가고 있었다.

어머니는 다만 그 무심한＊ 하늘을 향해 다시 한 번 가는 한숨을 삼키며 허망스럽게＊ 중얼거리고 있었다.

"아가, 어딜 가거나 몸이나 성하거라＊……."

05 ㉠이 의미하는 바로 가장 적절한 것은?

① 아들이 집을 떠난 것
② 봄바람이 심하게 불어온 것
③ 아들의 뒤를 어머니가 쫓아 나선 것
④ 이웃집 아이가 아들의 연실을 차지한 것
⑤ 아들이 읍내의 상급 학교에 진학하기로 한 것

06 윗글에서 알 수 있는 어머니의 심리로 가장 적절한 것은?

① 아들이 성공하기를 바라고 있다.
② 아들이 무사하기를 바라고 있다.
③ 아들에 대한 원망을 드러내고 있다.
④ 아들이 떠난 곳에 대해 궁금해하고 있다.
⑤ 아들이 떠났다는 말을 듣고 놀라고 있다.

07 ㉡에 대한 설명으로 적절하지 <u>않은</u> 것은?

① 표현하려는 대상은 '연실'이다.
② 빗대어 표현한 대상은 '빗살'이다.
③ '연실'과 '빗살'은 구불구불하다는 공통점이 있다.
④ 표현하려는 대상을 다른 대상에 빗대어 표현하고 있다.
⑤ 대상을 더욱 구체적이고 생동감 있게 드러내는 효과가 있다.

주관식·서술형

08 '연'의 의미를 다음과 같이 연결할 때, 빈칸에 들어갈 알맞은 말을 쓰시오.

소재의 기능

'연'	아들
• 연이 사라짐.	• 아들이 집을 나감.
• 연이 날아간 하늘	• 아들이 돈 벌러 간

▶ **'연' = 새로운 세계를 찾아 떠나는 ☐☐**

아들
• 가난한 형편 때문에 상급 학교(중학교)에 진학하지 못함. • 속상함을 달래기 위해 매일 ☐ ☐☐☐를 함. • 연날리기를 그만두고 돈을 벌기 위해 도회지로 나감.

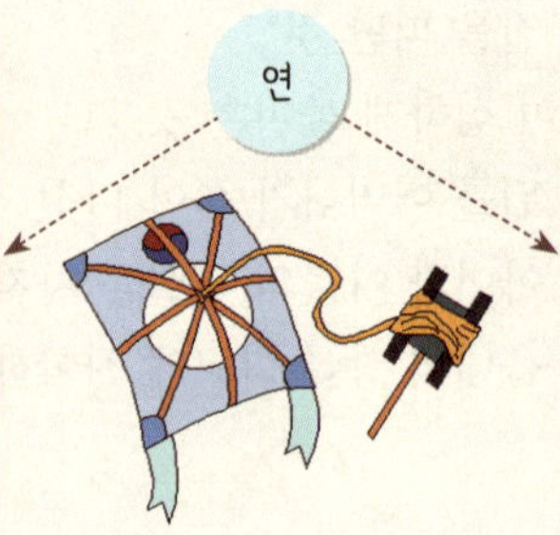

어머니
• 하늘에 떠 있는 연을 보고 아들이 떠나지 않았음을 확인함. • 연이 너무 높이 뜨고 바람에 심하게 오르내리자 불안해함. • 연이 보이지 않자 아들이 떠났음을 예감하고 차분한 태도를 보임. • 아들이 떠났다는 소식을 듣고 아들의 안녕을 기원함.

▶ **소재의 의미와 기능**

'연'		소재의 의미와 기능
• 매일 연날리기를 하는 아들과 동일시됨. • 하늘에 떠 있지만 얼레에 감긴 연실에 매여 있고, 연실이 끊어지면 자유롭게 날아갈 수 있음. → 떠나지 못하다가 결국 새로운 세계로 떠나는 아들을 상징함.	→	• '연'을 인물(아들)과 동일시하여 사건을 전개함. → 인물이 처한 상황을 상징함. • '연'의 상태에 따라 그것을 바라보는 어머니의 심리를 보여 줌. → 아들에 대한 어머니의 마음을 통해 주제를 드러냄.

🔍 **작품 한눈에**  **연** | 이청준

한줄평 ▶ '연'을 통해 고향을 떠나는 아들의 안녕을 기원하는 어머니의 마음을 그린 소설

사건	소재 및 배경	서술상 특징
• **상급 학교 진학의 좌절**: 아들이 원하던 상급 학교 진학이 가정 형편으로 인해 좌절됨. • **연날리기**: 아들은 하루 종일 연을 날리고, 밭에서 일하는 어머니는 연을 보며 아들이 떠나지 않은 것에 안심함. • **연실이 끊어짐.**: 아들이 떠났음을 짐작한 어머니는 아들이 몸 성히 잘 지내기를 기원함.	• **연**: 아들을 상징함. 　– **연실에 매여 있는 연**: 아들이 떠나지 않았음을 의미함. 　– **연실이 끊어져 날아가 버린 연**: 아들이 집을 떠났음을 의미함. • **봄**: ☐☐적 배경, 또래 아이들이 모두 마을을 떠나 읍내 상급 학교로 가 버린 시기를 의미함. • **보리밭**: 시골 마을이 ☐☐적 배경임을 알 수 있음.	• **역순행적 구성**: 현재(매일 연날리기를 하는 아들) → 과거(상급 학교에 진학하지 못한 아들이 연실을 마련해 달라고 함.) → 현재(연이 날아가고 아들이 도회지로 떠남.) • **비유와 상징**: 중심 소재인 '연'을 비유적으로 표현함. '연'이 지닌 상징적 의미를 중심으로 사건이 전개됨. • **전지적 작가 시점**: 아들에 대한 어머니의 심리가 잘 드러남.

↓　　　　　　↓　　　　　　↓

주제: 고향을 떠나는 아들을 바라보는 어머니의 마음

어휘 확인

[1~5] 보기 의 글자들을 조합하여 다음 뜻풀이에 해당하는 단어를 만드시오.

보기

시 색 적 짐 이 옹 야 작 막 변

1 사정이나 형편 따위를 어림잡아 헤아림. →

2 형편이 넉넉하지 못하여 생활에 필요한 것이 없거나 부족함. 또는 그런 형편. →

3 예상하지 못한 사태나 괴이한 변고. →

4 고요하고 쓸쓸함. →

5 시력이 미치는 범위. →

어휘 특강 · 접두사 '드-'의 이해

접두사 '드-' '심하게' 또는 '높이'의 뜻을 더하는 접두사.

- **드세다**: 힘이나 기세가 몹시 강하고 사납다.
  예 **고집이 드세다.**

- **드넓다**: 활짝 트이고 아주 넓다.
  예 **드넓은 평야**

- **드높다**: 매우 높다.
  예 **드높은 가을 하늘**

- **드솟다**: 기운차게 솟다.
  예 **수평선 위로 드솟는 태양.**

- **드날리다**: ① 손으로 들어서 날리다.  예 **연을 드날리다.**
  ② 세력이나 명성 따위가 크게 드러나 널리 떨치다. 또는 그렇게 되게 하다. 예 **이름이 세상에 드날리다.**

극 문학 · 수필

필수 개념 미리학습 "극 문학·수필"

극 문학·수필을 이해하고 감상하는 데 꼭 필요한 필수 개념입니다. 찬찬히 뜻을 생각하며 읽어 보고 의미를 아는 개념이면 ☑ × , 헷갈리거나 모르는 개념이면 ○ ☑ 에 표시해 보세요. 지금은 ○ ☑ 에 많이 표시해도 괜찮아요. 이제부터 하나하나 배워 갈 거니까요!

"극 문학"이란?

무대 공연이나 상영을 목적으로 하는 문학. 희곡, 시나리오 등이 있음. ○ ×

극 문학의 구성 요소

* **희곡**: 연극 상연을 하기 위해 쓴 대본 ○ ×

희곡의 구성 요소
- **해설** — 희곡의 처음 부분에서 배경, 인물, 무대 장치 등을 소개하는 글 ○ ×
- **지시문** — 인물의 표정이나 행동, 무대 효과와 장치 등을 지시하는 글 ○ ×
- **대사** — 등장인물이 하는 말 ○ ×

* **시나리오**: 영화나 드라마 촬영을 위해 쓴 대본 ○ ×

시나리오의 구성 요소
- **장면 표시** — S#(scene number). 장면 번호 ○ ×
- **해설** — 시나리오의 처음 부분에서 때와 장소, 배경, 인물 등을 소개하는 글 ○ ×
- **지시문** — 인물의 표정이나 행동, 카메라 기법, 영상 편집 기술 등을 지시하는 글 ○ ×
- **대사** — 등장인물이 하는 말 ○ ×

극 문학의 갈등과 구성 단계

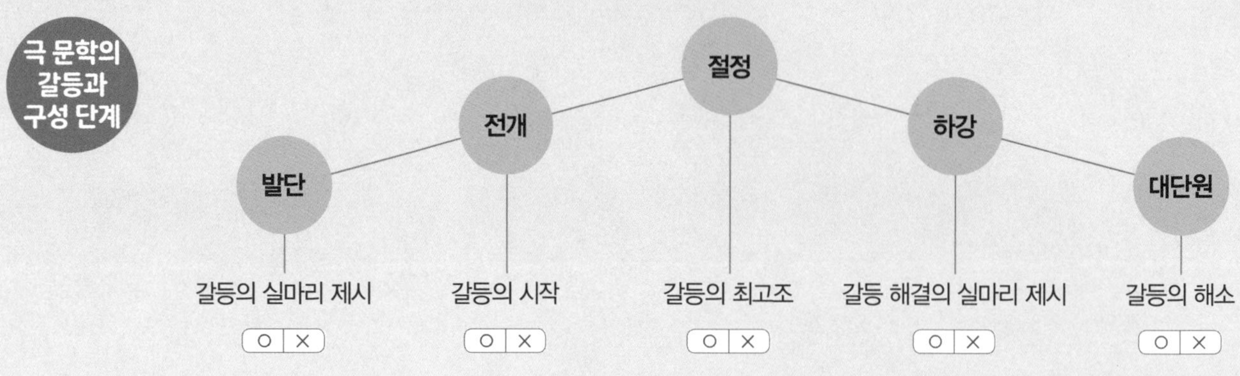

희곡의 특징
- **무대 상연의 문학** — 무대 상연을 전제로 하기 때문에 시간적 · 공간적 제약을 받음. ○ ×
- **대사와 행동의 문학** — 인물의 대사와 행동을 통해 사건이 전개됨. ○ ×
- **현재형의 문학** — 관객의 눈앞에서 벌어지는 사건을 표현함. ○ ×
- **대립과 갈등의 문학** — 인물 간의 갈등과 해소 과정을 주된 내용으로 함. ○ ×

▶ 140쪽

시나리오의 특징

▶ 150쪽

희곡과 시나리오의 비교 ⃞ ○ ⃓ × ⃤

		희곡	시나리오
차이점	목적	연극 상연	영화, 드라마 상영
	단위	막, 장	장면(scene)
	제약	• 시간적·공간적 제약 있음. • 등장인물의 수에 제약 있음.	• 희곡에 비해 제약 덜 받음.
공통점		• 서술자의 개입 없이 인물의 대사와 행동으로 사건을 전달함. • 인물 간의 갈등과 그 해소 과정을 주된 내용으로 함.	

"수필"이란?

글쓴이의 생각이나 체험 등을 정해진 형식이나 내용의 제한 없이 자유롭게 쓴 글 ⃞ ○ ⃓ × ⃤

수필의 내용과 형식

- **수필의 내용** — 글쓴이의 체험, 보고 들은 것, 인생, 자연, 사회 등 주변의 모든 것을 다룰 수 있음. ⃞ ○ ⃓ × ⃤
- **수필의 형식** — 정해져 있지 않고 자유로움.
  ex. 일기, 편지, 기행문, 감상문 등 ⃞ ○ ⃓ × ⃤

수필의 성격

- **개성적** — 글쓴이 자신의 생각과 경험을 담은 글이므로, 다른 이들과 구별되는 글쓴이의 개성이 잘 드러남. 또한 표현이나 문체에서도 개성이 잘 드러남. ⃞ ○ ⃓ × ⃤
- **비전문적** — 전문가뿐만 아니라 누구나 쓸 수 있는 글임. ⃞ ○ ⃓ × ⃤
- **체험적** — 글쓴이의 실제 경험, 체험이 담긴 글임. ⃞ ○ ⃓ × ⃤
- **사색적** — 어떤 대상과 현상 등에 대한 깊이 있는 생각이 담김. ⃞ ○ ⃓ × ⃤
- **성찰적** — 자기 자신을 비롯하여 인간과 사회를 돌아봄. ⃞ ○ ⃓ × ⃤
- **고백적** — 글쓴이의 경험, 생각 등을 진솔하게 드러냄. ⃞ ○ ⃓ × ⃤
- **교훈적** — 인간 삶에 대한 가르침이 담김. ⃞ ○ ⃓ × ⃤

수필의 종류

▶ 158쪽

- **경수필** 일상생활에서 일어나는 사소한 일을 소재로 글쓴이의 개인적인 느낌과 생각을 표현한 글 ⃞ ○ ⃓ × ⃤
- **중수필** 사회적·시사적 문제와 같은 무거운 주제에 대해 글쓴이가 논리적이고 이성적으로 쓴 글 ⃞ ○ ⃓ × ⃤

희곡의 특징 / 희곡과 소설의 비교

필수 개념 ❶   희곡의 특징

연극의 대본!

- **희곡**은 **연극 상연을 하기 위해 쓴 대본**을 말해. 혹시 연극 본 적 있니? 연극은 영화와 달리 한정된 무대 공간에서 사건이 전개되기 때문에 많은 제약이 따라.

  예를 들어 영화 '80일 간의 세계 일주'를 연극 무대에 올린다고 생각해 보자. 영화처럼 주인공이 세계 곳곳을 여행하는 장면을 자유롭게 보여 줄 수 있을까? 만약 영화 '101마리의 달마시안'을 연극 무대에 올린다면? 101마리의 강아지를 무대에 데려와야 하는 것일까? 아마 현실적으로 불가능할 거야.

- 이처럼 연극의 대본, 즉 **희곡의 가장 큰 특성은 '무대 상연을 전제로 한 문학'**이라는 거야.

📖 **전체 줄거리**

아름다운 들판에서 형과 아우가 평화롭게 그림을 그리며 우애를 맹세한다. 어느 날 측량 기사가 등장하여 형제를 이간질하고 벽을 설치한다. 그리고 전망대와 총까지 팔면서 대금을 땅으로 달라고 한다. 이에 형제간의 갈등은 고조되고 서로 위협 사격을 하기에 이른다. 하늘에서 번개가 치고 천둥소리가 울리자 비를 맞으며 측량 기사의 흉계를 깨달은 형과 아우는 자신들의 행동을 후회하고 반성한다. 형과 아우는 화해를 하고 함께 벽을 허물기로 한다.

등장인물: 형, 아우, 측량 기사, 조수들, 사람들

장소: 들판

　무대 뒤쪽에 들판의 풍경을 그린 커다란 걸개그림이 걸려 있다. 샛노란 민들레꽃, 빨간 양철 지붕의 집, 한가롭게 풀을 뜯는 젖소들이 동화책의 아름다운 그림을 연상시킨다.

　막이 오른다. 형과 아우, 들판에서 그림을 그리고 있다. 형은 무대의 오른쪽에서, 아우는 왼쪽에서 수채화를 그린다. 둘 다 즐거운 표정으로, 휘파람을 불거나 노래를 부른다. 형, 아우에게 다가가서 그림을 바라본다.

형: 야, 멋진데! 아주 멋지게 그렸어! / 아우: 경치가 좋으니까 그림이 잘 그려져요.

형: 넌 정말 솜씨가 훌륭해! / 아우: 형님 솜씨가 더 훌륭하죠.

형: 아냐, 난 너만큼 잘 그리지 못하는걸.

아우: (형의 그림이 있는 곳으로 다가가서 감탄한다.) 형님 그림이 훨씬 멋있어요!

형: (기뻐하며) 오, 그래?

아우: 그럼요. 푸른 들판, 시냇물과 오솔길, 샛노랗게 피어 있는 민들레꽃, 한가롭게 풀을 뜯는 젖소들, ……. 참 아름답고 평화로운 풍경이군요.

형: 난 아직 집은 못 그렸어. 그런데 너는 벌써 우리가 사는 집까지 그렸구나. 들판 한가운데 빨간색 양철 지붕과 하얀 연기가 피어오르는 굴뚝…….

아우: 난 이곳에서 평생토록 형님과 함께 살고 싶어요.

형: 나도 너와 함께 아름다운 이곳에서 행복하게 살고 싶어.

(중략)

　형, 주위에 피어 있는 민들레꽃을 꺾어서 아우에게 내민다.

형: 들판에 피어 있는 이 민들레꽃에 걸고서 맹세하자. 우리 형제는 언제나 사이좋게 지내기로…….

아우: 그래요. (민들레꽃을 꺾어 형에게 내밀며) 이 민들레꽃이 우리 맹세의 증표예요.

– 이강백, 〈들판에서〉

희곡의 특징 파악하기

1. 글의 첫 부분에 (   )과 (   )가 제시되어 있어.
2. 등장인물의 대사와 행동이 드러나 있어? O □ X □
3. 무대 상연을 위해 쓰인 글이야? O □ X □

윗글에 대한 설명으로 적절하지 <u>않은</u> 것은?

① 막이 오름으로써 극이 시작되었음을 알리고 있다.
② 무대 상연을 고려하여 배경을 그림으로 제시하고 있다.
③ 형과 아우의 대사와 행동을 중심으로 사건이 전개되고 있다.
④ 서술자가 직접 인물의 심리를 전달하면서 관객의 이해를 돕고 있다.
⑤ 현재형 문장을 사용해 관객의 눈앞에서 지금 일어나는 사건을 표현한다.

개념 적용하기

▶ **무대 상연 전제 = 무대 상연의 제약**

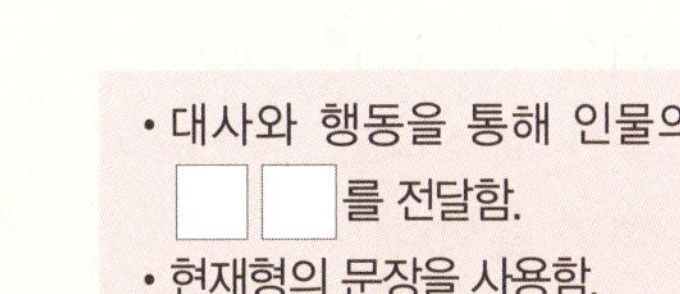

〈배경〉
무대 뒤쪽에 들판의 풍경을 그린 커다란 □□□□이 걸려 있다.

• 대사와 행동을 통해 인물의 □□를 전달함.
• 현재형의 문장을 사용함.

➡ 무대 공간이 제한되어 있기 때문에 배경이 자주 바뀌거나 많은 인물들이 한꺼번에 등장하기 힘들어.

개념 확장하기

희곡의 특징

• **무대 상연의 문학**: 무대 상연을 전제로 하기 때문에 시간적·공간적 제약을 받는다.
• **대사와 행동의 문학**: 인물의 대사와 행동을 통해 사건이 진행된다.
• **현재형의 문학**: 현재 관객의 눈앞에서 벌어지고 있는 사건을 표현한다.
• **대립과 갈등의 문학**: 인물 간의 갈등과 그 해소 과정을 주된 내용으로 한다.

희곡의 특징 / 희곡과 소설의 비교

필수 개념 ❷ 희곡과 소설의 비교

- **희곡과 소설**은 **둘 다 주인공이 겪는 갈등을 중심으로 사건이 전개되는 문학**이야. 하지만 갈래가 다르기 때문에 여러 가지 차이가 있어.
- **가장 큰 차이점은 희곡은 서술자의 개입 없이 배우들의 대사와 행동을 통해 사건을 관객에게 직접 전달**한다는 거야. 작가가 서술자를 통해 독자들에게 사건을 전달하는 소설과는 다르지. 또 희곡은 **사건을 현재형으로 제시**하고 **시간적·공간적 제약**을 받는다는 점도 소설과는 달라.

전체 줄거리

여승과 사냥꾼 사이에서 태어난 도념은 열네 살의 동승으로 어머니에 대한 그리움을 가지고 있다. 남편과 사별하고 아들까지 잃은 미망인은 절에서 만난 도념에게 따뜻한 관심을 보이고, 도념은 미망인에게 어머니의 사랑을 느낀다. 도념은 미망인의 양자가 되어 서울로 가고 싶어 하지만, 미망인을 위해 토끼를 잡아 털목도리를 만든 도념의 행동을 알게 된 주지 스님은 이를 허락하지 않는다. 눈이 내리던 어느 날, 도념은 어머니를 찾아 절을 떠난다.

가

도념: 왜 밤낮 어머니 욕만 하십니까? 아름다운 관세음보살님은 그 얼굴처럼 마음두 인자하시다구 하시지 않으셨어요? 절에 오는 사람마다 모두들 우리 엄마는 이뻤을 것이라구 허는 걸 보면 스님 말씀 같은 그런 무서운 죄를 지으셨을 리가 없어요.

주지: 그건 부처님에게만 여쭙는 소리야. 너 유식론(唯識論)*에 쓰인 경문*을 알지?

도념: 네.

주지: 외면사보살(外面似菩薩) 내면여야차(內面如夜叉)라 하셨느니라. 네 에미는 바루 이 경문과 같이, 얼굴은 보살님같이 아름답지만, 마음은 야차*같이 무서운 독물이야.

– 함세덕, 〈동승〉

나

서울 안 대갓집에서 데리러 왔다 돌아간 후로 큰스님은 도념이만 눈에 띄었다 하면 불러 앉혀 놓고 불경 공부를 시켰다. 도념이를 지켜보는 눈빛에는 변함없이 다사롭고 애잔한 정이 담겨 있었지만 겉으로는 매섭고 엄한 태도를 누그러뜨리지 않았다. 그리고 그런 큰스님에게서 도념이의 마음은 점점 멀어져 갔다.

"외면사보살 내면여야차, 라."

"외면사보살 내면여야차, 라."

도념이는 시들한 목소리로 큰스님이 외우는 불경을 따라 읊었다.

"겉보기는 보살처럼 아름다워도 그 속은 야차처럼 모질고 악착스러울 수 있다. 자고로 만물은 그 속을 보고 알아야지 겉모습만 가지고 판단해서는 안 된다는 말이다."

– 박혜수, 〈동승〉

*유식론: 법상종의 주요 경전.

*경문: 불경의 문구.

*야차: 불교에서 사람을 괴롭히거나 해친다는 사나운 귀신을 이르는 말.

희곡과 소설 비교하기

> 1. (가)의 갈래는 (　　　　　)이고, (나)의 갈래는 (　　　　　)이야.
> 2. (가)에서는 서술자의 서술을 통해 사건이 전개되고 있어. O□ X□

(가)와 (나)를 비교한 내용으로 적절한 것은?

① (가)는 (나)와 달리 과거형으로 사건을 제시한다.

② (가)는 (나)와 달리 서술자가 인물의 심리를 서술한다.

③ (나)는 (가)와 달리 무대 상연을 목적으로 한다.

④ (나)는 (가)와 달리 인물 간의 갈등이 드러나지 않는다.

⑤ (가)와 (나) 모두 인물의 말이나 행동을 통해 심리가 드러난다.

✎ 개념 적용하기

▶ 희곡 〈동승〉
VS
소설 〈동승〉

(가) 희곡 〈동승〉		(나) 소설 〈동승〉
인물의 대사와 행동 등을 통해 간접적으로 드러남.	인물의 심리	서술자의 서술이나 인물의 말, 행동 등을 통해 드러남.
□ □	서술자	있음
주로 현재 시제	시제	주로 □ □ 시제

→ 희곡은 **서술자의 개입 없이** 등장인물의 대사나 행동을 통해 관객들에게 극 중 상황을 전달해.

🖨 개념 확장하기

희곡과 소설의
비교

	희곡	소설
사건의 전달	인물의 대사와 행동	서술, 대화, 묘사 등
등장인물의 수	인물의 수가 제한됨.	인물의 수에 제약이 없음.
배경	시간적 · 공간적 제약을 받음.	시간적 · 공간적 제약을 받지 않음.
시제	현재 시제	다양한 시제(주로 과거 시제임.)

무대 상연을 위한 글임을 고려하여 등장인물들의 성격과 작품의 배경인 '들판'이 의미하는 바를 생각해 보자.

📖 전체 줄거리

발단 아름다운 들판에서 형과 아우가 평화롭게 그림을 그리며 우애를 맹세한다.

전개 평화로운 들판에 측량 기사가 등장하여 형제를 이간질하고, 벽을 설치한다. 그리고 사람들에게 형과 아우의 땅을 분양하려는 속셈을 드러낸다.

절정 측량 기사는 형과 아우에게 전망대와 총까지 팔면서 대금은 땅으로 달라고 하고, 측량 기사의 계략에 빠져 형제간의 갈등이 고조된다. 형과 아우는 서로 위협사격을 하기에 이르고, 하늘에서는 번개가 치고 천둥소리가 울린다.

하강 측량 기사의 흉계를 깨달은 형과 아우는 자신의 행동을 후회하고 반성한다.

대단원 형과 아우는 민들레꽃을 꺾어 벽 너머에 있는 서로에게 던지면서 화해를 하고, 함께 벽을 허물기로 약속한다.

*반절: 반으로 자름. 또는 그렇게 지른 반.

들판에서 | 이강백

전개 조수 1: 이런 들판에는 조립식 벽이 좋습니다.

조수 2: 설치하는 시간도 얼마 안 걸리고, 비용도 저렴합니다.

측량 기사: 그럼요. 벽돌로 쌓는 것 못지않게 튼튼하고요.

조수들: 품질은 우리가 보장해 드립니다.

아우: 비용이 얼마나 들까요? 난 현금이 없어서…….

측량 기사: 당장 현금이 없으면 땅으로 주셔도 돼요.

아우: 땅으로?

측량 기사: 네, 지금 가지고 계신 땅의 반절*을 주세요.

아우: (㉠   ) 하지만, 부모님에게서 물려받은 땅은…….

측량 기사: 그래도 땅을 주고 벽을 만드는 게 낫습니다. 젖소들이 저쪽으로 넘어가 버리면 당신만 큰 손해 아닙니까?

아우: 좋아요. 땅 반절을 드릴 테니 벽을 설치해 주세요.

　조수들, 벽 공사를 시작한다. 그들은 칸막이 형태의 벽을 운반해 오더니 재빠르게 조립해서 밧줄을 따라 세워 놓는다. 형과 아우 사이에 벽이 가로놓인다.

형: 맙소사, 이런 벽이 생기다니!

아우: 형님 때문이야! 집도 가지겠다, 젖소들도 가지겠다는 형님의 그런 욕심만 아니었어도, 난 정말 벽 같은 건 만들지 않았을 거야.

형: 믿어지지 않아. 동생이 이럴 수가……!

아우: 하지만, 형님과 완전히 갈라져 살 생각을 하니 마음이 괴로운데……. 그래, 벽은 잘못된 거야. 내가 너무 심했어.

형: 동생 탓만은 아냐. 내 탓도 있어. 내가 잠시 기분이 상해서, 동생에게 집에 들어오지 말라고 했던 건 잘못이었어. 그런 나를 동생은 얼마나 원망했을까!

아우: 형님에게 잘못했다고 빌어야겠어.

형: 동생한테 미안하다고 말해야겠어.

　형과 아우, 벽으로 다가간다. 그러나 그들은 잠시 망설인다.

아우: 그렇지만 형님이 나를 용서하지 않는다면, 난 어떻게 되는 거지?

형: 미안하다고 말해도 소용없다면?

아우: 나 혼자 독립해서 사는 것도 나쁜 건 아닐 텐데, 좀 더 생각해 봐야겠어.

형: 그래도 체면이 있지, 내가 먼저 말할 수는 없어.

아우: 그림을 그리면서 생각해 보자.

형: 동생이 먼저 말할 때까지 기다리는 게 낫겠군.

　형과 아우, 각자의 그림을 그리던 곳으로 돌아가 그림을 그린다. ⓐ맑았던 하늘이 흐려지고, 바람이 세게 불어온다.

희곡의 특징

01 이와 같은 글에 대한 설명으로 적절하지 <u>않은</u> 것은?

① 작가가 허구적으로 꾸며 낸 이야기이다.
② 무대에서 공연하는 것을 목적으로 한다.
③ 시간과 공간, 등장인물의 수에 제약을 받는다.
④ 소설과 달리 인물 간의 갈등이 드러나지 않는다.
⑤ 등장인물의 대사와 행동을 통해 내용을 전개한다.

02 윗글의 ㉠에 들어가기에 가장 적절한 것은?

① 야단을 치며
② 눈물을 흘리며
③ 버럭 화를 내며
④ 수줍은 목소리로
⑤ 망설이는 태도로

03 사건 전개와 관련하여 ⓐ가 암시하는 것은?

① 지난 일에 대해 형제가 반성할 것임을 암시한다.
② 형제간의 다툼과 갈등이 심화될 것임을 암시한다.
③ 측량 기사가 자신의 잘못을 뉘우칠 것임을 암시한다.
④ 형제와 측량 기사 간에 갈등이 발생할 것임을 암시한다.
⑤ 형제간의 다툼이 끝나고 갈등이 해소될 것임을 암시한다.

*단절: 유대나 연관 관계를 끊음. 또는 흐름이 연속되지 아니함.

주관식·서술형

04 형제간의 소통을 단절*시킴으로써 갈등을 더욱 깊어지게 하는 소재를 찾아 한 음절로 쓰시오.

절정

측량 기사: 안녕하십니까? 그런데 울적한 표정이군요!

아우: 그림이 보기 흉해요. / 측량 기사: 그림이 왜요?

아우: 저 벽 때문에 흉측하게 됐어요.

측량 기사: 그건 저쪽의 심보* 사나운 형님 탓입니다.

아우: 아뇨. 내 탓이지요. / 측량 기사: 당신은 잘못한 것 없어요.

[A] 아우: 어쨌든, 이렇게 나눠진 이상, 나도 독립해서 살아야겠어요.

측량 기사: 잘 생각했습니다. 하지만, 당신 형님은 당신을 그냥 두지 않을 거예요. / 아우: 그게 무슨 뜻이죠?

측량 기사: 이제 곧 알게 됩니다. 저쪽의 심보 나쁜 형이 당신 땅으로 넘어올 테니까요. / 아우: 형님이?

측량 기사: 당신을 쫓아내고, 젖소들을 차지할 욕심이지요.

측량 기사, 호루라기를 꺼내 분다. 조수들이 검은색 가죽 가방을 들고 나온다. 그들은 가방에서 분해 상태의 장총을 꺼내 조립한다.

측량 기사: 이게 뭔지 알아요? / 아우: 총인데요.

측량 기사: 아주 성능이 좋은 총이지요. 당신은 이 총으로 벽을 지켜야 합니다.

아우: 벽을 지켜요? / 측량 기사: (아우의 손에 총을 쥐여 주며) 지금은 외상으로 드릴 테니, 대금은 나중에 땅으로 주세요.

조수들: (가방에서 총알을 꺼내 놓으며) 여기 총알이 있어요.

측량 기사: 당신의 안전을 위해서 아낌없이 쏘세요!

㉠측량 기사와 조수들, 웃으며 퇴장한다. 벽의 오른쪽에서 형이 전망대 위로 올라간다. 탐조등이 켜지면서 강렬한 불빛이 벽 너머를 비춘다.

(중략)

형, 요란한 총소리에 놀라 전망대에서 황급히 내려온다. 그는 두려움에 질린 모습이 되어 움츠리고 앉는다. 측량 기사, 가죽 가방을 든 두 명의 조수와 함께 등장한다.

측량 기사: 저쪽 동생이 미쳤군요. 형님에게 총질을 하다니!

조수들: (웃으며) 완전히 미쳤어요. / 형: 무서워요…….

측량 기사: 이젠 동생이 아니라, 적이라고 생각하는 게 좋겠어요. 철저히 무장하고 자신을 지켜야지, 가만있다간 죽게 됩니다. (조수들에게) 여봐, 이분에게 총을 드려. / 조수들: 네.

조수들, 가죽 가방을 열고 장총의 분해품을 꺼낸다. 그들은 재빠르게 조립해서 형의 손에 쥐여 준다.

조수 1: 손이 떨려서 총을 잡지 못하는데요?

측량 기사: 꼭 쥐여 드리고 방아쇠 당기는 법을 가르쳐 드리라고.

조수 2: (형에게) 잘 보세요. 총 쏘는 건 간단해요.

조수 2, 형이 쥐고 있는 장총의 방아쇠를 당긴다. 요란한 총소리가 울려 퍼진다. 벽 너머의 아우, 그 소리에 놀라 몸을 움츠리더니 허공을 향해 위협사격*을 한다. 놀란 형 역시 반사적*으로 총을 쏘아 댄다. 하늘에서 번개가 치고 천둥소리가 울린다.

🔖 정답 및 해설 55쪽

05 윗글을 통해 알 수 있는 내용으로 적절하지 <u>않은</u> 것은?

① 아우는 형과 갈등을 겪으며 울적해하고 있다.
② 형은 아우가 총을 쏘자 두려움을 느끼고 있다.
③ 측량 기사와 조수들은 형제의 불안감을 자극하고 있다.
④ 형제가 서로 위협사격을 함으로써 갈등이 최고조에 이르고 있다.
⑤ 측량 기사와 조수들은 형에게 위협을 받는 아우의 안전을 염려하고 있다.

06 [A]에 나타난 측량 기사의 의도로 적절한 것은?

① 벽을 세우는 목적에 대해 알려 줘야지.
② 형과 아우가 서로 화해를 하도록 해야지.
③ 형을 모함해서 아우가 적대감을 느끼도록 해야지.
④ 형의 입장을 설명해서 아우가 반성하도록 해야지.
⑤ 벽이 생긴 데에는 아우의 잘못도 있음을 알게 해야지.

07 ㉠을 통해 알 수 있는 인물의 심리로 적절한 것은?

① 들판의 평화를 지킬 수 있다는 자신감
② 형제간의 갈등을 해결할 수 있다는 기대감
③ 자신들의 계획대로 되어 가는 것에 대한 만족감
④ 형제가 자신들의 말을 듣지 않는 데 대한 허탈감
⑤ 부조리*한 사회의 잘못을 바로잡은 데 대한 자부심

***부조리:** 이치에 맞지 아니하거나 도리에 어긋남. 또는 그런 일.

🖊 **주관식·서술형**

08 다음에서 설명하고 있는 소재를 윗글에서 찾아 한 음절로 쓰시오.

> 형제간의 갈등을 최고조에 이르게 하는 소재로, 긴장감과 위기감을 고조시키는 역할을 한다.

▶ **인물의 대사와 행동을 통한 사건 전개**

측량 기사가 아우에게		측량 기사가 형에게

→ **측량 기사의 대사와 행동**: 형과 아우에게 상대에 대한 의심과 불안감을 불러일으켜 총을 쏘게 함으로써 형제간의 ☐☐ 이 최고조에 이르게 하고 있어.

▶ **무대 상연의 제약**

지시문	무대 상연 방법
맑았던 하늘이 흐려지고, 바람이 세게 불어온다.	→ 시간적 · 공간적 제약으로 인해 무대 상연 시 조명과 ☐☐☐ 을 활용하여 제시함.
허공을 향해 위협적으로 총을 발사한다.	
하늘에서 번개가 치고 천둥소리가 울린다.	
비가 그치면서 구름 사이로 한 줄기 햇빛이 비친다.	

들판에서 | 이강백

한줄평 ▶ 형제간의 갈등과 화해의 과정을 통해 남북의 분단 현실을 되돌아보게 하는 희곡

인물의 성격

• **형**: 소심하고 소극적인 성격으로 체면과 권위를 중시함.

• **아우**: 대범하고 적극적이며 독립적인 성격임.

• ☐☐☐☐ : 땅을 빼앗으려는 의도를 숨기고 음흉하고 교활한 방법으로 형제를 이간질함. 계산적이고 치밀한 모습을 보임.

소재

• **말뚝과 밧줄**: 형과 아우를 갈라놓아 갈등을 불러일으킴.

• ☐ : 형제간의 소통을 단절시키고 갈등을 더욱 깊어지게 함.

• **전망대**: 상대를 감시하기 위한 도구로, 형제간의 의심과 불신 상징

• ☐ : 형제간의 갈등을 극단적으로 몰아가는 소재

• **민들레꽃**: 형제간의 우애의 증표, 갈등 해소의 매개물

날씨와 갈등

• **구름, 바람**: 형제간의 갈등이 시작됨. – 형과 아우가 측량 기사의 꾐에 넘어가 서로 의심함.

• **번개, 천둥소리**: 형제간의 갈등이 최고조에 달함. – 형제가 서로를 향해 위협사격을 함.

• **비**: 형과 아우가 자신의 행동을 반성하며 서로를 그리워함.

• **한 줄기 햇빛**: 갈등의 해소 – 형제가 민들레꽃을 보고 우애를 회복함.

주제: 형제간의 갈등과 우애의 회복

어휘 확인

[1~10] 보기 에서 어휘의 뜻풀이 또는 예문의 (   ) 안에 들어갈 어휘 ㉠~㉤을 찾아 쓰시오.

보기

| ㉠ 증표 | ㉡ 제약 | ㉢ 해소 | ㉣ 허탈감 | ㉤ 권위 |

뜻풀이

1 증명이나 증거가 될 만한 표. [   ]

2 남을 지휘하거나 통솔하여 따르게 하는 힘. [   ]

3 조건을 붙여 내용을 제한함. 또는 그 조건. [   ]

4 몸에 기운이 빠지고 정신이 멍하여 몽롱한 느낌. [   ]

5 어려운 일이나 문제가 되는 상태를 해결하여 없애 버림. [   ]

예문

6 각국의 보호 무역으로 수출에 (   )이 많다. [   ]

7 반지는 흔히 약혼이나 결혼의 (   )로 쓰인다. [   ]

8 스트레스 (   )에 도움이 될 만한 것이 없겠습니까? [   ]

9 전제 국가에서는 임금이 절대적인 (   )를 가지고 있었다. [   ]

10 그는 자신이 응원한 팀이 역전패를 당하자 (   )에 빠져 자리를 떠나지 못했다. [   ]

어휘 특강 ‘데’의 띄어쓰기

‘데’를 띄어 쓰는 경우 의존 명사   VS   ‘-ㄴ데’와 같이 붙여 쓰는 경우 어미

❶ ‘곳’이나 ‘장소’의 뜻을 나타내는 말일 때 띄어 쓴다.
예 지금 가는 데가 어디인데?

❷ ‘일’이나 ‘것’의 뜻을 나타내는 말일 때 띄어 쓴다.
예 사람을 돕는 데에 애 어른이 어디 있겠습니까?

❸ ‘경우’의 뜻을 나타내는 밀일 때 띄어 쓴다.
예 이 그릇은 귀한 거라 손님을 대접하는 데나 쓴다.

어떤 일을 설명거나 묻거나 시키거나 제안하기 위하여 그 대상과 상관되는 상황을 미리 말할 때에 쓰는 ‘-ㄴ데’는 붙여 쓴다.
예 • 여기가 우리 고향인데 인심 좋고 경치 좋은 곳이지.
 • 그 사람이 정직하기는 한데 이번 일에는 적합하지 않다.
 • 저분이 그럴 분이 아니신데 큰 실수를 하셨다.

17일차 시나리오의 특징

필수 개념 시나리오의 특징

- **시나리오**는 **영화나 드라마 촬영을 위해 쓴 대본**이야. 시나리오는 촬영을 전제로 하기 때문에 장면의 순서, 촬영 및 편집 기법 등을 **특수한 시나리오 용어**를 사용하여 나타내.
- 시나리오도 극 문학이기 때문에 **대사와 행동으로 인물의 심리나 성격을 드러내고 사건을 전개**한다는 점은 동일해. 하지만 카메라로 촬영하기 때문에 무대에서 상연되는 **희곡에 비해 시간적 · 공간적 제약을 적게 받고, 등장인물의 수에도 제약이 적어.**

전체 줄거리

문제 학생들이 모인 방과 후 동아리 활동 특별반을 맡게 된 유진은 우연히 '학생 동아리 한마당'이라는 축제를 알게 된다. 이에 유진은 특별반 학생들과 뮤지컬 공연을 준비하며 조금씩 서로를 이해하게 되고, 아이들도 자신들의 이야기를 바탕으로 한 뮤지컬 연습에 적극적으로 참여하게 된다. 그러나 어느 날 성아가 형주를 도우려다 폭력 사건에 휘말리고, 교장 선생님은 동아리를 해체하라고 지시한다. 병민은 취소된 뮤지컬 공연에 몰래 재신청을 하고 홀로 무대에 오른다. 병민의 공연 영상을 본 특별반 친구들은 늦은 밤 놀이터에 모여 자신들만의 뮤지컬 공연을 펼친다.

S#33 교무실(낮)

　빠른 느낌의 경쾌한 음악이 흐르고 낮은 유리 탁자에 놓인 '학생 동아리 한마당' 포스터. 그걸 쭉 밀어서 홍구 쪽으로 보여 주는 유진. 심지어 약간 의기양양한 표정이다. 홍구는 인상을 찌푸리며 포스터를 본다. 한참을 한 글자 한 글자 보는 홍구.

홍구: 그러니까 특별반 애들을 데리고 여기를 나간다고요?

S#34 특별반 교실(낮)

　교탁에 서 있는 유진. 몹시 신난 표정이다.

유진: 응!

　그러나 심드렁한 아이들 반응. 모두 어리둥절한 분위기.

성아: 우리가 거기 나가서 뭐해요?

S#35 교무실(낮)

　유진이 홍구의 질문에 대답하고 있다.

유진: 노래도 할 수 있고 춤도 출 수 있고……. 연극 같은 거 해도 재미있을 거 같고. 애들이 다 끼는 있으니까…….

홍구: 애들 데리고 문제 일으키지 말라고 그런 거지, 이렇게 일을 벌이라고 그런 것은 아닌데…….

유진: 어차피 모여 있는 시간이니까 목표가 있으면 좋을 것 같고……. 이게 또 애들한테 성취감*도 주고, 좋은 경험도 되고……. 또 자기들끼리 우정도 쌓고……. 이게 또…….

S#36 특별반 교실(낮)

유진: 돈을 준다! / 아이들: 오오!

　포스터의 상금 부분을 가리키는 유진. 1등 1팀 100만 원, 2등 1팀 70만 원, 3등 1팀 50만 원.

유진: 1등 100만 원! / 형주: 야, 하자 하자 하자!

고은: 와, 저 100만 원 갖고 싶어요.

– 박흥식 각본 · 연출, 〈천국의 아이들〉

＊**성취감**: 목적한 바를 이루었다는 느낌.

📎 **시나리오의 특징 파악하기**

1. 장면 단위는 'scene'이고, 장면 번호는 'S#'로 제시되고 있어? O ☐ X ☐

2. S#33과 S#35, S#34와 S#36은 장소를 중심으로 구분돼? O ☐ X ☐

윗글에서 알 수 있는 시나리오의 특징으로 적절한 것은?

① 장면이 막과 장으로 나누어진다.

② 희곡에 비해 장면 전환이 자유롭다.

③ 희곡에 비해 작품에 등장하는 인물의 수에 제약이 많다.

④ 서술자의 해설을 통해 인물의 심리를 직접적으로 묘사할 수 있다.

⑤ 무대 상연을 고려해야 하기 때문에 특수한 무대 장치가 사용된다.

✏️ **개념 적용하기**

▶ 자유로운 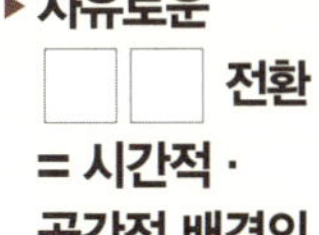 전환
 = 시간적 · 공간적 배경의 제약이 적음.

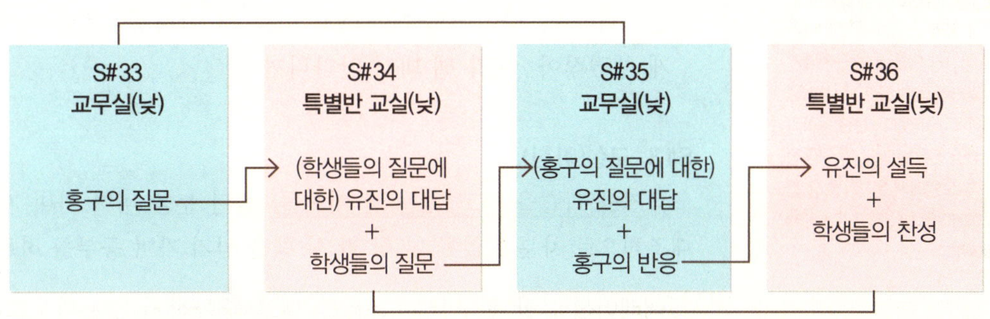

➡ 교무실과 특별반 교실을 중심으로 공간적 배경이 다른 유진의 등장 장면을 교대로 이어 붙임으로써, 시간을 압축적으로 제시하고 내용에 더욱 집중할 수 있도록 하고 있어.

🖨 **개념 확장하기**

시나리오와 희곡의 비교

		희곡	시나리오
차이점	목적	연극 상연	☐ ☐, 드라마 상영
	단위	막, 장	장면(scene)
	제약	시간적 · 공간적 제약 있음. 등장인물의 수에 제약 있음.	희곡에 비해 제약 덜 받음.
공통점		• 갈등을 다룬 허구적 성격의 글로, 인물의 대사와 행동으로 사건을 전달함. • 서술자가 없으므로 직접적인 심리 묘사를 할 수 없음.	

시나리오의 특징

📖 전체 줄거리

발단 반 아이들은 쉬는 시간에 조용히 해 줄 것을 요구하는 은서를 얼음 공주라고 부정적으로 이야기하지만, 옥림은 은서가 마음이 따뜻한 아이일 것이라고 생각한다.

전개 은심은 은서가 선생님에게 문제집을 받는 모습을 본다. 이후 지각하여 벌을 받던 옥림과 은심은 은서가 담임선생님에게 봉투를 내미는 모습을 목격하고 은서가 부잣집 딸일 것이라고 생각한다.

절정 옥림은 화장실에서 은심과 함께 은서에 대한 이야기를 하다가 이를 들은 은서에게 사과하려고 하지만 은서는 냉정하게 가 버린다. 한편 동아리 선배인 진우는 학교 앞 공중전화 부스 안에서 은서가 놓고 간 다이어리를 발견하고 은서에게 돌려준다.

하강 은서는 아무 연락 없이 며칠째 결석을 하고, 진우는 옥림에게 오늘이 은서의 생일이니 한번 찾아가 보라고 조언한다. 은서의 집에 찾아간 옥림은 은서의 어려운 가정 형편을 알게 된다.

대단원 옥림은 담임선생님과 학생 주임 선생님의 대화를 듣고 은서에 대한 오해를 풀게 되고 미안함을 느낀다.

＊내레이션: 인물이 화면에 나타나지 않은 채 바깥에서 해설하는 말.

첫인상이라는 이름의 선입견 | 한순정

발단 S#2. 복도와 교실(이른 아침)

까치발을 한 은심의 발을 가운데로, 나란히 선 옥림과 은심, 정민의 발. 복도에서 창을 통해 교실을 들여다보는 옥림과 정민의 눈. 은심은 키가 작아 아직 정수리만 보일 뿐이다.

옥림: (소곤거리며) 우리가 제일 먼저 왔을 거라 생각했는데, 누구지?

은심: (아직 아래서 낑낑대며) 누구야? 어?

'누굴까' 하고 좌우로 기웃거리는 옥림과 정민. ㉠서서히 누군가의 얼굴이 보이는데, 은서다.

정민: 은서 아냐? / 옥림: 맞다, 은서.

은심: 얼음 공주 최은서? 어디? 어디? (까치발을 하여 가까스로 고개를 내밀고) 세상에! 우리보다 일찍 왔으면 도대체 아침에 몇 시에 일어나서 왔다는 거야? 대단하다. (힘이 빠져 아래로 쭉 ― 내려갔다가 다시 고개를 삐죽삐죽 내민다.)

은서: (책상 속에서 강냉이를 한 움큼 꺼내 먹는다.)

정민: 아침부터 강냉이를 먹네?

은심: 뻔하지. 다이어트 하느라고 먹는 거 아니겠어? 몸을 봐. 비 사이로 막 가게 생겼잖아. 내가 해 봐서 안다니까.

S#3. 교실(아침)

㉡자율 학습을 하고 있는 반 아이들. 졸린 눈을 비벼 가며 자습을 하는 옥림과는 대조적으로 차분히 앉아 한 장 한 장 책을 넘겨 가며 공부를 하는 은서.

㉢내레이션＊: 반 친구들은 은서를 별로 좋아하지 않는다. 그러나 그것은 공부도 잘하고 얼굴도 예쁜 은서에 대한 반 친구들의 질투쯤이라고 생각한다.

공책에 필기를 하던 옥림. 갑자기 볼펜이 나오지 않는다. 필통 속을 뒤적이며 다른 볼펜을 찾는데, 마땅한 것이 없다. 이때 은서, 옥림 앞에 볼펜을 내민다.

은서: 쓰고 돌려줘. / 옥림: 고마워. (볼펜을 받고 은서를 보며)

내레이션: 은서가 차갑다고? 가장 가까이에서 은서를 봐 온 나는 은서가 다른 사람보다 조금 더 냉철할 뿐 마음은 따뜻하다고 생각한다. 난 왠지 그런 은서가 좋아질 것 같다.

전개 S#8. 교무실 앞 복도(낮)

이때 담임선생님 앞으로 ㉣봉투를 내미는 은서. 담임선생님, 흡족한 미소를 지으며 봉투를 다이어리에 넣는다.

은심: 봤니? / 옥림: 응. / 은심: 분명히 봉투 맞지? / 옥림: 응.

옥림, 은심: (다정하게 이야기를 나누는 담임선생님과 은서를 곁눈질하면서 본다.)

절정 S#9 화장실(오후)

놀란 얼굴로 화장실에서 속닥이는 옥림과 은심.

옥림: 믿어지지 않아. 어떻게 이런 일이 있을 수 있지? (사이) 은서네 부자야?

은심: 그럼, 생긴 거 봐. 딱 부잣집 외동딸같이 생겼잖아. (은서 엄마를 흉내 내며) 오— 은서야, 못되게 굴어도 좋다. 부디 공부만 잘해다오—.

이때 화장실 안에서 누군가 나오는 소리가 난다. ⑪순간 놀란 옥림과 은심은 말을 멈춘다. 아무렇지도 않은 표정으로 세면대로 가서 손을 씻는 은서. 놀라서 아무 말도 못 하는 옥림과 은심.

시나리오의 특징

01 **이와 같은 글에 대한 설명으로 적절하지 <u>않은</u> 것은?**

① TV 드라마 상영을 목적으로 하는 글이다.
② 장면(scene)을 단위로 하여 구성되어 있다.
③ 시간과 공간 및 등장인물의 수에 제한을 크게 받는다.
④ 인물의 대사와 행동을 중심으로 사건이 전개되고 있다.
⑤ 인물의 말과 행동을 현재형으로 표현하여 생생한 느낌을 준다.

02 **윗글의 연출 계획으로 적절하지 <u>않은</u> 것은?**

*클로즈업(Close-Up): 장면이나 인물의 특정 부분을 집중적으로 확대하여 찍는 것

① ㉠: 옥림과 정민의 시선과 동일하게 교실 밖에서 안을 바라보는 것처럼 촬영해야겠군.
② ㉡: 학생들의 일상 공간인 교실을 배경으로 하므로 자연스러운 분위기를 연출해야겠어.
③ ㉢: 등장인물이 아닌 제3자의 목소리로 제시하여 상황을 객관적으로 전달해야겠어.
④ ㉣: 사건 전개에 중요한 소재이기 때문에 클로즈업* 기법을 사용하는 것이 좋겠군.
⑤ ㉤: 배우들에게 인물들의 당황한 심리가 잘 드러나는 표정으로 연기해 달라고 해야겠어.

03 **윗글을 통해 알 수 있는 사실로 가장 적절한 것은?**

① 은심은 이전에 은서의 엄마를 만난 적이 있다.
② 옥림은 은서의 마음이 따뜻하다고 생각하고 있다.
③ 은서는 자신의 현재 외모에 만족하지 못하고 있다.
④ 은심과 옥림은 은서가 부잣집 딸인 척한다고 여기고 있다.
⑤ 은서와 은심은 옥림과 더 친해지기 위해 서로 경쟁하고 있다.

📖 **전체 줄거리**

발단 반 아이들은 쉬는 시간에 조용히 해 줄 것을 요구하는 은서를 얼음 공주라고 부정적으로 이야기하지만, 옥림은 은서가 마음이 따뜻한 아이일 것이라고 생각한다.

전개 은심은 은서가 선생님에게 문제집을 받는 모습을 본다. 이후 지각하여 벌을 받던 옥림과 은심은 은서가 담임선생님에게 봉투를 내미는 모습을 목격하고 은서가 부잣집 딸일 것이라고 생각한다.

절정 옥림은 화장실에서 은심과 함께 은서에 대한 이야기를 하다가 이를 들은 은서에게 사과하려고 하지만 은서는 냉정하게 가 버린다. 한편 동아리 선배인 진우는 학교 앞 공중전화 부스 안에서 은서가 놓고 간 다이어리를 발견하고 은서에게 돌려준다.

하강 은서는 아무 연락 없이 며칠째 결석을 하고, 진우는 옥림에게 오늘이 은서의 생일이니 한번 찾아가 보라고 조언한다. 은서의 집에 찾아간 옥림은 은서의 어려운 가정 형편을 알게 된다.

대단원 옥림은 담임선생님과 학생 주임 선생님의 대화를 듣고 은서에 대한 오해를 풀게 되고 미안함을 느낀다.

*◆**인서트**: Ins. 장면의 이해를 돕기 위해 화면과 화면 사이에 다른 화면을 끼우는 방법.

하강 **S#16. 동아리 방(오후)**

옥림, 동아리 방에 들어와 탁자에 던지듯이 가방을 놓는데 탁자 위에 놓여 있던 진우의 다이어리가 눈에 들어온다. 다이어리 밖으로 삐죽 나온 사진들. 그 중 은서의 사진이 있다. 평소 봐 온 은서의 모습과 전혀 달라 사진을 빼서 유심히 보는 옥림. 잠시 후, 진우 들어온다.

옥림: (움찔) 죄송해요. 탁자에 나와 있기에……. (사진을 제자리에 놓는다.)

진우: (사진 보며) 사진이라는 게 참 신기해. 우리가 보지 못하는 모습까지 담아내니 말이야.

옥림: 이 사진 언제 찍은 거예요?

진우: 집에 가다가 우연히…… (은서의 사진을 보며) 절대 안팎으로 모조리 차가운 애가 아닌데…… 무슨 일이 있었는지 눈물까지 글썽이고……. 얘기 들어 보니까 은서 며칠째 결석이라는데 이유가 뭐야? / 옥림: 몰라요.

진우: 너무 했다. 같은 반 친구인데. / 옥림: (멋쩍은 듯 머리를 긁는다.)

진우: 고민이 많은 것 같던데…….

옥림: (의외다.) 은서가요? (사이) 무슨 고민이요?

진우: (혼잣말처럼) 함부로 아는 척하지 말라고 했는데…… (사이) 그렇게 궁금하면 네가 한번 물어보든가. 오늘 은서 생일인데 재밌게 보내고 있나 모르겠네.

옥림: 생일까지 알고 있어요?

진우: 생일 아는 게 뭐 별거야? 네 생일 11월 29일, 정민이 생일 4월 8일, 은심이가…… 6월이던가? 아직 은심이까지는 접수가 안 됐네.

옥림: ……. (걱정되고 고민된다.)

진우: 가 봐. 생일도 축하해 줄 겸.

S#19. 은서네 집 앞(밤)

골목 지나는 길에 문이 나 있는 은서네 집. 옥림, 메모지를 들고 은서네 집 앞으로 온다. 허름한 집과 주변. '정말 은서네일까?' 하고 의심이 드는데……. 은서, 연탄재 들린 연탄집게를 들고 나온다. 옥림을 보고 무척 당황하는 기색의 은서. 옥림 역시 그런 은서를 보고 당황한다. 옥림이 "저기……." 하고 말을 붙이려고 하는 순간 은서는 조금 화난 듯한 표정으로 연탄재를 버린다. 어찌할 줄 몰라 말도 붙이지 못한 채 보고만 있는 옥림. 은서가 다시 집으로 들어가려는 순간 용기를 내서 말을 건넨다.

옥림: 거, 걱정돼서 왔어. / 은서: (냉랭하게) 내일은 학교에 갈 거야.

옥림: 연락이라도 하지. 다들 많이 걱정해. / 은서: (그대로 들어가려는데)

옥림: 오늘 생일이지? 축하해.

순간 멈췄다 문을 세차게 닫고 들어가는 은서. 옥림, 어깨에 힘이 빠진다. 한숨을 내쉬고는 조용히 문 앞에 케이크를 놓고 돌아서서 나온다.

S#20. 구멍가게 앞(밤)

동네 어귀에 있는 작고 허름한 구멍가게. 옥림, 들마루에 앉아 음료수를 마시며 동네 아주머니의 얘기를 듣고 있다.

아주머니: (강냉이를 먹으며) 어렸을 때 부모님을 모두 여의고 할머니하고 둘이 사는데, 아픈 할머니 수발하느라 고생이 많지.

(인서트*) 은서네 방(밤)

　호호 불어 가며 할머니에게 죽을 먹이는 은서. 할머니의 입가를 손수건으로 닦아 준다.

아주머니: (말소리) 요 며칠 할머니 병환이 갑자기 심해져서 학교도 못 갔어.

---

04 윗글의 등장인물에 대한 이해로 적절하지 <u>않은</u> 것은?

① 옥림은 진우의 말을 듣고 은서를 걱정하게 된다.
② 진우는 은서가 학교에 며칠째 결석한 사실을 알고 있다.
③ 옥림은 은서네 집을 찾아갔다가 은서의 사정을 알게 된다.
④ 은서는 옥림의 방문에 반가움을 느끼지만 내색하지 않는다.
⑤ 진우는 옥림이 은서를 도와주었으면 하는 마음을 내비치고 있다.

시나리오의 특징

05 윗글에 대한 설명으로 적절하지 <u>않은</u> 것은?

① S#16: '은서의 사진'은 옥림과 진우가 은서에 대해 이야기를 나누는 계기가 된다.
② S#19: '연탄집게'를 통해 은서의 어려운 가정 형편을 짐작할 수 있다.
③ S#19: '케이크'를 통해 옥림과 은서가 평소 각별한 사이였음이 드러난다.
④ S#20: 옥림이와 아주머니의 대화 중에 '은서네 방' 장면을 삽입하여 보여 주고 있다.
⑤ S#20: '아주머니의 말소리'를 효과음으로 처리하여 인서트 장면의 이해를 돕고 있다.

🖋 주관식·서술형

06 은서에 대한 옥림의 오해를 바탕으로 해당 장면에서 옥림이 어떤 감정을 느꼈을지 쓰시오.

| S#19. | 허름한 집 앞에서 은서가 연탄재를 버리는 모습을 본 옥림 | ⇨ | ㉠ |
| S#20. | 구멍가게 아주머니로부터 은서에 대한 이야기를 듣는 옥림 | ⇨ | ㉡ |

▶ 인물의 행동을 통한 사건 및 인물의 성격 제시

은서의 행동	은서에 대한 오해	실제 은서의 모습
S#2. 강냉이를 먹음.	다이어트를 함.	어려운 집안 형편으로 몸이 아픈 할머니를 돌보며 살고 있음.
S#3. 옥림에게 [ ][ ]을 빌려줌.		타인을 배려할 줄 아는 성격임.
S#8. 담임선생님께 봉투를 건넴.	부잣집 외동딸임.	어려운 집안 형편 때문에 육성회비 면제 서류를 제출함.

→ '은서'는 얼음 공주라는 별명과 달리 남을 배려할 줄 알고, 힘들게 살면서도 할머니를 보살피는 착한 심성의 학생이야.

▶ 촬영 기법과 효과

촬영 기법	효과
내레이션	'옥림'의 목소리를 통해 작중 상황과 인물의 심리를 제시함.
클로즈업	사건 전개에 중요한 역할을 하는 '봉투'를 두드러지게 확대하여 촬영함.
[ ][ ][ ]	'은서'가 할머니를 보살피는 장면을 대화 중에 삽입하여 보다 극적인 효과를 줌.
효과음(말소리)	아주머니의 말소리를 효과음(E)으로 처리하여 장면의 이해를 도움.

🔍 작품 한눈에 첫인상이라는 이름의 선입견 | 한순정

한줄평 ▶ 첫인상이라는 선입견으로 생긴 오해와 이로 인한 갈등과 반성

갈래상 특징

- TV 드라마 상영을 목적으로 함.
- [ ][ ]을 단위로 하여 구성됨.
- 학교라는 일상적인 공간을 주된 배경으로 함.
- 등장인물의 대사와 행동을 중심으로 사건이 전개됨.
- 인물의 말과 행동을 현재형으로 표현하여 생생한 느낌을 줌.

소재

- **강냉이**: 은서의 어려운 가정 형편을 모르는 친구들이 은서가 다이어트를 위해 먹는 것이라고 생각함.
- **볼펜**: 은서가 배려심 있는 성격임을 드러냄.
- **봉투**: 은서가 부잣집 딸이라고 오해하게 만드는 계기가 됨.
- **다이어리(미수록 부분)**: 은서가 감성적인 면이 있음을 드러냄.

인물(옥림)의 심리 변화

- **호감**: 볼펜을 빌려주는 은서의 마음이 따뜻할 것이라고 생각함.
- **놀람, 오해**: 담임선생님께 봉투를 건네는 은서의 모습을 보고 부잣집 딸일 것이라고 오해함.
- **당황**: 은서네 집을 찾아갔다가 허름한 집과 은서가 연탄재를 버리는 모습을 보고 당황함.
- **미안함, 반성**: 구멍가게 아주머니로부터 은서에 대한 이야기를 들음.

주제: [ ][ ][ ]으로 인한 오해와 반성

어휘 확인

[1~5] 다음에서 설명하는 어휘가 무엇일지 주어진 낱자를 활용하여 쓰시오.

1 연극 따위를 무대에서 하여 관객에게 보이는 일.

2 마음속에 느낀 것을 얼굴에 드러냄. 또는 그 낯빛.

3 같은 목적에 대하여 이기거나 앞서려고 서로 겨룸.

4 그릇되게 해석하거나 뜻을 잘못 앎. 또는 그런 해석이나 이해.

5 목적한 바를 이루었다는 느낌.

어휘 특강

 비슷한 말   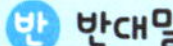 반대말

(비) 가르다
쪼개거나 나누어 따로따로 되게 하다.
(예) 수박을 다섯 조각으로 <u>갈라</u> 나누어 먹었다.

(비) 배분하다
몫몫이 별러 나누다.
(예) 주주들에게 이익금을 <u>배분한다</u>.

(비) 쪼개다
둘 이상으로 나누다.
(예) 나무를 <u>쪼개</u> 불을 지피다.

나누다
하나를 둘 이상으로 가르다.
(예) 다음 글을 세 문단으로 <u>나누시오</u>.

(반) 합치다
여럿이 한데 모이다. 또는 여럿을 한데 모으다.
(예) 결혼한 남동생은 부모님과 <u>합쳐서</u> 살기로 결정했다.

(반) 모으다
한데 합치다.
(예) 빨래는 <u>모아서</u> 주말에 한꺼번에 처리한다.

(반) 묶다
여럿을 한군데로 모으거나 합하다.
(예) 우리는 열무 열 개씩을 한 단으로 <u>묶어서</u> 팔았다.

경수필 vs 중수필

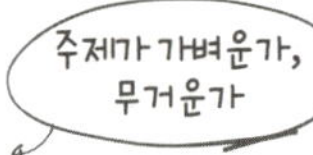

💡 필수 개념 경수필 vs 중수필

- **수필**은 글쓴이가 **실제로 겪은 다양한 경험과 생각을 쓴 글이라는 것**을 배웠어. 그런데 **수필은 소재와 주제, 글의 분위기와 성격에 따라** 경수필과 중수필로 나눌 수 있단다.
- 경수필에서 '경'은 **가벼울 경(輕)**이야. 일상생활에서 일어나는 사소한 일을 소재로 글쓴이의 개인적인 느낌과 생각을 표현한 글이지. 그러면 중수필에서의 '중'은 이와 반대되는 **무거울 중(重)**이겠지? 즉 중수필은 사회적이고 시사적인 문제 같은 무거운 주제에 대해 글쓴이가 논리적이고 이성적으로 쓴 글이야.

중간 언젠가 비구니*들이 사는 암자에서 하룻밤을 묵은 적이 있다. 다음 날 아침 부스스해진 머리를 정돈하려고 하는데, 빗이 마땅히 눈에 띄지 않았다. 원래 여행할 때 빗이나 화장품을 찬찬히 챙겨 가지고 다니는 성격이 아닌 데다 그날은 아예 가방조차 가지고 있지 않았다. 그러던 중에 마침 노스님 한 분이 나오시기에 나는 아무 생각도 없이 이렇게 여쭈었다.

"스님, 빗 좀 빌릴 수 있을까요?"

스님은 갑자기 당황한 얼굴로 나를 바라보셨다. 그제서야 파르라니 깎은 스님의 머리가 유난히 빛을 내며 내 눈에 들어왔다. 나는 거기가 비구니들만 사는 곳이라는 사실을 깜박 잊고 엉뚱한 주문을 한 것이었다. 본의 아니게 노스님을 놀린 것처럼 되어 버려서 어쩔 줄 모르고 서 있는 나에게, 스님은 웃으시면서 저쪽 구석에 가방이 하나 있을 텐데 그 속에 빗이 있을지 모른다고 하셨다. (중략)

나는 그 빗으로 머리를 빗으면서 자꾸만 웃음이 나오는 걸 참을 수가 없었다. 절에서 빗을 찾은 나의 엉뚱함도 우물가에서 숭늉 찾는 격*이려니와, 빗이라는 말 한마디에 그토록 당황하고 어리둥절해하던 노스님의 표정이 자꾸 생각나서였다. 그러나 그 순간 나는 보았다. 시간을 거슬러 올라가 검은 머리칼이 있던, 빗을 썼던 그 까마득한 시절을 더듬고 있는 그분의 눈빛을. 20년 또는 30년, 마치 물길을 거슬러 올라가는 연어 떼처럼 참으로 오랜 시간이 그 눈빛 위로 스쳐 지나가는 듯했다.

그 순식간에 이루어진 회상의 끄트머리에는 그리움인지 무상함인지 모를 묘한 미소가 반짝하고 빛났다. 나의 실수 한마디가 산사의 생활에 익숙해져 있던 그분의 잠든 시간을 흔들어 깨운 셈이다. 그걸로 작은 보시*는 한 셈이라고 오히려 스스로를 위로해 보기까지 했다.

이처럼 악의가 섞이지 않은 실수는 봐줄 만한 구석이 있다. 그래서인지 내가 번번이 저지르는 실수는 나를 곤경에 빠뜨리거나 어떤 관계를 불화로 이끌기보다는 의외의 수확이나 즐거움을 가져다줄 때가 많았다. 겉으로는 비교적 차분하고 꼼꼼해 보이는 인상이어서 나에게 긴장을 하던 상대방도 이내 나의 모자란 구석을 발견하고는 긴장을 푸는 때가 많았다. – 나희덕, 〈실수〉

*비구니: 출가한 여자 승려.

*우물가에서 숭늉 찾는 격: 일의 순서를 모르고 성급하게 덤빔을 비유적으로 이르는 말.

*보시: 자비심으로 남에게 재물이나 불법을 베풂.

📎 수필의 종류 파악하기

1. 작품 속에서 '나'가 일상생활 속에서 겪은 일을 전달하고 있어? O☐ X☐
2. 글쓴이는 무거운 시사적 주제를 전달하고 있어? O☐ X☐

→ O: 중수필, X: 경수필

윗글에서 알 수 있는 '나'의 깨달음으로 가장 적절한 것은?

① '나'는 다시는 실수하지 않겠다고 다짐하고 있어.
② '나'는 상대방의 입장을 더욱 배려하겠다고 반성하고 있어.
③ '나'는 오랜 세월 암자에 살고 있는 스님을 대단하게 여기게 되었어.
④ '나'는 실수가 예상 밖의 즐거움을 가져다줄 수도 있음을 알게 되었어.
⑤ '나'는 스님에게 귀한 물건을 빌려 달라고 한 것이 무례함을 깨닫게 되었어.

🖊 개념 적용하기

▶ **'나'가 말하고 자 하는 바 = '실수'한 ☐☐을 통해 얻은 깨달음**

➡ '나'가 직접 경험한 일을 이야기하면서 '실수'에 대한 글쓴이의 생각을 개성적으로 전달하고 있으므로 ☐☐☐에 해당해.

🖨 개념 확장하기

경수필과 중수필

*신변잡기: 자신의 주변에서 일어나는 여러 가지 일을 적은 수필체의 글.

	경수필	중수필
소재	비교적 가벼운 개인적 경험과 생각	비교적 무거운 사회적, 시사적 문제
성격	고백적, 개성적, 주관적, 신변잡기*적	논리적, 실용적, 이성적, 객관적
특징	생활 속에서 일어나는 여러 가지 일들과 이에 대한 글쓴이의 생각이나 느낌 등을 가볍게 쓴 글이기 때문에 '나'가 겉으로 잘 드러나면서 가볍고 부드러운 문장을 사용하는 경우가 많음.	사회 문제 등의 무거운 주제를 논리적, 이성적으로 쓴 글이기 때문에 '나'가 잘 드러나지 않으며 무겁고 딱딱한 느낌의 문장을 사용하는 경우가 많음.

경수필 vs 중수필

개를 기르는 자세에 대한 글쓴이의 생각을 담은 중수필이야. 글쓴이가 왜 '개 기르지 맙시다.'라고 하는지 생각해 보자.

개 기르지 맙시다 | 서민

처음 개가 인간의 벗이 된 데는 사람이 흉내 낼 수 없는 충직성*이 있고 어느 정도의 의사소통이 가능하기 때문이리라. 흔히 '개만도 못하다.'라는 말을 쓰지만, 개와 더불어 생활하다 보면 개가 왜 그런 대접을 받아야 하는지 의아해진다. 사람은 월수입과 사는 동네에 따라 상대를 차별하지만, 개는 그 주인이 어느 대학을 나왔는지, 정규직인지 아닌지에 관심이 없다. 게다가 개들은 주인을 위해 온몸을 던지길 마다하지 않는다. 불길 속에 몸을 던져 주인을 구한 개도 있고, 당뇨병을 앓던 주인이 쓰러지자 휴대 전화로 119를 눌러 주인을 구한 개도 있다. 정도의 차이만 있을 뿐, 모든 개들이 다 그런 마음을 갖고 있다고 생각한다.

중간 그럼에도 사람들은 개를 버린다. 아파트로 이사해서, 개가 늙고 병들어서, 애를 낳아서, 그냥 귀찮아서 등등 나름의 이유로 그런 일을 벌인다. 그 개들은 거리의 개가 되어 쓰레기통을 뒤지는 신세가 되고, 결국 차에 치여 죽거나 보호소에 잡혀가 안락사*를 당함으로써 생을 마감한다. 버려지는 개들이 안쓰러워 유기견* 보호소를 차리는 분들이 있지만, 그리 넉넉지 못한 형편이라 사룟값을 충당하기에도 벅차다.

얼마 전부터 고양에 있는 유기견 보호소에 한 달에 한 번씩 사료를 후원하고 있는데, 그곳을 운영하는 김 할아버지는 경제적으로 어려운 처지에서 120마리가 넘는 개들을 맡고 계신다. 김 할아버지는 "개를 놓고 가면서 다달이 사룟값을 내겠다고 말들을 하지만, 돈 얼마라도 보내는 사람을 본 적이 없다."라고 탄식하신다. 게다가 이런 분들의 이야기가 언론에 소개되면 후원하는 사람이 늘어나는 게 아니라 거기다 개를 버리고 가는 사람만 많아진다고 하니, 심란한 노릇이다.

개를 입양하는 건 가족을 하나 더 만드는 것과 같다. 그럼에도 사람들은 그 일을 너무 쉽게 결정한다. 입양이 쉬우니 버리는 것도 쉽다. 해마다 5만 마리가 넘는 개가 버려지는 이유도 여기에 있다. 개에 대한 인식*이 그리 좋지 않은 우리나라에서 개를 버리면 그 주인이 처벌을 받는 법이 만들어지길 기대하는 건 어려운 일이다. 그래서 말씀드린다. '개를 기르지 마세요.'라고. 당장 심심하다고, 애들이 원한다고, 사람 간의 관계에서 상처를 받았다는 게 개를 키울 이유는 되지 못한다. 개를 자식에 준할 만큼 키울 마음이 있다면, 그리고 그 마음이 변치 않을 자신이 있는 극소수만 개를 입양하시라. 가족 중 한 명이라도 개 기르는 것을 반대하는 사람이 있다면 개를 입양해선 안 된다. 이사 가려는 아파트에서 개를 못 키우게 한다면 그 계약을 취소하고 다른 아파트를 알아볼 사람만 개를 키울 자격이 있다.

끝 TV 프로그램에서 본 내용이다. 유기견 보호소 근처에 차가 한 대 서고, 한 남자가 문을 열고 개를 내려놓는다. 차가 출발하자 개는 죽을힘을 다해 차를 따라간다. 그 개는 주인이 왜 자신을 버리고 가는지 이해하지 못했을 것이다. 필경* 자신을 다시 데리러 올 거라고 생각하며 그 자리를 떠나지 않을지도 모른다. 한 가지 확실한 건 죽을 때까지 그 개가 주인을 원망하지 않을 거라는 것. 그게 바로 개다.

* **충직성:** 충성스럽고 정직한 성질이나 특성.
* **안락사:** 극심한 고통을 받고 있는 불치의 환자에 대하여, 본인 또는 가족의 요구에 따라 고통이 적은 방법으로 생명을 단축하는 행위.
* **유기견:** 주인이 돌보지 않고 내다 버린 개.
* **인식:** 사물을 분별하고 판단하여 앎.
* **필경:** 끝장에 가서는.

01 윗글에 대한 설명으로 가장 적절한 것은?

① 여행하는 동안 보고, 듣고, 느낀 점을 적은 글이다.
② 특정 대상에게 안부나 소식 등을 적어 보내는 글이다.
③ 일상생활의 경험을 바탕으로 자유롭고 가볍게 쓴 글이다.
④ 날마다 그날그날 겪은 일이나 생각, 느낌 등을 적은 글이다.
⑤ 사회 문제에 대한 글쓴이의 생각을 논리적으로 드러낸 글이다.

02 글쓴이가 이 글을 쓴 목적으로 가장 적절한 것은?

① 개의 충직성과 영리함에 대해 설명하기 위해서
② 개를 기르는 것의 장점과 단점을 알려 주기 위해서
③ 많은 사람들이 유기견을 입양하도록 설득하기 위해서
④ 사람들이 책임감을 갖고 개를 입양하도록 하기 위해서
⑤ 사람들이 반려 동물과 함께해 온 역사를 전달하기 위해서

03 윗글의 내용으로 적절하지 <u>않은</u> 것은?

① 사람들은 단순히 귀찮다는 이유로 개를 버리기도 한다.
② 사람 간의 관계에서 상처를 받아서 개를 키우게 되는 경우도 있다.
③ 우리나라에서는 개를 버린 주인이 처벌받는 법이 만들어지기 어렵다.
④ 개를 입양하는 것을 반대하는 가족이 있더라도 데려와 키우는 것이 좋다.
⑤ 이사 가려는 아파트에서 개를 못 키우게 한다면 다른 아파트를 찾아봐야 한다.

04 다음 빈칸에 들어갈 알맞은 말을 쓰시오.

▶ 사회적·
시사적 문제를
다룬 수필
= 중수필

중수필의 소재

비교적 무거운 ☐☐☐, 시사적 문제를
소재로 하는 경우가 많음.

+

중수필의 성격

• 무겁고 딱딱한 느낌의 문장을 주로 사용함.
• ☐☐☐이고 이성적인 성격의 글로,
  '나'가 잘 드러나지 않음.

▶ 글쓴이가
비판하는 사회
문제와 이에
대한 주장

사회 문제

이기적이고 가벼운 이유로 개를 입양하고 버리
는 사람들이 많아 사회 문제가 됨.

➡

글쓴이의 주장

개를 자식에 준할 만큼의 책임감 있는 자세로
길러야 함.

개를 쉽게 입양하고 버리는 사회 문제에 대한
글쓴이의 생각이 논리적으로 드러나 있어.

🔍 작품 한눈에 **개 기르지 맙시다** | 서민

한줄평 ▶ 책임감을 가지고 개를 길러야 함을 주장하는 중수필

서술상 특징	글쓴이의 태도	글을 쓴 목적
• 사회 문제에 대한 글쓴이의 의견을 드러냄(중수필).	• **개**: 충직하고 영리한 개에 대해 우호적인 태도를 드러냄. ⬍ • **사람**: 개를 쉽게 ☐☐하고 버리는 무책임한 사람들과 이기적인 세태에 대해 비판적인 태도를 드러냄.	• 개를 쉽게 입양하고 버리는 세태에 대한 글쓴이의 비판적 인식이 나타남. • 단호한 어조를 통해 책임감을 가지고 개를 길러야 함을 강조함.

↓  ↓ ↓

주제: 개를 기를 때에는 ☐☐☐을 가져야 한다.

[1~5] 어휘의 뜻풀이와 어휘 ㉠~㉤을 바르게 연결하시오.

[6~10] 예문의 (　　) 안에 들어갈 어휘 ㉠~㉤을 바르게 연결하시오.

뜻풀이	어휘	예문
1 뒤에서 도와줌.	㉠ **후원**	**6** 어지러운 세상을 (　　).
2 마음이 어수선하다.	㉡ **차별**	**7** 검진 결과가 나오기 전이라 마음이 (　　).
3 한탄하여 한숨을 쉬다.	㉢ **시사적**	**8** 우리 직장에서는 능력에 따른 (　　)이 심하다.
4 그 당시에 일어난 여러 가지 사회적 사건과 관련된 것.	㉣ **탄식하다**	**9** 여러 독지가의 (　　)으로 고아원을 운영하고 있다.
5 둘 이상의 대상을 각각 등급이나 수준 따위의 차이를 두어서 구별함.	㉤ **심란하다**	**10** 회사 일이 바빠 며칠 신문을 못 읽었더니 (　　)인 대화에는 통 끼지를 못하겠다.

어휘 **특강**　'우물'과 관련된 속담

속담	뜻
우물 안 개구리	① 넓은 세상의 형편을 알지 못하는 사람을 비유적으로 이르는 말. ② 견식이 좁아 저만 잘난 줄로 아는 사람을 비꼬는 말.
우물에 든 고기	빠져나올 수 없는 곤경에 처하여서 마지막 운명만을 기다리고 있는 처지를 비유적으로 이르는 말.
우물에 가 숭늉 찾는다.	모든 일에는 질서와 차례가 있는 법인데 일의 순서도 모르고 성급하게 덤빔을 비유적으로 이르는 말.
우물을 파도 한 우물을 파라.	일을 너무 벌여 놓거나 하던 일을 자주 바꾸어 하면 아무런 성과가 없으니 어떠한 일이든 한 가지 일을 끝까지 하여야 성공할 수 있다는 말.
목마른 놈이 우물 판다.	제일 급하고 일이 필요한 사람이 그 일을 서둘러 하게 되어 있다는 말.

01 일차

필수 개념 ❶ ④
✎**개념 적용하기** 벌레 먹은 나뭇잎

필수 개념 ❷ ⑤
✎**개념 적용하기** 엄마, 슬픔

01 ④　**02** ④　**03** ⑤　**04** ㉠: 지하철 보도 계단 맨바닥에서 본 거지 아저씨를 도와줄까 망설이다 그냥 지나쳤다.
✎**개념 적용하기** 보도 계단, 집, 반성
🔍**작품 한눈에** 외면, 반성적

02 일차

필수 개념 ❶ ②
✎**개념 적용하기** 비판

필수 개념 ❷ ②
✎**개념 적용하기** 딸기

01 ⑤　**02** ④　**03** ⑤　**04** 의지적 어조
✎**개념 적용하기** 예찬, 의지
🔍**작품 한눈에** 공, 상승

03 일차

필수 개념 ❶ ③
✎**개념 적용하기** 봄, 계절

필수 개념 ❷ ⑤
✎**개념 적용하기** 역순행적

01 ⑤　**02** ③　**03** ⑤　**04** 반가운 그 옛날의 것
✎**개념 적용하기** 현재, 시간
🔍**작품 한눈에** 눈, 대비

04 일차

필수 개념 ❶ ②
✎**개념 적용하기** 건너편 산, 주추리 삼대

필수 개념 ❷ ③
✎**개념 적용하기** 별, 원경

01 ④　**02** ③　**03** ③　**04** 청운사, 자하산, 청노루
✎**개념 적용하기** 봄눈, 근경
🔍**작품 한눈에** 시선, 운율

05 일차

필수 개념 ❶ ①
✎**개념 적용하기** 수미상관, 운율

필수 개념 ❷ ①
✎**개념 적용하기** 풀잎, 부정적

01 ⑤　**02** ③　**03** ③　**04** 바람, 눈비
✎**개념 적용하기** 믿음, 수미상관
🔍**작품 한눈에** 희생, 반복

06 일차

필수 개념 ❶ ①
✎**개념 적용하기** 감탄

필수 개념 ❷ ④
✎**개념 적용하기** 대나무, 달

01 (1) ㉡　(2) ㉠　(3) ㉢　**02** ⑤　**03** ②
04 가난
✎**개념 적용하기** 질문(물음), 그리움
🔍**작품 한눈에** 촉각, 순서

07 일차

필수 개념 ❶ ②
✎**개념 적용하기** 흰색, 대조

필수 개념 ❷ ②
✎**개념 적용하기** 운율

01 ④　**02** ④　**03** ④　**04** 행인
✎**개념 적용하기** 숨결, 문장 구조
🔍**작품 한눈에** 소망, 그리움

08 일차

필수 개념 ❶ ③
✎**개념 적용하기** 강조, 반어

필수 개념 ❷ (1) ○　(2) ○　(3) ×
✎**개념 적용하기** 희망, 역설법

01 ②　**02** ②　**03** ③　**04** 소중한 자식을 위해서 독한 마음을 먹고 술을 끊었기 때문이다.
✎**개념 적용하기** 역설법, 긍정적
🔍**작품 한눈에** 역설법, 부모

09 일차

필수 개념 ❶ ⑤
✎**개념 적용하기** 손, 눈

필수 개념 ❷ ①
✎**개념 적용하기** 쇠붙이, 환유법

01 ④　**02** ③　**03** ③　**04** 국토(조국)
✎**개념 적용하기** 조국, 우리 민족, 제유, 환유
🔍**작품 한눈에** 후각적, 직유법

10 일차

필수 개념 ❶ 직접적

개념 적용하기 서술자, 직접 제시

필수 개념 ❷ ③

개념 적용하기 간접 제시, 말, 행동

01 ⑤ 02 ② 03 ② 04 굵은 감자 세개 05 ③ 06 ④ 07 ③ 08 화해

개념 적용하기 설명, 행동
작품 한눈에 감자, 사랑

11 일차

필수 개념 ❶ (1) 시간의 흐름에 따라
(2) 역순행적 구성

개념 적용하기 순행적, 시간의 흐름, 역순행적, 과거

필수 개념 ❷ ①

개념 적용하기 액자식, 내부 이야기

01 ④ 02 ③ 03 ② 04 ㉠: ⓐ → ⓓ → ⓔ → ⓒ → ⓑ, ㉡: 역순행적 구성
05 ① 06 ④ 07 ④ 08 산업화(도시화)

개념 적용하기 역순행적, 공간
작품 한눈에 노새, 관찰자

12 일차

필수 개념 ❶ ③

개념 적용하기 죽음, 암시

필수 개념 ❷ ④

개념 적용하기 복선, 소나기

01 ④ 02 ⑤ 03 ④ 04 머리에서 꽃이 떨어졌다. 05 ④ 06 ① 07 ②
08 ⓐ: 공습, ⓑ: 폭음

개념 적용하기 암시, 1(일), 금반지
작품 한눈에 탐욕, 전쟁

13 일차

필수 개념 ❶ ②

개념 적용하기 서술, 직접적

필수 개념 ❷ ③

개념 적용하기 묘사, 대화, 묘사, 간접적

01 ⑤ 02 ⑤ 03 ⑤ 04 크레파스
05 ④ 06 ② 07 ① 08 같은

개념 적용하기 2(두), 1인칭 주인공, 1인칭 주인공, 서술
작품 한눈에 가난, 역순행적

14 일차

필수 개념 ❶ ②

개념 적용하기 시간적, 시대적

필수 개념 ❷ ②

개념 적용하기 울음 고개, 공간적

01 ③ 02 ④ 03 ④ 04 징용, 북해도 탄광, 남양 군도, 만주 05 ③ 06 ④
07 ③ 08 눈앞에, 있었다.

개념 적용하기 일제 강점기, 6 · 25 전쟁
작품 한눈에 고등어, 역순행적

15 일차

필수 개념 ❶ ⑤

개념 적용하기 민들레꽃, 생명

필수 개념 ❷ ⑤

개념 적용하기 돌다리, 전통적

01 ① 02 ⑤ 03 ② 04 새 05 ①
06 ② 07 ③ 08 도회지

개념 적용하기 아들, 연날리기
작품 한눈에 시간, 공간

16 일차

필수 개념 ❶ ④

개념 적용하기 걸개그림, 심리

필수 개념 ❷ ⑤

개념 적용하기 없음, 과거

01 ④ 02 ⑤ 03 ② 04 벽 05 ⑤
06 ③ 07 ③ 08 총

개념 적용하기 갈등, 효과음
작품 한눈에 측량 기사, 벽, 총

17 일차

필수 개념 ②

개념 적용하기 장면, 영화

01 ③ 02 ③ 03 ② 04 ④ 05 ③
06 ㉠: 당황함, 놀람 ㉡: 미안함, 반성

개념 적용하기 볼펜, 인서트
작품 한눈에 장면, 선입견

18 일차

필수 개념 ④

개념 적용하기 경험, 경수필

01 ⑤ 02 ④ 03 ④ 04 비판적

개념 적용하기 사회적, 논리적
작품 한눈에 입양, 책임감

MEMO

MEMO

MEMO

메가스터디
중학국어
문학 필수 개념
독해 연습
2

진짜 공부 챌린지
내!가/스/터/디

메가스터디

중학국어

문학 필수 개념

독해 연습

2

작품 꼼꼼 강의
& 정답 및 해설

메가스터디 BOOKS

메가스터디

중학국어

문학 필수 개념

독해 연습

작품 꼼꼼 강의 & 정답 및 해설

2

📖 본문 016쪽

01 일차 시적 대상과 정서 / 시적 상황과 정서

🖊 **화자의 정서 찾기** 1. 벌레 먹은 나뭇잎 2. 예쁘다, 믿다, 아름답다

(필수 개념 ❶) ④

🖊 **개념 적용하기** 벌레 먹은 나뭇잎

🖊 **화자의 정서 찾기** 1. 시장에 열무를 팔러 가서 밤늦게까지 돌아오지 않는 어머니를 화자('나')가 홀로 기다리고 있는 상황
2. '어둡고 무서워', '빈방에 혼자 엎드려 훌쩍거리던', '내 눈시울을 뜨겁게 하는'

(필수 개념 ❷) ⑤

🖊 **개념 적용하기** 엄마, 슬픔

(필수 개념 ❶) **시적 대상과 정서** 답 ④

벌레 먹은 나뭇잎 | 이생진

작품 해설 이 시에서 나뭇잎의 벌레 먹은 구멍은 나뭇잎이 자신의 것을 베풀어 벌레를 먹여 살린 흔적이다. 화자는 벌레 먹은 떡갈나무 잎과 벌레 먹지 않은 잎을 대비하여 자신을 희생하면서도 남을 배려하고 베풀 줄 아는 삶의 아름다움을 예찬하고 있다.

주제 남을 배려하고 베푸는 삶의 아름다움

> ☑ **작품 꼼꼼 강의**
>
> 『나뭇잎이 벌레 먹어서 예쁘다』
> 『역설적 표현   정서를 직접적으로 표현함.
> 귀족의 손처럼 상처 하나 없이 / 매끈한 것은
> 직유법   벌레 먹지 않은 잎 – 화자가 밉게 보는 대상
> 어쩐지 베풀 줄 모르는 / 손 같아서 밉다
> 벌레 먹지 않은 잎을 밉게 보는 이유   ▶ 1~5행: 벌레 먹어서 예쁜 나뭇잎
> 떡갈나무 잎에 벌레 구멍이 뚫려서
>
> 그 구멍으로 하늘이 보이는 것은 예쁘다
> 대상에 대한 화자의 정서(느낌)
> 상처가 나서 예쁘다는 것은 / 잘못인 줄 안다
> 역설적 표현   상처가 난 잎에 대한 안타까움
> 그러나 남을 먹여 가며 / 살았다는 흔적은
> 시상의 반전   벌레 구멍: 벌레 먹은 잎이 아름다운 이유
> 별처럼 아름답다   ▶ 6~12행: 남에게 베푸는 존재의 아름다움
> 비유적 표현(직유법)

화자는 벌레 먹은 나뭇잎(떡갈나무 잎)의 구멍을 남(벌레)을 먹여 살린 흔적이라고 생각하고 있으며, 남을 위해 희생하고 베풀 줄 아는 나뭇잎을 아름답다고 표현하고 있다.

✅ **오답 챙기기**

① 화자는 떡갈나무 잎의 벌레 구멍으로 하늘이 보이는 것이 예쁘다고 하였을 뿐, 하늘이 나뭇잎보다 아름답다고 여기고 있지 않다.
② 화자는 벌레에 대한 정서를 드러내고 있지 않다.
③ 화자는 귀족의 손처럼 상처 하나 없이 매끈한 나뭇잎을 밉다고 표현하고 있다.
⑤ 화자는 떡갈나무 잎의 벌레 구멍으로 하늘이 보이는 것이 예쁘다고

하였을 뿐, 나무 중에서 떡갈나무를 가장 예뻐하는지는 알 수 없다.

(필수 개념 ❷) **시적 상황과 정서** 답 ⑤

엄마 걱정 | 기형도

작품 해설 이 시는 어른이 된 화자가, 시장에 열무를 팔러 간 어머니가 밤늦게까지 돌아오지 않자 홀로 어머니를 기다리면서 무서움에 훌쩍거렸던 유년 시절의 추억을 회상하며 느끼는 감정을 노래한 작품이다. 1연에는 시장에 간 엄마를 기다리던 유년 시절의 기억이 담겨 있고, 2연에는 화자가 유년 시절을 떠올리며 슬픔과 안타까움을 느끼는 모습이 나타나 있다. 또한 이 작품에서는 '찬밥처럼', '배춧잎 같은 발소리' 등의 비유적 표현을 활용하여 시적 상황을 효과적으로 표현하고 있다.

주제 어린 시절을 회상하며 느끼는 슬픔과 안타까움

> ☑ **작품 꼼꼼 강의**
>
> 1연 『열무 삼십 단을 이고
> 『엄마의 부재 이유. 엄마의 고단한 삶을 보여 줌.
> 시장에 간 우리 엄마』
>
> 안 오시네, 해는 시든 지 오래
> 시간적 배경 : 밤
> 나는 찬밥처럼 방에 담겨
> 차가운 방에서 엄마를 기다리던 상황을 비유적으로 표현함.
> 아무리 천천히 숙제를 해도
> 엄마를 기다리는 시간이 오래됨.
> 엄마 안 오시네, 배춧잎 같은 발소리 타박타박
> 반복을 통한 상황과 정서 강조   엄마의 지친 발소리를 배춧잎에 빗댐.
> 안 들리네, 어둡고 무서워
> '안 오시네'의 변형   정서의 직접적 제시
> 금 간 창틈으로 고요히 빗소리
> 청각적 이미지
> 빈방에 혼자 엎드려 훌쩍거리던
> 공간적 배경   화자의 외로움과 무서움
> ▶ 가난하고 외로웠던 '나'의 유년 시절
>
> 2연 아주 먼 옛날 / 지금도 내 눈시울을 뜨겁게 하는
> 어른이 된 현재   화자의 정서: 슬픔과 안타까움
> 그 시절, 내 유년의 윗목
> 어린 시절(1연)   외롭고 힘들었던 유년 시절을 윗목에 빗댐.
> ▶ 과거를 회상하며 슬픔과 안타까움을 느낌.

2연에서 화자는 어린 시절의 경험을 회상하면서 슬픔과 안타까움을 느끼고 있을 뿐, 과거의 경험에 대해 만족감을 드러내고 있지 않다.

✅ **오답 챙기기**

① 1연에서 화자는 시장에서 밤늦게까지 돌아오지 않는 엄마를 혼자 기다리고 있다.
② 1연의 '어둡고 무서워'와 '혼자 엎드려 훌쩍거리던'에서 어두운 빈방에서 느꼈던 화자의 외로움과 두려움을 확인할 수 있다.
③ 1연의 '금 간 창틈으로 고요히 빗소리 / 빈방에 혼자 엎드려 훌쩍거리던'에서 비 오는 날 빈방에서 혼자 엎드려 울었던 화자의 모습을 확인할 수 있다.
④ 2연에서 화자는 '유년 시절'을 '먼 옛날'이라고 표현하고 있으므로, 어른이 된 화자가 자신의 유년 시절을 회상하고 있음을 알 수 있다.

01 일차 시적 대상과 정서 / 시적 상황과 정서

01 ④　　　**02** ④　　　**03** ⑤　　　**04** 지하철

보도 계단 맨바닥에서 본 거지 아저씨를 도와줄까 망설이다 그냥 지나쳤다.

✎ **개념 적용하기** 보도 계단, 집, 반성

🔍 **작품 한눈에** 외면, 반성적

01 ~ 04

처음 안 일 | 박두순

작품 해설 이 시는 집으로 돌아오는 길에 만난 거지 아저씨에게 도움을 주지 않았던 경험을 바탕으로, 어려운 사람을 돕는 일이 어렵다는 깨달음을 표현하고 있다. 특히 이 시에서는 '거지 아저씨의 손', '나뭇잎들의 손', '(화자의) 가슴'이 모두 비어 있다고 표현함으로써, 화자의 성찰과 깨달음을 효과적으로 드러내고 있다.

주제 따뜻한 인정을 베풀지 못한 자신에 대한 성찰과 깨달음

📖 작품 꼼꼼 강의

1연 지하철 보도 계단 맨바닥에
　시적 공간 ①
손 내밀고 엎드린

거지 아저씨 / 손이 텅 비어 있었다.
　화자가 주목한 대상
『비 오는 날에도 / 빗방울 하나 움켜쥐지 못한
『 』: 텅 빈 거지 아저씨의 손을 비유적으로 표현함(직유법, 의인법)
나뭇잎들의 손처럼.
원관념: 거지 아저씨 손 ▶ 지하철 보도 계단에서 거지 아저씨의 빈손을 봄.

2연 동전 하나 놓아 줄까
　화자의 내적 갈등
망설이다 망설이다

그냥 지나가고,　　　▶ 망설이다 거지 아저씨를 지나친 화자
성찰의 대상이 된 화자의 행동

3연 내내 / 무얼 잊어버린 듯…….
　화자의 불편한 마음
집에 와서야
시적 공간 ②
가슴이 비어 있음을 알았다.
자신에게 따뜻한 마음이 비어 있음을 깨달음
거지 아저씨의 손처럼　　▶ 자신의 행동에 대한 성찰
원관념: 인정이 메마른 화자의 마음

4연 『마음 한 귀퉁이
『 』: 어려운 사람의 처지에 공감하고 도와주는 것
잘라 주기가 어려운 걸

처음 알았다.　　　▶ 약자를 돕는 것이 어렵다는 깨달음

01 표현상 특징 파악　　　답 ④

1연의 '나뭇잎들의 손처럼.'에서는 다른 대상에 빗대어 표현하는 방법(직유법, 의인법)이 사용되었으며, 이를 통해 거지 아저씨의 손이 텅 비어 있음을 효과적으로 전달하고 있다.

✔ 오답 챙기기

① 이 시에는 계절의 변화가 나타나지 않는다.

② 이 시에는 청자가 구체적으로 드러나지 않는다.

③ 이 시에는 시각적 이미지가 제시되었을 뿐, 청각적 이미지는 나타나지 않는다.

⑤ 이 시에 명령하는 표현은 나타나지 않는다.

02 시적 상황의 이해　　　답 ④

집(ⓛ)으로 돌아온 화자는 ⑤에서 거지 아저씨를 도와주지 않았던 자신의 행동을 성찰하면서, 자신에게 약자를 배려하고 돕는 따뜻한 마음이 없음을 깨닫고 있다.

✔ 오답 챙기기

① ⑤은 지하철 계단 아래의 공간으로, 거지 아저씨가 비를 맞고 있는 것은 아니다.

② ⑤에서 화자는 거지 아저씨에게 '동전 하나 놓아 줄까' 하고 망설였지만, 결국 그냥 지나쳤다.

③ ⓛ으로 이동하는 동안 화자는 새로운 사건을 경험하지 않았다.

⑤ ⓛ에서 화자는 거지 아저씨를 지나친 자신의 행동을 성찰하고 있을 뿐, 거지 아저씨를 도와주기로 마음먹고 있지는 않다.

03 화자의 정서 파악　화자의 정서　　답 ⑤

ⓔ에서 화자는 어려운 사람의 처지에 공감하고 그를 돕는 것이 어렵다는 깨달음을 드러내고 있을 뿐, 다른 사람의 도움을 받는 것에 대한 안타까움을 부각하고 있지는 않다.

✔ 오답 챙기기

① ⓐ는 화자가 지하철 보도 계단 아래서 주목하여 본 대상으로, 화자에게 '동전 하나 놓아 줄까'라는 연민의 마음을 불러일으킨다.

② ⓑ는 거지 아저씨를 도와줄지 망설이는 화자의 내적 갈등을 보여 준다.

③ ⓒ에서 '내내 / 무얼 잊어버린 듯…….'이라고 한 것은 집으로 오는 내내 계속해서 거지 아저씨를 돕지 않았던 자신의 행동에 대해 신경을 쓰고 있었음을 드러낸다.

④ ⓓ에서 '가슴'은 어려운 사람을 돕는 따뜻한 마음으로, 화자는 자신에게 따뜻한 마음이 없음을 반성하고 있다.

04 시적 상황의 이해　답 지하철 보도 계단 맨바닥에서 본 거지 아저씨를 도와줄까 망설이다 그냥 지나쳤다.

이 시의 화자는 어느 날 지하철 보도 계단 맨바닥에서 손을 내밀고 엎드린 거지 아저씨의 빈손을 보고 도와줄지 망설이다가 그냥 지나쳐 집으로 온다. 이러한 경험을 통해 화자는 자신에게 어려운 사람을 도와주는 따뜻한 마음이 비어 있고, 어려운 사람을 돕는 일이 어렵다는 깨달음을 얻게 된 것이다.

🔖 **어휘 확인**　　　📖 본문 021쪽

1 결핍　　**2** 정서　　**3** 회상　　**4** 연민　　**5** 깨달음

02 일차 · 필수 개념 · 화자의 태도 / 어조

🔖 **화자의 태도 파악하기** 1. 자동문   2. 음흉한, 퇴화

[필수 개념 ①] ②

🔖 **개념 적용하기** 비판

🔖 **화자의 어조 파악하기** 1. ~유, ~슈   2. ○

[필수 개념 ②] ②

🔖 **개념 적용하기** 딸기

필수 개념 ① 화자의 태도

답 ②

자동문 앞에서 | 유하

작품 해설 이 시는 자동문을 소재로 하여, 편리함만을 추구하는 현대인에 대한 비판적인 인식을 보여 주는 작품이다. 동화 〈알리바바와 40인의 도적〉의 주문을 활용하여 자동문의 속성을 재치 있게 표현하고 있고, '스르르'를 반복하여 자동문이 열리고 닫히는 과정 및 사람들의 출입 과정을 생동감 있게 표현하고 있다. 특히 자동문으로 인해 우리의 손이 퇴화되어 갈 것이라는 참신한 발상을 통해 편리함만을 추구하는 현대인에 대한 비판적 태도를 드러내고 있다.

주제 편리함만을 추구하는 현대인에 대한 비판

> ☑ **작품 꼼꼼 강의**
>
> 이제 어디를 가나 아리바바의 참깨
> 　자동문이 보편화된 상황　동화 〈알리바바와 40인의 도적〉의 주문을 활용함.
> 주문 없이도 저절로 열리는
> 　자동문에 대한 참신한 발상
> 자동문 세상이다　　　　▶ 1~3행: 자동문이 보편화된 상황
> 　편리한 현대 문명
> 언제나 문 앞에 서기만 하면
>
> 어디선가 전자 감응 장치의 음흉한 혀끝이
> 　자동문에 대한 부정적 인식
> 날름날름 우리의 몸을 핥는다 순간
> 　활유법. 눈에 보이지 않는 인식 과정을 시각적으로 표현함.
> 스르르 문이 열리고 스르르 우리들은 들어간다
> 　'스르르'의 반복으로 자동문의 개폐 및 사람들의 출입을 생동감 있게 표현함.
> 스르르 열리고 스르르 들어가고
>
> 스르르 열리고 스르르 나오고
>
> 그때마다 우리의 손은 조금씩 퇴화되어 간다
> 　자동문의 부정적 영향에 대한 비판적 인식 및 태도
> 　　　　▶ 4~10행: 현대 문명의 편리함에 길들여져 가는 현대인

화자는 자동문이 우리에게 편리함을 주기도 하지만, 자동문을 이용함으로 인해 우리 손이 퇴화되어 갈지도 모른다고 표현하고 있다. 이는 자동문이 지닌 부정적인 영향을 염려하는 것으로, 특히 자동문의 '전자 감응 장치'를 '음흉한 혀끝'이라고 표현한 것에서 화자가 자동문에 대해 비판적 태도를 보이고 있음을 알 수 있다.

✅ **오답 챙기기**

① 자동문의 편리함은 드러나지만 화자가 자동문을 예찬하고 있지는 않다.

③ 화자는 자동문을 이용하고 있는 자신을 긍정하고 있지 않으며, 편리함만을 추구하는 현대인을 비판적으로 바라보고 있다.

④ 화자는 자동문이 '아리바바의 참깨'와 같은 주문 없이도 열리는 문이라고 표현했을 뿐, 자동문의 주문에 걸린 현실을 나타내고 있지 않으며, 체념적 태도도 찾아볼 수 없다.

⑤ 화자가 자동문의 '전자 감응 장치'를 '음흉한 혀끝'이라고 한 것을 통해 이에 대한 비판적 태도를 지니고 있음이 드러날 뿐, 이를 받아들이려는 의지를 나타낸 것은 아니다.

필수 개념 ② 화자의 어조

답 ②

딸기 | 이재무

작품 해설 이 시는 시장에서 팔리기를 기다리고 있는 딸기를 의인화하여 화자로 설정하고, 딸기를 사 가려는 사람들을 청자로 설정함으로써, 소비자들이 농작물의 가치를 제대로 알아주기를 바라는 마음을 표현한 작품이다. 정감 있는 충청도 사투리를 사용하고 있으며, 특히 '~유, ~슈'라는 부드러운 어조를 사용하고 있다는 점이 특징적이다.

주제 농작물의 가치를 제대로 알아주기를 바라는 마음

> ☑ **작품 꼼꼼 강의**
>
> 오십 리 길 짐차에 실려 왔어유
> 　충청도 사투리 – 정감 있는 말투
> 멀미도 가시기 전에 / 낯선 거리 쏴댕기면서
> 　도착한지 얼마지나지 않아
> 지 몸 살 사람 찾고 있지유　　▶ 1~4행: 시장에 온 딸기
> 　딸기 살 사람을 기다림.
> 목마름은 이냥저냥 견딜 수 있슈
>
> 헌디, 볼기짝 쥐어뜯으며
> 　그런데　엉덩이. 딸기의 아랫부분
> 『살결이 거칠다느니
> 　『　』: 딸기 값을 깎으려 하는 말
> 단맛이 무르다느니』 허진 말어유
> 　　　　▶ 5~8행: 딸기 값을 깎으려 하는 사람들
> 지 몸이 그냥 지 몸인가유
> 　자연의 도움과 농부의 노력이 들어간 몸
> 이만한 몸띵이 하나 살리기 위해서도
> 　딸기
> 하느님 손 농부 손 고루 탔어유　　▶ 9~11행: 딸기의 가치
> 　자연의 도움　농부의 노력
> 그러니께 지폐 한 장으루다
> 　싼값으로
> 우리 식구 사돈에 팔촌까지 두루 사 가는 선상님들
> 　딸기들을 식구와 친척으로 표현함.　딸기를 사는 사람들
> 몸값이나 후하게 쳐주셔야겠슈
> 　딸기 값. 농작물의 가치　제값을 주고 딸기를 사기 바람.
> 　　　　▶ 12~14행: 딸기의 가치를 알아주기를 바람.

이 시는 문장의 서술어가 '~유', '~슈'로 끝나는 충청도 사투리를 사용하여 부드러운 느낌을 주고 있다. 따라서 의지와 강인함이 느껴지는 힘찬 어조를 사용하고 있다고 볼 수 없다.

✅ **오답 챙기기**

① 이 시는 충청도 사투리를 통해 정감 있는 분위기를 형성하고 있다.

③ 이 시의 화자는 딸기이고, 청자는 '우리 식구 ~ 사 가는 선상님들', 즉 딸기를 사려는 사람들이다.

④ 이 시에서는 화자인 딸기가 청자인 딸기를 사 가려는 사람들에게 말을 건네는 듯한 어조를 사용하고 있다.

⑤ 이 시의 모든 문장은 '~유, ~슈'로 끝나고 있는데, '헌디, ~ 허진 말어유'와 '몸값이나 후하게 쳐주셔야겠슈'에서는 청자에게 명령하는 어조가 드러나 있음을 알 수 있다.

02 일차 · 화자의 태도 / 어조

01 ⑤ **02** ④ **03** ⑤ **4** 의지적 어조

🖋 **개념 적용하기** 예찬, 의지

🔍 **작품 한눈에** 공, 상승

---

01 ~ 04

떨어져도 튀는 공처럼 | 정현종

작품 해설 이 시는 '공'의 다양한 속성을 활용하여 시련과 고난에도 굴하지 않고, 이를 극복하려는 삶의 자세와 그러한 삶의 자세를 지니고자 하는 의지를 드러낸 작품이다. 특히 이 시는 떨어져도 튀어 오르는 속성, 탄력을 지닌 속성, 둥근 속성 등 공의 다양한 속성과, '공'의 동적인 이미지와 상승·하강의 이미지를 활용하여 주제를 형성하고 있다.

주제 시련에도 굴하지 않는 삶의 자세와 의지

☑ **작품 꼼꼼 강의**

1연 그래 살아 봐야지
: '-(아)야지'의 반복 → 의지적 어조, 운율 형성
삶에 대한 굳은 의지와 긍정적 태도
너도 나도 공이 되어
: 반복을 통한 운율 형성, 의미 강조
청자(독자) ┘ └ 화자 ─ 화자가 추구하는 삶의 자세를 보여 주는 소재
떨어져도 튀는 공이 되어 ▶ 떨어져도 튀는 공처럼 살고자 하는 의지
공의 속성 ① 실패를 극복함.
△ ↔ ○
하강 이미지 상승 이미지

2연 살아 봐야지
시어의 반복, 운율 형성
쓰러지는 법이 없는 둥근
공의 속성 ② 시련과 고난에도 굴하지 않음.
공처럼, 탄력의 나라의
⬜ : 의도적인 행 구분, 직유법
왕자처럼. ▶ 쓰러지지 않는 둥근 공처럼 살고자 하는 의지
『 』 : 동화적 상상력으로 공의 탄력성을 표현함.

3연 가볍게 떠올라야지
시련 극복의 의지, 상승 이미지
곧 움직일 준비되어 있는 꼴
공의 속성 ③ 다시 일어설 준비가 되어 있음.
둥근 공이 되어 ▶ 움직일 준비가 된 둥근 공처럼 살고자 하는 의지
최선의 꼴

4연 옳지 최선의 꼴
감탄 대상(공)에 대한 예찬
지금의 네 모습처럼
둥근 공, 시련과 고난을 이겨 내는 모습
떨어져도 튀어 오르는 공
화자가 지향하는 삶의 자세
쓰러지는 법이 없는 공이 되어. ▶ 시련과 고난을 극복하는
화자가 지향하는 삶의 자세 공처럼 살고자 하는 의지

01 표현상 특징 파악 답 ⑤

이 시에서는 '떨어져도 튀어 오르는' 속성, '둥근' 속성, '쓰러지는 법이 없는' 속성, '가볍게 떠오르는' 속성, '곧 움직일 준비가 되어 있는' 속성과 같이, 공의 다양한 속성을 활용하고 있다. 그러나 이는 모두 시련과 고난에도 굴하지 않는 삶의 태도를 보여 주는 공의 속성일 뿐, 다양한 사람들의 삶의 모습을 표현한 것은 아니다.

✅ **오답 챙기기**

① 2연의 3행 '공처럼'과 4행 '왕자처럼'은 모두 의도적으로 시행을 바꾼

것으로, 시를 낭독할 때 낭독의 변화를 주게 된다.

② '떨어져도'와 '쓰러지는'은 하강의 이미지를, '튀는'과 '떠올라야지', '튀어 오르는'은 상승의 이미지를 가지고 있다. 그리고 이러한 이미지의 대비를 통해 주제를 효과적으로 드러내고 있다.

③ 1, 3, 4연에서 '공이 되어'라는 시구를 반복하여 화자가 지향하는 삶에 대한 태도를 강조하고 있다.

④ 2연의 '쓰러지는 법이 없는 둥근 / 공처럼'과 '탄력의 나라의 / 왕자처럼'에서 직유법을 사용하여 화자가 지향하는 바를 효과적으로 드러내고 있다.

02 작품의 주제 파악 답 ④

이 시는 시련과 고난, 실패를 겪더라도 좌절하지 않고 시련을 극복하고자 하는 삶의 자세와 그에 대한 의지를 드러내고 있다. 따라서 이 시를 들려주기에 가장 적절한 사람은 삶의 과정에서 시련, 고난, 또는 실패를 겪고 있는 사람이다. 따라서 이 시는 ④와 같이 좌절하고 있는 사람에게 들려주기에 적합하다.

✅ **오답 챙기기**

① 어떤 영화를 보러 갈지 고민하는 것은 시련이나 고난을 겪고 있다고 보기 어렵다.

② 이웃들에게 무관심한 자신을 반성하는 것은 시련이나 고난을 겪고 있다고 보기 어렵다.

③ 길을 가다 지갑을 주워 갈등하는 것은 윤리적인 행동을 해야 할지 갈등하는 것으로, 이 시를 들려주기에 적절하지 않다.

⑤ 평소에 남들과 다른 독특한 행동을 많이 한다고 해서 시련이나 고난을 겪고 있다고 보기 어렵다.

03 화자의 태도 파악 화자의 태도 답 ⑤

㉠에서는 '공'을 '최선의 꼴'이라고 표현하고 있으며, 이는 '떨어져도 튀어 오르는 공'이자 '쓰러지는 법이 없는 공'의 모습을 의미한다. 이러한 '공'에 대해 화자가 '옳지'라고 감탄한 것은, 화자가 추구하는 바람직한 모습을 갖춘 '공'에 대한 예찬적 태도를 드러낸 것이라고 할 수 있다.

04 화자의 어조 파악 화자의 어조 답 의지적 어조

1, 2연의 '살아 봐야지'와 3연의 '떠올라야지'에서 반복되는 종결 어미는 '-(아)야지'이다. 이는 화자의 의지를 나타내는 종결 어미이다. 따라서 이러한 종결 어미를 반복함으로써 의지적인 어조가 드러남을 알 수 있다.

🔦 **어휘 확인**

1 ⓒ **2** ㉠ **3** ⓛ **4** ⓜ **5** ⓔ
6 ⓔ **7** ⓜ **8** ㉠ **9** ⓒ **10** ⓛ

03 일차 〔필수 개념〕 시간적 시상 전개: 순행적 / 역순행적

✏️ **순행적 시상 전개 찾기** 1. 겨울, 봄 2. ○

〔필수 개념 ❶〕 ③

✏️ **개념 적용하기** 봄, 계절

✏️ **역순행적 시상 전개 찾기** 1. 여승 2. 2연 – 3연 – 4연 – 1연

〔필수 개념 ❷〕 ⑤

✏️ **개념 적용하기** 역순행적

〔필수 개념 ❶〕 순행적 시상 전개 〔답〕 ③

새싹 하나가 나기까지는 | 경종호

작품 해설 이 시는 씨앗에서 새싹이 나는 것이 주위의 여러 존재들의 도움을 받아 이루어지는 것임을 시간의 흐름에 따라 표현한 작품이다. 친근한 느낌을 주는 어조를 사용하고 있으며, 의인법을 활용하여 씨앗에서 새싹이 나는 과정을 돕는 주위 자연물을 구체적으로 형상화하고 있다.

주제 주위의 도움을 받아 이루어지는 새싹이 나는 과정

📖 작품 꼼꼼 강의

1연 비가 오면 생기던 웅덩이에 씨앗 하나가 떨어졌지.
　　　　　　　　　　중심 소재 ▶ 웅덩이에 떨어진 씨앗

2연 바람은 나뭇잎을 데려와 슬그머니 덮어 주고
　　　씨앗을 돕는 존재① 　바람의 도움. 의인법
겨울 내내 나뭇잎
계절적 배경① 　씨앗을 돕는 존재②
온몸이 꽁꽁 얼 만큼 추웠지만
　　　　　　의인법
가만히 있어 주었지. 　　　▶ 바람과 나뭇잎의 도움(겨울)
나뭇잎의 도움 – 추위로부터 씨앗을 보호함.

3연 봄이 되고
　계절적 배경②
벽돌담을 돌던 햇살이 스윽 손을 내밀었어.
　　　　　씨앗을 돕는 존재③ 　의인법. 햇살의 도움 – 따스하게 비춤.
그때, 땅강아지는 엉덩이를 들어
　　봄 　씨앗을 돕는 존재④
뿌리가 지나갈 길을 열어 주었지.
　땅강아지의 도움 – 뿌리를 내릴 수 있게 함.
비가 오지 않은 날엔 지렁이도
　시련과 고난 　씨앗을 돕는 존재⑤
물 한 모금 우물우물 나눠 주었지.
　의인법. 지렁이의 도움 　▶ 햇살, 땅강아지, 지렁이의 도움(봄)

이 시의 2연에서는 겨울에 바람과 나뭇잎이 씨앗을 돕는 행위를, 3연에서는 봄에 햇살, 땅강아지, 지렁이가 씨앗을 돕는 행위를 보여 주고 있다. 따라서 이 시는 씨앗을 도와주는 존재들의 행위를 계절의 변화에 따라 전개한다고 볼 수 있다.

✅ **오답 챙기기**

① 이 시에서 씨앗이 웅덩이에서 벗어나는 과정은 나타나 있지 않다.
② 씨앗이 열매가 되는 과정은 드러나지 않으며 색채의 변화도 나타나 있지 않다.
④ 이 시는 씨앗에서 새싹이 나기까지의 과정을 형상화하고 있지만, 이

러한 시상 전개는 시간(계절)의 흐름에 따른 것이지, 공간의 변화와는 관련이 없다.
⑤ 이 시의 시상이 시간의 순서에 따라 전개되고 있는 것은 맞지만, 나뭇잎의 변화를 드러낸 것은 아니다.

〔필수 개념 ❷〕 역순행적 시상 전개 〔답〕 ⑤

여승 | 백석

작품 해설 이 시는 가난으로 가족을 잃고 여승이 된 한 여인의 기구한 사연을 통해 일제 강점기에 힘겨운 삶을 살았던 민중들의 비극적 현실을 보여 주는 작품이다. 이 시의 화자는 여인의 비극적 사연을 전달하는 역할을 하고 있으며, 1연에서 여승을 만난 화자가 2~4연에서 여인의 과거 사연을 소개하는 형식으로 전개되고 있다. 역순행적 시상 전개 방식이 사용되고 있다는 점이 특징적이다.

주제 여승이 된 여인의 비극적 삶과 안타까움

📖 작품 꼼꼼 강의

1연 여승은 합장하고 절을 했다.
　시적 대상 　　화자와 여승의 만남
가지취의 내음새가 났다.
　후각적 이미지. 탈속적 이미지
쓸쓸한 낯이 옛날같이 늙었다.
　　　　　과거에 화자가 여승을 만난 적이 있음.
나는 불경처럼 서러워졌다. 　▶ 여승이 된 여인과의 재회(현재)
여승에 대한 안타까움과 연민

2연 평안도의 어느 산 깊은 금점판
　과거 여승을 만났던 공간
나는 파리한 여인에게서 옥수수를 샀다.
　　　　　　여승
여인은 나 어린 딸아이를 때리며 가을밤같이 차게 울
　　나이 어린 　　　　　　공감각적 심상(청각의 촉각화)
었다. 　　　▶ 과거 여인에게서 옥수수를 샀던 화자(과거)

3연 섶벌 같이 나아간 지아비 기다려 십 년이 갔다.
　　　　여인이 기다리는 대상
지아비는 돌아오지 않고
어린 딸은 도라지꽃이 좋아 돌무덤으로 갔다.
　　　어린 딸의 죽음. 여인의 비극적 삶 ▶ 여인의 기구한 사연(과거)

4연 산 꿩도 섧게 울은 슬픈 날이 있었다.
　감정 이입의 대상. 여인의 슬픔
산 절의 마당귀에 여인의 머리오리가 눈물방울과 같이
　여인이 머리를 깎고 여승이 되는 장면의 구체적 형상화
떨어진 날이 있었다. 　　▶ 여승이 된 여인(과거)

1연에서 화자는 여승이 된 여인과 재회하는데, 이를 바탕으로 2연에서는 오래전 평안도 금점판에서 화자가 여인에게서 옥수수를 샀던 사연을, 3연에서는 돈 벌러 간 남편은 돌아오지 않고 어린 딸은 죽게 된 여인의 사연을 제시하고 있다. 또한 4연에서는 여인이 여승이 되던 날을 머리를 깎는 장면으로 제시하고 있다. 즉, 화자가 다시 만난 여승의 사연을 중심으로 시상이 전개되고 있는데, 각 연의 시간적 순서는 ‘2연 → 3연 → 4연 → 1연’이므로 역순행적 시상 전개 방식이 나타난다고 할 수 있다.

① 2연에서 화자가 여인에게 옥수수를 샀던 과거의 경험이 제시되고 있으므로, 화자의 경험이 '과거 – 현재 – 미래'의 순서로 전개되고 있다고 할 수 없다.

② 2연에서 과거의 사건이 제시되며 역순행적 시상 전개 방식이 나타나지만, 3연과 4연에서 시간이 점점 과거로 거슬러 올라가고 있지는 않다.

③ 계절의 변화에 따라 시상이 전개되고 있지 않다.

④ 화자의 상상은 나타나 있지 않으며, 여승의 미래의 모습도 제시되어 있지 않다.

03 일차 실전 │ 시간적 시상 전개: 순행적 / 역순행적

01 ⑤ **02** ③ **03** ⑤ **04** 반가운 그 옛날의 것

✎ **개념 적용하기** 현재, 시간

🔍 **작품 한눈에** 눈, 대비

01 ~ 04

성탄제 │ 김종길

작품 해설 이 시는 어른이 된 화자가 어린 시절을 회상하며 아버지의 사랑을 그리워하는 마음을 감각적으로 형상화한 작품이다. 총 10개의 연으로 구성되어 있으며, 1∼6연은 과거, 7∼10연은 그 경험을 회상하고 있는 현재로, 시간의 흐름에 따라 시상을 전개하고 있다. 붉은색과 흰색의 색채 대비, 뜨거움과 차가움의 대비 등 감각적 이미지의 대비를 통해 소재의 의미를 강조하며 주제를 부각하고 있다는 점이 특징적이다.

주제 아버지의 사랑에 대한 추억과 그리움

☑ **작품 꼼꼼 강의**

1연 어두운 방 안엔
〔공간적 배경〕
빠알간 숯불이 피고,
〔어둠과 대비됨.〕 ▶ 어두운 방 안의 모습

2연 외로이 늙으신 할머니가

애처로이 잦아드는 어린 목숨을 지키고 계시었다.
〔화자가 아팠음을 알 수 있는 단서〕 ▶ 앓고 있던 어린 시절의 화자

3연 이윽고 눈 속을
〔계절적 배경 : 겨울. 약을 구하기 위한 아버지의 시련〕
아버지가 약을 가지고 돌아오시었다.
〔산수유 열매〕 ▶ 약을 구해 오신 아버지

4연 아 아버지가 눈을 헤치고 따 오신
〔감탄사〕
그 붉은 산수유 열매— ▶ 산수유 열매를 따 오신 아버지의 사랑
〔아버지의 사랑을 보여 주는 소재〕

5연 나는 한 마리 어린 짐생,
〔어린 시절의 화자(은유법)〕
젊은 아버지의 서느런 옷자락에
〔촉각적 이미지. 화자의 상기한 볼과 대비됨.〕
열로 상기한 볼을 말없이 부비는 것이었다.
〔아픈 화자의 모습〕 〔아버지의 사랑을 느끼는 행동〕
▶ 아버지의 사랑을 느꼈던 어린 시절

6연 이따금 뒷문을 눈이 치고 있었다.
〔과거와 현재를 연결하는 회상의 매개체〕
그날 밤이 어쩌면 성탄제의 밤이었을지도 모른다.
〔아버지의 사랑을 인류에 대한 보편적인 사랑으로 확대시킴.〕
▶ 성탄제의 거룩함이 느껴지던 그날 밤

7연 어느새 나도
〔시간의 경과〕
그때의 아버지만큼 나이를 먹었다. ▶ 어른이 된 화자
〔어린 시절〕 〔어른이 된 화자〕

8연 옛것이라곤 찾아볼 길 없는
〔과거의 모습을 찾아볼 수 없는 삭막한 현실〕
성탄제 가까운 도시에는
〔시간적 배경〕 〔공간적 배경〕
이제 반가운 그 옛날의 것이 내리는데,
〔눈 – 과거 회상의 매개체〕 ▶ 눈이 내리는 성탄제 즈음의 도시

01 표현상 특징 파악 탑 ⑤

6연의 '밤이었을지도 모른다.'와 10연의 '흐르는 까닭일까.'는 모두 추측의 의미가 담긴 문장에 해당한다. 그러나 이는 대상을 의심하는 정서를 보여 주는 것이 아니라, 6연에서는 아버지의 사랑을 느꼈던 그날 밤이 사랑이 가득한 성탄제의 본연의 의미를 보여 준 날이었음을, 10연에서는 아버지의 사랑을 지금도 느끼고 있음을 드러낸다.

오답 챙기기

① '빠알간'은 시인이 의도적으로 사용한 시적 허용에 해당한다. 이는 운율을 형성하는 역할을 한다.
② 4연에서는 눈의 흰색과 산수유 열매의 붉은색이 대비되고 있으며, 이를 통해 '산수유 열매'라는 소재가 부각되고 있다.
③ 4연에서 감탄사 '아'를 사용하여 화자의 고조된 감정을 드러내고 있다.
④ '옛것이라곤 찾아볼 길 없는 / 성탄제 가까운 도시'를 통해 아버지의 사랑을 느꼈던 과거의 경험과 대비되는 현재 도시의 삭막한 분위기를 확인할 수 있다.

02 소재의 의미 파악 탑 ③

㉠은 화자가 어린 시절 느꼈던 '아버지의 헌신적인 사랑'을 보여 주는 소재이다. 아버지는 고열에 시달리던 어린 화자를 위해 눈 속을 헤치고 산수유 열매를 따 오셨다고 하였다. 따라서 ㉠은 화자에 대한 아버지의 헌신적인 사랑을 의미한다고 볼 수 있다.

오답 챙기기

① 차가운 이미지는 ㉠이 아니라 '눈', '아버지의 서느런 옷자락'에서 드러난다.
② 화자는 스스로를 반성하고 있지 않다.
④ ㉠은 할머니가 아니라 화자를 치료하기 위한 약이다.
⑤ ㉠은 '나'에 대한 아버지의 사랑, 즉 가족 간의 사랑을 보여 준다고 볼 수 있지만, 가족 간의 유대가 약해진 현실에 대한 비판이 담겨 있지는 않다.

03 시상 전개 방식 파악 순행적 시상 전개 탑 ⑤

ⓔ는 어른이 된 현재 화자의 나이를 드러낸 표현으로, 어린 시절 아버지의 사랑을 떠올리고 있는 화자의 현재 모습에 해당한다. 따라서 이를 과거의 시점으로 되돌아가 시상이 역순행적으로 전개되고 있다고 보는 것은 적절하지 않다.

오답 챙기기

① ⓐ는 고열에 시달리던 약하고 힘없는 어린 시절의 화자를 비유적으로 표현한 것이다.
② ⓑ는 아버지가 아픈 화자를 위해 눈을 헤치고 산수유 열매를 따 온 날 밤을 가리킨다.
③ ⓒ는 어린 시절에서 현재 시점으로 시간이 흘렀음을 나타낸다.
④ ⓓ는 현재의 시점을 의미하며, '성탄제 가까운'이라는 시구로 볼 때, 현재의 시점은 성탄제 즈음에 해당한다.

04 시구의 의미 파악 탑 반가운 그 옛날의 것

어른이 된 화자는 성탄제 가까운 도시에서 눈을 맞으며 어린 시절 아버지의 사랑을 느꼈던 눈 내리던 밤을 회상한다. 따라서 '눈'은 화자가 어린 시절을 회상하게 하는 매개체이며, 화자는 과거를 회상하게 하는 '눈'을 '반가운 그 옛날의 것'이라고 표현하고 있다.

04 일차 | 공간적 시상 전개: 공간의 이동 / 시선의 이동

> **공간의 이동 파악하기** 1. 대문   2. 임이 온 줄 알았기 때문에
>
> [필수 개념 ❶] ②
>
> **개념 적용하기** 건너편 산, 주추리 삼대
>
> ---
>
> **공간 및 시선의 이동 파악하기** 1. 집, 뒷등성   2. ○
>
> [필수 개념 ❷] ③
>
> **개념 적용하기** 별, 원경

[필수 개념 ❶] 공간의 이동에 따른 시상 전개   [답] ②

님이 오마 하거늘 | 작자 미상

작품 해설 이 시조는 화자가 건너편 산에 세워 둔 주추리 삼대를 임이라고 오해하고 반가운 마음에 뛰어갔다가 자신의 오해를 깨닫고 멋쩍어하는 모습을 그려 낸 사설시조로, 임에 대한 간절한 기다림이 해학적으로 드러난다. 화자의 행동 묘사가 자세하게 드러나 있고, 다양한 음성 상징어를 활용하여 생동감 있게 표현하고 있다는 점이 특징적이다.

주제 임에 대한 간절한 기다림

☑ 작품 꼼꼼 강의

님이 오마 하거늘 저녁밥을 일찍 지어 먹고
(임이 오기를 간절히 기다리는 마음) ▶ 초장: 임이 온다는 소식을 들음.
중문 나서 대문 나가 문지방 위에 치달아 앉아 손을 들어
(□: 공간의 이동)   (건너편 산을 바라보는 모습)
이마에 얹고 오는가 가는가 건너편 산 바라보니 거머흿들
                         (화자가 바라보는 대상) (화자가 임이라고 오해한 대상)
서 있거늘 저것이 님이로다 버선 벗어 품에 품고 신 벗어 손
                 (화자의 오해) (반가움의 표현. 공간의 이동(집 → 건너편 산))
에 쥐고 곰븨님븨 님븨곰븨 천방지방 지방천방 진 데 마
          (화자가 뛰어가는 모습을 표현함.)   (임을 만나러 가는 길)
른 데 가리지 말고 우당탕퉁탕 건너가서 정(情)엣말 하려 하
              (음성 상징어. 생동감이 느껴짐.)   (사랑이 담긴 말)
고 곁눈으로 흘깃 보니 작년 칠월 사흗날 껍질 벗긴 주추리
                                      (거머흿들의 정체)
삼대 야무지게도 날 속였구나 ▶ 중장: 자신이 오해한 것을 깨달음.
(주객전도된 표현)
모처라 밤이기에 망정이지 행여 낮이런들 남 웃길 뻔 했
          (임을 기다리는 마음이 간절한 나머지 착각을 한 것에 대한 멋쩍음을 드러냄.)
구나   ▶ 종장: 자신의 행동을 멋쩍어함.

이 시조는 화자가 '집 → 건너편 산'으로 공간을 이동함에 따라 시상이 전개된다. 임이 온다는 소식을 들은 화자는 중문과 대문을 나가 문지방 위에서 건너편 산을 바라보다가 '거머흿들'을 발견하고 임이라고 오해한다. 반가운 마음에 화자는 진 데 마른 데 가리지 않고 건너편 산으로 뛰어 올라가지만, 자신이 보았던 것이 '주추리 삼대'였음을 깨닫고 무안해한다. 즉 화자는 건너편 산의 주추리 삼대 가까이에 와서야 자신이 오해했음을 알게 된다.

✅ 오답 챙기기

① 화자가 자신이 오해를 깨닫는 내용이 제시되어 있을 뿐, 임의 행동 변화는 나타나지 않는다.

③ 이 시조에 과거 회상은 나타나지 않는다.

④ 화자가 '주추리 삼대'를 임으로 착각한 것은 저녁밥을 일찍 지어 먹은 이후로, 아침으로의 시간 변화는 나타나지 않는다.

---

⑤ 화자가 '주추리 삼대'를 임으로 오해했을 뿐, 임의 생각에 대한 화자의 오해는 나타나지 않는다.

[필수 개념 ❷] 시선의 이동에 따른 시상 전개   [답] ③

박각시 오는 저녁 | 백석

작품 해설 이 시는 시골의 아름다운 여름 저녁 풍경을 감각적으로 형상화한 작품이다. 화자의 정서가 직접적으로 나타나지 않는 대신, 화자가 바라본 시골 동네 사람들의 모습과 자연의 모습을 향토색 짙은 시어들을 활용하여 서정적으로 표현하였다. 특히 감각적 이미지를 활용하여 화자가 바라보는 대상을 형상화하고 있다는 점이 특징적이다.

주제 여름날 밤 시골의 평화롭고 아름다운 풍경

☑ 작품 꼼꼼 강의

『당콩밥에 가지 냉국의 저녁을 먹고 나서』
    (소박한 저녁 식사)   (시간의 흐름)
『: 화자의 시선 ① - 저녁 식사
『바가지꽃 하이얀 지붕에 박각시 주락시 붕붕 날아오면』
  (계절적 배경: 여름. 색채 이미지)   (동적 이미지. 청각적 이미지)
『: 화자의 시선 ② - 박꽃 핀 지붕의 모습
『집은 안팎 문을 횅하니 열젖기고』
  (공간적 배경)   『: 화자의 시선 ③ - 열어젖힌 집 안팎 문의 모습
                  ▶ 1~3행: 저녁 식사를 마친 시골집의 풍경
『인간들은 모두 뒷등성으로 올라 멍석자리를 하고 바람을
            (공간의 이동)   (더위에 바람을 쏘이는 사람들의 모습)
쏘이는데』
『: 화자의 시선 ④ - 사람들이 뒷등성에 올라 더위를 피하는 모습

『풀밭에는 어느새 하이얀 다림질감들이 한불 널리고』
  (화자의 시선 ⑤)

도루래며 팟중이 산 옆이 들썩하니 울어 댄다.
          (과장법)   (청각적 이미지)
                  ▶ 4~6행: 뒷등성에서 더위를 피하는 사람들과 풀밭의 모습
이리하여 하늘에 별이 잔콩 마당 같고
        (화자의 시선 ⑥) (직유법. 팥이 떨어진 마당처럼 많은 별들이 반짝이는 밤하늘)

강낭밭에 이슬이 비 오듯 하는 밤이 된다.
  (옥수수 밭에는 마치 비가 오듯 이슬이 맺혀 있음.)
                  ▶ 7~8행: 밤하늘의 모습과 밤으로의 시간 변화

이 시에서 화자의 시선은 '저녁상 → 박꽃이 핀 지붕 → 열어젖힌 집 안팎 문의 모습 → 뒷등성에서 멍석을 깔고 앉아 바람을 쏘이는 사람들 → 하얀 다림질감들이 널려 있는 풀밭 → 별이 가득한 밤하늘'로 이동한다. 따라서 화자의 시선이 사람에서 사람으로 이동한다는 설명은 적절하지 않다.

✅ 오답 챙기기

① 이 시의 화자는 시골집의 풍경과 마을 뒤 산등성의 동네 사람들의 모습, 여름밤의 정경을 바라보고 있다.

②, ⑤ 이 시에서는 화자의 시선의 이동에 따라 시상이 전개되고 있는데, 화자의 시선 이동과 함께 공간의 변화(집 → 뒷등성)도 나타난다.

④ '당콩밥에 가지 냉국', '바가지꽃 하이얀 지붕', '풀밭', '하이얀 다림질감' 등은 근경에, '하늘에 별이 잔콩 마당 같고'는 원경에 해당한다. 즉, 근경에서 원경으로의 시선 이동이 나타난다고 볼 수 있다.

04 일차 실전 공간적 시상 전개: 공간의 이동 / 시선의 이동

01 ④ **02** ③ **03** ③

04 청운사, 자하산, 청노루

🏷️ **개념 적용하기** 봄눈, 근경

🔍 **작품 한눈에** 시선, 운율

01 ~ 04

청노루 | 박목월

작품 해설 이 시는 작가가 상상한 탈속적 이상향에서의 봄날의 아름다운 풍경과 정취를 간결하게 표현하고 있다. 화자의 시선의 이동에 따라 원경에서 근경으로 시상이 전개되고 있다는 점이 특징적이고, 색채 이미지를 활용하여 마치 한 폭의 동양화를 보는 듯한 느낌이 드는 작품이다.

주제 봄의 정취와 탈속적 이상향에 대한 동경

☑️ **작품 꼼꼼 강의**

1연 머언 산 청운사(靑雲寺)
시적 허용, 거리감 – 원경 시적 대상 ① 원경
낡은 기와집
청운사의 낡은 지붕 모습
▶ 멀리 보이는 청운사의 모습

2연 산은 자하산(紫霞山)
시적 대상 ② 원경
봄눈 녹으면
계절적 배경: 봄
▶ 봄눈이 녹는 자하산의 모습

3연 느릅나무
속잎 피어 가는 열두 굽이를 ▶ 느릅나무에 새잎이 돋아난 모습
시적 대상 ③ 근경

4연 청노루
시적 대상 ④ 근경
맑은 눈에
▶ 청노루의 맑은 눈

5연 도는
비치는
구름
시적 대상 ⑤ 근경
▶ 청노루의 눈동자에 비친 구름의 모습

01 표현상 특징 파악 답 ④

'청운사'와 '청노루'는 푸른색을, '자하산'은 보라색을, '봄눈'과 '구름'은 흰색을, '느릅나무 속잎'은 연두색을 떠올리게 하는, 색채감을 드러내는 시어이다. 즉, 이 시는 눈으로 느낄 수 있는 시각적 이미지를 사용하고 있다고 할 수 있다.

✅ **오답 챙기기**

① 이 시에는 같은 문장의 반복이 나타나지 않는다.
② 이 시에는 감탄사가 사용되지 않았다.
③ 이 시에는 의문문이 활용되지 않았다.
⑤ 이 시에는 말을 건네는 듯한 어조가 사용되지 않았다.

02 작품의 내용 파악 답 ③

[A]에서는 청노루의 맑은 눈(4연)과 그 눈동자에 구름이 비치고 있는 모습(5연)을 표현하고 있다.

✅ **오답 챙기기**

① 청노루의 눈에 비친 구름이 움직이는 것일 뿐, 청노루가 제자리에서 도는 모습은 나타나지 않는다.
② 청노루의 맑은 눈에 구름이 비친다고 하였으므로, 눈을 감고 있다고 볼 수 없다.
④ 청노루의 눈에 비친 구름을 표현한 것일 뿐, 청노루가 구름에 가려져 있는 것은 아니다.
⑤ 청노루는 산에 있는 것이지, 구름 위에 있는 것이 아니다.

03 시상 전개 방식 파악 시선의 이동에 따른 시상 전개 답 ③

'속잎 피어 가는 열두 굽이'는 새잎이 나고 있는 느릅나무를 표현한 것이므로, 이를 영상으로 제작할 때에는 이제 막 피어나는 속잎을 확대하여 보여 주는 것이 좋을 것이다. 따라서 속잎을 원경으로 보여 주는 방법은 적절하지 않다.

✅ **오답 챙기기**

① 1연의 '머언'은 '청운사'가 저 멀리 보인다는 것을 나타내므로, 절의 기와지붕은 원경으로 보여 주는 것이 적절하다.
② 2연의 '자하산'은 보라색 산의 환상적 분위기를 드러내므로, 원경으로 보여 주어 신비로운 느낌이 들게 하는 것이 적절하다.
④, ⑤ 4연의 '청노루 맑은 눈'에 5연에서 구름이 비치고 있으므로, '청노루'의 맑은 눈을 근경으로 보여 주고, 그 눈에 비친 구름의 모습을 확대하여 보여 주는 것이 적절하다.

04 개념의 적용 답 청운사, 자하산, 청노루

어휘 풀이를 바탕으로 할 때, '청운사', '자하산', '청노루'는 작가가 상상하여 쓴 소재들이며, 이러한 소재들 중 '자하산'은 〈보기〉의 '사람의 발길이 닿지 않는 아주 깊은 산속'의 이미지를 떠올리게 하고, '청운사'와 '청노루'는 〈보기〉의 '그러한 깊은 산속에서 있을 법한 상상 속의 무언가'를 떠올리게 한다.

🔍 **어휘 확인** 📖 본문 039쪽

| 1 리듬감 | 2 이상향 | 3 탈속 | 4 묘사 | 5 근경 |

05 일차 수미상관 / 시상의 전환

필수 개념

수미상관 찾기 1. ○   2. 수미상관

필수 개념 ❶ ①

개념 적용하기 수미상관, 운율

시상의 전환 파악하기 1. 그러나   2. ×

필수 개념 ❷ ①

개념 적용하기 풀잎, 부정적

필수 개념 ❶ **수미상관**

답 ①

새로운 길 | 윤동주

작품 해설 이 시는 '길'의 상징성을 활용하여 언제나 새로운 마음으로 삶을 살아가고자 하는 의지를 표현한 작품이다. 시어의 반복과 동일한 문장 구조의 반복, 대구법 등을 통해 운율을 형성하고 있으며, '인생'이라는 '길'의 상징적 의미를 활용하여 주제를 형상화하고 있다.

주제 언제나 새로운 마음으로 살아가는 삶에 대한 의지

☑ 작품 꼼꼼 강의

1연 내를 건너서 숲으로
『: 길의 모습 ①   대구법 – 운율 형성
고개를 넘어서 마을로   ▶ 길의 구체적인 모습
『: 길의 모습 ②

2연 어제도 가고 오늘도 갈

나의 길 새로운 길   ▶ 언제나 새로운 마음으로 길을 걸어감.
나의 인생   새로운 마음으로 살아가는 삶

3연 민들레가 피고 까치가 날고
『: 살아가면서 다양한 존재를 만남.
아가씨가 지나고 바람이 일고   ▶ 길을 걸으며 만나는 존재들

4연 나의 길은 언제나 새로운 길
언제나 새로운 마음으로 살아가려는 화자의 긍정적 태도
오늘도…… 내일도……   ▶ 자신의 인생관에 대한 다짐과 의지
미래 지향적 태도 의지적 태도

5연 내를 건너서 숲으로

고개를 넘어서 마을로   ▶ 길의 구체적인 모습
    : 수미상관 – 운율 형성, 여운을 남김, 의미 강조

이 시의 첫 연은 마지막 연에서 동일하게 반복되고 있다. 따라서 수미상관의 구조로 시상이 전개되고 있다고 할 수 있다.

✔ **오답 챙기기**

② '어제도/오늘도', '오늘도/내일도'와 같이 시간의 흐름에 따라 시상이 전개되고 있다. 시간이 과거로 거슬러 올라가며 시상이 전개되고 있다는 설명은 적절하지 않다.

필수 개념 ❷ **시상의 전환**

답 ①

얼굴 반찬 | 공광규

작품 해설 이 시는 옛날 밥상머리의 모습과 달라진 지금 밥상머리의 모습을 보여 줌으로써 공동체적 유대 관계가 약화된 현대 사회의 현실을 형상화한 작품이다. 특히 이 시에서는 밥상머리에 앉아 밥을 먹는 사람들을 '얼굴 반찬'에 비유하여 표현하고 있으며, 1연의 옛날 밥상머리의 모습과 2연의 지금 밥상머리의 모습을 대조적으로 드러내고 있다.

주제 공동체적 유대 관계가 약화된 현대 사회의 모습

☑ 작품 꼼꼼 강의

1연 옛날 밥상머리에는
1연의 중심 제재
할아버지 할머니 얼굴이 있었고
함께 밥을 먹던 사람들 ①
어머니 아버지 얼굴과
함께 밥을 먹던 사람들 ②
형과 동생과 누나의 얼굴이 맛있게 놓여 있었습니다.
함께 밥을 먹던 사람들 ③   함께 밥 먹던 사람들의 얼굴을 반찬에 비유함.
가끔 이웃집 아저씨와 아주머니
함께 밥을 먹던 사람들 ④
먼 친척들이 와서
함께 밥을 먹던 사람들 ⑤
밥상머리에 간식처럼 앉아 있었습니다.
직유법
어떤 때는 외지에 나가 사는

고모와 삼촌이 외식처럼 앉아 있기도 했습니다.
함께 밥을 먹던 사람들 ⑥ 직유법
이런 얼굴들이 풀잎 반찬과 잘 어울렸습니다.
소박한 반찬
▶ 많은 사람들이 함께 밥을 먹었던 옛날 밥상머리의 모습

2연 그러나 지금 내 새벽 밥상머리에는
시상의 전환(반전) 2연의 중심 제재(↔옛날 밥상머리)
고기반찬이 가득한 늦은 밥상머리에는
풍요로운 반찬
아들도 딸도 아내도 없습니다.
옛날 밥상머리와 대비되는 현재 밥상머리의 모습
모두 밥을 사료처럼 퍼 넣고
식사의 의미가 퇴색됨.
직장으로 학교로 동창회로 나간 것입니다.
지금 밥상머리의 모습이 나타나게 된 이유
▶ 함께 밥을 먹지 않는 지금 밥상머리의 모습

2연의 '그러나'는 반대되는 내용이 이어진다는 것을 알려 주는 접속어로, 이를 통해 시상이 전환된다는 것을 알 수 있다.

✔ **오답 챙기기**

② 1연에서는 많은 사람들이 함께 밥을 먹었던 옛날 밥상머리의 모습이 나타나 있지만, 2연에서는 1연의 모습과는 다른 지금 밥상머리의 모습이 나타나 있다.

05 일차 실전 · 수미상관 / 시상의 전환

01 ⑤　　**02** ③　　**03** ③　　**04** 바람, 눈비

✏️ **개념 적용하기** 믿음, 수미상관

🔍 **작품 한눈에** 희생, 반복

---

01 ~ 04

나룻배와 행인 | 한용운

작품 해설 이 시는 화자인 '나'를 나룻배로, 사랑하는 대상인 '당신'을 행인으로 빗댄 다음, 참된 사랑의 본질을 노래한 작품이다. 화자는 어떠한 시련과 고통이 있더라도 '당신'이 올 것을 믿고 기다리겠다는 희생적 태도를 드러내고 있다.

주제 참된 사랑의 본질인 희생과 믿음

🖥️ **작품 꼼꼼 강의**

1연 「나는 나룻배 　『 '나'와 '당신'의 관계를 표현함(은유법, 대구법)
　　　시적 화자 └ 빗댄 대상
　　당신은 행인,」　　　　▶ '나'와 '당신'의 관계
　　시적 대상　나룻배를 타고 강을 건너는 사람

2연 당신은 흙발로 나를 짓밟습니다.
　　　'당신'의 무심하고 매정한 태도
　　나는 당신을 안고 물을 건너갑니다.

　　나는 당신을 안으면 깊으나 옅으나 급한 여울이나 건너갑니다.
　　　　　　　　'나'의 희생적이고 헌신적인 태도
　　　　　　　　▶ '당신'에 대한 '나'의 희생적 자세

3연 만일 당신이 아니 오시면 나는 바람을 쐬고 눈비를 맞
　　　　　　　　　　　　　└ 시련과 고통
　　으며 밤에서 낮까지 당신을 기다리고 있습니다.
　　변함없음.
　　당신은 물만 건너면 나를 돌아보지도 않고 가십니다그려.
　　　　　'나'에 대한 '당신'의 무심한 태도
　　그러나 당신이 언제든지 오실 줄만은 알아요.
　　　　　'당신'이 올 것에 대한 믿음
　　나는 당신을 기다리면서 날마다 날마다 낡아 갑니다.
　　　　　　▶ '나'의 기다림과 '당신'이 올 것에 대한 믿음

4연 「나는 나룻배

　　당신은 행인」　『 수미상관의 구조　▶ '나'와 '당신'의 관계

---

01 표현상 특징 파악　　📄 ⑤

'음성 상징어'란 모양을 흉내 내는 말인 의태어나 소리를 흉내 내는 말인 의성어를 의미한다. 음성 상징어를 사용하면 대상을 생동감 있게 표현할 수 있다. 그러나 이 시에는 음성 상징어가 나타나지 않는다.

✅ **오답 챙기기**

① 이 시의 화자는 '나'로, 작품 표면에 드러나 있다.

② 이 시에서는 경어체를 사용하여 화자의 간절하고 진실한 태도를 강조하고 있다.

③ 이 시에서는 '나'를 '나룻배'에, '당신'을 '행인'에 비유하여 그 의미를 강조하고 있다.

④ 이 시에서는 여성적 어조를 통해 희생과 기다림이라는 주제를 효과적으로 드러내고 있다.

---

02 화자의 태도 파악　　📄 ③

이 시의 3연에서 화자는 '당신이 언제든지 오실 줄만은 알아요.'라고 하면서 '당신'에 대한 절대적인 믿음을 드러내고 있다.

✅ **오답 챙기기**

① '나'는 '당신'의 무관심한 모습을 동경하고 있지 않다.

② '나'는 '당신'의 사랑을 받지 못해 좌절하고 있는 것이 아니라, '당신이 언제든지 오실 줄만은 알아요.'라고 '당신'에 대한 절대적인 믿음을 드러내고 있다.

④, ⑤ '나'가 자신을 반성하거나 자책하는 모습은 나타나 있지 않다.

---

03 시상 전개 방식 파악　수미상관　📄 ③

이 시에서는 첫 연과 마지막 연이 동일하게 반복되는 수미상관의 시상 전개 방식이 사용되고 있다. 수미상관을 활용하면 반복을 통해 운율을 형성하고, 의미를 강조할 뿐만 아니라 시에 형태적 안정감을 준다.

✅ **오답 챙기기**

① 이 시는 원인과 결과, 즉 인과 관계에 따라 시상이 전개되고 있지 않다.

② 이 시에는 계절의 변화가 나타나지 않으며, 그에 따른 대상의 변모 양상도 나타나지 않는다.

④ 이 시에 절망적 정서는 나타나지 않는다.

⑤ 이 시에 나타난 화자의 행위는 물을 건너는 것과 당신을 기다리는 것이다. 이를 나열하고 있지도 않고, 부정적 현실을 비판하고 있지도 않다.

---

04 소재의 의미 파악　　📄 바람, 눈비

3연에서 '나는 바람을 쐬고 눈비를 맞으며 밤에서 낮까지 당신을 기다리고 있습니다.'는 '나'가 시련과 고통을 인내하면서 '당신'을 기다리는 모습을 나타낸 것이므로, 화자의 시련과 고난을 상징하는 소재는 '바람'과 '눈비'이다.

🔬 **어휘 확인**　　📖 본문 045쪽

1 ⓛ　　**2** ⓔ　　**3** ⓒ　　**4** ⓓ　　**5** ⓒ

6 ⓒ　　**7** ⓗ　　**8** ⓒ　　**9** ⓔ　　**10** ⓛ

06 일차 · 필수 개념 영탄 / 설의

영탄법 찾기 1. 아아   2. ○

필수 개념 ❶ ①

개념 적용하기 감탄

설의법 찾기 1. 두어라 이 다섯밖에 또 더하여 무엇하리   2. 밤중의 광명이 너만 한 것이 또 있겠느냐   3. ○

필수 개념 ❷ ④

개념 적용하기 대나무, 달

필수 개념 ❶ 영탄

답 ①

바다가 보이는 교실 10 | 정일근

작품 해설 이 시는 열이가 깨끗하게 닦아 놓은 유리창을 보면서 열이의 순수하고 착한 마음을 예찬하고 있는 작품이다. 맑은 유리창은 곧 열이의 착한 마음을 의미한다. 화자는 맑은 유리창으로 보이는 아름다운 가을 바다 풍경을 열이의 착한 마음으로 그려 놓은 세상으로 표현하고 있다.

주제 열이의 순수하고 착한 마음으로 바라본 맑은 세상

☑ 작품 꼼꼼 강의

1연 참 맑아라
영탄법. 열이가 닦아 놓은 유리창에 대한 감탄
겨우 제 이름밖에 쓸 줄 모르는

열이, 열이가 착하게 닦아 놓은
열이의 성격
유리창 한 장   ▶ 열이가 닦아 놓은 맑은 유리창에 대한 감탄

2연 먼 해안선과 다정한 형제 섬
유리창으로 보이는 바다 풍경
그냥 그대로 눈이 시린
유리창이 맑기 때문
가을 바다 한 장   ▶ 맑은 유리창으로 보이는 바다 풍경
유리창으로 보이는 풍경을 한 장의 사진 또는 그림으로 인식함.

3연 열이의 착한 마음으로 그려 놓은
화자가 감탄하는 본질적 이유
『아아』, 참으로 맑은 세상 저기 있으니
감탄사   『 』영탄법   ▶ 착한 열이가 닦아 놓은 맑은 세상

이 시에서 영탄법이 사용된 부분은 1연의 '참 맑아라'와 3연의 '아아, 참으로 맑은 세상 저기 있으니'이다. '참 맑아라'의 '−아라'는 감탄을 나타내는 종결 어미이고, 3연의 '아아'는 감탄사이다.

✔ 오답 챙기기

② 이 시에는 특별히 강한 느낌을 표현하는 문장 부호인 느낌표가 사용되지 않았다.

필수 개념 ❷ 설의

답 ④

오우가 | 윤선도

작품 해설 이 시조는 총 6수로 이루어진 연시조로, 화자는 〈제1수〉에서 자신의 벗이라 여기는 다섯 자연물을 소개한 다음, 〈제2수〉∼〈제6수〉에서 다섯 벗인 '물, 바위, 소나무, 대나무, 달'을 차례대로 예찬하고 있다. 이 시조는 각 자연물의 덕성을 이끌어 내고, 이를 각각 예찬하는 방식으로 시상이 전개되고 있다.

주제 다섯 가지 자연물의 덕성에 대한 예찬

☑ 작품 꼼꼼 강의

제1수 내 벗이 몇인가 하니 수석(水石)과 송죽(松竹)이라
화자가 사랑하는 대상   물과 바위   소나무와 대나무
동산(東山)에 달 오르니 그 더욱 반갑구나

두어라 이 다섯밖에 또 더하여 무엇하리   〈제1수〉
감탄사 '수석, 송죽, 달' 설의법. 다섯 벗 이외에 다른 벗이 필요 없음. → 화자의 만족감
▶ 다섯 벗에 대한 소개

제6수 작은 것이 높이 떠서 만물을 다 비추니
광명의 존재
밤중의 광명(光明)이 너만 한 것이 또 있겠느냐
달(의인법)   설의법. '없다'는 의미 → 예찬적 태도
보고도 말하지 아니하니 내 벗인가 하노라   〈제6수〉
과묵하고 겸손함. 예찬적 태도   ▶ 달의 덕성에 대한 예찬

〈제6수〉의 초장과 중장에서 달은 높이 떠서 만물을 다 비추는 존재로, 밤중에 가장 밝은 존재임을 표현하고 있다. 이때 중장의 마지막 부분에서 '너만 한 것이 또 있겠느냐'라는 설의법이 사용되었는데, 이를 통해 밤중에 달빛이 가장 밝다는 달의 덕성을 강조하고 있다.

✔ 오답 챙기기

①, ② 〈제1수〉의 '두어라 이 다섯밖에 또 더하여 무엇하리'에 설의법이 사용되었는데, '다섯'에는 달이 포함되어 있으며, 화자는 다섯 벗 외에 다른 존재가 필요 없다는 만족감을 드러내고 있다.

③ 〈제6수〉에서 화자는 설의법을 통해 달의 밝은 속성을 강조하고 있을 뿐, 달의 크기를 실제보다 부풀려서 표현하고 있지는 않다.

⑤ 〈제6수〉에서 화자는 보고도 말하지 않는 달의 속성을 예찬하고 있으며, 이를 2행에서 설의법을 사용한 효과라고 보기도 어렵다.

06 일차 영탄 / 설의

01 (1) ⓒ (2) ㉠ (3) ⓔ **02** ⑤ **03** ② **04** 가난

🔖 **개념 적용하기** 질문(물음), 그리움

🔍 **작품 한눈에** 촉각, 순서

01 ~ 04

가난한 사랑 노래 | 신경림

작품 해설 이 시는 가난하기 때문에 모든 인간적인 것들을 버려야 했던 1970~80년대 산업화 시기 가난한 노동자들의 힘겨운 현실을 노래한 작품이다. '가난하다고 해서 ~ 겠는가'라는 표현을 반복하여 고향을 떠나 어렵게 살아가는 젊은이들의 고단한 삶과 가슴 아픈 사랑을 강조하여 드러내고 있다.

주제 가난한 젊은이들의 아픈 사랑과 외로운 삶

🖼 작품 꼼꼼 강의

『가난하다고 해서 외로움을 모르겠는가』
『♪;설의법. 화자의 정서 ① '가난하다고 해서 ~ 겠는가'라는 문장 구조가 반복됨.
너와 헤어져 돌아오는
　　화자의 상황
눈 쌓인 골목길에 새파랗게 달빛이 쏟아지는데.
눈의 흰색과 달빛의 파란색의 색채 대비 – 외롭고 쓸쓸한 분위기를 부각함.
『가난하다고 해서 두려움이 없겠는가』　▶ 1~3행: 너와 이별하고
『♪;설의법. 화자의 정서 ②　　　　　　　 돌아오는 길에 느끼는
두 점을 치는 소리　　　　　　　　　　　 외로움
통행금지를 알리는 소리
방범대원의 호각 소리 메밀묵 사려 소리에 『♪;청각적 이미지의
통행금지를 어긴 사람들을 단속하는 소리. 메밀묵 장사꾼의 소리　사용이 두드러짐.
눈을 뜨면 멀리 육중한 기계 굴러가는 소리.』
　　　　　　　산업화된 도시의 소음　▶ 4~7행: 낯선 도시 생활
『가난하다고 해서 그리움을 버렸겠는가』　에서 느끼는 두려움
『♪;설의법. 화자의 정서 ③
어머님 보고 싶소 수없이 뇌어 보지만
그리움의 대상: 어머님　　화자의 간절한 그리움
집 뒤 감나무에 까치밥으로 하나 남았을
고향집의 풍경
새빨간 감 바람 소리도 그려 보지만.　▶ 8~11행: 어머님과 고향에
　　　　　　　　　　　　　　　　　　대한 그리움
『가난하다고 해서 사랑을 모르겠는가』
『♪;설의법. 화자의 정서 ④
내 볼에 와 닿던 네 입술의 뜨거움
　　　　촉각적 이미지
사랑한다고 사랑한다고 속삭이던 네 숨결

돌아서는 내 등 뒤에 터지던 네 울음.　▶ 12~15행: 가난으로 인해
청각적 이미지를 통해 사랑을 이룰 수 없는 슬픔을 표현함.　이별한 슬픔
가난하다고 해서 왜 모르겠는가
설의법. '가난하다고 해서 ~을 모르겠는가'의 변형　『♪;도치법
가난하기 때문에 이것들을
외로움, 두려움, 그리움, 사랑의 인간적 감정들
이 모든 것들을 버려야 한다는 것을.』
서글픔과 안타까움의 정서를 유발함.
　▶ 16~18행: 가난으로 인해 모든 것을 버려야 하는 서글픔과 안타까움

01 감각적 이미지의 이해　　　📋 (1) ⓒ (2) ㉠ (3) ⓔ

(1) '눈 쌓인 골목길에 새파랗게 달빛이 쏟아지는데.'에서 눈의 '흰색'과 달빛의 '파란색'의 시각적 이미지가 제시되고 있는데, 이를 통해 '너'와 헤어져 돌아오는 길의 외롭고 쓸쓸한 분위기를 형성하고 있다.

(2) '돌아서는 내 등 뒤에 터지던 네 울음.'에서는 이별의 슬픔을 청각적 이미지를 통해 표현하고 있다.

(3) '내 볼에 와 닿던 네 입술의 뜨거움'에서는 촉각적 이미지를 통해 사랑의 감정을 표현하고 있다.

02 시구의 의미 이해　　　📋 ⑤

'사랑한다고 사랑한다고 속삭이던 네 숨결'에서, ⓜ의 말은 화자가 아니라 '너'가 한 말이라는 것을 알 수 있다. 즉 사랑한다고 속삭이던 주체는 '나'가 아니라 '너'이다.

✅ **오답 챙기기**

① ㉠에서 화자는 '너'와 헤어져 돌아오고 있으므로, 화자가 외로움을 느끼게 되는 상황이라고 할 수 있다. 이는 '가난하다고 해서 외로움을 모르겠는가'라는 1행의 내용을 통해서도 알 수 있다.

② ⓒ은 화자가 눈을 뜨면 듣는 소리로, 도시에서의 소음을 의미한다. 이는 '가난하다고 해서 두려움이 없겠는가'라는 내용으로 볼 때, 화자에게 두려움을 느끼게 하는 소리임을 알 수 있다.

③ ⓒ에서 화자는 어머님을 보고 싶어 하고 있으므로, 고향을 떠나 돌아가지 못하고 있는 상황임을 알 수 있다.

④ ⓔ은 화자가 그리워하는 고향의 모습을 감각적으로 표현한 것에 해당한다.

03 표현상 특징과 효과 파악　설의　　📋 ②

이 시에서는 '가난하다고 해서 ~ 겠는가'라고 설의법을 사용하고 있으며, 이를 반복적으로 사용함으로써 외로움, 두려움, 그리움, 사랑이라는 화자의 정서를 강조하여 표현하고 있다.

✅ **오답 챙기기**

① 이 시에는 직유법이 사용되지 않았다.

③ 이 시에는 의인법이 사용되지 않았다.

④ 이 시에는 돈호법이 사용되지 않았다.

⑤ '가난하다고 해서 왜 모르겠는가 ~ 버려야 한다는 것을.'에서 도치법을 사용하고 있으나, 대상을 예찬하고 있지는 않다.

04 화자의 정서 파악　　　📋 가난

이 시에서 화자는 자신이 가난해도 외로움, 두려움, 그리움, 사랑의 감정을 모두 느끼고 있다는 것을 설의법을 통해 강조하여 드러낸 다음, 마지막 부분에서 '가난하기 때문에' 이와 같은 감정들을 모두 버려야 한다고 말하고 있다.

✏️ **어휘 확인**　　　📖 본문 051쪽

1 일반적　**2** 인용　**3** 방범　**4** 도치　**5** 돈호법

07 일차 ^{필수개념} 대조 / 대구

🔖 **대조법 찾기** 1. 까마귀, 백로   2. 까마귀: 검은색, 백로: 흰색

📋 **필수 개념 ❶** ②

✏️ **개념 적용하기** 흰색, 대조

🔖 **대구법 찾기** 1. ○   2. ○

📋 **필수 개념 ❷** ②

✏️ **개념 적용하기** 운율

필수 개념 ❶ **대조**   답 ②

까마귀 검다 하고 | 이직

작품 해설 이 시조는 겉으로는 도덕적인 척하지만 속으로는 부도덕한 위선적인 사람들을 백로에 빗대어 풍자한 작품이다. '까마귀'와 '백로'의 '검은색'과 '흰색'의 색채 대조를 활용하였을 뿐만 아니라, 백로의 겉과 속이 다름을 대조하여 제시함으로써 주제를 드러내고 있다.

주제 위선적인 사람들에 대한 비판과 풍자

> **☑ 작품 꼼꼼 강의**
>
> 까마귀 검다 하고 백로야 웃지 마라.
>   대조   명령형
> 겉이 검은들 속조차 검겠느냐?
> 설의법. 까마귀의 속이 검지 않음을 강조함. – 백로에게 비웃지 말라고 말하는 이유
> 겉 희고 속 검은 이는 너뿐인가 하노라.
>   위선적인 사람   백로(청자)   ▶ 위선적인 사람에 대한 비판

화자는 '까마귀'와 '백로'의 대조를 통해 '백로'가 지닌 위선적인 면모를 비판하고 있을 뿐, 자신과 '까마귀'의 차이점을 대조하고 있지 않다. 이 시조에서 '까마귀'는 '백로'와 대조되고 있지, '화자'와 대조되는 것은 아니다.

✅ 오답 챙기기

① 까마귀의 검은색과 백로의 흰색이 대조되어 있다.

③ 이 시조에서 '백로'는 겉과 속이 다른 위선적인 사람을 비유한다.

④ 화자는 백로를 '겉 희고 속 검은 이'라고 생각하고 있다.

⑤ '겉이 검은들 속조차 검겠느냐?'를 통해 화자는 까마귀의 속이 검지 않다고 생각하는 것을 알 수 있다.

필수 개념 ❷ **대구**   답 ②

풀잎에도 상처가 있다 | 정호승

작품 해설 이 시는 풀잎과 꽃잎이라는 자연적 소재를 활용하여 상처 많은 이들이 그 상처를 극복한 내면적 아름다움을 가지고 있음을 표현하고 있다. 여기서 상처 많은 꽃잎과 풀잎은 가난하고 힘없는 사람, 또는 아픔을 지닌 이웃으로 이해할 수 있으며, 상처 많은 꽃잎과 풀잎을 의인화하여 주제를 형상화하고 있다.

주제 상처를 극복한 존재의 아름다움

> **☑ 작품 꼼꼼 강의**
>
> 『풀잎에도 상처가 있다
> 작고 여린 존재 └ 아픔, 고난
> 꽃잎에도 상처가 있다』   ▶ 1~2행: 상처를 가진 풀잎과 꽃잎
> 작고 여린 존재 『 』: 대구법. 동일한 문장 구조의 활용
> 너와 함께 걸었던 들길을 걸으면
>
> 들길에 앉아 저녁놀을 바라보면
>
> 상처 많은 풀잎들이 손을 흔든다
> 의인법. 서로의 상처를 위로함. ▶ 3~5행: 손을 흔드는 상처 많은 풀잎들
> 상처 많은 꽃잎들이
> 후각적 이미지. 상처를 극복한 내면의 아름다움
> 가장 향기롭다   ▶ 6~7행: 상처 많은 꽃잎들의 향기로움

1행과 2행은 연속되어 문장의 구조가 동일하게 반복되고 있다. 이는 대구법이 사용된 것으로, 동일한 문장 구조의 반복으로 자연스럽게 운율, 즉 리듬감이 형성되고 있음을 알 수 있다.

✅ 오답 챙기기

① 첫 행과 마지막 행이 동일하게 반복되는 것은 '수미상관'이다. 그런데 이 시에는 수미상관의 시상 전개가 나타나지 않는다.

07 일차 실전 대조 / 대구

01 ④　　　**02** ④　　　**03** ④　　　**04** 행인

📎 **개념 적용하기** 숨결, 문장 구조

🔍 **작품 한눈에** 소망, 그리움

01 ~ 04

산에 언덕에 | 신동엽

작품 해설 이 시는 4·19 혁명으로 희생된 민중들을 '그'로 설정하여, 그리운 '그'를 추모하면서 그가 다시 되살아날 수는 없지만 그의 정신과 신념이 계승되고 지속되기를 바라는 마음을 표현한 작품이다. 1, 2, 5연이 동일한 문장 구조로 반복되어 주제 의식을 형성하고 있으며, 자연물을 활용하여 서정성을 높이고 있다.

주제 그리운 이의 부활에 대한 소망

📝 **작품 꼼꼼 강의**

1연 그리운 그의 얼굴 다시 찾을 수 없어도
　　화자가 그리워하는 대상 ①　　그의 부재를 확인함.
화사한 그의 꽃　　'-ㄹ지어이'의 반복을 통한 소망 강조
　　'그'의 부활 ①
산에 언덕에 피어 날지어이.　▶ 그리운 '그'가 부활하기를 소망함.
　　'그'가 부활하기를 바라는 화자의 소망

2연 그리운 그의 노래 다시 들을 수 없어도
　　화자가 그리워하는 대상 ②　　그의 부재를 확인함.
맑은 그 숨결
　　'그'의 부활 ②
들에 숲속에 살아 갈지어이.　▶ '그'의 숨결이 부활하기를 소망함.

3연 쓸쓸한 마음으로 들길 더듬는 행인아.
　　'그'를 찾는 행위　'그'를 그리워하는 존재
　　　　　　　　　　▶ '그'를 찾아 헤매는 행인

4연 눈길 비었거든 바람 담을지네.

바람 비었거든 인정 담을지네.
　대구법. 그가 부재한 현실을 극복하기 위한 노력
　　　　　　▶ 현실을 극복하려는 노력과 행인에 대한 위로

5연 그리운 그의 모습 다시 찾을 수 없어도
　　화자가 그리워하는 대상 ③　　'그'의 부재를 확인함.
울고 간 그의 영혼
　　'그'의 부활 ③
들에 언덕에 피어 날지어이.　▶ '그'의 정신이 부활하기를 소망함.
　동일한 문장 구조의 반복 - 운율 형성. 통일감

01 표현상 특징 파악　　　답 ④

1, 2, 5연은 모두 '그리운 그의'로 시작되고 있다. 따라서 화자는 '그'에 대한 '그리움'이라는 정서를 직접적으로 제시하고 있다고 볼 수 있다.

✅ **오답 챙기기**

① 이 시에서는 의문문을 사용하고 있지 않으며, 이를 통해 주제를 강조하고 있지도 않다.

② 이 시에서는 '그'가 다시 부활하기를 바라는 화자의 소망을 드러내고 있을 뿐, 화자와 자연이 하나가 된 모습을 부각하고 있지 않다.

③ 이 시에는 직유법이 사용되지 않았다.

⑤ 1, 2, 5연의 어미는 모두 '~ㄹ지어이'로, 이를 통해 '그'가 부활하기를 바라는 화자의 소망을 드러내고 있을 뿐 체념적 태도는 나타나지 않는다.

02 대구법의 이해　대구　　　답 ④

[A]에는 비슷하거나 동일한 문장 구조를 가진 두 구절이 연속되어 짝을 이루는 대구법이 사용되었다. '콩 심은 데 콩 나고'와 '팥 심은 데 팥 난다' 또한 동일한 문장 구조를 가진 두 구절이 연속되면서 짝을 이루고 있으므로 대구법이 사용되었다고 볼 수 있다.

✅ **오답 챙기기**

①, ② 두 구절이 연속되어 있지 않다.

③, ⑤ 두 구절이 연속되어 있지만, 문장 구조가 같거나 유사하지 않다.

03 외적 준거에 따른 작품 감상　　　답 ④

'눈길 비었거든 바람 담을지네. / 바람 비었거든 인정 담을지네.'에는 어려운 시대에 '그'의 뜻을 이어 가려는 화자의 태도가 드러나 있을 뿐, '인정'이 독재 정권의 억압을 의미한다고 보기는 어렵다.

✅ **오답 챙기기**

①, ⑤ 〈보기〉의 4·19 혁명이라는 시대적 배경과, '그'를 다시 찾을 수 없다는 이 시의 내용으로 볼 때, '그'는 4·19 혁명의 희생자로 볼 수 있다. '울고 간 그의 영혼' 또한 이러한 시대적 상황 속에서 '그'가 안타까운 죽음을 맞이했음을 드러낸다.

②, ③ 〈보기〉의 4·19 혁명이라는 시대적 상황 속에서 민주주의를 외쳤던 민중들의 희생을 통해 볼 때, '그의 꽃'과 '그 숨결'은 민주주의를 외치던 '그'의 정신이 부활한 것이고, '그의 노래'는 민주주의를 외치는 시대적인 요구가 담긴 목소리라고 볼 수 있다.

04 시어의 의미 파악　　　답 행인

화자는 '그'에 대한 그리움을 지니고 '쓸쓸한 마음으로 들길 더듬는 행인'을 위로하면서 함께 '그'의 뜻을 간직하려는 태도를 보이고 있다. 따라서 '행인'은 화자의 정서와 태도를 대변하고 있는 대상이라고 볼 수 있다.

🔖 **어휘 확인**　　　📖 본문 057쪽

1 ⑩	2 ⓒ	3 ⓔ	4 ⓖ	5 ⓛ
6 ⓓ	7 ⓖ	8 ⓛ	9 ⑩	10 ⓒ

08 일차 · 반어 / 역설

🔖 **반어법 찾기** 1. 잊었노라 2. 없음

📋 **필수 개념 ❶** ③

📝 **개념 적용하기** 강조, 반어

🔖 **역설법 찾기** 1. × 2. '길이 끝나는 곳에서도 / 길이 있다', '길이 끝나는 곳에서도 / 길이 되는 사람이 있다', '사랑이 끝난 곳에서도 / 사랑으로 남아 있는 사람이 있다.'

📋 **필수 개념 ❷** (1) ○ (2) ○ (3) ×

📝 **개념 적용하기** 희망, 역설법

필수 개념 ❶ 반어

📋 ③

먼 후일 | 김소월

작품 해설 이 시는 '당신'을 잊지 못하고 그리워하는 마음을 반어법을 통해 애절하게 표현한 작품이다. 3음보의 율격과 같은 문장 구조의 반복, '잊었노라'라는 반어적 표현의 반복이 운율을 형성하고 있다는 점이 특징적이다.

주제 떠난 임을 잊을 수 없는 마음

📺 작품 꼼꼼 강의

1연 먼 훗날 당신이 찾으시면
　　미래의 상황을 가정하여 시상을 전개함.
　　그때에 내 말이 '잊었노라'
　　'잊었노라'를 반복하여 운율을 형성하고 '당신'을 잊을 수 없는 마음을 반어적으로 표현함.
　　▶ 먼 훗날 '당신'이 찾을 때 화자의 반응

2연 당신이 속으로 나무라면
　　'무척 그리다가 잊었노라'　▶ '당신'이 나무랄 때 화자의 반응

3연 그래도 당신이 나무라면
　　'믿기지 않아서 잊었노라'
　　▶ '당신'이 계속해서 나무랄 때 화자의 반응

4연 오늘도 어제도 아니 잊고
　　줄곧 '당신'을 잊지 않음.
　　먼 훗날 그때에 '잊었노라'
　　먼 훗날에도 '당신'을 잊을 수 없다는 화자의 애절한 마음을 반어적으로 표현함.
　　▶ '당신'을 잊지 못하는 화자의 애절한 마음

이 시에서 화자는 '먼 훗날(미래)'의 상황을 가정하고 있고, 그때에 화자가 '당신'에게 '잊었노라'라고 말하겠다고 반복하여 표현하고 있다. 이는 '당신'을 결코 잊을 수 없다는 화자의 속마음을 반어적으로 표현한 것으로, 4연의 '오늘도 어제도 아니 잊고'를 통해서도 확인할 수 있다. 따라서 화자는 '당신'과 이별한 상황에서 '당신'을 잊지 못하고 있으며, 먼 훗날 그때에도 여전히 '당신'을 잊지 못하고 있을 것임을 알 수 있다.

필수 개념 ❷ 역설

📋 (1) ○ (2) ○ (3) ×

봄 길 | 정호승

작품 해설 이 시는 절망적 상황에서도 좌절하지 않고 희망을 꿈꾸며 사랑을 베푸는 삶에 대한 의지를 역설적 표현을 활용하여 드러낸 작품이다. 의지적이고 단정적인 어조를 사용하고 있으며, 유사한 시구를 반복하여 주제를 강조하고 있다.

주제 시련을 극복하고 스스로 사랑을 찾기 위해 노력하는 삶의 태도

📺 작품 꼼꼼 강의

길이 끝나는 곳에서도
　절망적인 공간
길이 있다
　: 역설적 표현. 절망적인 상황에서도 희망이 있음을 나타냄.
길이 끝나는 곳에서도

길이 되는 사람이 있다
　희망을 잃지 않는 사람이 있음.
스스로 봄 길이 되어
　희망의 공간
끝없이 걸어가는 사람이 있다　▶ 1~6행: 절망적인 상황에서도
　희망을 잃지 않는 사람　　　　희망을 잃지 않는 사람이 있음.
『강물은 흐르다가 멈추고
　절망적 상황의 구체화 ①
새들은 날아가 돌아오지 않고　『 』: 절망적인 상황을 자연물을 통해 표현함.
　절망적 상황의 구체화 ②
하늘과 땅 사이의 모든 꽃잎은 흩어져도』
　절망적 상황의 구체화 ③　　▶ 7~9행: 절망적인 상황이 찾아옴.
보라
명령형으로 화자의 의지를 강조함.
사랑이 끝난 곳에서도
절망적인 공간. '길이 끝나는 곳'과 대응됨.
사랑으로 남아 있는 사람이 있다
　절망하지 않고 사랑으로 극복함.
스스로 사랑이 되어

한없이 봄 길을 걸어가는 사람이 있다
절망 속에서도 희망을 잃지 않고 사랑을 베푸는 사람
　　▶ 10~14행: 사랑이 끝난 곳에서도 사랑을 베푸는 사람이 있음.

(1) ㉠의 '길이 끝나는 곳'은 절망적인 상황을, '길이 있다'는 희망을 의미한다.

(2) ㉡의 '길이 되는 사람'은 '희망을 잃지 않는 사람'을 의미한다.

(3) ㉢의 '사랑이 끝난 곳'은 '사랑이 없는 현실' 또는 '희망이 없는 현실'을 의미하며, '사랑으로 남아 있는 사람'은 '타인에게 사랑을 베푸는 사람'을 의미한다. 즉, ㉢은 사랑이 없는 현실에서도 사랑을 베푸는 사람이 있음을 의미한다.

08 일차 ^{실전} 반어 / 역설

| 01 ② | 02 ② | 03 ③ | 04 소중한 자식 |

을 위해서 독한 마음을 먹고 술을 끊었기 때문이다.

✎ 개념 적용하기 역설법, 긍정적

🔍 작품 한눈에 역설법, 부모

01 ~ 04

독은 아름답다 | 함민복

작품 해설 이 시는 자식에 대한 부모의 사랑이 아름답고 가치 있다는 것을 역설적 표현을 통해 드러낸 작품이다. '은행나무 열매의 구린내', '밤송이의 가시', '복어의 독'과 같이 부정적으로 인식되는 소재들을 긍정적인 태도로 바라보고 있으며, 이를 자식에 대한 사랑과 연결 짓고 있다.

주제 자식에 대한 부모의 사랑에서 느껴지는 아름다움

📖 작품 꼼꼼 강의

1연 은행나무 열매에서 구린내가 난다
'자식'에 해당하는 소재 ① — 후각적 이미지
주의해 주세요 **구린내가 향기롭다** : 역설적 표현
열매를 밟지 않도록   구린내가 자식(열매)을 보호하는 역할을 함.
▶ 은행나무 열매를 보호하는 구린내

2연 밤톨이 여물면서 밤송이가 따가워진다
'자식'에 해당하는 소재 ② — 촉각적 이미지
날카롭게 찌르는 가시가 너그럽다
가시는 자식(밤톨)을 보호하는 역할을 함.   ▶ 밤톨을 보호하는 밤송이의 가시

3연 복어알을 먹으면 죽는다
'자식'에 해당하는 소재 ③
복어의 독이 복어의 사랑이다 ▶ 복어알을 보호하는 복어의 독
복어의 독은 자식(복어알)을 보호하는 역할을 함.

4연 자식을 낳고 술을 끊은 친구가 있다
자식을 위한 사랑으로 술을 끊음.
친구의 독한 마음이 아름답다
독한 마음: '자식'을 사랑하는 마음
▶ 자식을 사랑하는 친구의 독한 마음의 아름다움

01 표현상 특징 파악   답 ②

1연의 '구린내가 난다'는 후각적 이미지를 사용한 표현이고, 2연의 '밤송이가 따가워진다'는 촉각적 이미지를 사용한 표현이다.

✓ 오답 챙기기

① 이 시에서는 각 연에 특정 소재를 나열하여 시상을 전개하고 있다. 계절의 흐름에 따른 시상 전개 방식은 나타나지 않는다.

③ '은행나무 열매', '밤송이(밤톨)' 등은 일상에서 쉽게 접할 수 있는 소재들이다.

④ 이 시에서는 모든 시행을 같은 글자로 시작하고 있지 않다. 오히려 종결 어미 '−다'의 반복을 통해 운율을 형성하고 있다.

⑤ 이 시의 화자는 반성적이거나 의지적인 어조를 사용하고 있지 않다.

02 화자의 태도 파악   답 ②

화자는 '구린내'가 '은행나무 열매'를 보호하기 위한 냄새이므로, '구린내'를 '향기롭다'라고 표현한 것이다. '은행나무 열매'를 밟지 않아야 향기로운 냄새가 난다는 것을 말하고자 한 것이 아니다.

✓ 오답 챙기기

① 1연에서 화자는 '구린내'가 '은행나무 열매'를 보호하는 역할을 한다고 하며 '구린내'를 향기로운 것으로, 긍정적으로 바라보고 있다.

③ 2연에서 화자가 날카롭게 찌르는 '가시'가 너그럽다고 표현한 것은 '가시'가 '밤송이' 안의 '밤톨'을 보호한다고 생각하기 때문이다.

④ 다른 사람들은 '복어의 독'을 부정적으로 생각하지만, 화자는 그것이 '복어알'을 보호하는 역할을 한다고 생각하여 '복어의 독'을 '복어의 사랑'이라고 긍정적으로 여기고 있다.

⑤ '은행나무 열매'는 은행나무에게, '밤톨'은 밤나무에게, '복어알'은 복어에게 모두 '자식'의 의미를 가지고 있다.

03 역설법의 이해   역설   답 ③

©은 복어알에 복어의 독이 들어 있기 때문에, 사람들이 복어알을 먹으면 죽는다는 사실을 드러낸 것일 뿐, 역설법이 사용된 표현이 아니다.

✓ 오답 챙기기

① ㉠은 '구린내'가 '은행나무 열매'를 보호한다는 의미로, 역설법이 사용되었다.

② ㉡은 '가시'가 '밤톨'을 보호한다는 의미로, 역설법이 사용되었다.

④ ㉣은 '복어의 독'이 '복어알'을 보호한다는 의미로, 역설법이 사용되었다.

⑤ ㉤은 자식에 대한 사랑으로 술을 끊은 친구의 마음이 아름답다는 의미로, 역설법이 사용되었다.

📷 꿀단지 시험에 자주 나오는 역설적 표현

- '이것은 소리 없는 아우성'   − 유치환, 〈깃발〉
- '찬란한 슬픔의 봄을'   − 김영랑, 〈모란이 피기까지는〉
- '얻는다는 것은 곧 잃는 것이다.'   − 김수영, 〈파밭 가에서〉

04 시구의 의미 파악

답 소중한 자식을 위해서 독한 마음을 먹고 술을 끊었기 때문이다.

4연에서 '친구'는 '자식을 낳고 술을 끊'었다고 하였다. 이러한 친구를 보고 화자는 '친구의 독한 마음'이라고 표현했는데, 이는 술을 끊는 것이 쉽지 않은 일이기 때문이다. 즉 친구가 자식을 사랑하는 마음에서, 자식을 위해 독한 마음을 먹고 술을 끊었기 때문에 친구의 마음이 아름답다고 한 것이다.

🔧 어휘 확인   📖 본문 063쪽

| 1 ㉣ | 2 ㉠ | 3 ㉢ | 4 ㉤ | 5 ㉤ |
| 6 ㉢ | 7 ㉤ | 8 ㉣ | 9 ㉤ | 10 ㉠ |

09 일차 · 필수개념 대유: 제유 / 환유

📎 **제유법 찾기** 1. 손 2. ◯

📎 **필수 개념 ❶** ⑤

🔖 **개념 적용하기** 손, 눈

📎 **환유법 찾기** 1. 강한 2. 전쟁

📎 **필수 개념 ❷** ①

🔖 **개념 적용하기** 쇠붙이, 환유법

필수 개념 ❶ 제유

답 ⑤

평상이 있는 국숫집 | 문태준

작품 해설 이 시는 국숫집 평상에 모인 다양한 사연의 사람들이 서로 위로와 공감을 주고받는 따뜻한 마음을 그려 낸 작품이다. 즉 국숫집 평상은 소통과 위로의 공간으로 기능하며, 음성 상징어인 '쯧쯧쯧쯧 쯧쯧쯧쯧'이라는 위로와 공감의 표현을 통해 주제를 부각하고 있다.

주제 평범한 사람들이 주고받는 위로와 교감

> ☑ **작품 꼼꼼 강의**
>
> 평상이 있는 국숫집에 갔다
> ┗ 공간적 배경
> 붐비는 국숫집은 삼거리 슈퍼 같다   ▶ 1~2행: 소박하고 정겨운
> 평범한 사람들로 북적이는 공간(직유법) - 소박하고 친근한 느낌을 줌.   국숫집의 풍경
> 평상에 마주 앉은 사람들
>
> 세월 넘어온 친정 오빠를 서로 만난 것 같다
> 친근하고 편안한 존재
> 국수가 찬물에 헹궈져 건져 올려지는 동안
> 국수를 기다리는 시간 - 서로의 이야기를 나누는 동안
> 쯧쯧쯧쯧 쯧쯧쯧쯧,
> 상대의 처지를 불쌍히 여길 때 가볍게 혀를 차는 소리(위로와 공감의 표현)
> **손**이 **손**을 잡는 말┐   ▨: 신체의 일부로 위로(공감)하는 사람을 표현함.
> 위로하는 사람 위로받는 사람 '쯧쯧쯧쯧 쯧쯧쯧쯧'
> **눈**이 **눈**을 쓸어 주는 말   ▨: 신체의 일부로 위로(공감)받는 사람을 표현함.
> 공감하는 사람 공감받는 사람
> 병실에서 온 사람도 있다
>
> 식당 일을 손 놓고 온 사람도 있다
>   ▶ 3~10행: 서로의 이야기를 공감하며 들어 주는 사람들
> 사람들은 평상에만 마주 앉아도
>
> 마주 앉은 사람보다 먼저 더 서럽다
>
> 세상에 이런 짧은 말이 있어서
> '쯧쯧쯧쯧 쯧쯧쯧쯧'
> 세상에 이런 깊은 말이 있어서
> '쯧쯧쯧쯧 쯧쯧쯧쯧'
> 『국수가 찬물에 헹궈져 건져 올려지는 동안
>
> 쯧쯧쯧쯧 쯧쯧쯧쯧,』
> 『   』 구절의 반복
> 큰 푸조나무 아래 우리는
> '사람들'이 '우리'가 됨.
> 모처럼 평상에 마주 앉아서
>   ▶ 11~18행: 힘든 사람들의 사연을 들으며 위로해 주는 사람들

'손이 손을 잡는 말 / 눈이 눈을 쓸어 주는 말'에서 '말'은 '쯧쯧쯧쯧 쯧쯧쯧쯧'을 의미하는데, 여기서 '쯧쯧'은 '연민을 느껴 가볍게 혀를 차는 소리.'로, 이를 통해 상대방의 처지에 공감하고 상대방을 위로하고 있음을 표현하고 있다. 이때 ⑩의 '눈'은 위로와 공감을 받는 사람을 의미하는데, 신체의 일부인 '눈'으로 사람 전체를 표현하고 있으므로 제유가 사용되었음을 알 수 있다.

✅ **오답 챙기기**

① ㉠은 '손을 잡는 사람'으로, 위로하는 사람을 의미하는데, 신체의 일부인 '손'으로 사람 전체를 표현하고 있으므로 제유가 사용되었음을 알 수 있다.

② ㉡은 위로를 받는 사람을 의미하는데, 신체의 일부인 '손'으로 사람 전체를 표현하고 있으므로 제유가 사용되었음을 알 수 있다.

③ ㉢은 '위로(공감)하는 말'로, 이는 '쯧쯧쯧쯧 쯧쯧쯧쯧'을 의미한다.

④ ㉣은 '눈을 쓸어 주는' 사람으로, 따뜻한 눈길을 보내는 사람, 즉 위로와 공감을 표현하는 사람을 의미한다. 이 역시 신체의 일부인 '눈'으로 사람 전체를 표현하고 있으므로 제유가 사용되었음을 알 수 있다.

필수 개념 ❷ 환유

답 ①

껍데기는 가라 | 신동엽

작품 해설 이 시는 거짓과 허위는 사라지고 순수한 마음과 민족정신을 회복하기를 바라는 마음과 그 의지를 드러낸 작품이다. '껍데기'와 '알맹이'의 대조와 '껍데기는 가라.'라는 시구의 반복을 통해 의미를 강조하고 있으며, 군부 독재 시기라는 시대적 상황을 바탕으로 할 때, 순수한 시대의 도래를 의지적으로 외치고 있다는 점이 특징적이다.

주제 참되고 순수한 민족의 삶 추구

> ☑ **작품 꼼꼼 강의**
>
> **1연** 껍데기는 가라.
> 거짓, 허위, 불의, 독재 등을 상징함.
> 사월도 알맹이만 남고
> 4·19 혁명 순수, 정의 등을 상징함.
> 껍데기는 가라.   ▶ 4·19 혁명의 정신이 실현되기를 바람.
> 명령형 어조를 통해 화자의 강한 의지를 드러냄.
>
> **2연** 껍데기는 가라.
> 동일한 시행의 반복
> 동학년 곰나루의, 그 아우성만 살고
> 동학 혁명   동학 혁명의 정신, 반봉건·반외세 등을 상징함.
> 껍데기는 가라   ▶ 동학 혁명의 정신이 실현되기를 바람.
> 외세 의존적 태도
>
> (중략)
>
> **4연** 껍데기는 가라.
>
> 한라에서 백두까지
> 국토 전체
> 향그러운 흙 가슴만 남고
> 순수한 민족정신 ~ 평화와 화합을 상징함.
> 그 모오든 쇠붙이는 가라.   ▶ 분단이 극복되기를 바람.
> 대유법(환유) - 무력, 전쟁, 외세 등

'쇠붙이'는 '쇠로 된 도구나 쇠의 부스러기 또는 쇳조각을 통틀어 이르는 말.'로 이 시에서 '향그러운 흙 가슴만 남고' '쇠붙이는 가라.'라고 한 것으로 볼 때, '쇠붙이'는 강하고 부정적인 속성을 통해 '무력'과 '전쟁' 등을 나타내고 있음을 알 수 있다.

09 일차 실전 대유: 제유 / 환유

01 ④ **02** ③ **03** ③ **04** 국토(조국)

🏷️ **개념 적용하기** 조국, 우리 민족, 제유, 환유

🔍 **작품 한눈에** 후각적, 직유법

---

01 ~ 04

빼앗긴 들에도 봄은 오는가 | 이상화

작품 해설 이 시는 봄을 맞은 국토를 소재로, 일제 강점기의 국권 상실에 대한 울분과 그 회복에 대한 염원을 드러낸 작품이다. '빼앗긴 들'과 '봄' 등의 시어를 통해 일제 강점기라는 시대 상황을 상징적으로 드러내고 있으며, 다양한 감각적 이미지와 표현법을 통해 화자의 정서를 효과적으로 드러내고 있다.

주제 국권(국토)을 잃은 현실에 대한 슬픔과 안타까움

📖 작품 꼼꼼 강의

1연 지금은 남의 땅 — 빼앗긴 들에도 봄은 오는가?
　국권을 빼앗긴 상황　　국토(대유법-제유)　　조국의 광복
　　　　　▶ 조국을 빼앗긴 현실 인식

2연 나는 온몸에 햇살을 받고

푸른 하늘 푸른 들이 맞붙은 곳으로
　화자가 지향하는 곳 – 희망의 공간, 광복을 이룬 조국
가르마 같은 논길을 따라 꿈속을 가듯 걸어만 간다.
　좁고 길게 난 논길을 가르마에 비유함.　　마치 꿈을 꾸는 듯 황홀함.
　　　　　▶ 아름다운 봄 경치에 이끌림

3연 입술을 다문 하늘아 들아
　국권을 빼앗긴 현실에 대한 답답한 심정을 표출함.
내 맘에는 내 혼자 온 것 같지를 않구나.

네가 끌었느냐 누가 부르더냐 답답해라 말을 해 다오.
　　　　　▶ 침묵하는 조국에 대한 화자의 답답한 심정

(중략)

7연 나비 제비야 깝치지 마라

민들레 제비꽃에도 인사를 해야지

아주까리기름을 바른 이가 김매던 그 들이라 다 보고
　전통적인 한국 여인의 이미지 – 우리 민족을 의미함(환유)　국토에 대한 화자의 사랑
싶다.

8연 내 손에 호미를 쥐어 다오

살찐 젖가슴과 같은 부드러운 이 흙을
　국토의 풍요로움을 모성적 이미지로 나타냄
발목이 시도록 밟아도 보고 좋은 땀조차 흘리고 싶다.
　　　　　▶ 7~8연: 우리 민족의 삶의 터전인 국토에 대한 애정

9연 강가에 나온 아이와 같이
　앞에 시련이 있는지 알지 못함.
짬도 모르고 끝도 없이 닫는 내 혼아
　현재의 상황이나 형편
무엇을 찾느냐 어디로 가느냐 우스웁다 답을 하려무나.
　　　식민지 현실에 대한 자조적 웃음

10연 나는 온몸에 풋내를 띠고
　후각적 이미지 – 국토의 자연과의 동화　⌜ ⌟: 모순된 감정이 복합적으로 제시됨(역설법)
⌜푸른 웃음 푸른 설움 어우러진 사이로⌟
　봄이 온 들판에서 느끼는 즐거움.　⌜ ⌟: 국권 상실의 비애
　공감각적 이미지(청각의 시각화)

다리를 절며 하루를 걷는다 아마도 봄 신령이 지폈나
　정서적 불균형으로 인한 내면의 갈등을 드러냄　화자가 즐거워하며 걸었던 이유
보다.
　　　　　▶ 9~10연: 화자의 복잡한 마음

11연 사상의 전환
⌜그러나⌟ 지금은 — 들을 빼앗겨 봄조차 빼앗기겠네.
　⌜ ⌟: 질문 – 대답 형식의 수미상관 구성(1연의 질문에 대한 대답)
　　– 나라를 빼앗긴 현실에 대한 안타까움　▶ 나라를 잃은 절망적 현실 인식

---

01 표현상 특징 파악 답 ④

이 시의 화자는 첫 연에서 '빼앗긴 들에도 봄은 오는가?'라고 질문한 다음, 마지막 연에서 '그러나 지금은 — 들을 빼앗겨 봄조차 빼앗기겠네.'라고 답하고 있다. 이 시에서는 이러한 질문과 대답 형식의 수미상관 구성을 통해 나라를 빼앗긴 현실에 대한 안타까움과 절망감을 효과적으로 드러내고 있다.

✅ **오답 챙기기**

① 이 시에서 화자는 '온몸에 햇살을 받고' 봄이 온 들을 걷고 있을 뿐, 이 시에 밝음과 어둠의 대립 구도는 나타나지 않는다.
② 이 시에서 자연과 문명을 대조하고 있지는 않다.
③ 이 시에는 의성어와 의태어가 사용되지 않았다.
⑤ 이 시에는 말의 일반적인 순서를 바꾸어 말하고자 하는 바를 강조하는 도치법이 사용되지 않았다.

02 화자의 정서 파악 답 ③

ⓒ의 '강가에 나온 아이'는 현실 인식도 못한 채 헤매는 자신에 대한 화자의 인식을 비유적으로 드러낸 것일 뿐, 보고 싶은 대상에 대한 그리움과는 관련이 없다.

✅ **오답 챙기기**

① 화자는 논길을 따라 걸으며 아름다운 봄 경치에 마치 꿈속을 걷는 것과 같은 느낌을 받고 있다.
② 화자는 '답답해라'라고 하면서 '입술을 다문 하늘'과 '들'에 답답한 심정을 표출하고 있다.
④ '우스웁다'는 식민지 현실에 대한 화자의 자조적인 웃음을 드러낸 것이라고 볼 수 있다.
⑤ ⓔ에는 봄이 온 들길을 걷는 기쁨(푸른 웃음)과 나라를 빼앗긴 서러움(푸른 설움)의 정서가 모두 드러나 있다.

03 환유법의 이해 대유 - 환유 답 ③

'아주까리기름을 바른 이'(ⓐ)는 머리에 아주까리기름을 바르고 들에서 김을 매고 있는 사람들을 의미한다. 그런데 아주까리기름은 과거 한국 여인들이 전통적으로 머리에 발랐던 것이므로, ⓐ는 아주까리기름을 바르던 '우리 민족'의 특성을 활용하여 '우리 민족'을 나타내는 환유법이 활용된 표현이라고 할 수 있다.

✅ **오답 챙기기**

① ⓐ는 사람을 가리키므로, ⓐ에는 의인법이 사용되지 않았다.

② ⓐ에는 감정을 강하게 나타내는 영탄법이 사용되지 않았다.

④ ⓐ에는 대상을 실제보다 부풀리거나 축소하여 표현하는 과장법이 사용되지 않았다.

⑤ ⓐ에는 말하고자 하는 바와 반대로 표현하는 반어법이 사용되지 않았다.

04 제유법의 이해 대유 - 제유 圁 국토(조국)

제유법이란 대상의 한 부분을 통해 대상 전체를 나타내는 표현 방식이다. ㉮에서 '들'은 우리나라의 국토 중 한 부분으로, 이는 우리나라 국토 전체를 의미한다. 따라서 ㉮의 의미는 조국, 또는 국토라고 할 수 있다.

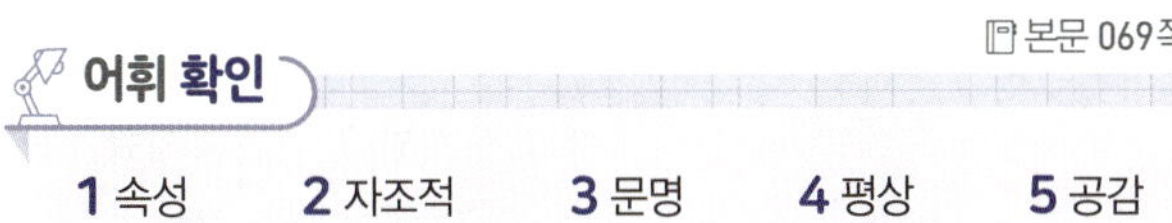

🗐 본문 069쪽

1 속성　　**2** 자조적　　**3** 문명　　**4** 평상　　**5** 공감

Ⅱ 소설

📖 본문 076쪽

10 일차 · 필수 개념 — 인물 제시 방법: 직접 제시 / 간접 제시

직접 제시 판단하기 1. '나' 2. '안절부절못하였다'

필수 개념 ❶ 직접적

개념 적용하기 서술자, 직접 제시

간접 제시 판단하기 1. × 2. 넉살이 좋은

필수 개념 ❷ ③

개념 적용하기 간접 제시, 말, 행동

필수 개념 ❶ 직접 제시   답 직접적

일가 | 공선옥

작품 해설 이 작품의 제목인 '일가(一家)'는 '성(姓)'과 '본(本)'이 같은 한 집안 사람을 뜻한다. 이 작품은 어느 날 불쑥 일가라는 아저씨가 찾아와 '나'의 가족과 함께 지내다가 떠나며 겪는 일련의 사건들을 통해, 일가친척의 의미가 사라져 가는 냉정한 현대 사회를 비판하고 있다. 특히 미옥이를 좋아하는 사춘기 소년인 '나'의 갈등과 일가라는 아저씨로 인한 아버지와 어머니의 갈등은 '나'가 나 자신보다 타인의 외로움을 이해하고 공감하는 과정으로 통합되며 '나'의 정신적 성장으로 이어진다. 작가는 이러한 모습을 통해 현대 사회에 만연한 가족 이기주의의 극복 가능성을 제시하고 있다.

주제 일가친척의 의미가 사라져 가는 현대 사회에 대한 비판과 성찰

전체 줄거리

발단 봄 방학을 하기 일주일 전 좋아하는 미옥이에게 편지를 쓴 '나'는 봄 방학을 하는 날, 미옥이에게 답장을 받고 기쁜 마음으로 집에 돌아오는데 중국에 살던 일가라는 아저씨가 집으로 찾아온다.

전개 처음 본 사이지만 스스럼없고 넉살 좋은 아저씨는 일가라는 이유로 친밀감을 드러내며 자신의 이야기를 계속하고 '나'는 미옥이의 편지를 읽어 보지 못한다.

위기 집에 온 다음 날부터 아저씨는 일꾼처럼 일하며 우리 집에 눌러 살 기색을 보이고, '나'의 편지를 압수한 엄마에게 아버지가 '갈취했다'라는 표현을 사용하여 두 사람은 부부 싸움을 하게 된다.

절정 부부 싸움 끝에 엄마가 집을 나가자 아저씨는 자신 때문에 엄마가 집을 나간 것이라며 아버지에게 미안해한다.

결말 아저씨가 떠난 날 엄마가 다시 돌아오고 '나'는 아저씨의 외로움을 생각하며 눈물을 흘린다.

📖 작품 꼼꼼 강의

[앞부분의 줄거리] 봄 방학을 하기 일주일 전 미옥이에게 편지를 쓴 '나'는 봄 방학을 하는 날, 미옥이에게 답장을 받고 기쁜 마음으로 집에 돌아오는데 중국에 살던 '일가'라는 아저씨가 집으로 찾아온다. 아저씨는 '일가'라는 이유로 가족들에게 스스럼없고 친밀한 모습을 보이는데, 아저씨가 자신의 이야기를 계속하는 바람에 '나'는 미옥이의 편지를 읽어 보지 못하고 있다.

전개 『그날은 아저씨의 연변 이야기, 아니 랴오닝 성 이야기, 큰할아버지 이야기, 아저씨의 중국 생활 이야기, 아저씨의 외갓집 이야기, 이북에 살고 있다는 아저씨의 외삼촌 이야기, 아저씨가 한국에 들어와 산 이야기를 듣느라 온 식구가 꼼짝도 못하고 지나가 버렸다.』 *아저씨의 이야기가 길어짐.* 아저씨는 말하자면 한국에 돈을 벌러 온 '조선족' 이주 노동자인 것이다. 술잔 비워지는 *아저씨의 현재 처지* 속도가 점점 빨라지면서 아저씨의 흥분 상태도 고조되고 있었다. *아저씨와 아버지의 심리를 직접적으로 제시함.* 우사에서는 소가 밥 달라고 매애거렸다. 아버지는 안절부절못하였다. *안절부절못하다: 마음이 초조하고 불안하여 어찌할 바를 모르다.* 그러나 아저씨는 아버지를 도통 놓아주려 하질 않는 것이었다. 엄마가 잠깐 '과일이라도.' 하면서 일어서라치면 *자리를 피하기 위한 핑계* '과일은 무슨, 일없습네다.' 하면서 극구 만류하는 *괜찮습니다.* 통에 엄마 또한 주저앉을 수밖에 없곤 하였다. 나는 적당한 때를 봐서 슬쩍 일어서야지, 하고서 아저씨의 말에 귀를 기울이는 체하면서 속으로는 계속 미옥이의 편지만 생각하고 *나의 관심* 있었다.

"창이야, 우사에 가서 소먹이 좀 주고 오너라."

아버지가 끝내 일어서지 못하고 내게 일을 시켰다.

나는 냉큼 일어나 우사로 갔다. 이제 소먹이만 주고 나면 *소먹이를 주고 난 후 미옥이의 편지를 읽고 싶어서* 내 방에 들어가 미옥이의 편지를 볼 수 있을 것이다. 우리 집 소는 모두 일곱 마리다. 다들 엉덩잇살이 투실투실하고 어깨가 떡 벌어졌다.

▶ 아저씨의 이야기 때문에 '나'는 미옥이의 편지를 읽어 보지 못함.

내가 한참 소먹이를 주고 있는데 뒤에서 갑자기 아저씨 소리가 났다.

"하아, 그놈들, 궁뎅이도 차암."

그것은 내가 아저씨를 처음 만났을 때 했던 말하고 똑같은 것이었다. 나는 나도 모르게 내 엉덩이 쪽으로 손이 갔다. 그랬더니 거름 더미 쪽으로 돌아서서 소변을 보던 아저 *자신에게 하는 말이라고 생각함.* 씨가 그것은 언제 봤는지 돌아선 채로 손을 저어 보였다. 안 보고도 어떻게 내 손이 엉덩이 쪽으로 갔는지 알 수 있단 말인가. 아저씨는 결코 기분 좋은 느낌 따위는 손톱만큼도 주지 않는 사람이었다. *아저씨에 대한 '나'의 평가가 직접적으로 드러남.*

▶ 아저씨는 기분 좋은 느낌을 주지 않음.

'나'는 한국에 돈을 벌러 온 '조선족' 이주 노동자인 아저씨가 아버지와 술을 마시면서 자신의 이야기를 하는 것을 듣고 있다. 그리고 아저씨의 술잔 비워지는 속도가 점점 빨라지면서 '아저씨의 흥분 상태도 고조되고 있었다.'라며 아저씨의 고조되는 심리를 직접적으로 제시하고 있다. 또한 우사에서 소가 밥 달라고 매애거리는 소리에 '안절부절못하'는 아버지의 심리도 직접적으로 제시하고 있다.

☑ 작품 꼼꼼 강의

발단 "실례하갔습네다."
<u>말투를 통해 남한 사람이 아님을 알 수 있음.</u>
바로 과수원의 그 사람이다. / "아악!"
<u>'나'가 간첩이라고 생각한 낯선 남자</u>
나는 나도 모르게 비명을 지르고 말았다.
<u>'그 사람'에 대한 '나'의 두려움이 행동으로 나타남.</u>
"첨 보는 사이도 아닌데 웬 악을 지르고 그러네?"
<u>과수원에서 '나'와 마주침.</u>
아저씨는 나를 향해 눈을 찡긋해 보이기까지 한다. 그때
<u>아저씨의 스스럼없는 성격이 나타남. – 간접 제시</u>
부엌에서 밥을 차리고 있던 엄마가 내 비명에 놀라 손에 반

찬 그릇을 든 채로 마루에 나왔다.

"아주마니, 안녕하십네까?"

"아, 네에. 연변에서 오신 그분이신가요?"
<u>엄마는 아저씨가 온다는 것을 미리 알고 있었음.</u>
아니, 저 이상한 말 쓰는 아저씨가 미리 연락하고 오는 우

리 집 손님이었단 말인가?

"옌볜이라니요, 어째 한국 사람들은 중국서 왔다면 고저

다아 옌볜서 왔다고 알고 있습네까? 저는 저어 랴오닝성

다롄서 왔지요."

엄마는 얼굴이 벌게져 버렸다.
<u>엄마의 무안하고 부끄러운 마음을 알 수 있음.</u>
"아이구, 그렇다고 뭐 그렇게 부끄러워할 필요는 없습네
<u>아저씨의 넉살 좋은 성격이 드러남. – 간접 제시</u>
다. 반갑습네다, 제수씨."

"하여간 뭐어, 어서 오세요."

"자아, 기럼 올라가겠습네다."

아저씨는 신발을 벗고 마루로 턱 올라앉는다.

전개 엄마는 아버지가 있는 우사로 갔다. 나는 내 방으로 얼

른 들어가 버렸다. 마루에서 아저씨가 우렁우렁한 목소리로
<u>울리는 소리가 매우 큰</u>
나를 부른다.

"야야, 내가 무섭네? 무서워할 것 없다. 나는 너의 일가니

까니."
<u>처음 본 '나'에 대한 친밀감을 표현함.</u>

일가니까니? 일가니까니가 뭐람. 나는 미옥이의 편지를

뜯어보고 싶었지만 마루에 있는 '일가니까니'라는 사람이 신

경이 쓰여 편지를 뜯어보지도 못하고 책상 앞에 멍하니 앉아

있었다.　　▶ 중국에서 일가라는 아저씨가 찾아옴.

(중략)
<u>나지막하고 둥근 밥상</u>
엄마는 우리 식구만 있을 때 쓰는 도리밥상을 접고 손님
<u>아저씨를 손님으로 대접함.</u>
올 때 쓰는 교자상을 폈다. 그러면서 벌써 얼굴에 수심이 깔
<u>음식을 차려 놓는 사각형의 큰 상</u>　　<u>손님(아저씨)이 반갑지 않음. – 오래 머물까 봐 걱정함.</u>
리고 있었다. 엄마의 그런 얼굴을 보고 내 마음이 편할 리

없었다. 나는 떨떠름한 기분으로 방에 들어가 고개를 꾸벅

숙여 인사를 했다.　　▶ 일가 아저씨의 방문이 반갑지 않음.

일가라는 이유로 처음 본 '나'와 엄마에게 친근감을 느끼고 스
스럼없이 대하는 아저씨의 성격과 태도를 아저씨의 말과 행동
을 통해 간접적으로 제시하고 있다.

① '나는 나도 모르게 비명을 지르고 말았다.', '나는 내 방으로 얼른 들
어가 버렸다.' 등 '나'의 행동을 통해 아저씨에 대한 호기심이 아니라
두려움을 보여 주고 있다.

② 일가라는 아저씨가 찾아온 사건을 '나'가 요약해서 설명하고 있는 것
이 아니라, 대화와 행동을 통해 구체적인 장면으로 보여 주고 있다.

④ '엄마는 얼굴이 벌게져 버렸다.'라는 것은 아저씨의 말에 대한 엄마의
당황스러움과 무안함을 간접적으로 보여 주는 것이므로, 아저씨의 말
과 행동에 대한 어머니의 불쾌감을 직접적으로 드러내고 있다고 할
수 없다.

⑤ 아저씨의 외양을 구체적으로 묘사한 부분은 제시되지 않았으며, 아저
씨에 대한 '나'의 행동을 통해 '나'의 두려움을 표현하고 있다.

10 일차 ^{실전} 인물 제시 방법: 직접 제시 / 간접 제시

01 ⑤ **02** ② **03** ② **04** 굵은 감자 세 개
05 ③ **06** ④ **07** ③ **08** 화해

✍ **개념 적용하기** 설명, 행동

🔍 **작품 한눈에** 감자, 사랑

01 ~ 04

동백꽃 | 김유정

작품 해설 이 작품은 대조적인 성격을 지닌 사춘기 시골 소년 소녀의 순박한 사랑을 그린 소설이다. '노란 동백꽃'이 피어난 봄의 산골을 배경으로 어리숙하고 눈치 없는 '나'와 당돌하고 적극적인 점순이의 갈등이 낭만적이고 서정적으로 그려진다. 작가는 결말에 이르기까지 여전히 점순이의 의도를 눈치 채지 못하는 '나'의 어리숙한 모습을 해학적으로 그려 내어 독자들에게 웃음을 준다. 이 작품은 '현재-과거-현재'의 역순행적 구성으로 이루어져 있는데, 닭싸움을 매개로 하여 현재와 과거가 자연스럽게 연결되고 있다. 또한 토속적인 어휘와 소재를 사용하여 향토적인 분위기를 형성하고 있다.

주제 사춘기 시골 소년 소녀의 순박한 사랑

전체 줄거리

발단 오늘 점순이는 자기네 수탉과 '나'의 수탉을 싸움 붙여 놓아 '나'를 약올린다.

전개 나흘 전 울타리를 엮고 있는 '나'에게 점순이가 다가와서 삶은 감자를 쥐어 주지만, '나'는 이를 거절하고 이에 점순이는 '나'와 '나'의 닭을 괴롭히기 시작한다.

위기 감자를 거절한 다음 날부터 점순이는 '나'의 수탉과 자기네 수탉에게 싸움을 시켜 '나'의 약을 올리고, '나'는 매번 싸움에 패하는 '나'의 수탉에게 고추장을 먹여 보기도 하지만 점순네 수탉을 이기지 못한다.

절정 겨우 정신을 차린 '나'의 수탉에게 오늘 또 싸움을 붙이고 있는 것을 본 '나'는 나무를 하고 오는 길에 너무 화가 나서 지게막대기로 점순네 수탉을 때려죽이고 만다.

결말 마름 집의 닭을 죽였으니 땅도 떨어지고 집에서도 내쫓기게 될 것이라는 생각이 든 '나'는 겁이 나서 울음을 터뜨리는데 점순이가 '나'에게 이담부터는 그러지 말라고 달래 준다. 점순이와 '나'는 화해하고 함께 노란 동백꽃 속으로 파묻힌다.

📺 작품 꼼꼼 강의

전개 나흘 전 감자 쪼간만 하더라도 나는 저에게 조금도 잘
과거의 사건으로 되돌아감. → 역순행적 구성
못한 것은 없다. / 계집애가 나물을 캐러 가면 갔지 남 울타리 엮는 데 쌩이질을 하는 것은 다 뭐냐. 그것도 발소리를
한창 바쁠 때에 쓸데없는 일로 남을 귀찮게 구는 짓
죽여 가지고 등 뒤로 살며시 와서

"얘! 너 혼자만 일하니?"
'나'에게 말을 걸어 관심을 표현하는 점순이
하고 긴치 않은 수작을 하는 것이다.

「어제까지도 저와 나는 이야기도 잘 않고 서로 만나도 본 척만척하고 이렇게 점잖게 지내던 터이련만 오늘로 갑작스
『 』평소와 다른 점순이의 태도를 의아하게 생각하는 '나' – 점순이의 관심을 알아차리지 못하는 '나'의 어리숙하고 눈치 없는 모습이 드러남.

레 대견해졌음은 웬일인가. 항차 망아지만 한 계집애가 남
하물며
일하는 놈 보구……. / "그럼 혼자 하지 떼루 하디?"
무리를 지어

내가 이렇게 내뱉는 소리를 하니까
♪점순이가 말을 거는 의도를 파악하지 못함.

"너 일하기 좋니?" / 또는,

"한여름이나 되거든 하지 벌써 울타리를 하니?"

잔소리를 두루 늘어놓다가 남이 들을까 봐 손으로 입을 틀어막고는 그 속에서 깔깔댄다. 별로 우스울 것도 없는데 날씨가 풀리더니 이놈의 계집애가 미쳤나 하고 의심하였다.
점순이가 말을 거는 의도를 알아차리지 못하는 '나'의 모습 – 해학성이 드러남.
게다가 조금 뒤에는 제 집께를 할금할금 돌아다보더니 행주치마의 속으로 꼈던 바른손을 뽑아서 나의 턱밑으로 불쑥 내미는 것이다. 언제 구웠는지 아직도 더운 김이 홱 끼치는 굵은 감자 세 개가 손에 뿌듯이 쥐었다.
'나'에 대한 점순이의 호감을 드러내는 소재
"느 집엔 이거 없지?" / 하고 생색 있는 큰소리를 하고는
다른 사람 앞에 당당히 나설 수 있거나 자랑할 수 있는 체면
제가 준 것을 남이 알면은 큰일 날 테니 여기서 얼른 먹어 버리란다. 그리고 또 하는 소리가 / "너, 봄 감자가 맛있단다."

「"난 감자 안 먹는다. 니나 먹어라."
『 』무뚝뚝하게 점순이의 호의를 거절하는 '나'
나는 고개도 돌리지 않고 일하던 손으로 그 감자를 도로 어깨 너머로 쑥 밀어 버렸다.」

그랬더니 그래도 가는 기색이 없고, 뿐만 아니라 쌔근쌔근하고 심상치 않게 숨소리가 점점 거칠어진다. 이건 또 뭐
자신의 호의를 거절한 '나'에게 화가 난 점순이의 행동 – 간접 제시
야, 싶어서 그때에야 비로소 돌아다보니 나는 참으로 놀랐다. 「우리가 이 동리에 들어온 것은 근 삼 년째 되어 오지만
『 』'나'의 거절에 민망하고 자존심이 상한 점순이의 모습 – 간접 제시
여태껏 가무잡잡한 점순이의 얼굴이 이렇게까지 홍당무처럼 새빨개진 법이 없었다. 게다 눈에 독을 올리고 한참 나를 요렇게 쏘아보더니 나중에는 눈물까지 어리는 것이 아니냐. 그리고 바구니를 다시 집어 들더니 이를 꼭 악물고는 엎더질 듯 자빠질 듯 논둑으로 횡하게 달아나는 것이다.」

▶ 나흘 전 점순이가 준 감자를 거절한 '나'

어쩌다 동리 어른이

"너 얼른 시집을 가야지?" / 하고 웃으면

"염려 마서유. 갈 때 되면 어련히 갈라구!"
동리 어른의 말에 천연덕스럽게 대꾸함. – 점순이의 당돌한 성격을 간접적으로 제시
이렇게 천연덕스레 받는 점순이였다. 「본시 부끄럼을 타는 계집애도 아니거니와 또한 분하다고 눈에 눈물을 보일 얼병
『 』점순이의 성격을 서술자인 '나'가 직접 설명함. – 직접 제시
이도 아니다.」 분하면 차라리 나의 등어리를 바구니로 한 번
어수룩한 사람
모질게 후려 쌔리고 달아날지언정.

그런데 고약한 그 꼴을 하고 가더니 그 뒤로는 나를 보면
감자를 거절한 이후 – 갈등의 계기가 됨.
잡아먹으려고 기를 복복 쓰는 것이다.

▶ 평소 당돌하고 부끄러움이 없는 점순이

01 서술상 특징 파악   답 ⑤

이 글에서는 서로 다른 공간에서 동시에 벌어지는 사건이 아니라, 나흘 전 점순이가 준 감자를 '나'가 거절한 사건과 그 이후의 이야기가 제시되어 있다.

① '봄 감자'를 통해 계절적 배경이 '봄'임을 알 수 있다.

② 표준어가 아닌 방언(사투리)을 사용하여 시골의 토속적인 분위기를 조성하고 있다.

③ '별로 우스울 것도 없는데 날씨가 풀리더니 이놈의 계집애가 미쳤나 하고 의심하였다.'와 같이 점순이의 행동을 이해하지 못하는 '나'의 심리를 해학적으로 표현하여 드러내고 있다.

④ 작중 인물이자 주인공인 '나'가 서술자가 되어 자신의 이야기를 직접 전달함으로써 친근감을 주는 1인칭 주인공 시점을 취하고 있다.

02 작품의 내용 파악 답 ②

'나'는 점순이가 '나'에게 말을 거는 이유를 알아차리지 못하고 점순이가 '나'에게 '잔소리'를 한다고 생각하고 있다. 따라서 '잔소리'는 '나'에게 호감을 갖고 있는 점순이의 마음을 눈치채지 못하는 '나'의 어리숙하고 눈치 없는 면모를 보여 준다.

① '어제까지도 저와 나는 이야기도 잘 않고 서로 만나도 본척만척하고 이렇게 점잖게 지내던 터이련만 오늘로 갑작스레 대견해졌음은 웬일 인가.'를 통해 볼 때, '나'와 점순이가 친하게 지내는 사이는 아니지만 '나'가 평소에 '점순이'에 대해 부정적인 감정을 지니고 있던 것은 아님을 알 수 있다.

③ 점순이는 남의 일에 참견하기를 좋아하는 성격이어서 '나'에게 말을 거는 것이 아니라, '나'에게 관심을 가지고 있어서 '나'에게 말을 건네고 있는 것이다.

④ 점순이가 한여름이 되면 울타리를 하라고 하는 것은 '나'가 봄에 울타리를 하는 것을 못마땅하게 여기고 있어서가 아니라, 울타리를 엮고 있는 '나'에게 말을 걸기 위해서이다.

⑤ 점순이는 '나'를 도와주려는 의도로 '나'의 곁에서 말을 건네고 있는 것이 아니라, 일하는 '나'에게 말을 걸며 '나'에 대한 관심을 드러내고 있는 것이다.

03 인물의 제시 방법 파악 인물 제시 방법 답 ②

'나'가 점순이의 성격을 '부끄럼을 타는 계집애'라고 직접적으로 설명하는 것은 '간접 제시'가 아니라 '직접 제시' 방법에 해당할 뿐더러, 이 글에서 '나'는 점순이를 '부끄럼을 타는 계집애도 아니'라고 하였으므로 적절하지 않다.

① 동리 어른과 점순이의 대화를 통해 천연덕스럽고 당돌한 점순이의 성격을 알 수 있다.

③ 점순이의 구체적인 말과 행동을 통해 점순이의 성격이나 심리 및 태도 등을 보여 주는 것은 '간접 제시'이므로, '나'에게 감자를 건네는 행동을 통해 '나'에 대한 호감이라는 점순이의 심리를 보여 주는 것 역시 '간접 제시'에 해당한다.

④ 점순이가 자신에게 말을 거는 것이나 감자를 거절하자 보이는 점순이의 행동을 이해하지 못하는 모습을 통해 '나'가 어리숙한 인물임을 보여 주고 있다.

⑤ '나'가 감자를 거절하자 점순이의 얼굴이 홍당무처럼 새빨개지고 눈물까지 어리는 모습과 그 후로 점순이가 '나'를 보면 잡아먹으려고 기를 쓴다는 내용으로 볼 때, 점순이가 '나'에게 호의를 거절당한 후 매우 자존심이 상하고 화가 난 상태임을 알 수 있다.

 인물 제시 방법의 효과

	직접 제시	간접 제시
장점	– 서술자가 인물의 성격이나 심리를 분석하여 오해 없이 독자에게 전달할 수 있음. – 사건 전개의 속도가 빠름.	– 인물의 말이나 행동, 외양 묘사를 통해 장면을 생생하게 드러냄. – 독자의 상상력이 확대됨.
단점	– 서술자가 직접 설명하므로 독자의 상상력을 제한함.	– 독자에게 작가의 의도가 잘못 전달될 수 있음.

04 소재의 기능 파악 답 굵은 감자 세 개

이 글에서 '감자'는 '나'에 대한 점순이의 관심과 애정이 담긴 소재로, '나'와 점순이 사이의 갈등을 일으킨다. 특히 '굵은 감자 세 개'는 점순이가 '나'를 위해 크고 좋은 감자를 골라 왔음을 보여 주어 '나'에 대한 점순이의 애정의 정도를 짐작하게 한다.

05 ~ 08

절정 거지반 집에 다 내려와서 나는 호드기 소리를 듣고 발
봄철에 올오른 버드나무 가지의 껍질이나 짤막한 밀짚 토막 등으로 만든 피리
이 딱 멈추었다. 산기슭에 널려 있는 굵은 바윗돌 틈에 노란

동백꽃이 소보록하니 깔리었다. 그 틈에 끼어 앉아서 점순이
생강나무 꽃. 계절적 배경이 봄임을 알 수 있음.
가 청승맞게시리 호드기를 불고 있는 것이다. 그보다 더 놀

란 것은 그 앞에서 또 푸드득, 푸드득, 하고 들리는 닭의 횃

소리다. 필연코 요년이 나의 약을 올리느라고 또 닭을 집어
점순이가 '나'의 약을 올리려고 닭싸움을 시켰다고 생각하는 '나'
내다가 내가 내려올 길목에다 쌈을 시켜 놓고 저는 그 앞에

앉아서 천연스레 호드기를 불고 있음에 틀림없으리라.

나는 약이 오를 대로 다 올라서 두 눈에서 불과 함께 눈물
점순이의 행동에 약이 오른 '나'의 모습을 과장되고 익살스럽게 표현함.
이 픽 쏟아졌다. 나무 지게도 벗어 놓을 새 없이 그대로 내
분노와 억울한 감정
동댕이치고는 지게막대기를 뻗치고 허둥지둥 달려들었다.

가까이 와 보니, 과연 나의 짐작대로 우리 수탉이 피를 흘

리고 거의 빈사지경에 이르렀다. 닭도 닭이려니와 그러함에
거의 죽게 된 처지나 형편
도 불구하고 눈 하나 깜짝 없이 고대로 앉아서 호드기만 부
닭을 괴롭히면서도 빤빤한 점순이의 행동에 더욱 화가 난 '나'
는 그 꼴에 더욱 치가 떨린다. 동리에서도 소문이 났거니와

나도 한때는 걱실걱실 일 잘하고 얼굴 예쁜 계집애인 줄 알
점순이에 대한 '나'의 생각 변화 – 긍정적 → 부정적
았더니 시방 보니까 그 눈깔이 꼭 여우 새끼 같다.
비유를 통해 점순이에 대한 '나'의 부정적 생각을 드러냄.
나는 대뜸 달려들어서 나도 모르는 사이에 큰 수탉을 단
단 한 번 때리는 매
매로 때려 엎었다. 닭은 푹 엎어진 채 다리 하나 꼼짝 못 하
점순네 닭의 죽음 – 갈등이 최고조에 달하는 사건
고 그대로 죽어 버렸다. 그리고 나는 멍하니 섰다가 점순이가

매섭게 눈을 홉뜨고 닥치는 바람에 뒤로 벌렁 나자빠졌다.

"이놈아! 너 왜 남의 닭을 때려죽이니?"

"그럼 어때?" / 하고 일어나다가

"뭐, 이 자식아! 누 집 닭인데?"
'나'에게 마름 집의 닭을 죽였음을 일깨우려는 의도
하고 복장을 떼미는 바람에 다시 벌렁 자빠졌다. 『그리고 나
가슴의한복판
서 가만히 생각을 하니 분하기도 하고 무안도 스럽고 또 한
『 』: 점순네 닭을 죽인 데 대한 '나'의 걱정과 불안한 심리. 분노가 불안으로 바뀜.
편 일을 저질렀으니 인젠 땅이 떨어지고 집도 내쫓기고 해야
'나'의 집은 마름인 점순이 아버지로부터 땅을 빌려 농사를 짓는 소작농임.
될는지 모른다.』   ▶ '나'가 점순네 닭을 때려죽임.

[결말] 나는 비슬비슬 일어나며 소맷자락으로 눈을 가리고는,

얼김에 엉, 하고 울음을 놓았다. 그러다 점순이가 앞으로 다
얼떨결에
가와서 / "그럼 너 이담부턴 안 그럴 테냐?"
자신의 호의를 거절하지 말라는 의미 – 갈등이 해소될 것임을 암시함.
하고 물을 때에야 비로소 살길을 찾은 듯싶었다. 나는 눈물

을 우선 씻고 뭘 안 그러는지 명색도 모르건만
점순이가 말하는 의도를 알아차리지 못한 '나'의 모습
"그래!" / 하고 무턱대고 대답하였다.

"요담부터 또 그래 봐라. 내 자꾸 못살게 굴 테니!"

"그래그래, 인젠 안 그럴 테야!"

"닭 죽은 건 염려 마라, 내 안 이를 테니."

그리고 뒷에 떠다밀렸는지 나의 어깨를 짚은 채 그대로
점순이가 애정을 표현하지만 어수룩한 '나'는 알아차리지 못함.
픽 쓰러진다. 그 바람에 나의 몸뚱이도 겹쳐서 쓰러지며 한

창 피어 퍼드러진 노란 동백꽃 속으로 폭 파묻혀 버렸다.
점순이와 '나'가 화해하는 낭만적인 분위기를 조성함.
알싸한 그리고 향긋한 그 내음새에 나는 땅이 꺼지는 듯
점순이와 '나' 사이에 생긴 풋풋한 사랑의 감정을 감각적(후각적)으로 표현함.
이 온 정신이 그만 아찔하였다.   ▶ '나'와 점순이의 화해

---

05 서술상 특징 파악

답 ③

'알싸한 그리고 향긋한 그 내음새에 나는 땅이 꺼지는 듯이 온
정신이 그만 아찔하였다.'라는 부분에서 후각적 이미지를 통해
점순이에 대한 사랑의 감정을 어렴풋이 느끼는 '나'의 심리를
표현하고 있다.

✔ 오답 챙기기

① 제시된 부분에서는 '현재'에 일어나고 있는 사건을 시간의 흐름에 따
라 서술하고 있다.

② 이 글은 1인칭 주인공 시점을 취하고 있다. 작품 속 인물이 다른 인물
을 관찰하여 서술하는 것은 1인칭 관찰자 시점이다.

④ 이 글에서는 '나'와 점순이 사이의 갈등을 해학적인 말투로 전달하고
있다.

⑤ '요년', '눈깔' 등의 비속어를 사용하고 있으나, 이를 통해 점순이에 대
한 친근감이 아니라 '나'의 부정적 감정을 드러내고 있다.

06 작품의 내용 파악

답 ④

'나'가 '단매'로 점순네 닭을 때려죽임으로써 '나'와 점순이의 갈
등은 최고조(절정)에 이르지만, 화해로 마무리되므로 '단매'가
새로운 갈등을 불러일으키고 있다는 설명은 적절하지 않다.

✔ 오답 챙기기

① ㉠의 '쌈'은 '닭싸움'으로, 감자를 거절한 '나'를 괴롭히기 위한 점순이
의 의도가 담겨 있다.

② ㉡의 '우리 수탉'은 점순네 수탉에 의해 공격당하는 대상으로, 점순이
는 감자를 거절한 '나'에 대한 원망을 '우리 수탉'을 괴롭힘으로써 표
현하고 있다.

③ ㉢의 '여우 새끼'는 점순이를 빗댄 말로, '우리 수탉'을 괴롭혀 '나'를
괴롭게 만드는 점순이에 대한 '나'의 부정적인 감정이 담겨 있다.

⑤ ㉤의 '울음'은 점순네 닭을 죽이고 나서 '인젠 땅이 떨어지고 집도 내
쫓기고 해야 될는지 모른다.'라고 생각하는 '나'의 불안한 심리를 보여
준다.

07 인물의 성격과 심리 파악 인물 제시 방법

답 ③

'한편 일을 저질렀으니'는 '나'가 점순네 닭을 죽인 일을 나타내
는 것으로, '나'의 불안한 마음이 담겨 있는 표현이다.

✔ 오답 챙기기

① 감자를 거절한 이후에 점순이가 계속 닭싸움을 붙이는 것은 '나'에 대
한 원망의 표현이자 끊임없는 관심의 표현이라 할 수 있다.

② "누 집 닭인데?"라는 점순이의 말은 '나'가 마름 집의 닭을 죽였다는
의미를 드러내어 '나'에게 걱정과 불안감을 느끼게 한다.

④ "내 자꾸 못살게 굴 테니!"는 자신의 마음을 알아주기를 바라는 점순
이의 적극적이고 당돌한 성격을 보여 준다.

⑤ "그래그래, 인젠 안 그럴 테야!"라는 '나'의 대답은 '뭘 안 그러는지 명
색도 모르'고 위기를 모면하기 위해 무턱대고 하는 대답으로, '나'가
어리숙하고 눈치 없는 인물임을 드러낸다.

08 소재의 의미와 기능 파악

답 화해

'동백꽃'은 향토적이고 서정적인 분위기를 형성하며, '나'와 점
순이가 극적으로 화해하는 분위기를 조성한다. 또 '나'와 점순
이 사이에 생긴 풋풋한 사랑의 감정을 감각적으로 표현한다.

📖 본문 085쪽

🔦 어휘 확인

1 무안   **2** 호의   **3** 해학   **4** 빈사   **5** 소작농

11 일차 순행적·역순행적 구성 / 액자식 구성

순행적·역순행적 구성 판단하기 1. '닭이 우니' 2. 어제(어저께)

[필수 개념 ❶] (1) 시간의 흐름에 따라 (2) 역순행적 구성

🖊 **개념 적용하기** 순행적, 시간의 흐름, 역순행적, 과거

액자식 구성 판단하기 1. 2 2. ✕

[필수 개념 ❷] ①

🖊 **개념 적용하기** 액자식, 내부 이야기

[필수 개념 ❶] ## 순행적·역순행적 구성

📄 (1) 시간의 흐름에 따라 (2) 역순행적 구성

가 심청전 | 작자 미상

작품 해설 판소리 〈심청가〉가 널리 인기를 얻게 되자 그 사설을 이야기로 만든 판소리계 소설이다. 심청의 효심을 그리고 있는 작품으로, 심청의 출생과 성장, 고난의 과정과 행복한 결말을 그리고 있다. 앞을 보지 못하는 아버지를 위해 심청이 자신을 희생하는 모습을 통해 부모에 대한 지극한 효성을 보여 주고 있으며, 그로 인해 심청이 황후가 되고 심 봉사가 눈을 뜨는 것을 통해 인과응보를 보여 주고 있다.

주제 부모에 대한 지극한 효심과 인과응보

전체 줄거리

[발단] 심청의 어머니 곽씨 부인이 심청을 낳은 뒤 죽고, 심청의 아버지 심학규는 앞을 못 보는 맹인으로 이웃 여인들에게 젖동냥을 하여 심청을 키운다. 심청이 자라 여러 집에 품을 팔아 심 봉사를 봉양하는데, 심 봉사는 공양미 삼백 석을 시주하면 눈을 뜰 수 있다는 화주승의 말에 그렇게 하겠다고 약속을 한다.

[전개] 심청은 남경으로 장사를 다니는 뱃사람들이 처녀를 제물로 사고자 한다는 말을 듣고 공양미 삼백 석을 마련하기 위해 자신의 몸을 제물로 팔기로 한다. 뱃사람들을 따라가는 날 심 봉사가 이 사실을 알게 되어 심청을 말리지만, 심청은 뱃사람들을 따라 떠난다.

[위기] 심청은 인당수에 몸을 던지고, 바다가 잔잔해지자 뱃사람들은 장사를 하러 떠난다.

[절정] 인당수에 빠진 심청의 효성을 아름답게 여긴 옥황상제가 심청을 살려 보내기로 한다. 심청은 용궁에서 죽은 어머니 곽씨 부인을 만난 후 아름다운 연꽃 속에서 다시 환생한다. 장사를 마치고 오던 뱃사람들은 바다에 핀 아름다운 연꽃을 보고 이를 꺾어 황제에게 바치고, 심청은 황제와 혼인한다.

[결말] 황후가 된 심청은 아버지를 그리워하며 전국의 맹인들을 위로하는 잔치를 연다. 맹인 잔치에 마지막으로 나타난 심 봉사는 심청을 만나 눈을 뜨게 된다.

📑 **작품 꼼꼼 강의**

[전개] 천지가 사정없어 이윽고 닭이 우니 심청이 하릴없어,

"닭아 닭아, 우지 마라. 제발 넉분에 우시 마라. 반야 신관
에서 닭 울음 기다리던 맹상군이 아니로다. 네가 울면 날
<u>이 새고, 날이 새면 나 죽는다. 죽기는 섧잖아도 의지 없</u>
진나라 관문을 탈출하기 위해 새벽을 기다리던 맹상군과 자신의 처지가 다름을 의미함
대구법, 연쇄법

는 우리 아버지 어찌 잊고 가잔 말이냐?"
자신이 죽고 나면 혼자 남게 될 아버지에 대한 걱정, 설의법
어느덧 동방이 밝아 오니, 심청이 아버지 진지나 마지막
시간의 경과
지어 드리리라 하고 문을 열고 나서니, 벌써 뱃사람들이 사
립문 밖에서,

"오늘이 배 떠나는 날이오니 수이 가게 해 주시오."
빨리, 곧
하니, 심청이 이 말을 듣고 얼굴빛이 없어지고 손발에 맥이
아버지와 헤어져 죽으러 떠나야 하는 상황에 대한 심청의 심리 - 간접 제시
풀리며 목이 메고 정신이 어지러워 뱃사람들을 겨우 불러,

"여보시오 선인네들, 나도 오늘이 배 떠나는 날인 줄 이미
알고 있으나, 내 몸 팔린 줄을 우리 아버지가 아직 모르십
심청의 처지를 모르는 심 봉사
니다. 만일 아시게 되면 지레 야단이 날 테니, 잠깐 기다
리면 진지나 마지막으로 지어 잡수시게 하고 말씀 여쭙고
떠나게 하겠어요."

▶ 공양미 삼백 석을 구하기 위해 뱃사람들에게 팔린 심청

나 봄·봄 | 김유정

작품 해설 혼인을 핑계로 3년 7개월 동안 일만 시키는 교활한 장인과 그런 장인에게 반발하면서도 끝내 이용당하는 순박하고 어리숙한 '나'의 갈등을 해학적으로 그리고 있는 작품이다. 현재와 과거를 오가는 역순행적 구성으로 '장인님'과 '나' 사이의 갈등을 긴장감 있게 고조시키다가 갑작스런 역전에 의해 화해하는 결말을 보여 준다. '봄'이라는 계절적 배경과 토속적이고 향토적인 서정이 두드러지는 공간적 배경을 중심으로 혼인하기를 원하는 남녀 간의 순박한 애정을 해학적으로 그려 내고 있다.

주제 성례(혼인)를 둘러싼 데릴사위와 장인 간의 갈등

전체 줄거리

[발단] '나'는 점순이와 성례를 올려 준다는 장인의 말만 믿고 3년 7개월이나 대가도 없이 머슴으로 일한다. 그러나 장인은 점순이의 키가 아직 다 자라지 않았다는 핑계로 계속 혼인을 미룬다.

[전개] '나'는 점순이의 충동질로 장인에게 반항하고, 구장을 찾아가 중재를 호소하지만 구장 역시 자기 이익을 생각해 장인의 편을 든다.

[절정] '나'는 장인에게 성례 문제를 따지다가 장인과 몸싸움을 벌이는데, '나'의 편을 들 줄 알았던 점순이가 아버지 편을 드는 것을 보고 충격을 받는다.

[결말] 장인이 가을에 꼭 성례를 시켜 주겠다며 달래자 '나'는 신이 나서 다시 일을 하러 나간다.

📑 **작품 꼼꼼 강의**

[전개] 그래 내 어쩌께 싸운 것이지 결코 장인님이 밉다든가
과거의 사건 - 역순행적 구성
해서가 아니다.

모를 붓다가 가만히 생각을 해 보니까 또 승겁다. 이 벼가
못마땅하다
자라서 점순이가 먹고 좀 큰다면 모르지만 그렇지도 못할 걸
장인님은 점순이의 키가 크지 않아 혼인을 시킬 수 없다고 함.
내 심어서 뭘 하는 거냐. 해마다 앞으로 축 거불지는 장인님
의 아랫배(가 너머 먹는 걸 모르고 내병이라나, 그 배)를 불
장인님을 위해서는 조금도 일하고 싶지 않은 '나'의 마음
리기 위하야 심으곤 조곰도 싶지 않다.

"아이구 배야!"
꾀병을 부리는 '나'

난 물 붓다 말고 배를 씨다듬으면서 그대루 논둑으로 기어올랐다. 그리고 겨드랑에 꼈던 벼 담긴 키를 그냥 땅바닥에 털썩 떨어치며 나도 털썩 주저앉았다. 일이 암만 바빠도 나 배 아프면 고만이니까. 아픈 사람이 누가 일을 하느냐. 파릇파릇 돋아 오른 풀 한 숲을 뜯어 들고 다리의 거머리를 쓱쓱 문대며 장인님의 얼굴을 쳐다보았다.

논 가운데서 장인님도 이상한 눈을 해 가지고 한참 날 노려보드니

"너, 이 자식, 왜 또 이래, 응?" / "배가 좀 아파서유!"
하고 풀 우에 슬며시 쓰러지니까 장인님은 약이 올랐다. 저도 논에서 철벙철벙 둑으로 올라오드니 잡은 참 내 멱살을 움켜잡고 뺨을 치는 것이 아닌가……

▶ 장인에 대한 반발심으로 꾀병을 부리는 '나'(어제)

(1) ㉮에서는 심청이 닭 우는 소리를 들으며 날이 새지 않기를 바라는 모습과, 날이 밝아 뱃사람들이 심청을 데리러 오는 모습이 시간의 흐름에 따라 나타나 있다.
(2) ㉯에서는 '그래 내 어저께 싸운 것이지 결코 장인님이 밉다든가 해서가 아니다.'라고 하면서 '나'가 '장인님'과 싸운 어제의 사건을 서술하는 역순행적 구성이 나타나 있다.

그 여자네 집 | 박완서

작품 해설 이 작품은 서술자인 '나'가 김용택의 시 〈그 여자네 집〉을 읽고 어렸을 적 고향 행촌리에 살았던 만득이과 곱단이의 아름답고도 비극적인 사랑을 회상하는 내용으로, 액자식 구성을 취하고 있다. 외부 이야기는 '현재, 서울'을 배경으로, 내부 이야기는 '과거 일제 강점기, 행촌리라는 이름의 휴전선 이북 마을'을 배경으로 전개된다. 작가는 일제 강점기와 6·25 전쟁이라는 역사적 시련에 의해 더없이 사랑스럽고 아름다운 두 사람이 헤어질 수밖에 없게 되는 비극을 그려 냄으로써 이러한 비극이 만득이와 곱단이에게만 국한된 것이 아니라 그 시기를 살았던 우리 민족 구성원 모두의 공통된 아픔과 상처라는 주제 의식을 드러낸다. 특히 이 작품은 일반적인 액자 소설이 '내부 이야기'에 초점을 두고 있는 것과 달리, 장만득과 '나'가 만나는 외부 이야기의 결말에서 주제가 드러난다는 점이 특징적이다.

주제 민족사의 비극이 개인의 삶에 끼친 상처

전체 줄거리

외부 이야기(발단) 북한 동포 돕기 시 낭송회에 참석해 달라는 권유를 받고 '나'는 김용택의 시 〈그 여자네 집〉을 떠올린다. 그 시는 옛날 고향에서의 만득이와 곱단이의 이야기를 떠올리는 계기가 된다.

내부 이야기

발단 만득이와 곱단이는 마을 사람들로부터 공인받은 사랑하는 사이로 모두 그들을 아름답게 여겼으며, 그들은 하늘이 정해 준 배필처럼 잘 어울리는 한쌍이었다.

전개 만득이와 곱단이가 흙다리를 건너 학교를 다니며 사랑을 키워 나가고 행촌리에서 읍내의 중학교에 다니는 유일한 학생인 만득이는, 청년들이 춘원 이광수에 심취하도록 하는 등 마을 청년들의 정신적 지주 노릇을 한다.

위기 태평양 전쟁이 일어나 중학교를 졸업하고 징병을 가게 된 만득이는 곱단이를 위해 혼인을 하지 않고 떠난다.

절정 정신대를 피하기 위해 곱단이는 군수 공장에 다니기 때문에 징병을 가지 않는다는 남자에게 시집을 간다. 그 남자는 부인이 아이를 낳지 못하자 내치고 곱단이와 재혼한 것이다.

결말 곱단이가 시집간 후 얼마 되지 않아 해방이 되고, 신의주로 시집간 곱단이는 다시는 집으로 돌아오지 못하게 된다. 만득이는 징용에서 돌아와 순애와 혼인하는 날 엉엉 운다.

외부 이야기(결말) 고향 행촌리는 휴전선에 의해 이북이 되고, '나'는 서울에서 실향민들을 위로하기 위해 열린 고향 군민회에서 장만득 씨 부부를 만나게 된다. 만득이의 부인인 순애는 '나'에게 평생 동안 남편이 곱단이를 잊지 못한다는 하소연을 한다. '나'는 순애가 죽고 난 후, 정신대 할머니 돕기 모임에서 만득 씨를 다시 만나 일제의 만행에 대한 그의 분노를 들으며 그에게 연민을 느끼게 된다.

☑ 작품 꼼꼼 강의

외부 이야기(발단) 내가 《녹색 평론》에서 그 시를 처음 읽고 깜짝 놀란 것은, 이건 바로 우리 고향 마을과 곱단이와 만득이 이야기다 싶었기 때문이다. 지금은 칠순이 훨씬 넘은 장만득 씨는 아직도 문학 청년 기질을 가지고 있다. 불과 몇 년 전까지만 해도 신춘 문예 철만 되면 가슴이 울렁거린다고 했다. 가슴이 울렁거린 게 아니라 응모도 해 봤으리라고 나는 넘겨짚고 있다. 그 울렁거림이 얼마나 참을 수 없는 울렁거림이라는 걸 알고 있기 때문이다. 만일 그 시가 김용택이라는 유명한 시인의 시가 아니라 처음 들어 보는 시인의 시였다면 나는 장만득 씨가 가명으로 등단을 했으리란 걸 의심치 않았을 것이다. 나는 그 시를 읽고 또 읽었다. 처음에 희미했던 영상이 마치 약물에 담근 인화지처럼 점점 선명해졌다. 숨어 있던 수줍은 아름다움까지 낱낱이 드러내자, 나는 마침내 그리움과 슬픔으로 저린 마음을 주체할 수가 없어서 혼자서 느릿느릿 포도주 한 병을 비웠다.

▶ 김용택 시인의 시를 읽고 곱단이와 만득이의 이야기를 떠올림.

내부 이야기(발단) 곱단이는 범강장달이 같은 아들을 내리 넷이나 둔 집의 막내딸이자 고명딸이었다. 부지런한 농사꾼 아버지와 착실한 아들들은 가을이면 우리 마을에서 제일 먼저 이엉을 이었다. 다섯 장정이 휘딱 해치울 일이건만 제일 먼저 곱단이네 지붕에 올라앉아 부산을 떠는 건 만득이였다. 만득이는 우리 동네의 유일한 읍내 중학생이라 품앗이 일에서는 저절로 제외되곤 했건만, 곱단이네가 일손이 모자라는 집도 아닌데 제일 먼저 달려들곤 했다. 곱단이 작은오빠하고 만득이는 친구 사이였다. 그래도 마을 사람들은 만득이가 곱단

이네 집 일이라면 발 벗고 나서고 싶어 하는 게 친구네 집이
라서가 아니라 그 여자, 곱단이네 집이기 때문이라는 걸 알
고 있었다. 부엌에서 더운 점심을 짓느라 연기가 곧게 올라
가는 따뜻한 가을날, 곱단이네 지붕에 제일 먼저 뛰어올라
깃발처럼 으스대는 만득이를 보고 동네 노인들은 제 색시가
<u>의기양양한 만득이의 모습. 직유법</u>
고우면 처갓집 말뚝에도 절을 한다더니만, 하고 혀를 찼지만
<u>속담을 활용해 곱단이에 대한 만득이의 애정을 드러냄.</u>
그건 곧 만득이가 곱단이 신랑이 되리라는 걸 온 동네가 다
<u>마을 사람들은 만득이와 곱단이가 당연히 혼인하게 될 것이라고 생각함.</u>
공공연하게 인정하고 있다는 증거였다.
▶ 마을 사람들 모두가 인정하는 곱단이와 만득이의 사랑

이 글은 서술자인 '나'가 김용택 시인의 시를 읽고 놀란 현재
의 이야기(외부 이야기) 속에 곱단이와 만득이의 과거 이야기
(내부 이야기)를 담고 있는 액자식 구성을 취하고 있다. 따라서
'나'가 떠올린 곱단이와 만득이의 이야기는 '내부 이야기'이다.

✅ 오답 챙기기

② '처음에 희미했던 영상이 마치 약물에 담근 인화지처럼 점점 선명해
졌다.'를 통해 '나'가 《녹색 평론》에서 읽은 시를 계기로 곱단이와 만
득이의 사연을 뚜렷하게 떠올려 이야기를 하게 되었음을 알 수 있다.

11 일차 _{실전} 순행적·역순행적 구성 / 액자식 구성

01 ④	02 ③	03 ②

04 ㉠: ⓐ → ⓓ → ⓔ → ⓒ → ⓑ, ㉡: 역순행적 구성　05 ①

06 ④	07 ④	08 산업화(도시화)

🏷 **개념 적용하기** 　역순행적, 공간

🔍 **작품 한눈에** 　노새, 관찰자

01 ~ 04

노새 두 마리 | 최일남

작품 해설 이 작품은 1970년대 산업화·도시화 시대에 고향을 떠나 도
시로 이주한 가족이 도시에 적응하는 과정 속에서 겪는 일을 '노새'를
통해 그려 내고 있다. 작가는 자동차가 달리는 도시 속에서 노새를 끌
고 연탄 배달을 하는 아버지를, 힘들게 마차를 끌다가 결국 도망친 '노
새'와 동일시함으로써 시대의 흐름에 뒤처진 인물의 불행한 삶을 상징
적으로 보여 주고 있다. 그리고 1인칭 관찰자인 '나'를 통해 고단한 삶
을 살아가는 아버지의 모습에 연민의 시선을 보내면서, 도시에 적응하
지 못하는 도시 이주민의 고달픔과 소외감을 부각시키고 있다.

주제 시대 변화에 적응하지 못하는 도시 빈민의 고달픈 삶

전체 줄거리

발단 '나'는 노새에 연탄을 싣고 배달하는 아버지를 따라다니며 배달
일을 돕는다. 새 동네가 들어서면서 연탄 배달 주문이 많아지고 새 동
네 사람들은 '나'가 살고 있는 구동네 사람들과 달리 노새를 보면 많은
관심을 보인다.

전개 우리 집 노새는 2년 전에 아버지가 말과 바꾼 것이다. 오늘 우리
집에는 노새가 없다. 어제 배달을 가던 중 가파른 골목길을 올라가다가
마차에서 풀린 노새가 달아났다. '나'와 아버지는 다른 방향으로 헤어져
노새를 찾으러 가지만 찾지 못한다.

위기 어젯밤, '나'는 노새가 큰길로 나가 시장을 뛰어다니며 사람들을
놀라게 하고 동네를 난장판으로 만든 뒤 고속도로로 나가 멀리 달아나
는 꿈을 꾼다. 오늘 '나'는 아침 일찍 아버지와 함께 다시 노새를 찾으
러 나간다.

절정 노새를 찾지 못한 '나'와 아버지는 해가 질 무렵 동물원으로 들어서
고 그곳에서 '나'는 아버지가 노새와 닮았다고 생각한다. 집으로 가던 중
술집에 들린 아버지는 술을 마시며 자신이 노새가 되겠다고 말한다.

결말 집으로 돌아온 아버지에게 어머니는 노새가 사람들을 다치게 하
고 물건들을 박살 내어 경찰이 찾아왔었다고 알려 준다. 이 말을 들은
아버지는 말없이 밖으로 나가고, '나'는 아버지를 찾아 어두운 골목을
뛰어다닌다.

📑 **작품 꼼꼼 강의**

전개 『가엾게도 노새는 원래 회색빛이었는데도 우리 집에 온
<u>2년 전에 우리 집으로 옴.</u>
뒤로는 차츰 연탄 때가 묻어 검정빛으로 변해 갔다. 엉덩이께
『 <u>연탄 마차를 모는 노새의 모습을 묘사함.(고달픈 노새의 모습을 시각적으로 표현)</u>
는 물론 갈기도 까맣게 연탄 가루가 앉아 있었다. 내가 깜냥
<u>스스로 일을 헤아림. 또는 헤아릴 수 있는 능력</u>
으로는 지성스럽게 털어 주고 닦아 주고 하는데도, 연탄 때
<u>노새에게 정성을 다함.</u>
는 속살까지 틀어박히는지 닦아 줄 때만 조금 희끗하다가

한바탕 배달을 갔다 오면 도로 그 모양이었다. 하지만 노새
도 내 그런 정성을 짐작은 하는지, 멍청히 서 있다가도 내가
가까이 가면 고개를 위아래로 흔들어 아는 체를 했다. 그랬
는데 그 노새가 오늘은 우리 집에 없다.
　　노새가 갑자기 달아난 건 어저께 일이었다. 아버지는 연탄
을 실은 뒤 노새의 고삐를 잡고 나는 그냥 뒤따르고 있었다.
내가 뒤따르는 것은 아버지에게 큰 도움이 못 되고 하릴없이
따라다니기만 할 뿐이었다. 　　　　▶ 노새가 달아난 사건에 대한 회상

(중략)

　　그 가파른 골목길 어귀에 이르자 아버지는 미리서 노새
고삐를 낚아 잡고 한달음에 올라갈 채비를 하였다. 그러나
어쩐 일인지 다른 때 같으면 사백 장 정도 싣고는 힘 안 들
이고 올라설 수 있는 고개인데도 이날따라 오름길 중턱에서
턱 걸리고 말았다. 아버지는 어, 하는 눈치더니 고삐를 거머
쥐고 힘껏 당겼다. 이마에 힘줄이 굵게 돋았다. 얼굴이 빨개
졌다. 나는 얼른 달라붙어 죽어라고 밀었다. 그러나 길바닥
에는 살얼음이 한 겹 살짝 깔려 있어서 마차를 미는 내 발도
줄줄 미끄러져 나가기만 했다. 노새는 앞뒤 발을 딱딱 소리
를 낼 만큼 힘껏 땅을 밀어냈으나 마차는 그때마다 살얼음
위에 노새의 발자국만 하얗게 긁힐 뿐 조금도 올라가지 않
았다. 아직은 아래쪽으로 밀려 내리지 않고 제자리에 버티
고 선 것만도 다행이었다. 사람들이 몇 명 지나갔으나 모두
쳐다보기만 할 뿐 아무도 달라붙지는 않았다. 그전에도 그
랬다. 사람들은 얼핏 도와주고 싶은 생각이 났다가도, 상대
가 연탄 마차인 것을 알고는 감히 손을 내밀지 못했다. 도대
체 어디다 손을 댄단 말인가. 제대로 하자면 손만 아니라 배
도 착 붙이고 밀어야 할 판인데 그랬다간 옷을 모두 망치지
않겠는가. 옷을 망치면서까지 친절을 베풀 사람은 이 세상엔
없다고 나는 믿어 오고 있다. 그건 그렇고, 그런 시간에도
마차는 자꾸 밀려 내려오고 있었다. 돌을 괴려고 주변을 살
펴보았으나 그만한 돌이 얼른 눈에 띄지 않을뿐더러, 그나마
나까지 손을 놓으면 와르르 밀려 내려올 것 같아서 손을 뗄
수가 없었다. 아버지는 평소의 그답지 않게 사정없이 노새에
게 매질을 해댔다.
　　"이랴, 우라질 놈의 노새, 이럇!"
　　노새는 눈을 뒤집어 까다시피 하면서 바득바득 악을 써댔
으나 판은 이미 그른 판이었다. 그때였다. 노새가 발에서 잠
간 힘을 빼는가 싶더니 마차가 아래쪽으로 와르르 흘러내렸
다. 뒤미처 노새가 고꾸라지고 연탄 더미가 데구루루 무너졌
다. 아버지는 밀려 내려가는 마차를 따라 몇 발짝 뒷걸음질
을 치다가 홀랑 물구나무 서는 꼴로 나자빠졌다.
　　　　　　　　　　　　▶ 연탄 마차가 미끄러지며 넘어진 아버지

01 작품의 구성 방식 파악　순행적·역순행적 구성　　　　답 ④

'그 노새가 오늘은 우리 집에 없다. / 노새가 갑자기 달아난 건
어저께 일이었다.'로 보아, 서술자인 '나'는 현재 시점에서 어제
의 일을 회상하여 사건을 서술하고 있다.

✓ 오답 챙기기

① 액자식 구성이 아니라 역순행적 구성을 통해 사건을 전개하고 있다.

② 시간의 흐름에 따라 사건이 진행되고 있지 않으며, 현재에서 과거로
거슬러 올라가 사건을 전개하고 있다.

③ 서술자가 작품 밖이 아니라 작품 안에서 사건을 관찰하여 전달하는
1인칭 관찰자 시점을 취하고 있다.

⑤ '나'의 서술을 통해 노새가 골목길을 오르지 못해 쩔쩔매는 아버지와
'나'의 상황이 제시되고 있다.

02 작품의 내용 파악　　　　답 ③

'돌을 괴려고 주변을 살펴보았으나 그만한 돌이 얼른 눈에 띄
지 않을뿐더러, 그나마 나까지 손을 놓으면 와르르 밀려 내려
올 것 같아서 손을 뗄 수가 없었다.'를 통해 '나'가 마차에서 손
을 뗄 수 없었음을 알 수 있으므로 '나'가 마차가 미끄러지지 않
도록 돌을 찾아 마차에 괴었다는 것은 적절하지 않다.

✓ 오답 챙기기

① '엉덩께는 물론 갈기도 까맣게 연탄 가루가 앉아 있었다. 내가 깜냥으
로는 지성스럽게 털어 주고 닦아 주고 하는데도'를 통해 '나'가 노새
의 갈기에 묻은 연탄 가루를 털어 주곤 하였다는 것을 알 수 있다.

② '아버지는 연탄을 실은 뒤 노새의 고삐를 잡고 나는 그냥 뒤따르고 있
었다. 내가 뒤따르는 것은 아버지에게 큰 도움이 못 되고 하릴없이
따라다니기만 할 뿐이었다.'를 통해 '나'가 아버지와 함께 연탄 배달을
하러 가기도 했음을 알 수 있다.

④ '아버지는 평소의 그답지 않게 사정없이 노새에게 매질을 해댔다.'를
통해 아버지가 평소와 달리 노새가 힘을 내도록 심하게 매질을 하였
음을 알 수 있다.

⑤ '아버지는 밀려 내려가는 마차를 따라 몇 발짝 뒷걸음질을 치다가 홀랑
물구나무 서는 꼴로 나자빠졌다.'를 통해 아버지가 골목길 아래로 미끄
러지는 마차를 따라 뒷걸음질 치다가 뒤로 넘어졌음을 알 수 있다.

03 작품 감상의 적절성 평가　　　　답 ②

'가파른 골목길'은 아버지가 처한 힘든 상황을 상징적으로 드러
내는 공간이다. 근대화와 도시화가 진행되던 1970년대 사회의
모습은 〈보기〉에서 언급한 '삼륜차'를 통해 드러나는데, 이는
작품의 결말 부분에서 등장하는 '발전'과 '속도'의 의미를 지닌
'자동차', '비행기' 등의 소재를 통해 드러난다.

✓ 오답 챙기기

① '살얼음'은 시간적 배경이 겨울임을 보여 주며, 아버지의 상황을 더
어렵게 하고 있다.

③ 삼륜차가 등장한 시대에 '노새'가 끄는 '마차'로 연탄 배달을 하는 아
버지는 사회 변화의 흐름에 뒤처진 인물임을 보여 준다.

④ 연탄 배달 마차가 미끄러지지 않도록 '이마에 힘줄이 굵게 돋'고 '얼굴이 빨개'지도록 노새의 고삐를 당기는 아버지의 모습은 육체노동을 하는 도시 빈민의 고단한 삶을 보여 준다.

⑤ '옷을 망치면서까지 친절을 베풀 사람은 이 세상엔 없다고 나는 믿어 오고 있다.'를 통해 도시의 각박하고 냉혹한 세태를 알 수 있으므로, '쳐다보기만 할 뿐' 아버지를 도와주지 않고 지나쳐 간 사람들은 아버지를 둘러싼 냉혹한 현실의 모습을 보여 준다.

04 작품의 구성 방식 파악 순행적·역순행적 구성

답 ㉠: ⓐ → ⓓ → ⓔ → ⓒ → ⓑ, ㉡: 역순행적 구성

사건이 발생한 순서는 '노새가 우리 집에 옴.(ⓐ)' → '어제 '나'와 아버지가 노새를 끌고 연탄 배달을 하러 감.(ⓓ)' → '노새가 끄는 마차가 가파른 골목의 오르막을 올라가지 못하고 미끄러짐.(ⓔ)' → '어제 노새가 달아남.(ⓒ)' → '오늘은 우리 집에 노새가 없음.(ⓑ)'으로 나타낼 수 있다. 이 글과 같이 현재(오늘)에서 과거(어제)로 거슬러 올라가 사건을 전개하는 구성 방식을 '역순행적 구성'이라고 한다.

꿀단지 사건의 발생 순서 파악

'순행적 구성'과 '역순행적 구성'은 사건이 일어난 순서대로 전개되느냐에 따라 나눈 구성 방식이다. 사건의 발생 순서를 파악하기 위해서는 사건과 사건 사이를 연결할 수 있어야 한다. 지문에서 노새가 달아나는 장면이 제시되지 않았지만 마차가 미끄러질 때까지는 노새와 함께 있었으므로 노새가 달아난 것은 마차가 미끄러진 이후에 일어난 일임을 짐작할 수 있다.

05 ~ 08

작품 꼼꼼 강의

절정 술집 안에는 사람들이 가득 차서 와와 떠들어 대고 있
노새를 찾지 못하고 집으로 돌아가다 들른 곳
었다. 돼지고기를 굽는 냄새, 찌개 냄새, 김치 냄새가 집 안
배가 고픈 '나'가 술집 안의 분위기를 냄새로 표현함.
에 가득했다. 사람들은 우리를 의아스런 눈초리로 쳐다보았
술집에 어린아이를 데리고 왔으므로 사람들이 쳐다봄.
으나 이내 시선을 거두고 자기들의 얘기 속으로 다시 들어갔
'나'와 아버지에게 관심이 없는 사람들의 모습
다. 나는 들어가자마자 그 냄새를 힘껏 들이마셨다. 쓰러질
허기를 달래기 위한 '나'의 행동
것 같았다. 아버지는 소주 한 병과 안주를 시키더니 안주는
내 쪽으로 밀어 주고 술만 거푸 마셔 댔다.
아버지의 괴로운 심정 – 간접 제시

(중략)

『"이제부터 내가 노새다. 이제부터 내가 노새가 되어야지
『♪: 노새가 하던 일을 직접 하겠다는 아버지의 의지가 드러남. – 가장으로서의 책임감
별수 있니? 그놈이 도망쳤으니까 이제 내가 노새가 되는
거지."

기분 좋게 취한 듯한 아버지는 놀라는 나를 보고 히힝 한
번 웃었다. 나는 어쩐지 그런 아버지가 무섭지만은 않았다.
그러면 형들이나 나는 노새 새끼고, 어머니는 암노새고, 할
머니는 어미 노새가 되는 것일까? 나도 아버지를 따라 히
히힝 웃었다. 어른들은 이래서 술집에 오는 모양이었다. 나
괴로움을 이겨 낼 수 있어서

는 안주만 집어 먹었는데도 술 취한 사람마냥 턱없이 즐거웠
세상을 긍정적으로 보는 '나'의 순수함이 드러남.
다. 노새 가족…… . 노새 가족은 우리 말고는 이 세상에 또
힘든 노새의 삶을 체감하지 못하는 '나'의 순수함
없을 것이다.
▶ 달아난 노새 대신 자신이 노새가 되어 살겠다고 밝히는 아버지

결말 그러나 그러한 생각은 아버지와 내가 집에 당도했을
노새 가족이 되었다는 생각
때 무참히 깨어지고 말았다. 우리를 본 어머니가 허둥지둥
달려 나와 매달렸다.

"이걸 어쩌우, 글쎄 경찰서에서 당신을 오래요. 노새가 사
람을 다치고 가게 물건들을 박살을 냈대요. 이걸 어쩌지."
노새가 사람들에게 입힌 피해

"노새는 찾았대?"

"찾고나 그러면 괜찮게요? 노새는 간데온데없고 사람들
만 다치고 하니까, 누구네 노새가 그랬는지 수소문 끝에
우리 집으로 순경이 찾아왔지 뭐유."
세상에 떠도는 소문을 두루 찾아 살핌.

오늘 낮에 지서에서 나온 사람이 우리 노새가 튀는 바람
아버지의 힘든 상황을 고려하지 않는 냉정하고 야박한 현실
에 많은 피해를 입었으니 도로 무슨 법이라나 하는 법으로
아버지를 잡아넣어야겠다고 이르고 갔다는 것이었다. 아버
지는 술이 확 깨는 듯 그 자리에 선 채 한동안 눈만 데룩데
룩 굴리고 서 있더니 힝 하고 코를 풀었다. 그러고는 아무
뒤룩뒤룩. 크고 둥그런 눈알이 자꾸 힘있게 움직이는 모양
말 없이 스적스적 문밖으로 걸어 나갔다. 나는 '아버지' 하고
시적시적. 힘들이지 아니하고 느릿느릿 행동하거나 말하는 모양
따랐으나 아버지는 돌아보지도 않고 어두운 골목길을 나가
고 있었다.

나는 그 순간 또 한 마리의 노새가 집을 나가는 것 같은
아버지
착각을 일으켰다. 그러고는 무엇인가가 뒤통수를 때리는 것
'나'의 각성 → 시대 변화에 적응하지 못한 도시 빈민이 살아가기 어렵다는 깨달음
을 느꼈다. 아, 우리 같은 노새는 어차피 이렇게 비행기가
시대 변화에 적응하지 못하는 존재
붕붕거리고, 헬리콥터가 앵앵거리고, 자동차가 빵빵거리고,
□ : 구시대적인 교통수단, '노새와 대조됨.
자전거가 쌩쌩거리는 대처에서는 발붙이기 어려운 것인가
도회지
하는 생각이 들었다. 언젠가 남편이 택시 운전사인 칠수 어
머니가 하던 말,
시대에 뒤떨어짐.

『"최소한도 자동차는 굴려야지 지금이 어느 땐데 노새를
산업화·도시화로 변화되고 있는 시대임.
부려."
『♪: 노새가 구시대적 삶의 수단이라는 의미
했다는 말이 생각났다. 그러나 그것은 잠깐 동안이고 나는
금방 아버지를 쫓았다. 또 한 마리의 노새를 찾아 캄캄한 골
아버지 – 힘들고 고단한 삶을 살아왔으며, 시대의 변화에 제대로 적응하지 못한 존재
목길을 마구 뛰었다. ▶ 집을 나간 아버지를 노새와 같다고 생각하는 '나'

05 공간적 배경의 의미 파악 답 ①

아버지는 '술집'에서 노새가 사라진 괴로운 현실을 술로 달래 보고자 한다. 즉 '술집'은 아버지가 노새를 잃은 상실감을 달래는 공간이라고 볼 수 있다.

오답 챙기기

② 아버지는 '술집'에서 노새가 사라진 상실감을 달래며 그 상황을 받아들이기 위해 술을 마시고 있을 뿐, 도망간 노새의 행방을 알게 되지는 않았다.

③ 아버지는 자신이 노새가 되어 가족을 책임지겠다고 말한다. 하지만 '나'가 아버지 대신 집안을 책임지겠다고 결심하는 내용은 이 글에 제시되어 있지 않다.

④ '나'는 '술집'에서 술이 취한 아버지를 따라 히히힝 웃고 있다. 이것은 아버지에 대한 '나'의 긍정적 감정을 보여 주는 것으로, '나'가 가난한 아버지에게 원망의 감정을 품고 있다고 볼 수 없다.

⑤ '나'가 아버지와 같은 삶을 살지 않겠다고 다짐하는 내용은 이 글에 제시되어 있지 않다.

06 구절의 의미 파악 답 ④

어머니의 말을 들은 아버지가 어두운 골목길을 나가고, '나'는 '또 한 마리의 노새'가 집을 나가는 것 같은 착각을 일으켰다고 하였으므로, '또 한 마리의 노새'는 아버지를 상징하는 것이라고 할 수 있다. 그러나 "찾고나 그러면 괜찮게요?"라는 어머니의 말을 통해 노새를 찾지 못한 상황임을 알 수 있으므로, '또 한 마리의 노새'가 붙잡힌 노새를 찾으러 경찰서로 간 아버지를 상징한다는 설명은 적절하지 않다.

✔ 오답 챙기기

① 아버지는 '그놈이 도망쳤으니까 이제 내가 노새가 되는 거지.'라고 하면서 자신이 노새가 되어 가족의 생계를 책임지겠다고 한다. 즉 이 작품의 제목인 '노새 두 마리'는 도망친 노새와 이를 대신해서 가족들의 생계를 책임져야 하는 아버지를 의미한다.

② '나'는 노새가 되겠다며 '히힝' 웃는 아버지를 따라 '히히힝' 웃으며 즐거워한다. 그리고 '노새 가족은 우리 말고는 이 세상에 또 없을 것'이라고 생각하는 모습을 통해 어린아이의 순진함과 천진난만함을 확인할 수 있다.

③ 도망간 노새가 사람을 다치게 하고 가게 물건들을 박살 내서, 지서에서 나온 사람이 아버지를 법에 따라 처리하겠다고 말하고 갔다는 내용을 통해 확인할 수 있다.

⑤ '우리 같은 노새는 ～ 대처에서는 발붙이기 어려운 것인가 하는 생각이 들었다.'를 통해 '우리 같은 노새'가 변화된 사회에 적응하지 못하고 소외된 존재를 상징한다는 것을 확인할 수 있다.

07 인물의 심리 파악 답 ④

시대에 맞지 않게 자동차를 굴리지 않고 노새를 부린다는 칠수 어머니의 말은 아버지의 처지를 동정하는 마음을 드러낸 것이 아니다. "지금이 어느 땐데 노새를 부려."와 연관해 볼 때, 남편이 택시 운전사인 칠수 어머니의 말은 시대에 뒤떨어진 아버지의 모습을 비판하는 것임을 알 수 있다.

✔ 오답 챙기기

① 술집에서 노새가 되겠다고 말하는 아버지의 모습에서 생계 수단인 노새를 잃어버렸지만 가장으로서 가족의 생계를 책임지고자 하는 마음을 엿볼 수 있다.

② 경찰서에서 아버지를 찾는다고 말하기 위해 허둥지둥 달려 나온 어머니의 모습에서 아버지와 앞으로 닥칠 일을 걱정하는 마음을 엿볼 수 있다.

③ 아버지가 노새를 찾았는지 어머니에게 묻는 모습에서 가족의 생계 수단인 노새를 찾기를 바라는 마음을 엿볼 수 있다.

⑤ 아버지는 노새가 입힌 피해를 법에 따라 처리하겠다는 순경의 말을 전해 듣고 말없이 어두운 골목길을 나가는데, 이는 노새로 인해 닥친 불행으로 인해 아버지가 또 다시 절망적인 상황에 빠지게 되었음을 의미한다. 이를 통해 볼 때, 말없이 집을 나간 아버지를 찾아 캄캄한 골목길을 마구 뛰어다니는 '나'의 모습은 아버지를 걱정하는 '나'의 마음을 보여 준다고 할 수 있다.

08 작품의 사회적 배경 파악 답 산업화(도시화)

ⓑ에서 이 작품의 사회적 배경을 짐작하게 하는 '지금'은 '노새'가 아니라 '자동차'가 어울리는 시대로, 앞부분에 제시된 '비행기가 붕붕거리고, 헬리콥터가 앵앵거리고, 자동차가 빵빵거리고, 자전거가 쌩쌩거리는 대처'와 연결해 볼 때, 산업화·도시화가 진행되고 있는 시기임을 알 수 있다.

어휘 확인 🔖 본문 095쪽

| 1 ㉠ | 2 ㉤ | 3 ㉢ | 4 ㉡ | 5 ㉣ |
| 6 ㉣ | 7 ㉢ | 8 ㉠ | 9 ㉤ | 10 ㉡ |

12 일차 · 필수 개념 · 암시 / 복선

📝 **암시 판단하기** 1. 어두운   2. 간접적 암시

[필수 개념 ❶] ③

🏷️ **개념 적용하기** 죽음, 암시

📝 **복선 판단하기** 1. ×   2. 소나기

[필수 개념 ❷] ④

🏷️ **개념 적용하기** 복선, 소나기

[필수 개념 ❶] **암시**　　　　　　　[답] ③

소나기 | 황순원

작품 해설 이 작품은 소년과 소녀의 순수하고 짧은 사랑의 감정을 초가을의 아름다운 자연을 배경으로 서정적으로 그리고 있다. 이 작품의 제목인 '소나기'는 소극적인 소년과 명랑하고 적극적인 소녀의 짧고 순수한 사랑을 나타낸다. 그러나 소나기로 인해 소녀가 죽음을 맞게 되므로 '소나기'는 비극적 결말의 원인이 되기도 한다. 간결한 문장과 서정적 분위기, 상징적 소재, 암시와 복선 등을 통해 소년과 소녀의 사랑을 시적으로 그려 낸 작품이다.

주제 소년과 소녀의 짧고 순수한 사랑

전체 줄거리

[발단] 소년은 징검다리에서 물장난하는 소녀에게 비켜 달라는 말을 하지 못하고 소녀는 소년에게 조약돌을 던진다. 조약돌을 주운 소년은 다음 날 소녀를 기다리지만 소녀가 다가오자 부끄러움에 자리를 피한다.

[전개] 며칠 뒤 소녀가 먼저 소년에게 말을 걸고 둘은 산 너머에 가기로 한다. 소년과 소녀는 가을 논을 따라 달리기도 하고 무밭에서 무를 뽑아 먹기도 한다. 소년은 꽃묶음을 소녀에게 주고, 소녀의 생채기도 치료해 준다. 그리고 소녀에게 잘 보이기 위해 송아지를 타기도 한다.

[위기] 산을 내려오는 중에 갑자기 소나기를 만난 소년과 소녀는 원두막에서 비를 피한다. 비가 새자 소년은 소녀를 위해 수숫단을 세워 비를 피하도록 한다. 소나기가 그친 후 물이 불어난 도랑을 소년이 소녀를 업고 건너간다.

[절정] 소나기로 며칠 동안 앓아누웠던 소녀는 개울가에서 소년을 만나 대추를 건네주고 이사를 가게 될 것이라고 전한다. 소년은 소녀에게 주기 위해 밤에 몰래 덕쇠 할아버지네 호두를 딴다.

[결말] 소년은 윤 초시네 집 제사에 닭을 가져다주러 갔던 아버지와 어머니의 대화를 통해 소녀가 죽었으며, 죽기 전에 자기가 입던 옷(분홍 스웨터)을 꼭 그대로 입혀서 묻어 달라고 했다는 것을 듣게 된다.

📺 작품 꼼꼼 강의

[전개] 산이 가까워졌다.
_{공간의 이동}

단풍잎이 눈에 따가웠다.
_{공감각적 표현(시각의 촉각화)}

"야아!"

소녀가 산을 향해 달려갔다.

이번은 소년이 뒤따라 달리지 않았다. 그러고도 곧 소녀보다 더 많은 꽃을 꺾었다.

"이게 들국화, 이게 싸리꽃, 이게 도라지꽃……."
_{계절감을 느끼게 하는 소재}

"도라지꽃이 이렇게 예쁜 줄은 몰랐네. 난 보랏빛이 좋아!
…… 그런데 이 양산같이 생긴 노란 꽃이 뭐지?"
_{소녀의 비극적 운명을 암시함.}

"마타리꽃."

소녀는 마타리꽃을 양산 받듯이 해 보인다. 약간 상기된 얼굴에 살포시 보조개를 떠올리며.

다시 소년은 꽃 한 옴큼을 꺾어 왔다. 싱싱한 꽃가지만 골라 소녀에게 건넨다.
_{소녀를 위하는 소년의 마음}

그러나 소녀는,

"하나도 버리지 마라."　　　▶ 소녀에게 꽃을 꺾어 주는 소년
_{소년의 정성에 대한 고마움}

(중략)

[절정] 소녀가 분홍 스웨터 앞자락을 내려다본다. 거기에 검붉은 진흙물 같은 게 들어 있었다.
_{소년과 소녀가 나눈 추억의 흔적}

소녀가 가만히 보조개를 떠올리며,

"그래 이게 무슨 물 같니?"

소년은 스웨터 앞자락을 바라다보고 있었다.

"내, 생각해 냈다. 그날 도랑을 건너면서 내가 업힌 일이 있지? 그때 네 등에서 옮은 물이다."
_{결말 부분에서 소녀가 유언으로 자기가 입던 옷을 그대로 입혀서 묻어 달라고 한 까닭과 연관됨.}

소년은 얼굴이 확 달아오름을 느꼈다.
_{소년의 부끄러움}　　▶ 진흙물이 든 소녀의 스웨터를 보고 부끄러워하는 소년

갈림길에서 소녀는,
_{소년과 소녀의 이별 암시}

"저, 오늘 아침에 우리 집에서 대추를 땄다. 낼 제사 지내려고……."
_{소년을 위하는 소녀의 마음}

대추 한 줌을 내준다. 소년은 주춤한다.

"맛봐라. 우리 증조할아버지가 심었다는데, 아주 달다."

소년은 두 손을 오그려 내밀며,

"참 알도 굵다!"　　　▶ 소녀가 소년에게 대추를 줌.

〈보기〉에서 작가는 특정한 색깔을 통해 소녀의 죽음을, 특정한 공간을 통해 소년과 소녀의 엇갈린 운명을 암시하고 있다고 하였다. '보랏빛'은 어둡고 우울한 느낌을 주며 죽음을 연상하게 하므로 '보랏빛'은 소녀의 비극적 죽음을 암시한다고 할 수 있다. '갈림길'은 여러 갈래로 갈린 길을 의미하므로 소년과 소녀의 이별, 소년과 소녀의 '엇갈린 운명'을 암시한다고 할 수 있다.

✅ 오답 챙기기

㉠ '산'은 소년과 소녀가 즐겁게 보낸 공간을 나타낸다.

㉢ '검붉은 진흙물'은 소년과 소녀가 함께 나눈 추억의 흔적을 의미한다.

㉣ '대추'는 소년에 대한 소녀의 마음을 보여 주는 소재이다.

☑ **작품 꼼꼼 강의**

위기 참 먹장구름 한 장이 머리 위에 와 있다. 갑자기 사면
이 소란스러워진 것 같다. 바람이 우수수 소리를 내며 지나
간다. 삽시간에 주위가 보랏빛으로 변했다.
　어둡고 불안한 분위기 조성 / 비극적 결말을 암시하는 복선 ①
　　　　산을 내려오는데 떡갈나무 잎에서 빗방울 듣는 소리가 난
다. 굵은 빗방울이었다. 목덜미가 선뜩선뜩했다. 그러자 대
번에 눈앞을 가로막는 빗줄기.　▶ 소나기가 내리기 시작함.
　갑자기 세차게 내리는 빗줄기의 모습(위기감 조성)
　　　　비안개 속에 원두막이 보였다. 그리로 가 비를 그을 수밖에.
　　　　그러나 원두막은 기둥이 기울고 지붕도 갈래갈래 찢어져
있었다. 그런대로 비가 덜 새는 곳을 가려 소녀를 들어서게
했다.
　　　　소녀는 입술이 파아랗게 질렸다. 어깨를 자꾸 떨었다.
　비극적 결말을 암시하는 복선 ②
　　　　무명 겹저고리를 벗어 소녀의 어깨를 싸 주었다. 소녀는
　소년의 적극적인 행동
비에 젖은 눈을 들어 한 번 쳐다보았을 뿐, 소년이 하는 대
로 잠자코 있었다. 그러고는 안고 온 꽃묶음 속에서 가지가
꺾이고 꽃이 일그러진 송이를 골라 발밑에 버린다.
　비극적 결말을 암시하는 복선 ③
　　　　소녀가 들어선 곳도 비가 새기 시작했다. 거기서 더 비를
그을 수 없었다.
　『밖을 내다보던 소년이 무엇을 생각했는지 수수밭 쪽으로
　『 : 소녀가 비를 맞지 않도록 수숫단으로 비를 피할 공간을 만들어 주는 소년
달려간다. 세워 놓은 수숫단 속을 비집어 보더니, 옆의 수숫
단을 날라다 덧세운다. 다시 속을 비집어 본다. 그러고는 이
쪽을 향해 손짓을 한다.』
　　　　수숫단 속은 비는 안 새었다. 그저 어둡고 좁은 게 안됐
　소년과 소녀가 더욱 가까워지는 공간
다. 앞에 나앉은 소년은 그냥 비를 맞아야만 했다. 그런 소
　　　　　　　　　　　소년의 헌신적인 태도
년의 어깨에서 김이 올랐다.
　　　　소녀가 속삭이듯이, 이리 들어와 앉으라고 했다. 괜찮다
고 했다. 소녀가 다시 들어와 앉으라고 했다. 할 수 없이 뒷
걸음질을 쳤다. 그 바람에 소녀가 안고 있는 꽃묶음이 망그
러졌다.　　　　비극적 결말을 암시하는 복선 ④
　　　　　　▶ 원두막과 수숫단 속에서 소나기를 피하는 소년과 소녀

（중략）

결말 남폿불 밑에서 바느질감을 안고 있던 어머니가,
　　　　"증손이라곤 계집애 그 애 하나뿐이었지요?"
　　　　　　　　　　　　　　　　　　소녀
　　　　"그렇지. 사내애 둘 있던 건 어려서 잃어버리고……."
　　　　"어쩌면 그렇게 자식 복이 없을까."
　　　　"글쎄 말이지. 이번 앤 꽤 여러 날 앓는 걸 약도 변변히 못
써 봤다더군. 지금 같아서는 윤 초시네도 대가 끊긴 셈이
지……. 그런데 참 이번 계집애는 어린 것이 여간 잔망스
럽지가 않아. 글쎄 죽기 전에 이런 말을 했다지 않아? 자
기가 죽거든 자기 입던 옷을 꼭 그대로 입혀서 묻어 달라
　소녀의 유언 - 소년과의 추억을 간직하고 싶어 하는 소녀의 마음이 나타남.
고……."　　　　　▶ 소녀의 죽음과 소녀가 남긴 유언

ⓐ의 비가 새지 않는 수숫단 속은 소녀가 비를 맞지 않도록 하
기 위해 소년이 만든 공간으로, 소녀에 대한 소년의 정성스러
운 마음을 보여 준다.

✓ **오답 챙기기**

① ⓐ의 '먹장구름'은 먹빛의 어두운 빛깔을 통해 어둡고 불안한 분위기
를 조성하므로 비극적인 결말을 암시하는 복선으로 기능한다고 볼
수 있다.

② ⓑ의 '삽시간에 주위가 보랏빛으로 변했다.'라는 것은 소녀가 좋아하
는 보랏빛을 떠올리게 하면서, 죽음과 슬픔의 이미지와 연결되어 비
극적 결말을 암시하는 복선으로 기능한다.

③ ⓒ의 파아랗게 질린 소녀의 입술은 소녀가 소나기로 인해 앓게 될 것
이며, 그로 인해 죽음을 맞게 되는 사건과 연결되어 비극적 결말을
암시하는 복선의 기능을 한다.

⑤ 이 글에서 '꽃'은 '소녀'와 동일시되는 대상이라고 볼 수 있다. 따라서
ⓔ에서 '꽃묶음이 망그러졌다'는 것은 소나기로 인한 소녀의 죽음을
암시하는 복선으로 기능한다고 볼 수 있다.

12 _{일차} 실전 암시 / 복선

01 ④ 02 ⑤ 03 ④ 04 머리에서 꽃이 떨어졌다.

05 ④ 06 ① 07 ② 08 ⓐ: 공습, ⓑ: 폭음

📝 **개념 적용하기** 암시, 1(일), 금반지

🔍 **작품 한눈에** 탐욕, 전쟁

---

01 ~ 04

기억 속의 들꽃 | 윤흥길

작품 해설 이 작품은 과거 회상의 형식을 통해 어린 '나'의 기억 속에 남아 있는 6·25 전쟁 때의 경험을 들려주고 있다. 피란 중에 부모를 잃은 아이인 명선이가 살아남기 위해 취한 생존 방식과 고아가 된 아이의 금반지를 차지하기 위한 어른들의 탐욕을 어린 '나'의 시선을 통해 그려 냄으로써 전쟁의 비극성과 비인간성을 숨김없이 보여 준다. 작가는 끊어진 만경강 교각이 상징하듯 전쟁으로 파괴된 현실에서 교각에 뿌리를 내린 들꽃처럼 강인하게 살아남고자 했던 어린 명선이가 끝내 죽음을 맞는 결말을 통해 전쟁의 잔인성을 폭로하고 있다.

주제 전쟁으로 인한 인간성 상실의 비극

전체 줄거리

발단 전쟁이 일어나자 만경강 다리가 있는 우리 마을에 피란민들이 오가면서 마을의 인심이 사나워지고, 다리가 폭격에 끊어진 다음 날 '나'는 할머니, 누나와 함께 고모네로 피란을 가다 돌아온다.

전개 피란을 가다가 돌아온 다음 날, '나'를 따라온 명선이는 차갑게 구는 어머니에게 금반지를 내밀고 우리 집에 살게 되지만, 명선이가 아무것도 하지 않고 밥을 축내자 '나'의 부모에게 미움을 사게 된다.

위기 명선이는 구박이 갈수록 심해지자 '나'의 어머니에게 다시 반지 하나를 주고, 아버지는 명선이의 몸수색을 하며 금반지를 찾으려 한다. 그 후 명선이는 집을 나가고 숲속 소나무 위에서 알몸으로 발견되어 여자아이임이 밝혀진다. 그리고 명선이가 지니고 있던 이름표를 본 '나'의 부모는 명선이가 부잣집 딸임을 알게 된다.

절정 명선이의 금반지를 차지하려는 '나'의 부모의 속셈으로 명선이는 '나'의 집에 함께 살게 된다. 명선이는 끊어진 만경강 다리의 철근 위에서 노는 걸 좋아했는데, 어느 날, 그 위에서 놀던 명선이는 비행기 폭음에 놀라 다리에서 떨어져 죽는다.

결말 명선이가 죽고 난 후, '나'는 무서움을 무릅쓰고 명선이가 놀던 끊어진 다리 끝까지 갔다가 거기서 금반지를 넣어 둔 주머니를 발견하지만, 너무 놀라 금반지를 모두 강물에 떨어뜨린다.

📋 작품 꼼꼼 강의

전개 이때 녀석이 또 예의 그 계집애처럼 간드러진 소리로
『나'는 명선이를 남자아이라고 생각함. 명선이가 여자아이임을 암시함.』
어머니를 불러 세웠다.

"따른 집에나 가 보라니께!"
『명선이를 귀찮아하는 어머니의 모습』
"아줌마한테 요걸 부여 줄려구요."
『금반지』
녀석은 엄지와 인지를 붙여 동그라미를 만들어 보였다. 그 동그라미 위에 다른 또 하나의 작은 동그라미가 노란 빛깔을 띠면서 날름 올라앉아 있었다. 뒤란 그늘 속에서도 그

것은 충분히 반짝이고 있었다. 그걸 보더니 어머니의 눈에 환하게 불이 켜졌다.
『금반지를 보자 금세 태도가 바뀌는 어머니 – 어른들의 속물적인 모습』

"아아니, 너, 고거 금가락지 아니냐!"
『명선이가 어른들의 환심을 사는 수단』
말이 채 끝나기도 전에 금반지는 어느새 어머니의 손에 건너가 있었다. 솔개가 병아리를 채듯이 서울 아이의 손에서 금반지를 낚아채어 『어머니는 한참을 침떠보고 내립떠보는가 하면, 혓바닥으로 침을 묻혀 무명 저고리 앞섶에 싹싹 문질러 보다가 나중에는 이빨로 깨물어 보기까지 했다.』
『금반지가 진짜인지를 확인하는 어머니의 모습』
마침내 어머니의 얼굴에 만족스런 미소가 떠올랐다.
『금반지를 보기 이전과 달라진 어머니의 태도』
▶ 명선이가 내민 금반지에 만족해하는 어머니

(중략)

절정 "야아, 저게 무슨 꽃이지?"
『명선이가 위험한 다리 끝에서 꽃을 발견함. – 분위기 전환의 계기』
그런데 그 애는 놀람 대신 갑자기 뚱딴지같은 소리를 질렀다. 말 타듯이 철근 뭉치에 올라앉아서 그 애가 손바닥으로 가리키는 곳을 내려다보았다. 거대한 교각 바로 위, 무너져 내리다 만 콘크리트 더미에 이전에 보이지 않던 꽃송이
『전쟁으로 폐허가 된 현실』
하나가 피어 있었다. 바람을 타고 온 꽃씨 한 알이 교각 위
『위태로운 곳에 아슬아슬하게 피어 있는 존재 – 전쟁 중에 살아남은 명선이를 상징함.』
에 두껍게 쌓인 먼지 속에 어느새 뿌리를 내린 모양이었다.
『들꽃의 강한 생명력』

"꽃 이름이 뭔지 아니?"

난생처음 보는 듯한, 해바라기를 축소해 놓은 모양의 동전만 한 들꽃이었다.

"쥐바라숭꽃……."
『'나'가 즉석에서 만들어 낸 이름』
나는 간신히 대답했다. 시골에서 볼 수 있는 거라면 명선이는 내가 뭐든지 다 알고 있다고 믿는 눈치였다.
『'나'에 대한 명선이의 신뢰』
쥐바라숭이란 이 세상엔 없는 꽃 이름이었다. 엉겁결에 어떻게 그런 이름을 지어낼 수 있었는지 나 자신도 어리벙벙할 지경이었다.

"쥐바라숭꽃…… 이름처럼 정말 이쁜 꽃이구나. 참 앙증맞게도 생겼다."
『명선이의 소녀다운 면모를 엿볼 수 있음.』

또 한바탕 위험한 곡예 끝에 그 애는 『기어코 그 쥐바라숭
『위험을 무릅쓰고 교각 위에 핀 쥐바라숭꽃을 꺾음.』
꽃을 꺾어 올려 손에 들고는 냄새를 맡아 보다가 손바닥 사
『명선이의 순수한 모습. '꽃'과 명선이가 동일시됨.』
이에 넣어 대궁을 비벼서 양산처럼 팽글팽글 돌리다가 끝내는 머리에 꽂는 것이었다.』 다시 이쪽으로 건너오려는데, 이때 바람이 휙 불어 명선이의 치맛자락이 홀렁 들리면서 머리
『들꽃이 강 아래로 떨어짐. → 명선이의 죽음을 암시함.』
에서 꽃이 떨어졌다. 나는 해바라기 모양의 그 작고 노란 쥐바라숭꽃 한 송이가 바람에 날려, 싯누런 흙탕물이 도도히 흐르는 강심을 향해 바람개비처럼 맴돌며 떨어져 내리는 모양을 아찔한 현기증으로 지켜보고 있었다.
▶ 명선이가 머리에 꽂은 쥐바라숭꽃이 강물에 떨어짐.

01 서술자에 대한 이해   🅰 ④

'나'는 '쥐바라숭꽃'이 명선이의 머리에서 떨어진 것을 전달하고 있지만, 그것을 보고 명선이가 다리 아래로 추락할 것을 예감했던 것은 아니다. 작가는 서술자인 '나'를 통해 명선이의 추락

을 암시하고 있을 뿐, '나'가 명선이의 추락을 예감했다고 보기
는 어렵다.

☑ 오답 챙기기

① '나'는 이 작품의 서술자로, 명선이에 관한 이야기를 전해 주고 있는
작품 속의 인물이다.
② '녀석이 또 예의 그 계집애처럼 간드러진 소리로'를 통해 '나'는 처음
에 명선이를 남자아이라고 생각하였음을 알 수 있다.
③ '엉겁결에 어떻게 그런 이름을 지어낼 수 있었는지'를 통해 '나'는 명
선이가 물어본 들꽃의 이름을 알지 못했음을 알 수 있다.
⑤ '시골에서 볼 수 있는 거라면 명선이는 내가 뭐든지 다 알고 있다고
믿는 눈치였다.'를 통해 '나'가 명선이의 기대를 저버리고 싶지 않아서
꽃 이름을 지어냈음을 알 수 있다.

02 작품의 내용 파악　　　　답 ⑤

금가락지가 진짜인지 확인해 본 후 '마침내 어머니의 얼굴에 만
족스런 미소가 떠올랐다.'라고 하는 것으로 보아 어머니가 명선
이의 금가락지가 진짜인 것을 알고 기뻐하고 있음을 알 수 있다.

☑ 오답 챙기기

① 명선이는 금가락지를 자랑하려고 어머니에게 보여 준 것이 아니라
다른 집으로 가 보라는 어머니의 마음을 돌리기 위해 금가락지를 어
머니에게 보여 준 것이라고 할 수 있다.
② 명선이는 '나'의 환심을 사기 위해서가 아니라 어머니의 환심을 사기
위해 금가락지를 꺼내 놓았다.
③ '나'는 금가락지를 내놓은 명선이와 금가락지에 대한 어머니의 반응
을 관찰하고 있지만, 어머니가 명선이의 금가락지를 빼앗을지도 모른
다고 생각하지는 않는다.
④ '그걸 보더니 어머니의 눈에 환하게 불이 켜졌다.'라는 것은 어머니가
금가락지를 보고 즉각적인 반응을 하였음을 보여 주므로, 어머니가
금가락지를 보고 별다른 반응을 보이지 않으려고 애를 썼다는 것은
적절하지 않다.

03 소재의 상징적 의미 파악　　　　답 ④

이 작품의 중심 소재인 '쥐바라숭꽃'은 제목의 '들꽃'을 의미한
다. 즉 '기억 속의 들꽃'은 명선이에 대한 '나'의 기억을 의미하
므로, '쥐바라숭꽃'은 '명선이'를 상징하는 것임을 알 수 있다.
따라서 '바람을 타고 온 꽃씨 한 알'은 '피란 중에 흘러들어 온
명선이'를, '쉽게 꺾이는 연약한 들꽃'은 '작고 연약한 어린아이
인 명선이'를, '두껍게 쌓인 먼지 속에 뿌리를 내리는 강인한 생
명력을 지닌 들꽃'은 '전쟁의 상황에서도 꿋꿋하고 강한 생존력
을 보여 주는 명선이'를 의미하는 것임을 알 수 있다.

04 암시의 이해와 적용　　암시 / 복선　　답 머리에서 꽃이 떨어졌다.

이 작품에서 '쥐바라숭꽃(들꽃)'은 '명선이'와 동일시되는 대상
으로, '명선이'를 상징하는 소재이다. 따라서 명선이의 머리에서
꽃이 떨어지는 것은 명선이의 죽음을 암시한다고 할 수 있다.

05 ~ 08

☑ 작품 꼼꼼 강의

전개　어느 날 명선이는 유독 가탈스럽게 구는 어떤 아이하
자신을 괴롭히는 남자아이와의 싸움을 피하지 않는 명선이
고 대판거리로 싸움을 했다. 『싸움을 하는데 역시 생긴 모양
에 어울리게 상대방의 얼굴을 손톱으로 할퀴고 머리끄덩이
『 』: 명선이가 여자아이임을 짐작할 수 있는 부분
를 잡는 바람에 우리 또래 사이에서 크나큰 웃음거리가 되었
다. 서울 아이들은 싸움도 가시내처럼 간사스럽게 하는 모양
이었다.』『상대방이 딴죽을 걸어 넘어뜨리고 위에서 덮쳐누르
『 』: 명선이의 특이한 행동 → 이후 이유가 밝혀짐.
고, 한창 열세에 몰려 맥을 못 추던 명선이가 별안간 날라리
소리 비슷한 괴상한 비명과 함께 엄청난 기운으로 상대방의
몸뚱이를 벌렁 떠둥그뜨려 버렸다. 첫 번째 싸움에서 명선이
는 승리자가 되었다. 그리고 그 후로 계속된 두 번째, 세 번
째 싸움에서도 으레 상대방의 밑에 깔렸다가 무서운 힘으로
떨치고 일어나서는 승리를 했다.』
　▶ 아이들과 싸우다가도 상대방 밑에 깔리면 무서운 힘을 발휘하는 명선이
어느 날, 명선이는 부모가 죽던 순간을 나에게 이야기했
다. 『피란길에서 공습을 만나 가까운 곳에 폭탄이 떨어졌는
6·25 전쟁 당시의 상황이 드러남.
데, 한참 정신을 잃었다가 깨어나 보니 어머니의 커다란 몸
뚱이가 숨도 못 쉴 정도로 전신을 무겁게 덮어 누르고 있더
라는 것이었다.』『 』: 명선이가 다른 사람 밑에 깔리면 괴력을 발휘하는 까닭 – 이후
명선이가 다리에서 떨어지는 원인이 공습에 대한 공포 때문임
을 알 수 있음.
"그래서 마구 소릴 지르면서 엄마를 떠밀었단다. 난 그때
어머니의 시신에 눌린 명선이가 느낀 충격과 공포
엄마가 죽은 줄도 몰랐어."
그리고 명선이는 숙부네가 저를 버리고 도망치던 때의 이
야기도 들려주었다.

『"실은 말이지, 숙부가 날 몰래 내버리고 도망친 게 아니라
『 』: 명선이가 우리 마을에 혼자 남게 된 이유
내가 숙부한테서 도망친 거야. 숙부는 기회만 있으면 날
명선이의 부모가 명선이에게 준 금반지 주머니 때문
죽일라구 그랬거든."』– 전쟁으로 인한 인간의 잔인함과 비인간성을 보여 줌.
숙부가 널 죽이려 한 이유가 뭐냐는 내 질문에 그 애는 무
심코 대답하려다 말고 갑자기 입을 꾹 다물더니만 언제까지
'나'가 자신의 금반지에 대해 알게 되는 것에 대한 두려움.
고 나를 경계하는 눈으로 잔뜩 노려보고 있었다.
'나'가 금반지를 빼앗으려 하는 것은 아닌지에 대한 의심 → 생존을 위한 본능적인 경계심
　(중략)　▶ 어머니의 죽음과 숙부에 대한
이야기를 들려주는 명선이
절정　날이 가고 달이 갔다. 어느덧 초가을로 접어드는 날씨
시간의 흐름
였다. 남쪽에서 쳐 올라오는 국방군에 밀려 인민군이 북쪽으
전쟁 상황이 바뀜 → 시대적 배경(인천 상륙 작전 개시)을 추측할 수 있음.
로 쫓겨 가기 시작한다는 소문이 돌았다. 『생각보다 전쟁이
일찍 끝나. 남쪽으로 피란 갔던 명선네 숙부가 어느 날 불쑥
『 』: 명선이의 숙부가 다시 돌아오면 명선이에게서 아직 얻지 못한 금반지를 빼앗길 것이기 때문
마을에 다시 나타날 경우를 생각하면서 어머니는 딱할 정도
로 조바심을 치기 시작했다. 내가 벌써 귀띔을 해 주어서 어
른들은 명선이가 숙부로부터 버림받은 게 아니라 스스로 도
망쳤다는 사실을 이미 알고 있었다. 『전쟁이 끝나기 전에 어
떻게든 명선이의 입을 열게 하려고 아버지는 수단 방법을 안
『 』: 숙부가 돌아와 명선이를 데려가기 전에 반지를 빼앗으려고 함. – 속물적인 아버지의 모습
가릴 기세였다.』　▶ 명선이의 금반지를 차지하려고 조바심치는 부모님

그날도 나는 명선이와 함께 부서진 다리에 가서 놀고 있
중요한 사건이 일어난 날임을 암시함. → 명선이가 다리에서 떨어진 날

었다. 예의 그 위험천만한 곳에 장난을 명선이는 한창 즐기
는 중이었다. 『콘크리트 부위를 벗어나 그 애가 앙상한 철근
을 타고 거미줄처럼 지옥의 가장귀를 향해 조마조마하게 건
너갈 때였다.』 이때 우리들 머리 위의 하늘을 두 쪽으로 가르
는 굉장한 폭음이 귀빰을 갈기는 기세로 갑자기 울렸다. 푸
른 하늘 바탕을 질러 하얗게 호주기 편대가 떠가고 있었다.
비행기의 폭음에 가려 나는 철근 사이에서 울리는 비명을 거
의 듣지 못했다. 다른 것은 도무지 무서워할 줄 모르면서도
유독 비행기만은 병적으로 겁을 내는 서울 아이한테 얼핏 생
각이 미쳐 눈길을 하늘에서 허리가 동강이 난 다리로 끌어
내렸을 때, 내가 본 것은 강심을 겨냥하고 빠른 속도로 멀어
져 가는 한 송이 쥐바라숭꽃이었다.

▶ 비행기 폭음에 놀라 다리에서 떨어진 명선이

05 시점의 이해   답 ④

이 글은 1인칭 관찰자 시점으로, 작품 속의 서술자인 '나'가 자
신이 알고 있는 명선이와 관련된 사건을 서술하고 있다.

✓ 오답 챙기기

① 작품의 주인공이 다른 인물과의 갈등을 회상하여 서술하는 것은 1인
칭 주인공 시점이므로 적절하지 않다.
② 작품 밖의 서술자가 사건을 객관적으로 관찰하여 서술하는 것은 3인
칭 관찰자 시점이므로 적절하지 않다.
③ 작품 밖의 서술자가 인물의 내면 심리를 단정적으로 서술하는 것은
전지적 작가 시점이므로 적절하지 않다.
⑤ 작품 속의 서술자가 자신의 심리적 갈등을 고백하는 형식으로 서술
하는 것은 1인칭 주인공 시점이므로 적절하지 않다.

06 작품의 내용 파악   답 ①

"실은 말이지, 숙부가 날 몰래 내버리고 도망친 게 아니라 내가
숙부한테서 도망친 거야."라는 명선이의 말을 통해 숙부가 명
선이를 버린 것이 아니라 명선이가 숙부로부터 도망쳤음을 알
수 있다.

✓ 오답 챙기기

② '하늘을 두 쪽으로 가르는 굉장한 폭음이 귀빰을 갈기는 기세로 갑자
기 울렸다. ~ 다른 것은 도무지 무서워할 줄 모르면서도 유독 비행
기만은 병적으로 겁을 내는 서울 아이'를 통해 명선이가 '비행기의 폭
음'에 놀라 다리에서 추락하게 되었음을 알 수 있다.
③ 명선이는 어느 날 '나'에게 부모가 죽던 순간과 관련하여 비행기 폭
격으로 인해 어머니가 죽고 어머니의 시신이 자신의 몸을 누르고 있
었던 기억을 이야기해 준다. 이를 통해 볼 때, 명선이가 병적으로 비
행기를 무서워하는 이유는 피란길에 비행기 폭격으로 어머니가 죽은
경험 때문임을 알 수 있다.
④ 명선이가 싸움에서 괴력을 발휘하는 이유는 아이들과의 싸움 상황이
어머니의 시신에 깔려 있었던 기억을 떠올리게 하기 때문이다.

⑤ 전쟁이 생각보다 일찍 끝나면 명선이네 숙부가 명선이를 찾으러 마
을로 올 것이다. 따라서 아버지가 전쟁이 끝나기 전에 금반지에 관해
명선이의 입을 열게 하려는 이유는 남쪽으로 피란 갔던 명선이의 숙
부가 나타나기 전에 명선이에게서 아직 얻어 내지 못한 금반지를 얻
어 내기 위해서임을 알 수 있다.

07 인물의 이해   답 ②

㉠에서 '나'는 명선이의 싸우는 모습에 대해 '역시 생긴 모양에
어울리게 상대방의 얼굴을 손톱으로 할퀴고 머리끄덩이를 잡
는'다고 표현하고 있다. 즉 명선이의 싸우는 모습이 여자아이
들의 싸우는 모습을 연상시키고, 명선이의 외양도 여자아이와
같다고 말하고 있으므로 ㉠은 명선이가 본래는 여자아이임을
암시하고 있는 것이라고 할 수 있다.

✓ 오답 챙기기

① 여자아이면서도 자신에게 가탈스럽게 구는 남자아이와의 싸움을 피
하지 않는 명선이의 모습을 통해 명선이가 강인하고 당찬 인물임을
알 수 있으나, ㉠을 통해 명선이가 괴팍한 인물임을 보여 주고 있는
것은 아니다.
③ '우리 또래 사이에서 크나큰 웃음거리가 되었다.'를 통해 명선이의 행
동을 '나'도 우습게 생각하고 있음을 알 수 있으므로, ㉠에 명선이에
대한 '나'의 안타까움이 나타나 있다고 볼 수 없다.
④ 명선이는 '유독 가탈스럽게 구는 어떤 아이하고 대판거리로 싸움'을
한 것이므로 명선이가 동네 아이들을 미워하고 있다고 볼 수 없다.
⑤ ㉠은 명선이가 공격적인 성격을 지니게 되었음을 나타내는 것이 아
니라, 명선이가 자신에게 가탈스럽게 구는 아이에게 자기 나름의 방
식으로 맞서고 있음을 보여 주는 것이라고 할 수 있다.

08 복선의 이해와 적용 암시/복선 답 ⓐ: 공습, ⓑ: 폭음

명선이는 부모가 피란 중에 '공습'으로 죽게 되어 다른 것은 도
무지 무서워할 줄 모르면서도 유독 비행기만은 병적으로 겁을
내는 아이이다. 그때 어머니의 커다란 몸뚱이가 숨도 못 쉴 정
도로 전신을 무겁게 덮어 누르고 있었기 때문에 마을의 사내아
이들과 싸울 때에도 상대방의 밑에 깔렸다가 무서운 힘으로 떨
치고 일어나서는 승리를 한 것이다. 이것은 명선이의 괴력이 '공
습으로 인한 어머니의 죽음'이라는 '트라우마'로 인한 것임을 보
여 주는 것으로, 끊어진 다리에서 비행기의 폭음을 들었을 때
공포로 되살아나 결국 명선이가 다리에서 떨어지게 된 것이다.
따라서 과거의 충격적 경험은 '공습으로 인한 어머니의 죽음'이
고, 비슷한 일이 발생한 것은 '비행기의 폭음'이다.

📖 본문 105쪽

어휘 확인

| 1 ㉡ | 2 ㉠ | 3 ㉤ | 4 ㉣ | 5 ㉢ |
| 6 ㉠ | 7 ㉣ | 8 ㉤ | 9 ㉢ | 10 ㉡ |

13 일차 · 필수 개념 | 서술 / 대화 / 묘사

✏️ **서술 판단하기** 1. '나'   2. ○

필수 개념 ❶ ②

✏️ **개념 적용하기** 서술, 직접적

✏️ **대화와 묘사 판단하기** 1. 대화   2. 묘사

필수 개념 ❷ ③

✏️ **개념 적용하기** 묘사, 대화, 묘사, 간접적

필수 개념 ❶ 서술

답 ②

보리 방구 조수택 | 유은실

작품 해설 이 작품은 난로가 있고 도시락을 싸 다니던 1970년대의 초등학교 교실을 배경으로 어른이 된 '나'가 초등학교 5학년 때 있었던 이야기를 들려주는 형식으로 되어 있다. '나'는 '보리 방구'라는 별명으로 불리며 놀림을 받았던 소외된 친구 수택이와 짝이 된 후 겪게 된 사건들을 회상하고 있다. 보리밥과 허연 깍두기가 전부인 수택이의 도시락에 빨간 깍두기를 올려 주던 '나'의 호의에 수택이는 배달하고 남은 '어린이 신문'을 가져다주지만 친구들의 놀림을 견디지 못하고 '나'는 수택이가 준 신문을 난로에 넣어 버린다. 이 작품은 '나'의 잔인했던 행동에 대한 후회와 반성을 진솔하게 드러내고 있다. 어린 시절 수택이에게 큰 상처를 준 뒤 오랫동안 이를 반성하고 수택이에게 미안해하는 '나'를 통해 자신의 삶을 돌아보고 성장의 경험을 얻을 수 있는 작품이다.

주제 어린 시절 친구에게 준 상처에 대한 후회와 반성

전체 줄거리

발단 겨울 방학을 앞둔 12월, 짝을 정하는 시간에 '보리 방구'라는 별명으로 친구들에게 놀림을 받는 조수택이 '내(구윤희)'를 짝으로 정하는 바람에 '나'는 당황스럽지만 '착한 어린이상'을 받았기 때문에 수택이와 짝이 된 것을 받아들이기로 한다.

전개 '나'는 점심 도시락을 먹으면서 보리밥과 허연 깍두기뿐인 수택이의 도시락에 '나'의 빨간 깍두기를 올려 주고, '나'에게 고마움을 느낀 수택이는 배달하고 남은 '어린이 신문'을 나에게 갖다 준다.

위기 수택이가 '나'에게 신문을 가져다준 것을 본 친구들이 '나'와 수택이가 사귄다는 소문을 퍼뜨리자 '나'는 수택이에게 신문을 가지고 오지 말라고 하지만 수택이는 계속 '나'에게 신문을 가져다준다.

절정 아침부터 수택이와 사귄다며 심한 놀림을 받은 '나'는 수택이가 '나'의 책상 속에 넣어 둔 신문을 꺼내 교실 안에 있던 난로 속에 넣어 태워 버린다. 그 후 수택이는 겨울 방학 동안 시골의 친척 집으로 이사를 간다.

결말 6학년이 된 '나'는 수택이의 신문을 태워 버린 것을 떠올릴 때마다 가슴이 답답하고 어른이 되어서도 미안함을 느끼면서 수택이가 그때 일을 너무 마음 아프게 기억하지 않기를 바란다.

📖 **작품 꼼꼼 강의**

절정 나는 가만히 서서 수택이 어깨를 보았어. 어깨솔기가 터진 스웨터 틈으로 누렇게 바랜 내복이 보였지. 수택이는 어깨를 떨고 있었어. 누런 내복도, 낡고 터진 스웨터도 함께

_{수택이가 아이들의 무례한 행동에 수치심과 분노를 느낌.}

떨렸지. 그리고 내 어깨도.

_{'나'도 아이들의 놀림으로 흥분한 상태임.}

「나는 서랍에서 신문을 꺼냈어. 신문을 들고 뒤로 돌아섰지. 나는 난로 쪽으로 성큼성큼 걸어갔고, 아이들 시선은 나한테로 모아졌어. 나는 난로 뚜껑을 열었어. 난로 속에는 석탄이 빨갛게 달구어져 있었지. 나는 두 손으로 있는 힘껏 신문을 구겨서 공처럼 만들었어. 그러고는 아이들 보란 듯이 신문을 난로 속에 던져 버렸단다.」

_{놀림에서 벗어나려고 한 '나'의 행동 → 수택이에게 상처를 주게 됨.}

신문에는 금세 불이 붙었어. 내 가슴은 쿵쾅쿵쾅 뛰기 시작했어. 교실은 숨소리도 들릴 만큼 조용했고, 나는 난로 뚜껑을 덮고 교실 밖으로 나가 버렸지. 그리고 다시는…… 다시는 말이야, 수택이 얼굴을 똑바로 보지 못했어.

_{나의 극단적인 행동에 모두 놀라 긴장하고 있는 모습}

_{자신의 잘못된 행동에 대해 수택이에게 미안함을 느끼는 '나'}

다시 보지 못한 건 수택이 얼굴뿐이 아니었어. 바들바들 떨던 어깨도, 어깨를 축 늘어뜨린 뒷모습도 제대로 볼 수 없었어. 곧 겨울 방학이 되었고, 수택이는 방학 때 시골 친척 집으로 이사를 가 버리고 말았거든. 왜 갔는지 아는 사람은 아무도 없었어. 선생님은 가정 형편상 이사 갔다는 말만 하셨고.

_{이후 다시는 수택이를 보지 못하게 되어 수택이에게 사과할 기회가 사라짐.}

▶ 아이들의 놀림에 화가 난 '나'가 수택이가 준 신문을 태워 버림.

결말 나는 6학년이 되어서도 자꾸 태워 버린 신문 생각이 났어. 신문을 접거나 구길 때면 그날 구겨 버린 신문 생각이 났지.「초등학교를 졸업한 뒤에도 몇 년 동안 난로 속에 뭐를 집어넣는 것만 봐도, 신문 재가 목구멍을 꽉 막고 있는 것처럼 답답했어.」

_{수택이에 대한 미안한 마음을 떨치지 못하는 '나'}

_{'나'가 수택이에게 오랫동안 미안한 감정을 지니고 있었음을 보여 줌.}

그리고 시간이 많이 흐른 지금도 이렇게 겨울 부츠 속에 신문지를 구겨 넣을 때면, 봄 신발을 꺼내 구겨 넣었던 신문지를 빼낼 때면, 나는 한참씩 수택이 생각에 잠긴단다. 수택이는 지금 어디서 어떻게 살까 궁금해지기도 하지.

_{어른이 된 현재}

어디서 무얼 했으면 좋겠냐고?「음…… 어디서 무얼 하든…… 그날이 생각나지 않았으면…… 생각나더라도 너무 아프지 않았으면…… 그랬으면, 내 친구 수택이가 꼭 그랬으면 좋겠어.」

_{어른이 된 '나'는 수택이가 그날의 상처를 잊고 살기를 바람.}

▶ '나'는 어른이 되어서도 수택이를 떠올리며 수택이가 잘 지내기를 바람.

마지막 문장인 '음…… ~ 내 친구 수택이가 꼭 그랬으면 좋겠어.'를 통해 서술자인 '나'가 어른이 된 지금(현재), 수택이의 신문을 태워 버린 그날(과거)의 일에 대한 미안한 마음을 직접적으로 드러내고 있음을 알 수 있다.

✔️ **오답 챙기기**

① 수택이와 '나'의 대화는 드러나지 않고, '나'의 서술에 의해 수택이가 준 신문을 태워 버린 그날의 사건이 그려지고 있다.

📖 작품 꼼꼼 강의

발단 수택이는 석간신문을 배달하는 아이였어. 「머리는 자주 감지 않아서 기름이 흐르는 데다가 비듬이 덕지덕지 붙어 있었어. 손톱 밑은 새카맣고, 잠바 소맷부리는 때에 절어 번질대고 몸에서는 꼭 시궁창 냄새 같은 게 났어. 게다가 하루에 몇 번씩 방귀를 뀌는데 냄새가 아주 지독했어.」 아이들은 수택이가 가까이 오는 것도 싫어했어.

수택이는 머리를 긁적이면서 한 발 한 발 앞으로 내디뎠어. 그러고는 우리 반에서 제일 도수가 높은 안경을 쓴 아이 옆에 앉았지. 나는 그만 숨이 멎어 버리는 것 같았어. 그게 바로 나였거든.

앞에 나와 있는 남자애들이 킥킥대기 시작했어. 자리에 앉아 있는 여자애들은 그제야 안심을 하는 눈치였고, 한숨을 후유 내쉬기도 하고, 속닥속닥 귀엣말도 주고받는 거야.

나는 얼굴이 빨갛게 달아올랐어.
'보리 방구 조수택이 내 짝이 되다니⋯⋯.'
수택이 냄새보다 아이들이 킥킥대는 소리가 더 참기 힘들었지.

나는 바로 짝을 바꿔 달라고 말하고 싶었어. 그전에 수택이 짝이 된 아이들은 그렇게 해서 바꿨거든. 선생님은 물론 들어주시지 않았지. 번번이 수택이가 바꿔 달라고 한 거였어. 짝이 싫어하는 눈치를 보이면 선생님한테 가서 이렇게 말했거든.

"선생님, 맨 뒷자리로 보내 주세요."

"왜?"

"혼자 있으면 가방 걸기도 편하고, 팔도 안 걸려서 좋거든요."

"그렇다고 자꾸 혼자 앉으면 어떡해?"

"그래도 짝꿍 팔에 걸려서 공부를 못 하겠어요. 뒤로 갈래요."

선생님은 가라, 가지 마라 말씀하시지 않았어. 입을 다물고 가만히 계셨지. 그러면 수택이는 조용히 자리로 돌아가 짐을 챙겨서 늘 앉던 자리로 돌아갔어. 교실 맨 뒤에 혼자 앉는 자리는 거의 수택이 차지였지.

▶ 반 아이들이 싫어하는 수택이와 짝이 된 '나'

수택이가 혼자 앉는 맨 뒷자리로 가겠다고 한 것은 그동안 수택이와 짝이 된 아이들이 수택이를 싫어하는 눈치를 주었기 때문이다. 그래서 번번이 수택이가 선생님한테 뒤로 가겠다고 말한 것이다. 그러나 '나'가 수택이에게 싫어하는 눈치를 주었다는 내용은 나타나지 않는다.

① '보리 방구 조수택이 내 짝이 되다니⋯⋯.'를 통해 '나'의 얼굴이 빨갛게 달아오른 것은 수택이와 짝이 된 것이 당황스러웠기 때문임을 알 수 있다.

② '머리는 자주 감지 않아서 기름이 흐르는 데다가 비듬이 덕지덕지 붙어 있었어. 손톱 밑은 새카맣고, 잠바 소맷부리는 때에 절어 번질대고 몸에서는 꼭 시궁창 냄새 같은 게 났어.'를 통해 묘사된 수택이의 지저분한 외모는 수택이가 집에서 제대로 보살핌을 받지 못하고 있음을 보여 준다.

④ 맨 뒷자리로 가겠다는 수택이에게 선생님이 아무 말도 하지 않는 것은 선생님도 아이들이 싫어하는 눈치를 주었기 때문에 수택이가 혼자 앉으려 한다는 것을 알고 있음을 보여 준다.

⑤ 수택이가 늘 교실의 맨 뒷자리에 혼자 앉는 것은 반 아이들과 어울리지 못하는 수택이의 모습을 보여 준다.

13 일차 · 실전 · 서술 / 대화 / 묘사

01 ⑤	02 ⑤	03 ⑤	04 크레파스
05 ④	06 ②	07 ①	08 같은

🏷️ **개념 적용하기** 2(두), 1인칭 주인공, 1인칭 주인공, 서술

🔍 **작품 한눈에** 가난, 역순행적

01 ~ 04

내가 그린 히말라야시다 그림 | 성석제

작품 해설 이 작품은 어린 시절 사생 대회에서 장원 작품이 바뀐 사건을 겪은 두 인물이 각각 어떤 선택과 대응을 했는가에 따라 서로 다른 인생을 살게 되는 모습을 그리고 있다. '0'과 '1'이라는 서로 다른 서술자는 유년 시절에 겪었던 일에 대해 서로 다르게 바라보고 전달하고 있는데, 한 사건을 바라보는 서로 다른 두 서술자('0'과 '1')의 시점을 교차하여 갈등과 그 대응 방식이 대조적으로 잘 드러나고 있다. 또한 역순행적 구성 방식을 취하여 과거의 사건과 행동이 현재에 어떤 영향을 미쳤는지를 보여 줌으로써 선택의 갈림길에 선 아이들의 갈등과 성장 과정을 통해 누군가의 인생이 우연한 계기로 인해 달라질 수 있음을 전달하고 있다.

주제 선택의 갈림길에 선 아이들의 갈등과 성장

전체 줄거리

발단 현재 유명한 화가인 '0'(백선규)과 그림을 좋아해서 미술관에 가서 그림 감상을 즐기는 '1'은 초등학교 4학년 때의 사건으로 다른 삶을 살게 된다.

전개 '0'의 아버지와 동창인 '0'의 담임 선생님은 화가의 꿈을 이루지 못한 친구를 위해 '0'에게 미술 대회에 나갈 기회를 주고, '0'은 초등학교 3학년 때 4학년 대신 사생 대회에 나가 장원을 한다.

위기 4학년이 된 '0'은 다시 사생 대회에 참가하고, 부유한 가정에서 미술 과외를 받은 '1'도 사생 대회에 참가한다. '1'은 뒤에 앉은 '0'의 냄새가 거슬렸지만 이미 밑그림을 그렸기 때문에 자리를 옮기지 않고, '0'은 장원을 해야겠다는 목표를 가지고 그림을 그려 장원을 받게 된다.

절정 '0'이 장원 상을 받은 그림은 '1'의 것이었지만 '0'은 '1'이 그린 그림일 것이라 생각하면서도 진실을 외면하고, '1'도 '0'이 느낄 좌절감을 생각하며 굳이 그 사실을 밝힐 필요를 느끼지 않는다.

결말 성인이 된 '1'은 우연히 길을 걸어가는 '0'을 보고 인사를 할까 생각하다가 각자의 길이 다르다고 생각하며 그만둔다.

💬 **작품 꼼꼼 강의**

위기 **가** 1

그해 봄에 나는 군 학예 대회에서 글짓기 백일장에 나가
사건이 일어난 시간적 배경, 역순행적 구성
지 못했어. 그건 당연하지. 내가 읍에서 몇 번째 안에 드는
부잣집 딸이라고 해서 누가 봐도 재능이 없는데 글짓기 대표
로 내보낼 수는 없지. 그 대신 나는 사생 대회 대표로 뽑혔
어. 그림 그리는 재능을 인정받았음을 알 수 있음.
그때 우리 학교는 한 학년이 다섯 반이고 4학년 이상 한
반에 두 명씩 대회에 나가니까 우리 학교에서만 서른 명이
참가하는 거야. 대개는 미술반에 있는 애들이었어. 『문예반

에 있는 애들은 학교에서 십 리 이십 리 떨어진 데 사는 농
『 』: 문예반과 미술반 학생들의 경제적 형편이 대조적이었음을 보여 줌.
촌 애들이 많은데 미술반 애들은 거의 다 읍내 애들이고 좀
잘사는 애들이었어. 글짓기는 연필하고 지우개, 원고지만
있어도 되지만 미술은 크레파스, 화판, 스케치북이 필요하
고 그것들은 빨리 써 버리게 되니까 돈이 좀 들거든., 그런
게 나하고 무슨 큰 상관이 있는 건 아니지만.
'나'('1')의 집은 부유해서 미술 용품을 얼마든지 살 수 있었기 때문
사생 대회는 토요일 오전에 우리 학교에서 열렸어. 우리
'0'과 '1'이 참가한 사생 대회
가 다니는 초등학교가 군에서 가장 오래된 학교라서 그랬던
것 같아. 건물도 오래됐고 나무도 커서 그림 그릴 게 많았는
지도 몰라. 우리 학교 다니는 애들한테 유리한 것 같긴 했지.
▶ '나'('1')는 4학년 때 학교 대표로 뽑혀 사생 대회에 나감.
우리는 주최 측이 확인 도장을 찍어서 준 도화지를 한 장
씩 받아서 그림을 그리기 위해 여기저기로 흩어졌어. 그런데
내 뒤에서 그림을 그리던 녀석, 옷도 지저분하고 검정 고무
'1'의 눈에 비친 '0'의 모습
신을 신은 데다 간장 냄새가 나던 녀석이 기억에 오래 남았
어. 그 냄새며 꼴이 싫어서 자리를 옮기려고 했지만 이미 노
'0'에 대한 '나'의 부정적인 인식을 보여 줌.
란색 크레파스로 그 앞의 나무와 갈색 나무 교사의 밑그림을
그린 뒤라서 그럴 수도 없었어. 참 그 냄새, 머리가 아프도
'나'('1')는 '0'의 냄새에 대한 기억을 떠올리면서 '0'이 무척 가난했음을 강조함.
록 지독했어. 그건 한마디로 하면 가난의 냄새였어.
▶ '나'('1')는 사생 대회에 나가 가난해 보이는 아이('0') 앞에서 그림을 그림.

나 0

한 아이는 낯이 익었어. (중략) 자주색 원피스에 검정 에
'1'의 서술자
나멜 구두를 신고 있었고 머리에 푸른 구슬 리본을 매고 있
'나'('0')가 '1'에게 받은 인상 ①: 겉모습을 통해 경제적으로 여유 있는 집안의 아이라고 짐작함.
는데 무척 얼굴이 희고 예뻤지. 나하고 한 반이었다고 해도
나 같은 촌뜨기에게는 말을 걸지도 않았겠지.
'나'('0')가 '1'에게 받은 인상 ②: 가난한 '나'와는 큰 차이가 있는 부유한 환경임.
그 여자애와 나는 비슷한 점이 하나도 없었어. 크레파스
'나'('0')가 '1'에게 받은 인상 ③: '나'와 상황과 처지가 대조됨.
부터 한 번도 쓰지 않은 새것, 한 번만 더 쓰면 더 쓸 수 없
'나'('0')와 '1'의 가정 형편의 차이를 단적으로 보여 줌. – 크레파스
도록 닳은 것이라는 차이가 있었어. 처음부터 다른 길에서
출발해서 가다가 우연히 두어 시간 동안 같은 장소에서 비
슷한 그림을 그리게 되겠지만 앞으로 영원히 만날 일이 없을
'나'('0')가 '1'에게 받은 인상 ④: '나'와는 전혀 다른 삶을 살게 될 사람임.
것 같은 사람이야. 그 여자아이도 그걸 의식하고 있는 것 같
았어. 나를 한 번 힐끗 넘겨다보고는 코를 찡그리더니 더 이
'1'이 '나'('0')에게서 부정적인 인상을 받았음을 의미함.
상 눈길을 주지 않았어. 자리를 뜰 것 같았는데 계속 그리기
는 하더군. 나를 의식하기 전에 밑그림을 그렸던 게 아까웠
'1'이 자리를 뜨지 않은 이유를 짐작함.
겠지.

『히말라야시다가 쑥색 가지를 늘어뜨리고 있는 화단이 있
『 』: '나'가 바라보고 있는 풍경을 묘사한 장면. '0'과 '1'은 같은 풍경을 보고 그림을 그림.
고 화단 뒤에 나무쪽을 붙인 벽이, 벽 위쪽에 흰 종이가 발
린 유리창이 있는 교사가 있었어. 히말라야시다 앞에 키 작
은 영산홍이 서 있고, 화단을 따라 발라진 시멘트 길에 햇빛
이 비치고 있었어., ▶ '나'('0')는 사생 대회에 나가 부유해 보이는 여자아이
('1')의 뒤에서 그림을 그림.

01 작품의 종합적 감상　　　답 ⑤

'1'은 '0'의 냄새를 인식하기 전에 이미 밑그림을 그렸으며, '나를 한 번 힐끗 넘겨다보고는 코를 찡그리더니 더 이상 눈길을 주지 않았'다고 했을 뿐, '1'과 '0'이 좋은 자리를 차지하기 위해 갈등을 빚었다는 내용은 나타나 있지 않다.

✔ 오답 챙기기

① '1'과 '0'이 모두 '나'의 관점에서 '사생 대회'에서 일어난 일을 서술하는 1인칭 주인공 시점을 취하고 있다.
② ㉮에서 과거형 문장이 사용되었고 '그해 봄'을 통해 과거의 사건을 회상하는 형식임을 알 수 있다. 그리고 '내 뒤에서 그림을 그리던 녀석'이 ㉯의 '0'임을 알 수 있으므로 ㉯도 회상 형식임을 알 수 있다.
③ '0'이 '우연히 두어 시간 동안 같은 장소에서 비슷한 그림을 그리게 되겠지만'이라고 하는 것을 통해 동일한 시간에 일어난 일을 '0'과 '1'이 각자의 관점에서 전달하고 있음을 알 수 있다.
④ '1'은 '참 그 냄새, 머리가 아프도록 지독했어. 그건 한마디로 하면 가난의 냄새였어.'라고 하여 '0'에 대한 인상을 후각적 이미지를 통해 드러내고 있다.

02 작품의 내용 파악　　　답 ⑤

'0'은 여자아이에 대한 인상을 서술하면서 '앞으로 영원히 만날 일이 없을 것 같은 사람'이라고 말하고 있으므로, '0'이 '1'의 모습을 보고 다시 만나게 되기를 간절하게 바라고 있다는 것은 적절하지 않다.

✔ 오답 챙기기

① ㉮의 '사생 대회는 토요일 오전에 우리 학교에서 열렸어.'를 통해 '1'이 다니는 학교에서 사생 대회가 개최되었음을 알 수 있다.
② '1'은 '읍에서 몇 번째 안에 드는 부잣집 딸'이라고 하였고, '미술은 크레파스, 화판, 스케치북이 필요하고 그것들은 빨리 써 버리게 되니까 돈이 좀 들'게 된다고 하였다. 따라서 '1'은 미술 용품을 준비하기에 넉넉한 가정 형편이었을 것임을 알 수 있다.
③ '1'은 '0'을 옷이 지저분하고 검정 고무신을 신었으며 간장 냄새가 나던 녀석으로 기억하고 있다. 그리고 '0'에게서 나던 지독한 냄새를 가난의 냄새라고 표현하였다. 이로 볼 때, '1'은 '0'을 유난히 가난해 보이는 남자아이라고 기억하고 있음을 알 수 있다.
④ '0'은 여자아이('1')에게서 받은 인상을 서술하면서 '그 여자애와 나는 비슷한 점이 하나도 없었어.'라고 했는데, 이를 통해 '1'을 가난한 자신과는 상황과 처지가 전혀 다른 사람이라고 생각하고 있음을 알 수 있다.

03 묘사의 이해　　대화와 묘사　　　답 ⑤

㉢은 '0'의 옷차림과 냄새를, ㉣은 '1'의 옷차림과 머리 모양을 그림을 그리듯이 표현하고 있으며, ㉤은 '0'의 눈에 보이는 풍경을 그림을 그리듯이 자세하게 전달하고 있으므로 〈보기〉에서 설명하는 '묘사'에 해당한다.

✔ 오답 챙기기

㉠ 서술자 '1'이 글짓기 백일장에 나가지 못했음을 직접 전달하고 있으므로 '서술'에 해당한다.

㉡ 서술자 '1'이 '우리가 다니는 초등학교가 군에서 가장 오래된 학교'라고 직접 설명하고 있으므로 '서술'에 해당한다.

04 소재의 기능 파악　　　답 크레파스

'0'은 여자애('1')를 보고 '크레파스부터 한 번도 쓰지 않은 새 것, 한 번만 더 쓰면 더 쓸 수 없도록 닳은 것이라는 차이가 있었'다고 하였다. 즉 '0'은 낡은 크레파스를, 여자애('1')는 새 크레파스를 가지고 있음을 언급하며, 자신('0')과 여자애('1')가 서로 다른 처지임을 드러내고 있다.

05 ~ 08

☑ 작품 꼼꼼 강의

절정 ㉮ 1

　　나는 한 번도 상 같은 건 받아 본 적 없어. 학교 다닐 때 그 흔한 개근상도 못 받았으니까. 상에 욕심을 부려 본 적도 없었어. 내게는 모자란 게 없어서 그랬는지도 몰라. 『어릴 때는 부유한 집안에서 단 하나밖에 없는 딸로 사랑을 받으며』
『 』'나'('1')의 삶을 요약적으로 제시함. – '나'는 어려움 없이 풍족하고 여유 있는 삶을 살아왔음.
자랐고 여자 대학에서 가정학을 공부하다가 판사인 남편을 중매로 만나서 결혼했지. 내가 권력이나 돈을 손에 쥔 건 아니라도 그런 것 때문에 불편한 적도 없어. 아이들은 예쁘고 별문제 없이 잘 자라 주었지. 큰아이가 중학교부터 미국에 가서 공부할 때는 적응에 힘이 들었지만 결국 학생 회장까지 지내서 신문에도 여러 번 났지, 나는 상을 못 받았지만 내가
　　　　　　　　　　　　　　　자신의 삶에 만족하는 '나'
타고난 행운, 삶 자체가 상이다 싶어.
　▶ '나'('1')는 부유한 집안에서 자라나 스스로 만족할 만한 삶을 살아옴.
　　그렇지만 단 한 번 상을 받을 뻔한 적은 있지. 나 자신의 실수 때문에 못 받은 거니까 누구를 원망할 수도 없지만. 그 실수를 인정하고 내가 받을 상이 남에게 간 것을 바로잡을
　　　　　　　　사생 대회의 장원상
수 있었을까. 할 수 있었을지도 몰라. 아버지에게 이야기했
　　실수로 놓친 상을 찾아올 기회가 있었다고 생각함.
다면. 아니면 천수기 선생님한테라도.

　　왜 안 했을까. 그때 나를 스쳐 가던 그 아이, 그 아이의 표
　　　　　　　　　　　　　'0'을 가리킴.
정 때문인지도 몰라. 『땟국물이 흐르던 목덜미, 전신에서 풍겨 나던 뭔가 찌든 듯한 그 냄새, 그 너절한 인상이 내 실수
『 』장원 상을 놓친 실수를 바로잡지 않은 까닭 ①: 바로잡는 과정이 귀찮을 것 같아서
와 잘못된 과정을 바로잡는 게 너절하고 귀찮은 일이라는 생각을 하게 했을 거야.』『어쩌면 그 결과 한 아이가 가지게 될지도 모르는 씻지 못할 좌절감이 내게도 약간 느껴졌는지도
『 』장원 상을 놓친 실수를 바로잡지 않은 까닭 ②: 바로잡았을 때 그 아이가 느낄 좌절감 때문
모르지, 상관없어. 나는 그런 상하고는 담을 쌓고 살아도 행
　　　　　　'나'('1')의 성격: 귀찮고 힘든 것을 싫어하고 현재의 삶에 만족함.
복해. 그런 스트레스를 받는 것 자체가 싫어. 왜 내가 그렇게 살아야 하는데?
　▶ '나'('1')는 4학년 때의 사생 대회에서 실수로 상을 받을 기회를 놓침.

나 0

　　나는 까치발을 하고 손을 최대한 쳐들어서 그림 뒷면의 번호를 확인했어. 네모진 칸 안에 쓰인 숫자는 분명히 124였어. 124. 북한에서 무장간첩을 훈련한 그 124군 부대의 124. 그렇지만 그건 내 글씨가 아니었어.

누가, 왜 제 번호를 쓰지 않고 내 번호를 썼을까. 실수로? 이런 실수를 하고, 제가 받을 상을 다른 사람이 받았다는 걸 알면 가만히 있을까. 그렇지는 않을 거야. 다른 학교에 다니는 아이라서 제 실수를 모르고 있는 거겠지.

　　아니야. 그 그림은 구도로 봐서 내가 그렸던 바로 그 장소에서 아주 가까운 데서 그린 그림이었어. 그 그림을 그린 아이는 천수기 선생님과 함께 다니던 그 아인인 게 틀림없었어. 그러니까 나와 같은 학교에 다니는 아이라는 거지. 그러면 그 아이는 제가 그린 그림을 봤을 거야. 그런데 왜? 왜 아무 말을 하지 않은 거지?

(중략)

　　나는 가슴이 찢어질 것 같은 통증을 느끼면서 강당을 걸어 나왔어. 열 걸음쯤 떼었을 때 강당 문으로 어떤 여자아이가 걸어 들어왔어. 자주색 원피스를 입고 있었어. 검정 에나멜 구두를 신고 있었지. 나는 그 여자아이를 지나칠 때 눈을 감았어. 눈을 감은 채 열 걸음쯤 걸어가서 다시 눈을 떴어.

05 작품의 내용 이해　　답 ④

나의 '나는 까치발을 하고 손을 최대한 쳐들어서 그림 뒷면의 번호를 확인했어.'를 통해 '0'은 적극적으로 그림의 번호를 확인하였음을 알 수 있다.

✔ **오답 챙기기**

① **가**의 '나는 그런 상하고는 담을 쌓고 살아도 행복해. 그런 스트레스를 받는 것 자체가 싫어.'를 통해 '1'이 경쟁을 싫어하고, 귀찮고 스트레스 받는 일을 피하고자 하는 성격임을 알 수 있다.

② **가**의 '나는 상을 못 받았지만 내가 타고난 행운, 삶 자체가 상이다 싶어.'에서 '1'이 자신의 행복한 삶을 행운으로 여기며 스스로의 삶에 만족감을 느끼고 있음을 알 수 있다.

③ **나**의 '나는 가슴이 찢어질 것 같은 통증을 느끼면서 강당을 걸어 나왔어.'에서 '0'이 장원작이 자신의 작품이 아님에도 자신이 상을 받게 된 상황에 대해 심리적으로 갈등을 겪고 있음을 알 수 있다.

⑤ **나**의 '그 그림은 구도로 봐서 내가 그렸던 바로 그 장소에서 아주 가까운 데서 그린 그림이었어. 그 그림을 그린 아이는 천수기 선생님과 함께 다니던 그 아인인 게 틀림없었어.'라고 생각하는 부분을 통해 '0'은 강당에 걸려 있는 그림을 사생 대회에서 만난 여자아이, 즉 '1'이 그렸을 것이라고 생각하고 있음을 알 수 있다.

06 인물의 심리 파악　　답 ②

'0'이 궁금하게 여기는, '1'이 실수를 바로잡지 않은 이유는 '1'의 생각을 통해 알 수 있다. '1'은 자신이 받을 상이 남에게 간 것을 알고 바로잡을 수 있다고 생각했지만, 잘못된 과정을 바로잡는 게 귀찮고 상을 받은 아이('0')가 큰 좌절감을 느끼게 될 것 같아서 자신의 실수의 결과를 바로잡는 일을 그만두게 된다.

✔ **오답 챙기기**

① '1'이 자신보다 '0'이 그림을 잘 그린다고 생각하는 내용은 확인할 수 없다.

③, ④, ⑤ '1'은 자신의 실수를 아버지나 천수기 선생님에게 말하면 바로잡을 수도 있었을 것이라고 생각하고 있다.

07 서술 방식의 파악　　서술　　답 ①

[A]는 '1'이 자신의 삶을 요약하여 제시하고 있는 부분으로, '1'이 어려움 없이 풍족하고 여유 있는 삶을 살아왔음을 보여 준다.

✔ **오답 챙기기**

② 인물이 주고받는 말이 제시되는 것은 '대화'이다. [A]에는 대화가 제시되어 있지 않다.

③ [A]에서 서술자 '1'은 과거부터 지금까지의 자신의 삶의 과정을 이야기하고 있을 뿐, 외적 갈등의 과정을 나타내고 있지 않다.

④, ⑤ 인물의 외양을 묘사하는 부분이나, 인물의 행동을 제시하는 부분은 [A]에 나타나지 않는다. 인물의 성격적 특성이나 심리는 서술자인 '나'의 서술을 통해 제시되고 있다.

08 서술상 특징과 효과 파악　　답 같은

이 글에서는 '0'과 '1'이라는 서술자가 겪은 동일한 사건을 각각의 입장에서 서술하고 있다. 따라서 같은 상황에 처한 두 인물의 서로 다른 심리와 대응 방식을 알 수 있고, 이를 통해 사건을 더욱 입체적으로 이해할 수 있다.

📖 **어휘 확인**　　📑 본문 115쪽

1 좌절감　　**2** 주최　　**3** 중매　　**4** 석간　　**5** 귀엣말

14 일차 | 시간적 배경 / 시대적 배경 / 공간적 배경

🔖 **시간적·시대적 배경 판단하기** 1. 봄 2. 귀환 동포

`필수 개념 ❶` ②

🏷️ **개념 적용하기** 시간적, 시대적

🔖 **공간적 배경 판단하기** 1. 이별 2. 공간적

`필수 개념 ❷` ②

🏷️ **개념 적용하기** 울음 고개, 공간적

`필수 개념 ❶` **시간적 배경·시대적 배경** 📖 ②

고무신 | 오영수

작품 해설 이 작품은 '귀환 동포'가 돌아오던 해방 이후, 산기슭 마을에 찾아온 봄을 배경으로 식모살이를 하는 18세 남이와 마을에 드나드는 엿장수 청년의 애틋한 사랑을 그리고 있다. 서로에 대한 감정이 깊어 갈 즈음, 남이의 혼처를 정하고 나타난 남이 아버지로 인해 두 사람은 이별을 하게 된다. '엿'과 '고무신'으로 자신에 대한 애정을 보여 준 엿장수 청년을 좋아하면서도 아버지의 결정을 거역하지 못하는 남이의 모습은 가부장적 권위가 살아 있던 당대의 시대적 상황을 보여 준다. 자신이 새로 사 준 옥색 고무신을 신고 떠나가는 남이의 뒷모습을 엿장수가 울음 고개에서 멍하니 지켜보는 결말은 독자에게 긴 여운을 불러일으킨다.

주제 젊은 남녀의 애틋한 사랑

전체 줄거리

`발단` 산기슭 마을에 찾아오는 엿장수는 무료한 아이들에게 즐거움을 준다.

`전개` 철수네에서 식모살이를 하는 남이가 추석 선물로 받은 옥색 고무신을 철수네 아이들인 영이와 윤이가 엿과 바꿔 먹자, 남이는 엿장수에게 고무신을 돌려 달라고 한다. 엿장수는 남이의 저고리 앞섶에 붙은 벌을 쫓으려다 벌에 쏘이고, 이후로 엿장수는 남이를 보려고 동네에 자주 나타난다.

`위기` 남이 아버지가 남이의 혼처를 정해 놓고 데려가기 위해 나타나고, 남이는 엿장수를 좋아하지만 아버지를 거역하지 못해 떠날 준비를 한다.

`절정` 남이는 떠나기 직전에 골목에 나타난 엿장수에게 엿을 사서 아이들에게 주고, 아버지를 따라가기 위해 곱게 차려입은 남이를 본 엿장수는 남이가 꽃놀이를 가는 줄 알고 따라간다.

`결말` 남이를 따라온 엿장수는 옥색 고무신을 신은 남이가 어떤 영감과 함께 가고 있는 것을 울음 고개에서 멍하니 바라본다.

☑️ **작품 꼼꼼 강의**

`발단` 『보리밭 이랑에 모이를 줍는 낮닭 울음만이 이따금씩 들려오는 고요한 이 마을에도 올봄 접어들어 안타까운 이별이 있었다.』

앞으로 전개될 사건을 요약하여 제시함.
공간적 배경 / 시간적 배경

바다와 시가지 일부가 한꺼번에 내다보이는, 지대가 높고 귀환 동포가 누더기처럼 살고 있는 산기슭 마을이었다. 그렇기에 마을 사람들은 철수 내외와 같이 가난뱅이 월급쟁이가 아니면 대개가 그날그날의 날품팔이이다.

가난한 마을 형편을 '누더기'에 빗대어 표현함. 직유법
시대적 배경: 1940년대 후반 / 공간적 배경

▶ 시간적 · 공간적 배경: 고요한 산기슭 마을의 봄

[중략 부분의 줄거리] 남이는 철수네 집에서 식모아이로 일하고 있는 열여덟 살의 소녀이다. 그런데 철수네 아이들이 남이가 추석 차례로 받은 옥색 고무신을 엿과 바꿔 먹자, 남이는 고무신을 돌려 달라고 엿장수에게 성화를 부린다. 이를 계기로 엿장수는 남이를 보려고 동네에 자주 나타나는데, 어느 날 남이 아버지가 남이를 시집보내겠다고 철수네 집에 찾아온다.

`위기` "우리 동네 말임더, 나이 올해 스무 살 먹은 얌전한 신랑이 있는데, 모자 단둘이고요, 뱃일이고 바닷일이고 입 댈 것 없지요." / 철수는 듣다못해,

남이의 신랑감을 아버지가 마음대로 결정함. → 보수적·가부장적 인물

"그래서 영감은 거기다 남이를 시집보내겠단 말씀이죠?"

"암요." / 그러자 철수 아내가,

남이를 시집보내는 것을 반대함.

"보이소, 나도 스물한 살 때 이 집에 시집을 왔는데, 뭣이 그리 급해서……. 더구나 남이는 나이만 열여덟이지 원래 좀된 편이라 숙성한 애들의 열대여섯밖에는 안 뵈는데……."

철수 아내가 남이를 시집보내는 것을 반대하는 근거 ①
철수 아내가 남이를 시집보내는 것을 반대하는 근거 ②

"아니올시더. 부모 갖고 살림 있으면야 한 해 두 해 늦어도 까딱없지요. 암, 까딱없고말고……."

경제적으로 형편이 넉넉하면

"그렇잖아도 스무 살은 안 넘길 작정을 하고 또 그리 준비도 하고 있소."

스무 살이라는 말에 남이 아버지는 그만 질색을 하면서,

"언머어이, 무슨 말인교? 당찮심더!"

하고는 낯까지 붉히었다. 철수 아내가 또 무슨 말을 하려는 것을 철수는 손짓으로 막고,

남이를 시집보내는 것에 반대하는 내용의 말
남이 아버지의 고집을 꺾을 수 없다고 판단함.

"영감, 잘 알았소. 그만 건너가서 편히 쉬이소."

하자 그제서야 남이 아버지는 안심이 되는 듯 일어서며,

"내일 아침에 일찍 가겠심더. 안 그런교? 기왕 남의 권식 될 바야 하루라도 일찍 보내는 기 좋지 않겠는교."

① 엿장수와의 갑작스러운 이별이 결정됨. ② 아버지가 모든 것을 결정하는 사회적 분위기

하고 또 뭐라고 중얼중얼하면서 건너갔다.

남이는 여느 때와 조금도 다름없이 부엌에서 아침 채비를 하고 있다. 다만 다른 것은 눈시울이 약간 부은 것뿐이다.

정든 마을을 떠나기 싫은 남이의 마음을 짐작할 수 있음.

▶ 남이를 시집보내겠다고 찾아온 아버지

시간적 배경은 사건이나 인물의 행위가 일어나는 구체적인 시간이나 시기를 나타내므로, 남이와 엿장수가 '안타까운 이별'을 한 '올봄'과 남이가 '아침 채비를 하고 있'는 '아침'이 시간적 배경을 드러내는 단어라고 할 수 있다.

✅ **오답 챙기기**

① '올봄'은 남이와 엿장수가 이별한 사건이 일어난 때로, 시간적 배경을 알 수 있는 단어이지만, '시집'은 남이와 관련된 정보일 뿐 시간적 배경을 알 수 있는 단어가 아니다.

③ '스무 살'은 남이의 혼인 상대 나이이자 철수 아내가 남이를 시집보내려고 생각한 때로, 시간적 배경을 알 수 있는 단어가 아니고, '아침'은 남이가 '아침 채비를 하고 있'는 시간적 배경을 알려 주는 단어이다.

④ '바다'는 산기슭 마을의 위치를 알 수 있는 공간적 배경을, '귀환 동포'
는 시대적 배경을 알려 주는 단어이다.
⑤ '보리밭 이랑'은 사건이 일어난 공간적 배경과 관련이 있는 단어이고,
'올봄'은 남이와 엿장수가 이별한 사건이 일어난 때로, 시간적 배경을
알 수 있는 단어이다.

필수 개념 ❷ 공간적 배경   답 ②

📖 작품 꼼꼼 강의

절정 바로 이때다. 골목에서 엿장수 가위 소리가 들려왔다.

남이는 재빨리 윤이를 업고, 영이의 손목을 잡은 채 밖으로
<u>마지막으로 엿장수를 만나기 위해서</u>
나갔다. 남이 아버지는 벌써 저만치 철수와 하직을 하면서

내려가고, 엿장수는 막 철수네 집 앞에서 대문을 나서는 남

이와 마주쳤다. 엿장수는 얼빠진 사람처럼 남이를 바라보는
<u>남이가 예쁘게 차려입은 모습에 당황하고 놀람.</u>
데 남이의 눈에는 순간 어두운 그림자가 지나갔다.
<u>이별을 앞둔 남이의 슬픔과 안타까움</u>

(중략)

남이는 약간 망설이다가 역시 암말도 없이 한 손으로 받
<u>자신이 떠나는 것을 엿장수에게 말하지 못함.</u>
아 가지고는 영이를 앞세우고 안으로 들어왔다. 『엿장수는

멍하니 대문만 쳐다보고 있다가 침을 한 번 꿀꺽 삼키고 나
『」: 엿장수는 예쁘게 차려입은 남이를 보고 불안감을 느끼지만 애써 좋게 해석하려고 함.
서 엿판을 둘러메고는 혼잣말로,

"꽃놀이를 가면 자천 골짜기지. 그럼 한 걸음 앞서 울음
<u>남이가 떠나는 사실을 알지 못하고 좋게 해석함. → 이별의 안타까움을 고조시킴.</u>
고개로 질러감 되겠지."』

이렇게 중얼대면서 엿장수는 빠른 걸음으로 담 모퉁이를
<u>남이의 모습을 먼발치에서라도 보기 위해서</u>
돌아 울음 고개로 향해 갔다.

남이는 그 엿장수에게서 받은 엿을 영이에게 둘, 윤이에

게 둘 각각 손에 쥐어 주고서도 한 동강이 잘라 입에 넣고는

손수건으로 윤이 눈물 자국과 영이 코밑을 닦아 주고서야 보

퉁이를 들고 일어섰다.
<u>엿에 정신이 팔려 이별의 슬픔을 잊음. → 순수함, 천진난만함</u>
영이와 윤이는 엿 먹기에 여념이 없었다.
▶ 엿장수에게 이별을 알리지 못하는 남이
결말 철수 아내는 보퉁이 한 개를 들고 따라 나오면서 남이

에게 귀엣말로 뭣을 일러 주고……. 이래서 남이는 떠나간

다. 다만 한 가지 철수 내외에게 수수께끼는 마을 중턱에서
<u>남이가 새 옥색 고무신을 신은 것</u>
남이를 보내고 서서 그의 뒷모양을 바라보는데, 남이가 어

이한 옥색 고무신을 신고 가는 것이다. 더구나 한 번도 신지
<u>남이와 엿장수 사이에 일어난 사건이 생략되었음을 알 수 있음.</u>
않은 새것을…….

철수 내외는 서로 얼굴만 쳐다볼 뿐 도로 물어본달 수도
<u>남이에게 새 옥색 고무신이 생긴 것을 의아해하는 부부</u>
없고 해서 그만두었다.

보리밭 사이 조그만 언덕길로 옥색 고무신을 신은 남이는
<u>만남과 사랑의 매개체. 애정의 증표인 동시에 이별을 상징함.</u>
갔다. 자천 골짜기로 꽃놀이를 가는 줄만 알았던 남이가 난

데없는 영감 하나를 따라가고 있는 광경을 엿장수는 울음 고
<u>남이가 꽃놀이를 가는 것이 아니라 마을을 떠나는 것임을 알아차림.</u>
개 위에서 멀거니 바라보고 있는 것을 남이 자신이야 알 리

도 없었다. ▶ 옥색 고무신을 신고 떠나는 남이의 뒷모습을 바라보는 엿장수

ⓒ의 '자천 골짜기'는 엿장수가 남이를 보고 꽃놀이를 간다고
생각한 장소이다. 엿장수와 남이가 꽃놀이를 가기로 약속한 장
소임을 알려 주는 내용은 이 글에 제시되지 않았다.

✅ 오답 챙기기

① '골목'에서 남이는 엿장수한테 떠난다는 말을 못했으므로 엿장수는
남이가 떠난다는 사실을 모르고 있다.
③ 철수 부부는 처음에는 남이가 새 고무신을 신었다는 사실을 알아차
리지 못하다가 '마을 중턱'에서 그 사실을 알게 된다.
④ '보리밭 사이 조그만 언덕길'은 남이가 마을을 떠난 길로, 남이가 아
버지를 따라 마을을 떠나는 모습이 나타나는 공간이다.
⑤ '울음 고개'는 남이를 뒤따라가던 엿장수가 남이가 어떤 '영감'을 따
라가는 것을 보고 남이와 이별하게 된 것을 알아차리는 공간이다. 즉
떠나는 남이의 모습을 멀거니 바라보면서 이별을 맞이한 엿장수의
슬픔과 안타까움이 드러나는 공간이다.

14 일차 실전 시간적 배경 / 시대적 배경 / 공간적 배경

01 ③ **02** ④ **03** ④ **04** 징용, 북해도 탄광, 남양 군도, 만주 **05** ③ **06** ④ **07** ③ **08** 눈앞에, 있었다.

🏷️ **개념 적용하기** 일제 강점기, 6·25 전쟁

🔍 **작품 한눈에** 고등어, 역순행적

01 ~ 04

수난이대 | 하근찬

작품 해설 이 작품은 일제 강점기에 징용에 끌려갔다가 한쪽 팔을 잃은 박만도가 6·25 전쟁에 참전한 아들 진수가 돌아온다는 소식을 듣고 기차역으로 마중 나갔다가, 한 다리를 잃고 돌아온 진수를 업고 외나무다리를 건너 집으로 돌아가는 이야기이다. 작가는 아버지와 아들의 수난을 함께 제시하여 부자(父子) 이대(二代)에 걸친 반복적 수난을 보여 준다. 그리고 반복되는 민족의 수난이 만도나 진수와 같은 민중들의 삶에 얼마나 큰 폭력이 되는지를 형상화한다. 또한 작가는 역사적 수난으로 상처 입은 민중의 모습을 보여 주면서도, 아버지와 아들이 힘을 합쳐 외나무다리를 건너가는 모습을 통해 역사적 수난에 대한 극복 의지를 드러내고 있다.

주제 수난의 현실과 그 극복 의지

전체 줄거리

발단 아들 진수가 전쟁터에서 돌아온다는 소식을 들은 만도는 이른 아침부터 서둘러 기차역으로 마중을 나간다.

전개 진수를 위해 읍내에서 고등어를 산 만도는 정거장 대합실에서 진수를 기다리며 징용에 끌려가 강제 노역을 하던 중 사고로 왼팔을 잃게 된 자신의 과거를 회상한다.

위기 만도는 기차에서 내린 진수가 한쪽 다리를 잃은 사실을 알고 분노를 터뜨린다.

절정 주막집에서 술을 마신 뒤 진수에게 자초지종을 들은 만도는 앞으로 어찌 살까 하는 진수의 하소연을 듣고 진수를 위로한다.

결말 외나무다리에 이르러 만도는 진수를 업고, 진수는 지팡이와 고등어를 쥐고 외나무다리를 건넌다. 서로 의지하여 외나무다리를 건너는 이들 부자의 모습을 용머리재가 내려다본다.

☑️ 작품 꼼꼼 강의

발단 정거장 대합실에 와서 이렇게 도사리고 앉아 있노라
과거 회상의 매개체, 만도에게 고통스러운 과거를 떠올리게 하는 회상의 장소
면, 만도는 곧잘 생각나는 일이 한 가지 있었다. 그 일이 머리에 떠오르면, 등골을 찬 기운이 좍 스쳐 내려가는 것이었다. 손가락이 시퍼렇게 굳어져서 이끼 낀 나무토막 같은 팔뚝이 지금도 저만큼 눈앞에 보이는 듯했다.

▶ 정거장 대합실에서 과거를 회상하는 만도

전개 바로 이 정거장 마당에 백 명 남짓한 사람들이 모여 웅
징용에 끌려가는 사람들이 가족, 고향과 이별하게 되는 장소
성거리고 있었다. 그중에는 만도도 섞여 있었다. 기차를 기다리고 있는 것이었으나, 그들은 모두 자기네들이 어디로 가는 것인지 알지를 못했다. 그저 차를 타라면 탈 사람들이었
자신의 의지대로 살 수 없었던 일제 강점기 우리 민족의 처지를 드러냄.
다. 징용에 끌려 나가는 사람들이었다. 그러니까, 지금으로
징용 : 작품 속 시대 상황을 알려 주는 말

부터 십이삼 년 옛날의 이야기인 것이다.

▶ 일제 강점기 때 징용을 갔던 기억을 떠올리는 만도

북해도 탄광으로 갈 것이라는 사람도 있었고, 틀림없이 남양 군도로 간다는 사람도 있었다. 더러는 만주로 가면 좋겠다고 하기도 했다. 「만도는 북해도가 아니면 남양 군도일 것이고, 거기도 아니면 만주겠지, 설마 저희들이 하늘 밖으
「」: 징용 가는 장소가 중요하지 않은 만도 → 낙천적이고 담담한 모습을 보임.
로야 끌고 갈까 보냐고 아무렇지도 않은 듯이 그 들창코로 담배 연기를 푹푹 내뿜고 있었다.」 그러나 마음이 좀 덜 좋은 것은, 마누라가 저쪽 변소 모퉁이 벚나무 밑에 우두커니 서
강제 징용으로 인해 가족과 이별함.
서 한눈도 안 팔고 이쪽만을 바라보고 있는 때문이었다.

▶ 징용에 끌려가며 아내와 이별하게 된 만도
(중략)

만도는 정신이 아찔했다. 공습이었던 것이다. 산등성이를 넘어 달려든 비행기가 머리 위로 아슬아슬하게 지나가는 것이다. 미처 정신을 차리기도 전에 또 한 대가 뒤따라 날아드는 것이 아닌가? 만도는 그만 넋을 잃고 굴 안으로 도로 달
공습 때문에 무의식적으로 굴 안으로 들어감.
려 들어갔다. 달려 들어가서 굴 바닥에 아무렇게나 팍 엎드려 버리고 말았다. 그 순간이었다. 쾅! 굴 안이 미어지는 듯
만도가 팔을 잃게 된 이유
하면서 다이너마이트가 터졌다. 만도의 두 눈에서 불이 번쩍
폭발로 인한 충격
했다. / 만도가 어렴풋이 눈을 떠 보니, 바로 거기 눈앞에 누구의 것인지 모를 팔뚝이 하나 아무렇게나 던져져 있었다.
만도의 잘려진 팔뚝
손가락이 시퍼렇게 굳어져서, 마치 이끼 낀 나무토막처럼 보이는 팔뚝이었다. 만도는 그것이 자기의 어깨에 붙어 있던 것인 줄을 알자 그만 으악! 하고 정신을 잃어버렸다. 재차 눈을 떴을 때는 그는 푹신한 담요 속에 누워 있었고, 한쪽
시간의 경과
어깻죽지가 못 견디게 쿡쿡 쑤셔 댔다. 절단 수술은 이미 끝난 뒤였다.

▶ 다이너마이트 폭파 작업 중 한쪽 팔을 잃게 된 만도

위기 꽤애액 기차 소리였다. 멀리 산모퉁이를 돌아오는가
과거 회상에서 현실로 돌아오게 함.
보다. 만도는 자리를 털고 벌떡 일어서며, 옆에 놓아 둔 고
아들 진수에게 먹이려고 준비한 것, 아버지의 사랑을 상징함.
등어를 집어 들었다. 기적 소리가 가까워질수록 그의 가슴
진수를 만난다는 기대감, 설렘
은 울렁거렸다. 대합실 밖으로 뛰어나가, 플랫폼이 잘 보이는 울타리 쪽으로 가서 발돋움을 했다. / 땡땡땡…… 종이
아들을 기다리는 초조함
울자, 한참 만에 차는 소리를 지르면서 달려들었다. 기관차
기차가 도착함, 의인법
의 옆구리에서는 김이 픽픽 풍겨 나왔다. 만도의 얼굴은 바짝 긴장되었다. 시꺼먼 열차 속에서 꾸역꾸역 사람들이 나왔다. 꽤 많은 손님이 쏟아져 내리는 것이었다. 만도의 두 눈은 곧장 이리저리 굴렀다. 그러나 아들의 모습은 쉽사리 눈
진수를 찾기 위해
에 띄지 않았다.

▶ 기차가 도착함.

01 서술상 특징 파악 📖 ③

'만도는 정신이 아찔했다. ~ 정신을 잃어버렸다.'는 만도가 징용에 끌려가서 한쪽 팔을 잃게 된 과거를 회상하는 부분으로, 당시의 상황을 구체적으로 서술하여 만도가 한쪽 팔을 잃게 된 과거 상황을 생생하게 전달하고 있다.

① 액자식 구성이 아니라 역순행적 구성을 활용하여 새로운 사건을 전개하고 있다.
② 작품 속의 서술자가 자신의 경험을 직접 전달하는 1인칭 주인공 시점이 아니라, 작품 밖의 서술자가 인물의 심리와 행동을 서술하는 전지적 작가 시점으로 사건이 전개되고 있다.
④ 정거장 대합실에서 아들을 기다리는 만도의 모습과 만도가 징용에 끌려가서 사고를 당한 과거의 이야기가 제시되어 있을 뿐, 도시와 농촌의 대비는 나타나지 않는다.
⑤ 만도가 정거장 대합실에서 아들을 기다리며 과거의 사건을 회상하고 있을 뿐, 이 글에 인물 간의 대화는 나타나지 않는다.

02 작품의 내용 파악 답 ④

만도는 담배를 피우면서 자신이 징용에 끌려가는 곳이 북해도 아니면 남양 군도, 거기도 아니면 만주일 것이라며 어디로 가든 상관없다고 생각하고 있으나, '마음이 좀 덜 좋은 것은, 마누라가 저쪽 변소 모퉁이 벚나무 밑에 우두커니 서서 한눈도 안 팔고 이쪽만을 바라보고 있는 때문'이라고 하였다. 즉 만도는 마누라를 보며 마음이 좋지 않다고 느끼고 있으므로, 만도가 자신을 보고 있는 마누라를 외면하고 있다고 볼 수 없다.

① '아들의 모습은 쉽사리 눈에 띄지 않았다.'를 통해 만도가 정거장으로 나간 이유는 아들을 기다리기 위해서임을 알 수 있다.
② 만도가 '북해도가 아니면 남양 군도일 것이고, 거기도 아니면 만주겠지, 설마 저희들이 하늘 밖으로야 끌고 갈까 보냐'고 생각하는 것을 통해 만도는 징용에 끌려갈 때 어디로 가든 상관이 없다고 생각했음을 알 수 있다.
③ '만도는 정신이 아찔했다. 공습이었던 것이다. ~ 만도는 그것이 자기의 어깨에 붙어 있던 것인 줄을 알자 그만 으악! 하고 정신을 잃어버렸다.'를 통해 만도는 징용을 간 곳에서 강제 노역을 하던 중 공습에 놀라 다이너마이트가 설치된 굴 안으로 들어갔고 이때 다이너마이트가 폭발하여 한쪽 팔을 잃게 되었음을 알 수 있다.
⑤ '기적 소리가 가까워질수록 그의 가슴은 울렁거렸다.'를 통해 만도는 기적 소리가 가까이 들리자 아들이 온다는 기대감으로 가슴이 설레었음을 알 수 있다.

03 공간적 배경에 따른 사건의 흐름 파악 공간적 배경 답 ④

'정거장 마당(B)'은 징용에 끌려가던 사람들이 모여 있던 장소로, 만도도 그곳에서 징용에 가게 된다. 또한 '굴 안(C)'은 만도가 징용을 간 곳에서 다이너마이트 폭발로 한쪽 팔을 잃게 된 공간이다. 만도는 그러한 과거의 사건을 '정거장 대합실(A)'에서 떠올리다가, 기차가 도착하자 기차에서 내리는 사람들 중에서 아들을 찾기 위해 '울타리(D)' 쪽으로 간 것이다. 이를 정리하면, 사건이 일어난 순서에 따라 'B(과거: 징용 가기 전) → C(과거: 징용 당시) → A(현재: 기차를 기다림.) → D(현재: 기차가 도착한 후)'로 나타낼 수 있다.

04 시대적 배경 파악 시대적 배경 답 징용, 북해도 탄광, 남양 군도, 만주

일제 강점기에, 일본 제국주의자들이 조선 사람들을 강제적으로 데려가 일을 시키던 것을 나타내는 '징용'이라는 단어와 '북해도 탄광', '남양 군도', '만주' 등의 강제 징용 지역은 이 작품의 시대적 배경이 일제 강점기임을 알려 준다.

05 ~ 08

☑ 작품 꼼꼼 강의

위기 술을 마시고 나면 이내 오줌이 마려워진다. 만도는 길가에 아무렇게나 쭈그리고 앉아서 고기 묶음을 입에 물려고 한다. 그것을 본 진수는,
팔 한쪽이 없기 때문에

"아부지, 그 고등어 이리 주이소."
아버지의 불편함을 덜어 주려 함.
한다. 팔이 하나밖에 없는 몸으로 물건을 손에 든 채 소변을 볼 수는 없는 것이다. 『아버지가 볼일을 마칠 때까지, 진수는 저만큼 떨어져 서서 지팡이를 한쪽 손에 모아 쥐고, 다른 손으로 고등어를 들고 있었다. 볼일을 다 본 만도는 얼른 가서 아들의 손에서 고등어를 다시 받아 든다.』
『 만도 부자가 서로 돕는 모습
▶ 아버지를 위해 고등어를 대신 들어 주는 진수

절정 개천 둑에 이르렀다. 외나무다리가 놓여 있는 그 시냇물이다. 진수는 슬그머니 걱정이 되었다. 물은 그렇게 깊은
만도 부자가 극복해야 하는 시련과 고난 만도 부자가 서로 협력하여 시련을 극복하는 계기 제공
것 같지 않지만, 밑바닥이 모래흙이어서 지팡이를 짚고 건너가기가 만만할 것 같지 않기 때문이다. 외나무다리 위로는 도저히 건너갈 재주가 없고⋯⋯. 진수는 하는 수 없이 둑에 퍼지고 앉아서 바짓가랑이를 걷어 올리기 시작했다. 만도는
물속으로 걸어가려고 함.
잠시 멀뚱히 서서 아들의 하는 양을 내려다보고 있다가

"진수야, 그만두고 자아, 업자."
시련을 극복하려는 의지적 태도가 드러남.
하는 것이었다.

"업고 건느면 일이 다 되는 거 아니가. 자아, 이거 받아라."
다리를 건너기 위한 방법 → 부자가 서로 도우며 살아갈 수 있으리라는 가능성을 드러냄.
고등어 묶음을 진수 앞으로 민다.

"⋯⋯."

진수는 퍽 난처해하면서 못 이기는 듯이 그것을 받아 들
나이 들고 한쪽 팔이 없는 아버지가 자신을 업으려고 하니 난처해함.
었다. 만도는 등어리를 아들 앞에 갖다 대고 하나밖에 없는 팔을 뒤로 버쩍 내밀며

"자아, 어서!"

진수는 지팡이와 고등어를 각각 한 손에 쥐고, 아버지의
지팡이는 다리가 불편한 진수의 처지를, 고등어는 팔이 불편한 만도의 처지를 드러냄.
등어리로 가서 슬그머니 업혔다. 만도는 팔뚝을 뒤로 돌려서 아들의 하나뿐인 다리를 꼭 안았다. 그리고

"팔로 내 목을 감아야 될 끼다."
부자간의 화합
했다. 진수는 무척 황송한 듯 한쪽 눈을 찍 감으면서 고등어와 지팡이를 든 두 팔로 아버지의 굵은 목줄기를 부둥켜안았
만도의 강한 생명력을 부각함.
다. 만도는 아랫배에 힘을 주며 끙! 하고 일어났다. 아랫도리

가 약간 후들거렸으나 걸어갈 만은 했다. 외나무다리 위로

조심조심 발을 내디디며 만도는 속으로,

'이제 새파랗게 젊은 놈이 벌써 이게 무슨 꼴이고. 세상을

잘못 타고나서 진수 니 신세도 참 똥이다. 똥.'

이런 소리를 주워섬겼고, 아버지의 등에 업힌 진수는 곧

장 미안스러운 얼굴을 하며

'나꺼정 이렇게 되다니, 아부지도 참 복도 더럽게 없지.

차라리 내가 죽어 버렸더라면 나았을 낀데……'

하고 중얼거렸다.　　　▶ 진수를 업고 외나무다리를 건너는 만도

결말 만도는 아직 술기가 약간 있었으나, 용케 몸을 가누며

아들을 업고 외나무다리를 조심조심 건너가는 것이었다. 눈

앞에 우뚝 솟은 용머리재가 이 광경을 가만히 내려다보고 있

었다.　　　▶ 외나무다리를 건너는 부자의 모습을 내려다보는 용머리재

05 인물의 심리 파악　　　　답 ③

ⓒ에서 진수는 한쪽 팔이 없는 아버지가 자신을 업으려고 하는
것에 난처함을 느끼면서도 이를 못 이기는 듯 받아들이고 있
다. 따라서 ⓒ에는 자신의 마음을 몰라주는 아버지에 대한 체
념이 담겨 있는 것이 아니라, 자신을 업고 외나무다리를 건너
려는 아버지 만도의 제안을 받아들이는 진수의 마음이 담겨 있
다고 할 수 있다.

오답 챙기기

① ㉠에서 진수가 아버지에게 고등어를 달라고 하는 것은 한 팔로 고등
　어를 들고 소변을 보기 힘든 아버지를 위해서이므로, ㉠에는 아버지
　만도를 배려하는 마음이 담겨 있다고 볼 수 있다.
② 다리가 불편한 진수가 외나무다리를 건너는 대신에 물속으로 들어가
　건너려고 하자, ㉡에서 만도는 진수를 업고 외나무다리를 건너면 된
　다고 말한다. 따라서 ㉡에는 진수의 불편함을 덜어 주고 싶은 아버지
　의 마음이 담겨 있다고 볼 수 있다.
④ ㉣에서 만도는 젊은 나이인 진수가 한쪽 다리를 잃은 것을 안타까워
　하고 있으므로, ㉣에는 진수의 불행을 안타까워하는 만도의 마음이
　담겨 있다고 볼 수 있다.
⑤ ㉤에서 진수는 팔을 잃은 아버지에 이어 자신까지 다리를 잃은 것에
　대해 '아부지도 참 복도 더럽게 없지.'라고 생각하고 있으므로, ㉤에는
　아버지 만도의 처지에 대한 진수의 안타까움과 미안한 마음이 담겨
　있다고 볼 수 있다.

06 작품의 내용 파악　　　　답 ④

진수는 한쪽 다리로 '외나무다리 위로는 도저히 건너갈 재주가
없'기 때문에 물속으로 걸어가려고 한 것이다. 그러나 '물은 그
렇게 깊은 것 같지 않지만, 밑바닥이 모래흙이어서 지팡이를
짚고 건너가기가 만만할 것 같지 않기 때문'에 걱정을 한다. 즉
진수는 한쪽 다리로 외나무다리를 건너기 어렵기 때문에 걱정
을 하는 것이다.

07 외적 준거에 따른 작품 감상　　　　답 ③

만도가 '하나밖에 없는 팔을 뒤로 버쩍 내밀며' 진수를 업는 것
은 만도 부자가 고난을 극복하기 어려울 것임을 암시하는 것이
아니라, 고난을 극복하고자 하는 만도의 의지를 보여 주는 것
이라 할 수 있다.

오답 챙기기

① 만도가 소변을 보기 위해 입에 물려고 한 '고기 묶음'은 한쪽 팔이 없
　는 만도의 불편한 신체 상태를 부각하는 역할을 한다.
② 만도와 진수가 만난 '외나무다리'는 몸이 불편한 이들에게 닥친 시련
　과 고난을 상징한다. 그러나 만도 부자는 서로 협력하여 외나무다리
　를 건넘으로써 시련과 고난을 극복하려는 의지를 보여 준다.
④ '세상을 잘못 타고나서 진수 니 신세도 참 똥이다. 똥.'은 진수가 다
　리를 잃은 것은 6·25 전쟁으로 인한 것이므로, 세상을 잘못 타고나
　'똥'과 같은 신세가 되었다는 의미이다. 따라서 이 구절은 6·25 전쟁
　이라는 민족의 수난이 개인 진수의 수난으로 이어지고 있음을 의미
　한다.
⑤ 만도가 진수를 업고 건너기 힘든 '외나무다리를 조심조심 건너가는
　것'은 서로 협력하여 시련을 함께 헤쳐 나가는 모습을 보여 준다. 이
　를 민족의 범위로 확장하면, 서로 도와 가며 '외나무다리'를 건너는
　만도 부자의 모습은 우리 민족이 화합과 협력을 통해 민족의 수난을
　극복할 수 있음을 보여 준다.

08 서술상 특징 파악　　　　답 눈앞에, 있었다.

이 작품은 전지적 작가 시점으로, 서술자는 만도와 진수를 중
심으로 사건을 서술하고 있다. 그러나 이러한 시선은 마지막
문장에서 '자연'의 시선으로 전환된다. '용머리재'가 이들 부자
를 내려다보는 시선으로의 전환을 통해, 상황을 객관화하면서
수난을 극복하고자 하는 만도 부자의 모습이 주는 감동의 여운
을 남기고 있다.

어휘 확인　　　　본문 125쪽

| 1 ⓐ | 2 ⓒ | 3 ⓔ | 4 ㉠ | 5 ⓓ |
| 6 ⓒ | 7 ㉠ | 8 ⓓ | 9 ⓐ | 10 ⓔ |

15 일차 ^{필수 개념} 소재의 기능

- **소재의 의미 판단하기** 1. 민들레꽃 2. 부끄러움
- 필수 개념 ❶ ⑤
- **개념 적용하기** 민들레꽃, 생명

- -

- **소재의 기능 판단하기** 1. 돌다리 2. ○
- 필수 개념 ❷ ⑤
- **개념 적용하기** 돌다리, 전통적

필수 개념 ❶ 소재의 기능 ①
답 ⑤

옥상의 민들레꽃 | 박완서

작품 해설 이 작품은 우리의 삶에서 소중한 가치가 무엇인가를 되돌아보게 하는 소설이다. 부의 상징인 궁전 아파트에서 일어난 할머니 두 명의 자살 사건은 아파트값이 떨어질 것을 염려한 주민들의 대책 회의로 이어진다. 어른들이 쇠창살을 하자는 의견을 내놓자, 자살을 하려고 옥상에 올라간 적이 있는 '나'는 시멘트 바닥 조그만 홈 사이에 핀 민들레꽃을 보고 집으로 돌아온 기억을 떠올린다. 이 작품은 어린아이의 시선을 통해 사람을 죽게 만드는 것은 자신의 존재 가치가 부정당할 때임을 보여 주면서, 사람을 살게 만드는 힘도 물질적인 풍족함이 아니라 민들레꽃처럼 절망적 삶에서 희망을 주는 존재임을 일깨운다.

주제 현대인들의 물질 만능주의에 대한 비판과 인간적 가치 회복의 필요성

전체 줄거리

발단 '나'가 살고 있는 궁전 아파트는 사람들이 살고 싶어 하는 아파트지만, 할머니 두 분이 떨어져 스스로 목숨을 끊는다.

전개 아파트 값 하락을 걱정한 주민들은 반상회를 열어 대책을 논의하는데, 다양한 사고 방지책에 대한 의견이 나오지만, 사람들은 할머니들이 진정으로 무엇을 원했는지 알지 못한다. 엄마를 따라 반상회에 간 '나'는 이를 방지할 대책을 알아서 그 이야기를 하려고 하지만, 어른들에 의해 제지당한다.

위기 '나'는 자살을 방지할 대책을 알게 된 과거 경험을 떠올린다. 지금보다 더 어렸을 때 '나'는 어버이날 선물로 부모님께 종이꽃을 선물했지만, 그 종이꽃이 버려진 것을 보고 자신을 부담스러워하는 엄마의 전화 통화를 들은 후 자신이 가족에게 불필요한 존재라는 생각을 한다.

절정 '나'는 가족이 자신을 사랑하지 않는다고 생각하여 살고 싶지 않은 마음에 옥상으로 올라가지만, 한 줌 흙에서 핀 민들레꽃을 보고 삶의 의지를 되찾는다.

결말 집으로 돌아와 가족들의 사랑을 확인하게 된 '나'는 삶의 소중함을 깨닫게 된다.

🔖 작품 꼼꼼 강의

절정 아파트 광장에 차와 사람의 움직임이 멎자 둥근 달이
`옥상에 오른 '나'가 밤이 될 때까지 옥상에 있었음.`
하늘 한가운데 와서 옥상을 대낮같이 비춰 주었습니다. 마치
세상에 달하고 나하고만 있는 것 같은 기분이 들었습니다.
`'나'가 외로움을 느낌.`
그때 나는 민들레꽃을 보았습니다. 옥상은 시멘트로 빤빤하
`중심 소재`　　`비인간적인 현대 물질문명을 상징함.`

게 발라 놓아 흙이라곤 없습니다. 그런데도 한 송이의 민들
`생명체가 살기 힘든 상황임을 의미함.`
레꽃이 노랗게 피어 있었습니다. 봄에 엄마 아빠와 함께 야
외로 소풍 가서 본 민들레꽃이었습니다.
　　　　나는 하도 이상해서 톱니 같은 이파리를 들치고 밑동을 ▶ 옥상에서 민들레꽃을 발견함.
`직유법`
살펴보았습니다. 옥상의 시멘트 바닥이 조금 파인 곳에 한
`생명이 살아가기 힘든 척박한 환경`
숟갈도 안 되게 흙이 조금 모여 있었습니다. 그건 어쩌면 흙
이 아니라 먼지일지도 모릅니다. 하늘을 날던 먼지가 축축
한 날, 몸이 무거워 옥상에 내려앉았다가 비를 맞고 떠내려
가면서 그곳이 움푹하여 모이게 된 것입니다. 그 먼지 중에
민들레 씨앗이 있었나 봅니다. 싹이 나고 잎이 돋고 꽃이 피
게 하기에는 너무 적은 흙이어서 잎은 시들시들하고 꽃은 작
은 단추만 했습니다. 그러나 흙을 찾아 공중을 날던 수많은
민들레 씨앗 중에서 그래도 뿌리를 내릴 수 있는 한 줌의 흙
`민들레꽃을 피우기 위한 최소한의 조건`
을 만난 게 고맙다는 듯이 꽃은 샛노랗게 피어서 달빛 속에
서 곱게 웃고 있었습니다. ▶ 척박한 환경 속에서도 꽃을 피운 민들레꽃
`달빛 속에 핀 민들레꽃. 의인법`
　　　　도시로 부는 바람을 탄 민들레 씨앗들은 모두 시멘트로
포장한 딱딱한 땅을 만나 싹을 틔우지도 못하고 죽어 버렸으
`척박한 현대 사회를 상징함.`
련만, 단 하나의 민들레 씨앗은 옹색하나마 흙을 만난 것입
`매우 부족하지만`
니다. 흙이랄 것도 없는 한 줌의 먼지에 허겁지겁 뿌리를 내
`힘든 상황에서 핀 민들레꽃을 보고 살고 싶지 않다고 생각했던 자신을 반성하게 됨.`
리고, 눈물겹도록 노랗게 핀 민들레꽃을 보자 나는 갑자기
부끄러운 생각이 들었습니다. 살고 싶지 않아 하던 것이 큰
잘못같이 생각되었습니다.
　　　　　　　　　　　▶ 옥상에 핀 민들레꽃을 보고 삶의 의지를 되찾음.
(중략)

결말 그러나 그 일을 통해 사람은 언제 살고 싶지 않아지나
`민들레꽃을 보고 생명의 소중함을 깨닫게 된 일`
를 알게 된 것입니다. 사람은 사랑하는 사람이 자기를 없어
져 줬으면 할 때에 살고 싶지가 않아집니다. 돌아가신 할머
`자신의 존재 가치를 인정받지 못할 때 살고 싶지 않아진다는 깨달음.`
니의 가족들도 말이나 눈치로 할머니가 안 계셨으면 하고 바
`물질적으로 풍족한 궁전 아파트에 사는 할머니가 목숨을 끊은 이유를 생각함.`
랐을 것이 틀림없습니다.

　　　　그리고 살고 싶지 않아 베란다나 옥상에서 떨어지려고 할
때에 그것을 막아 주는 건 쇠창살이 아니라 민들레꽃이라는
`비인간적, 현대 도시의 각박함, 삭막함`　　`삶에 대한 의지`
것도 틀림없습니다. 그것도 내가 겪어서 이미 알고 있는 일
이니까요. ▶ 삶의 소중함을 깨달음.

'살고 싶지 않아 베란다나 옥상에서 떨어지려고 할 때에 그것을 막아 주는 건 쇠창살이 아니라 민들레꽃이라는 것도 틀림없습니다.'를 통해 민들레꽃과 대립되는 의미를 지닌 소재는 '쇠창살'임을 알 수 있다. '쇠창살'은 현대 물질 문명의 비인간적인 모습을 상징하는 소재이고, '민들레꽃'은 희망, 사랑, 의지, 생명력 등을 상징하는 소재이다.

✅ 오답 챙기기

① '옥상'은 민들레꽃이 피어난 공간으로 서술자인 '나'가 살고 싶지 않은 마음에 올라갔지만 희망을 발견한 공간이라고 할 수 있다.

② '톱니 같은 이파리'를 통해 '톱니'는 민들레 이파리를 비유하고 있는 대상임을 알 수 있다.

③ '먼지'는 힘들게나마 민들레가 뿌리를 내린 환경을 의미한다.

④ '바람'은 민들레 씨앗을 공중으로 날게 하여 다른 곳에 뿌리 내릴 수 있게 하는 소재이다.

필수개념 ② **소재의 기능 ②** 답 ⑤

돌다리 | 이태준

작품 해설 이 작품은 땅을 파는 문제를 둘러싼 아버지와 아들 사이의 갈등을 바탕으로 땅의 가치를 생각하게 하고, 물질 만능주의 사회에 대해 비판하고 있는 소설이다. 아버지와 아들의 대립은 아버지가 고쳐 사용하고자 하는 '돌다리'와, 아들이 사용하기를 제안하는 '나무다리'의 대립을 통해 드러난다. 뿐만 아니라 아들이 병원 확장을 위해 팔고자 하지만 아버지가 절대 팔지 않겠다는 '땅'에 대한 인식의 차이를 통해서도 대립은 드러난다. 아들은 '땅'을 더 나은 수익을 위해 언제든지 팔수 있는 경제적 수단이나 도구로 인식하는데 비해, 아버지는 '땅'을 천지만물의 근원으로 인식해 '땅'을 지키고자 한다. 작가는 이러한 아버지의 모습을 통해 땅의 가치에 대한 인식과 물질주의적 가치관에 대해 비판하고 있다.

주제 땅의 가치에 대한 인식과 물질 만능주의에 대한 비판

전체 줄거리

발단 서울의 권위 있는 내과 의사인 창섭은 병원을 확장하고 부모님을 서울로 모셔 가기 위해 시골의 땅을 팔자는 제안을 하려고 고향으로 내려온다.

전개 창섭은 고향 마을 입구에서 마을 사람들과 함께 돌다리를 고치고 있는 아버지를 만난다.

위기 창섭은 아버지에게 병원 확장에 필요한 자금을 마련하기 위해 땅을 팔자고 제안하면서 부모님은 서울로 모시겠다고 설득한다.

절정 아버지는 창섭의 제안을 거절하면서 땅의 가치를 아는 사람에게 땅을 넘길 것이라고 한다. 창섭은 아버지의 말을 수용하지만, 자신의 세계와 아버지의 세계가 다르다는 생각을 한다.

결말 창섭은 아버지가 고쳐 놓은 돌다리를 건너 서울로 올라가고, 아버지는 다음 날 고쳐 놓은 돌다리에 나가 세수를 하면서 앞으로도 땅을 지키며 살 것을 다짐한다.

☑ 작품 꼼꼼 강의

절정 "원, 요즘 사람들은 힘두 줄었나 봐! 그 다리 첨 놀 제 내가 어려서 봤는데 불과 여남은이서 거들던 돌인데 장정 수십 명이 한나절을 씨름을 허다니!"

『 "나무다리가 있는데 건 왜 고치시나요?"

"너두 그런 소릴 허는구나. 나무가 돌만 하다든? 넌 그 다리서 고기 잡던 생각두 안 나니? 서울루 공부 갈 때 그 다리 건너서 떠나던 생각 안 나니? 시체 사람들은 모두 인정이란 게 사람헌테만 쓰는 건 줄 알드라! 내 할아버님 산소에 상돌을 그 다리로 건네다 모셨구, 내가 천잘 끼구 그

다리루 글 읽으러 댕겼다. 네 어미두 그 다리루 가말 타구 내 집에 왔어. 나 죽건 그 다리루 건네다 묻어라……』 난 서울 갈 생각 없다." ▶ 땅을 팔지 않겠다는 아버지

"네?"

"천금이 쏟아진대두 난 땅은 못 팔겠다.『내 아버님께서 손수 이룩허시는 걸 내 눈으루 본 밭이구, 내 할아버님께서 손수 피땀을 흘려 모신 돈으루 작만(作滿)허신 논들이야.』돈 있다구 어디 가 느르지논 같은 게 있구, 독시장밭 같은 걸 사? 느르지논 둑에 선 느티나무 할아버님께서 심으신 거구, 저 사랑 마당에 은행나무는 아버님께서 심으신 거다. 그 나무 밑에를 설 때마다 난 그 어른들 동상이나 다름없이 경건한 마음이 솟아 우러러보군 헌다. 땅이란 걸 어떻게 일시 이해를 따져 사구팔구 허느냐? 땅 없어 봐라, 집이 어딨으며 나라가 어딨는 줄 아니? 땅이란 천지만물의 근거야.『돈 있다구 땅이 뭔지두 모르구 욕심만 내 문서 쪽으로 사 모기만 하는 사람들, 돈놀이처럼 변리만 생각허구 제 조상들과 그 땅과 어떤 인연이란 건 도시 생각지 않구 헌신짝 버리듯 하는 사람들, 다 내 눈엔 괴이한 사람들루밖엔 뵈지 않드라.』"

"……"

"네가 뉘 덕으루 오늘 의사가 됐니? 내 덕인 줄만 아느냐? 내가 땅 없이 뭘루? 밭에 가 절하구 논에 가 절해야 쓴다. 자고로 하눌 하눌 허나 하눌의 덕이 땅을 통허지 않군 사람헌테 미치는 줄 아니? 땅을 파는 건 그게 하눌을 파나 다름없는 거다." ▶ 땅을 천지만물의 근원으로 보는 아버지

"나무다리가 있는데 건(돌다리는) 왜 고치시나요?"라고 묻는 아들에게 "너두 그런 소릴 허는구나. 나무가 돌만 하다든?"이라고 대답하는 아버지를 통해 아버지에게 '나무다리'는 '돌다리'와 같은 가치를 지닌 대상이 아님을 알 수 있다.

✓ 오답 챙기기

① "천금이 쏟아진대두 난 땅은 못 팔겠다."는 땅을 지키고자 하는 아버지의 의지를 보여 준다. 이를 통해 아버지가 땅의 가치를 소중하게 여기고 있음을 알 수 있다.

② 아버지는 '돌다리'를 가족의 삶의 일부로 생각하고 있다. '그 다리'는 바로 '돌다리'를 의미하므로, 아버지가 소중하게 여기는 대상이라고 할 수 있다.

③, ④ "돈 있다구 어디 가 느르지논 같은 게 있구, 독시장밭 같은 걸 사?"를 통해 아버지에게 '느르지논'과 '독시장밭'은 돈으로 쉽게 사기 어려운 소중한 대상이자 가치 있는 것임을 알 수 있다.

15일차 ^{실전} 소재의 기능

01 ①	**02** ⑤	**03** ②	**04** 새
05 ①	**06** ②	**07** ③	**08** 도회지

✎ **개념 적용하기** 아들, 연날리기

🔍 **작품 한눈에** 시간, 공간

01 ~ 04

연 | 이청준

작품 해설 이 작품은 모자간의 이야기를 '연'이라는 상징적 소재에 담아 보여 주고 있다. 어려운 가정 형편 때문에 상급 학교에 가지 못한 아들이 연날리기를 하며 시간을 보내다가 결국 고향과 어머니를 떠나는 내용으로 이루어져 있다. '연'은 어머니가 가난 때문에 상급 학교에 가지 못하고 연만 날리는 아들과 동일시하는 소재로, 아들을 상징한다. 작가는 가난 때문에 고향을 떠나는 아들과, 아들과의 이별을 받아들이는 어머니의 모습을 '연'을 통해 그려 냄으로써 아들에 대한 어머니의 사랑을 형상화하고 있다.

주제 고향을 떠나는 아들을 바라보는 어머니의 마음

전체 줄거리

발단 혼자 아들을 키우는 어머니는 가난한 처지 때문에 아들이 원하는 상급 학교(중학교)에 보내지 못한다.

전개 아들은 학교에 가지 않는 대신 하루 종일 연날리기를 하고, 어머니는 언제 어디서나 그 연을 보며 연이 아들의 마음을 위로해 주고 있다고 생각한다.

위기 밭에서 일을 하던 어머니는 얼레의 실이 모두 풀린 채 높이 떠서 바람에 심하게 오르내리는 아들의 연을 보며 불안감을 느낀다.

절정 어머니는 실이 끊어져 날아간 연을 하염없이 바라본 후 차분한 태도로 마을로 돌아온다.

결말 어머니는 하늘을 바라보며 떠난 아들이 어디서나 건강하기를 빈다.

🔖 작품 꼼꼼 강의

발단 마을 쪽 하늘에서는 연이 떠오르지 않는 날이 없었다.

연은 먼 하늘 여행을 꿈꾸는 작은 새처럼 하루 종일 마을 위를 맴돌았다.
> 직유법 - 연을 '작은 새'에 비유함.

들에서나 산에서나 마을 근처에선 언제 어디서나 새처럼 하늘을 떠도는 연을 볼 수 있었다.
> 직유법 - 연을 '새'에 비유함.

연이 하늘에 떠올라 있는 동안은 어머니도 마음이 차라리 편했다.
> 아들이 연날리기를 하고 있음.   아들의 존재를 확인할 수 있기 때문에

들에서나 산에서나 어머니는 이따금 자신도 모르게 그 연을 찾아 일손을 멈추곤 했다. 그리고 그 적막스런 봄 하늘을 바라보며 허기진 한숨을 삼키곤 했다.
> 아들의 존재를 확인하기 위함.
> 마을 근처에서는 하늘을 떠도는 연을 항상 볼 수 있었음.

아비 없이 자란 놈이라 하는 수가 없는가 보았다.
> 아들의 처지를 알 수 있음.

"우리 집 처지에 상급 학교가 당하기나 한 소리냐. 이름자나마 쓰고 읽게 된 걸 다행으로 알거라."
> 가난한 집안 형편 때문에 아들을 상급 학교에 보낼 수 없음.
> ▶ 가난한 집안 형편으로 아들을 상급 학교에 보내지 못함.

전개 어미 곁에서 함께 땅이나 파고 살자던 소리가 아들놈의 어린 가슴에 못을 박은 모양이었다.
> 원통한 생각을 마음속 깊이 맺히게 하는

"상급 학교 못 가면 연이나 실컷 띄우고 놀 거야. 상급 학교 안 보내 준 대신 연실이나 많이 만들어 줘."
> 아들은 상급 학교에 가지 못해 속상한 마음을 연날리기로 달래려 함.

상급 학교 진학을 단념한 대신 아들놈은 그 철 늦은 연날리기 놀이를 시작했다. 연실 마련이 어려워서 제철에는 남의 집 애들 연 띄우는 거나 곁에서 늘 부러워해 오던 녀석이었다.
> 가난한 집안 형편 때문에 연날리기를 할 수 없었음.

어머니는 큰맘 먹고 연실을 마련해 냈고, 아들놈은 그때부터 하고한 날 연에만 붙어 지냈다.
> 상급 학교에 진학하지 못한 아들의 마음을 달래 주려는 어머니의 마음

봄이 되어 제 또래 아이들이 모두 마을을 떠나 읍내 상급 학교로 가 버린 다음에도 아들놈은 혼자서 그 파란 봄 보리밭 위로 하루같이 연만 띄워 올리고 있었다. 아침나절에 띄워 올린 연이 해 질 녘까지 마을의 하늘을 맴돌았다.
> 시간적 배경
> 공간적 배경이 시골임을 알 수 있음.
> 아들이 하루 종일 연날리기를 하며 시간을 보냄.
> ▶ 상급 학교 진학을 단념한 아들은 하루 종일 연날리기를 함.

어머니는 언제 어디서나 그 아들의 연을 볼 수 있었다.

연을 보면 아들의 얼굴을 보는 것 같았고, 아들의 마음을 보는 것 같았다.
> 연과 아들을 동일시함.

연은 언제나 머나먼 하늘 여행을 꿈꾸고 있는 작은 새처럼 보였고, 그래서 언젠가는 실줄을 끊고 마을의 하늘을 떠나가 버릴 것처럼 어머니의 마음을 불안하게 했다.
> 직유법 - '연'을 '작은 새'에 비유하여 표현함.
> 아들이 떠날지도 모른다는 생각에 불안감을 느끼는 어머니

하지만 연이 그렇게 하늘에 떠올라 있는 동안엔 어머니도 아직은 마음을 놓을 수 있었다. 연이 하늘을 나는 동안은 어느 집 양지바른 담벼락 아래, 마을의 회관 뜰 한구석에, 또는 아지랑이 피어오르는 어느 보리밭 이랑 끝에 그 봄 하늘처럼 적막스럽고 외로운 아들의 모습이 선하기 때문이었다.
> 어머니는 연을 통해 아들의 존재를 확인하고 안심함.
> 직유법 - 아들의 모습을 '봄 하늘'에 비유함.

그래서 어머니는 아들놈의 연날리기를 탓해 본 일이 한 번도 없었다. / 철 늦은 연날리기에 넋이 나간 아들놈을 원망해 본 일이 한 번도 없었다.
> 아들의 마음이 연에 머물고 있는 것에 감사함.

녀석의 마음이 고이 머물고 있는 연의 위로를 감사할 뿐이었다.
> 아들이 연날리기를 통해 마음의 위로를 받는다고 생각함.

연에 실린 아들의 마음이 하늘을 내려오는 저녁 연처럼 조용히 다시 마을로 가라앉기를 기다릴 뿐이었다.
> 아들이 떠나지 않고 자신의 곁에 머물기를 바라는 어머니의 마음
> ▶ 어머니는 아들의 연을 보며 불안해하면서도 안도함.

01 서술상 특징 파악
답 ①

'적막스런 봄 하늘', '봄이 되어', '봄 보리밭 위로' 등을 통해 계절적 배경이 봄임을 알 수 있다.

✅ **오답 챙기기**

② 가난한 형편으로 인해 상급 학교 진학이 좌절되자 아들은 섭섭한 마음을 '연날리기'로 달래고 있다. 따라서 인물 간의 갈등이 심화되고 있다고 할 수 없다.

③ '현재(연을 날림.) – 과거(연을 날리게 된 이유) – 현재(연을 날림.)'로 현재와 과거를 교차하여 사건을 전개하고 있다.

④ 작품 속 서술자가 사건을 객관적으로 서술하는 1인칭 관찰자 시점이
아니라, 작품 밖의 서술자가 사건과 인물의 심리를 전달해 주는 전지
적 작가 시점을 취하고 있다.

⑤ '봄 보리밭', '마을' 등의 공간적 배경이 나타나고 있으나, 이를 통해
앞으로 전개될 사건을 암시하고 있는 부분은 찾아볼 수 없다.

02 인물의 심리 파악 답 ⑤

아들은 가난한 처지 때문에 상급 학교에 진학하지 못하자, 어
머니에게 "상급 학교 못 가면 연이나 실컷 띄우고 놀 거야. 상
급 학교 안 보내 준 대신 연실이나 많이 만들어 줘."라고 말한
다. 따라서 아들은 상급 학교에 진학하지 못한 좌절감과 실망
감 때문에 연을 날리고 있는 것임을 알 수 있다.

오답 챙기기

① 아들은 상급 학교에 진학하고 싶어 하고 있으므로, 공부를 하고 싶지
않기 때문이라고 볼 수 없다.

② '아비 없이 자란 놈'은 홀어머니 밑에서 자라는 아들의 처지를 보여
주는 것일 뿐, 아들이 아버지가 보고 싶어서 연을 날리고 있는 것은
아니다.

③ 읍내로 간 또래 친구들은 상급 학교에 진학하지 못한 아들과 상반되
는 대상이지만, 아들은 상급 학교에 진학하지 못해 좌절감을 느끼고
있으므로 읍내의 또래 친구들과 놀고 싶다는 것이 연을 날리는 직접
적인 이유라고 볼 수 없다.

④ '연실'은 상급 학교에 진학하지 못한 아들이 어머니에게 상급 학교 안
보내 준 대신 만들어 달라고 한 것이므로, 단순히 연실이 생겼기 때
문에 연을 날리는 것이라고 볼 수 없다.

03 소재의 의미와 기능 파악 소재의 기능 답 ②

'철 늦은 연날리기에 넋이 나간 아들놈을 원망해 본 일이 한 번
도 없었다.'를 통해 어머니가 아들의 연날리기를 원망하지 않
았음을 알 수 있다. 그리고 '녀석의 마음이 고이 머물고 있는
연의 위로를 감사할 뿐이었다.'를 통해 오히려 어머니는 아들
이 연날리기를 통해 마음의 위로를 받고 있다고 생각하고 있음
을 알 수 있다.

오답 챙기기

① 〈보기〉에서 '연'은 어머니에게 '아들'과 동일시되고 있는 대상이라고
하였다. 그러므로 어머니에게 마을 쪽 하늘에서 연이 보인다는 것은
아들이 마을에 머물러 있음을 의미한다.

③, ④ '연'은 '아들'과 동일시되는 대상이다. 따라서 언젠가 연이 마을의
하늘을 떠날 것 같아 어머니가 불안해하는 것은 아들이 자신의 곁을
떠나 버릴 것 같은 불안감을 느끼는 것을 의미한다. 또한 연이 떠 있
는 동안 마음을 놓을 수 있었다는 것은 어머니가 연을 통해 아들의
존재를 확인하고 안도감을 느끼는 것을 의미한다.

⑤ '연에 실린 아들의 마음이 하늘을 내려오는 저녁 연처럼 조용히 다시
마을로 가라앉기를 기다릴 뿐이었다.'라는 것은 어머니에게 있어 '연'
이 '아들'과 동일시되는 대상임을 고려할 때, 아들의 마음이 다시 마
을에 머물러 주기를 기다린다는 의미이다. 즉 어머니가 아들이 자신
의 곁에 남아 주기를 비라는 것을 의미한다.

문학에서 상징은 '하나의 사물이나 현상을 직접 지시하지 않고 그것을 표상할
수 있도록 다른 사물이나 사건으로 대신 나타내는 기법'이다. 이청준의 〈연〉에
서 중심 소재인 '연'은 '실에 달아 공중에 날리는 장난감'이다. 그러나 작품 속
에서 이 '연'은 단순한 장난감이 아니라 집에서 떠나고 싶은 '아들'을 대신 나타
낸다. 즉 '아들'을 상징하는 것이다. 소재의 상징적 의미를 파악하는 것은 작가
가 드러내고자 하는 의도를 이해하는 것이기도 하다.

04 비유적 표현의 이해 답 새

'연은 먼 하늘 여행을 꿈꾸는 작은 새처럼', '새처럼 하늘을 떠
도는 연'을 통해 '연'을 '새'에 비유하고 있음을 알 수 있다.

05 ~ 08

📖 작품 꼼꼼 강의

위기 그러던 어느 날이었다.
새로운 사건이 일어날 것임을 암시함.
하루는 결국 이변이 일어나고 말았다.
아들이 집을 떠남.
그날은 유독 봄바람이 들녘을 설치던 날이었다.
이변이 일어난 날
어머니는 이날도 고개 너머 들밭 언덕에서 봄 무릇을 캐
고 있던 참이었다.

『바람을 태우기가 좋아 그랬던지 아들놈은 이날따라 연을
『 아들이 띄워 올린 연의 모습이 평소와 다름.
더 하늘 높이 띄워 올리고 있었다. 마을에서 띄워 올린 녀석
의 연이 고개 이쪽 어머니의 머리 위까지 까맣게 떠올라 와
있었다. 얼레의 실이 모조리 풀려 나와 하늘 끝까지 닿고 있
는 것 같았다.』

무릇 싹을 찾아 헤매던 어머니의 발길이 자꾸만 헛디딤질
어머니의 불안한 심리를 나타냄.
을 되풀이했다. 연이 너무 높은 데다가 전에 없이 드센 바람
기 때문에 마음이 놓이지 않는 탓이었다. 팽팽하게 하늘을
가로질러 올라간 연실 끝에서 드센 바람을 받고 심하게 오
르내리는 연을 따라 어머니의 마음도 불안하게 흔들리고 있
었다. ▶ 어머니는 아들의 연이 너무 높이 뜨고 바람이 드세자 불안해함.

절정 아니나 다를까.
어머니의 불안한 예감이 틀리지 않았음.
불안감에 쫓기던 어머니가 어느 순간엔가 다시 그 하늘의
연을 찾았을 때였다.

연이 있어야 할 곳에 연의 모습이 보이질 않았다.
연이 날아감. → 아들이 집을 떠났음을 의미함.
연은 어느새 실이 끊어져 날아간 것이었다. 빗살처럼 곧
게 하늘로 뻗어 오르던 연실이 머리 위를 구불구불 힘없이
직유법 - 연실을 빗살에 비유함.
흘러 내려오고 있었다.

실이 뻗쳐 올라가 있던 쪽 하늘을 자세히 살펴보니, 아직
도 한 점 까만 새처럼 허공 속으로 아득히 멀어져 가고 있는
직유법 - 실이 끊어져 날아간 연을 '새'에 비유함.
것이 있었다.

『어머니는 아예 밭 언덕에 주저앉아 연의 흔적이 시야에서
사라질 때까지 그 하염없는 눈길을 하늘에 못 박고 있었다.』
▶ 어머니는 멀어져 가는 연을 하염없이 바라봄.
(중략)

결말 "아지매요. 건이 새끼 좀 빨리 쫓아가 봐야 혀요. 건이
새낀 아까 도회지 돈벌이 간다고 읍내께로 뛰었다니께요.
『지는 도회지 가서 돈 벌어 온다고 연실 같은 건 내나 실컷
감아 가지라면서요…….』"

어머니가 흐느적흐느적 허기진 걸음걸이로 마을을 들어
섰을 때였다. 아들놈의 연실을 감아 들이고 있던 이웃집 조
무래기 놈이 제풀에 먼저 변명을 하고 나섰으나, 어머니는
이번에도 미리 모든 것을 짐작하고 있었던 것처럼 놀라는 빛
이 없었다. 앞뒤 사정을 궁금해하거나 집을 나간 녀석을 원
망하는 기색 같은 것도 없었다. 아들의 뒤를 서둘러 쫓아 나
서려기는커녕 걸음 한번 멈추지 않고 말없이 그냥 녀석의 곁
을 지나쳐 갈 뿐이었다. 그러고는 내처 그 텅 빈 초가의 사
립문을 들어서고 나서야 아들의 연이 날아간 하늘을 향해 어
머니는 발길을 잠깐 머물러 섰을 뿐이었다.
▶ 아들이 떠났다는 말을 듣고도 어머니는 놀라지 않음.
하지만 이제 연의 흔적은 보이지 않았다. 텅 빈 하늘만 하
염없이 멀어져 가고 있었다.

어머니는 다만 그 무심한 하늘을 향해 다시 한번 가는 한
숨을 삼키며 허망스럽게 중얼거리고 있었다.

"아가, 어딜 가거나 몸이나 성하거라……."
▶ 어머니는 하늘을 바라보며 아들의 안녕을 기원함.

05 작품의 내용 파악 답 ①

㉠의 '이변'은 '예상하지 못한 사태나 괴이한 변고.'를 의미하는
말로, 어머니가 언젠가 아들이 자신을 떠나 버릴 것 같아 불안
해했던 것과 관련이 있다. 또한 이웃집 아이가 알려 주는 말을
통해 건이가 집을 떠나 도회지로 돈벌이 간 것을 알 수 있으므
로, ㉠은 아들이 집을 떠난 것을 의미한다.

오답 챙기기

② '이변'이 일어난 날은 봄바람이 유독 심하게 분 날이다. 이에 '바람을
태우기가 좋아' 아들이 연을 더 하늘 높이 띄워 올렸다고 하였지만,
봄바람이 세게 분 것 자체가 ㉠의 '이변'은 아니다.

③ 어머니는 도회지로 떠난 아들을 쫓아 나서지 않았으며, 다만 하늘을
보며 아들의 몸이 성하기를 바라고 있다.

④ 아들이 떠난 뒤에 이웃집 아이가 아들의 연실을 차지하게 되었지만,
어머니에게 있어서 이변은 아들이 떠난 것이지 이웃집 아이가 아들
의 연실을 차지한 것이 아니다.

⑤ 아들은 가난한 가정 형편으로 인해 상급 학교에 진학하지 못한 좌절
감을 연날리기를 통해 달래고 있었다. 따라서 아들이 읍내의 상급 학
교에 진학하게 되었다는 설명은 적절하지 않다. 또한 이웃집 아이의
말을 통해 아들이 집을 나간 것은 돈을 벌기 위해서라는 것을 알 수
있다.

06 인물의 심리 파악 답 ②

"아가, 어딜 가거나 몸이나 성하거라……."라는 어머니의 중얼
거림을 통해 아들이 무사하기를 바라는 어머니의 심리를 엿볼
수 있다.

오답 챙기기

① 아들이 성공하기를 바라는 내용은 나타나지 않는다.

③ '녀석을 원망하는 기색 같은 것도 없었다.'를 통해 어머니가 아들을
원망하지 않고 있음을 알 수 있다.

④ '앞뒤 사정을 궁금해하거나 ~ 기색 같은 것도 없었다.'를 통해 어머
니가 아들이 떠난 곳에 대해 궁금해하고 있지 않음을 알 수 있다.

⑤ '어머니는 이번에도 미리 모든 것을 짐작하고 있었던 것처럼 놀라는
빛이 없었다.'를 통해 어머니가 이웃집 아이에게 아들이 떠났다는 말
을 듣고도 놀라지 않고 있음을 알 수 있다.

07 비유적 표현의 이해 답 ③

ⓛ에서는 '연실'을 '빗살'에 빗대어 표현하고 있는데, 두 대상의
공통점을 바탕으로 '연실'이 하늘로 곧게 뻗어 오르던 모습을
구체적이고 생동감 있게 드러내고 있다. 따라서 '연실'과 '빗살'
이 구불구불하다는 공통점을 가지고 있다는 설명은 적절하지
않다.

08 소재의 의미와 기능 파악 답 도회지

'연'과 '아들'은 동일시되는 대상으로 '연'의 상태를 통해 '아들'
의 상태를 유추할 수 있다. 따라서 '연'이 사라진 것은 아들이
집을 떠났다는 것을 의미하고, '연이 날아간 하늘'은 아들이 떠
난 곳을 의미하므로 아들, 즉 건이가 돈을 벌러 간 '도회지'와
연결될 수 있다.

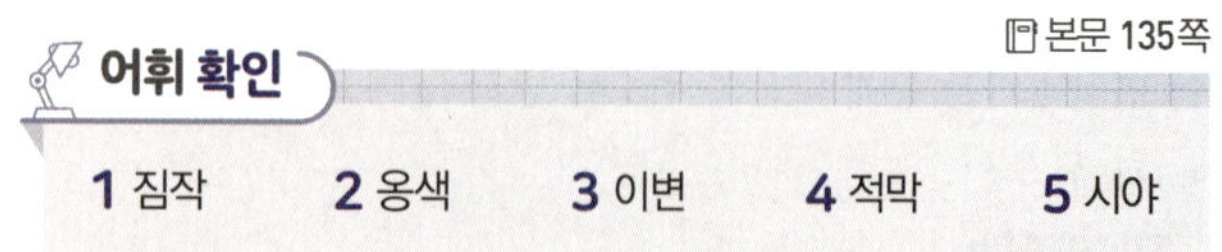

📖 본문 140쪽

---

16 일차 │ 필수 개념 │ **희곡의 특징 / 희곡과 소설의 비교**

🔖 **희곡의 특징 파악하기** 1. 등장인물, 장소 2. ○ 3. ○

(필수 개념 ❶) ④

✍ **개념 적용하기** 걸개그림, 심리

- -

🔖 **희곡과 소설 비교하기** 1. 희곡, 소설 2. ✕

(필수 개념 ❷) ⑤

✍ **개념 적용하기** 없음, 과거

필수 개념 ❶ **희곡의 특징**　　　　　　답 ④

들판에서 │ 이강백

작품 해설 이 작품은 들판에서 평화롭게 살아가던 형과 아우가 측량 기사의 꾐에 빠져서 우애를 잃고 서로 대립하게 되지만, 민들레꽃을 통해 다정했던 시절을 회상하며 화해하게 된다는 내용의 희곡이다. 남북 분단이라는 우리나라의 역사적 현실과도 관련하여 감상할 수 있다.

주제 형제간의 갈등과 우애의 회복

전체 줄거리

(발단) 아름다운 들판에서 형과 아우가 평화롭게 그림을 그리며 우애를 맹세한다.

(전개) 평화로운 들판에 측량 기사가 등장하여 말뚝을 박고 밧줄을 친다. 밧줄을 두고 줄넘기 놀이를 하던 형제는 다투기 시작하고, 이로 인해 사이좋던 형제는 서로 땅의 소유권을 주장하게 된다. 이에 측량 기사는 형제를 이간질하여 교묘하게 벽을 설치하고, 전망대와 총까지 팔며 대금은 나중에 땅으로 달라고 한다.

(절정) 형제간의 갈등은 점차 고조되어 서로 위협사격을 하기에 이르고, 하늘에서는 번개가 치고 천둥소리가 울린다. 측량 기사와 조수들은 형제에게 청구서를 내밀고 비를 피하기 위해 퇴장한다.

(하강) 형과 아우는 비를 맞으며 벽을 지키다가 측량 기사의 흉계를 깨닫고 자신의 행동을 후회하고 반성하게 된다. 그리고 들판의 민들레꽃을 보며 서로를 그리워한다.

(대단원) 비가 그치면서 한 줄기 햇빛이 비치고 형과 아우는 민들레꽃을 여러 송이 꺾어 벽 너머에 있는 서로에게 던져 준다. 그리고 벽을 두드리며 함께 벽을 허물자고 외친다.

🖼 **작품 꼼꼼 강의**

(발단) 『등장인물: 형, 아우, 측량 기사, 조수들, 사람들

장소: 들판』 ┌ 해설 – 희곡의 구성 요소

무대 뒤쪽에 들판의 풍경을 그린 커다란 걸개그림이 걸려 있다. 희곡의 공간적 제약을 극복하기 위한 무대 장치(배경) 샛노란 민들레꽃, 빨간 양철 지붕이 진, 한가롭게 풀을 뜯는 젖소들이 동화책의 아름다운 그림을 연상시킨다.
▶ 등장인물, 장소, 무대 소개

『막이 오른다. 형과 아우, 들판에서 그림을 그리고 있다. 형 극의 시작을 알림. 은 무대의 오른쪽에서, 아우는 왼쪽에서 수채화를 그린다.

둘 다 즐거운 표정으로, 휘파람을 불거나 노래를 부른다. 즐겁고 사이좋은 형제의 모습 – 평화로운 분위기 형, 아우에게 다가가서 그림을 바라본다.』
┌ 『 ; 지시문 – 희곡의 구성 요소

형: 야, 멋진데! 아주 멋지게 그렸어! 대사 – 희곡의 구성 요소

아우: 경치가 좋으니까 그림이 잘 그려져요.

형: 넌 정말 솜씨가 훌륭해!

아우: 형님 솜씨가 더 훌륭하죠.

형: 아냐, 난 너만큼 잘 그리지 못하는걸.

아우: (형의 그림이 있는 곳으로 다가가서 감탄한다.) 형님 지시문 – 인물의 행동이나 표정, 말투 등을 지시함. 그림이 훨씬 멋있어요!

형: (기뻐하며) 오, 그래?

아우: 그럼요. 푸른 들판, 시냇물과 오솔길, 샛노랗게 피어 평화로운 삶의 터전 있는 민들레꽃, 한가롭게 풀을 뜯는 젖소들, ……. 참 아름답고 평화로운 풍경이군요.

형: 난 아직 집은 못 그렸어. 그런데 너는 벌써 우리가 사는 집까지 그렸구나. 들판 한가운데 빨간색 양철 지붕과 하 형제가 사는 집의 평화로운 분위기 얀 연기가 피어오르는 굴뚝…….

『아우: 난 이곳에서 평생토록 형님과 함께 살고 싶어요.
『 ; 형제의 대화를 통해 형제간의 두터운 우애를 보여 줌.
형: 나도 너와 함께 아름다운 이곳에서 행복하게 살고 싶어.』

(중략)

형, 주위에 피어 있는 민들레꽃을 꺾어서 아우에게 내민다. 형제의 우애를 상징

형: 들판에 피어 있는 이 민들레꽃에 걸고서 맹세하자. 우리 형제는 언제나 사이좋게 지내기로…….

아우: 그래요. (민들레꽃을 꺾어 형에게 내밀며) 이 민들레꽃이 우리 맹세의 증표예요.
▶ 평화로운 들판에서 그림을 그리며 우애 깊게 지내는 형제

희곡은 서술자가 없으며, 등장인물의 대사와 행동을 통해 인물의 심리가 드러난다.

✔ **오답 챙기기**

① 희곡에서 막은 무대의 커튼이 올랐다가 다시 내릴 때까지의 단위로, 이 글 또한 막을 올림으로써 극이 시작되었음을 알리고 있다.

② 희곡의 공간 제약으로 인해 작품의 배경인 들판의 모습을 무대 뒤쪽의 커다란 걸개그림을 통해 제시하고 있다.

③ 희곡에서는 등장인물의 대사와 행동을 중심으로 사건이 전개된다.

⑤ 희곡에서는 사건이 무대 위에서 바로 일어나기 때문에 모든 이야기가 현재화되어 표현된다.

가 동승 | 함세덕 / **나 동승** | 박혜수

작품 해설 (가)는 어머니에 대한 간절한 그리움과 불교적 교리에 따라 살아가야 하는 종교적 삶 사이에서 겪는 어린 소년의 갈등과 성장을 담은 희곡이다. (나)는 (가)를 소설 갈래로 각색한 작품이다. 어린 주인공이 어머니를 찾기 위해 길을 떠나게 된다는 점에서 인간적 따뜻함을 추구하는 작가 의식을 확인할 수 있다.

주제 어머니에 대한 그리움과 종교적 구도 사이에서의 갈등

전체 줄거리

발단 열네 살의 도념은 자기를 절에 버리고 떠나 버린 어머니를 기다린다. 도념의 생모는 사냥꾼을 만난 후 절을 떠난 파계승이다. 도념은 어머니에 대한 그리움을 쉽게 접을 수 없다.

전개 어느 날, 죽은 아들의 재를 위해 서울에서 온 미망인이 도념을 보고 연민과 애정을 느껴 양자로 삼으려고 한다.

절정 도념의 입양 문제로 도념을 절에 두려는 주지와 도념을 데려가려는 미망인 사이에 갈등이 생긴다.

하강 토끼를 잡아 만든 토끼 목도리를 불상 뒤에 감추어 둔 도념의 비밀이 드러나면서 도념의 입양이 좌절된다.

대단원 눈이 내리는 어느 겨울날, 세속적 인연에 미련을 버리지 못한 도념은 그리운 어머니를 찾아 속세로 떠난다.

📖 **작품 꼼꼼 강의**

전개 **가** 희곡

도념: 왜 밤낮 어머니 욕만 하십니까? 아름다운 관세음보살
　　님은 그 얼굴처럼 마음두 인자하시다구 하시지 않으셨어
　　요? 절에 오는 사람마다 모두들 우리 엄마는 이뻤을 것이
　　라구 허는 걸 보면 스님 말씀 같은 그런 무서운 죄를 지으
　　셨을 리가 없어요.

주지: 그건 부처님에게만 여쭙는 소리야. 너 유식론(唯識論)
　　에 쓰인 경문을 알지?

도념: 네.

주지: 외면사보살(外面似菩薩) 내면여야차(內面如夜叉)라 하
　　셨느니라. 『네 에미는 바루 이 경문과 같이, 얼굴은 보살님
　　같이 아름답지만, 마음은 야차같이 무서운 독물이야.』
　　　　　▶ 속세로 나가 어머니를 찾고 싶어 하는 도념을 말리는 주지
　　　　　　　　　　　　　　　　　　　　　　　　　－ 함세덕, 〈동승〉

나 소설

　　서울 안 대갓집에서 데리러 왔다 돌아간 후로 큰스님은
도념이만 눈에 띄었다 하면 불러 앉혀 놓고 불경 공부를 시
켰다. 도념이를 지켜보는 눈빛에는 변함없이 다사롭고 애잔
한 정이 담겨 있었지만 겉으로는 매섭고 엄한 태도를 누그러
뜨리지 않았다. 그리고 그런 큰스님에게서 도념이의 마음은
점점 멀어져 갔다.

　　"외면사보살 내면여야차, 라."

　　"외면사보살 내면여야차, 라."

　　도념이는 시들한 목소리로 큰스님이 외우는 불경을 따라
읊었다.

　　"겉보기는 보살처럼 아름다워도 그 속은 야차처럼 모질고
악착스러울 수 있다. 자고로 만물은 그 속을 보고 알아야
지 겉모습만 가지고 판단해서는 안 된다는 말이다."
　　　　　▶ 속세로 나가 어머니를 찾고 싶어 하는 도념을 말리는 주지
　　　　　　　　　　　　　　　　　　　　　　　　　－ 박혜수, 〈동승〉

(가)는 도념의 말을 통해 어머니를 그리워하고 동경하는 심리가, (나)는 시들한 목소리로 불경을 따라 읊는 도념의 행동을 통해 불경 공부에 관심이 없는 심리가 드러나고 있다.

✅ **오답 챙기기**

① (가)는 희곡으로 현재형으로 사건을 제시하고 있고, (나)는 소설로 주로 과거형으로 사건을 제시하고 있다.

② (가)는 희곡으로 서술자가 존재하지 않는다. (나)는 소설로 작품 밖의 서술자가 '큰스님에게서 도념이의 마음은 점점 멀어져 갔다.'라고 인물의 심리를 직접 서술하고 있다.

③ (가)는 희곡이고, (나)는 소설로, 무대 상연을 목적으로 하는 것은 (가)이다.

④ (가)와 (나) 모두 도념과 주지 스님(큰스님)의 갈등이 드러나고 있다.

 16 일차 ^{실전} 희곡의 특징 / 희곡과 소설의 비교

01 ④	**02** ⑤	**03** ②	**04** 벽
05 ⑤	**06** ③	**07** ③	**08** 총

🏷️ **개념 적용하기** 갈등, 효과음

🔍 **작품 한눈에** 측량 기사, 벽, 총

01 ~ 04

들판에서 | 이강백

🔴 **작품 해설** 이 작품은 들판에서 평화롭게 살아가던 형과 아우가 측량 기사의 꾐에 빠져서 우애를 잃고 서로 대립하게 되지만, 민들레꽃을 통해 다정했던 시절을 회상하며 화해하게 된다는 내용의 희곡이다. 남북 분단이라는 우리나라의 역사적 현실과도 관련하여 감상할 수 있다.

🔴 **주제** 형제간의 갈등과 우애의 회복

🔴 **전체 줄거리**

발단 아름다운 들판에서 형과 아우가 평화롭게 그림을 그리며 우애를 맹세한다.

전개 평화로운 들판에 측량 기사가 등장하여 말뚝을 박고 밧줄을 친다. 밧줄을 두고 줄넘기 놀이를 하던 형제는 다투기 시작하고, 이로 인해 사이좋던 형제는 서로 땅의 소유권을 주장하게 된다. 이에 측량 기사는 형제를 이간질하여 교묘하게 벽을 설치하고, 전망대와 총까지 팔며 대금은 나중에 땅으로 달라고 한다.

절정 형제간의 갈등은 점차 고조되어 서로 위협사격을 하기에 이르고, 하늘에서는 번개가 치고 천둥소리가 울린다. 측량 기사와 조수들은 형제에게 청구서를 내밀고 비를 피하기 위해 퇴장한다.

하강 형과 아우는 비를 맞으며 벽을 지키다가 측량 기사의 흉계를 깨닫고 자신의 행동을 후회하고 반성하게 된다. 그리고 들판의 민들레꽃을 보며 서로를 그리워한다.

대단원 비가 그치면서 한 줄기 햇빛이 비치고 형과 아우는 민들레꽃을 여러 송이 꺾어 벽 너머에 있는 서로에게 던져 준다. 그리고 벽을 두드리며 함께 벽을 허물자고 외친다.

☑️ 작품 꼼꼼 강의

전개 조수 1: 이런 들판에는 조립식 벽이 좋습니다.

조수 2: 설치하는 시간도 얼마 안 걸리고, 비용도 저렴합니다.

측량 기사: 그럼요. 벽돌로 쌓는 것 못지않게 튼튼하고요.

조수들: 품질은 우리가 보장해 드립니다.

아우: 비용이 얼마나 들까요? 난 현금이 없어서…….

측량 기사: 당장 현금이 없으면 <u>땅으로 주셔도 돼요.</u>
땅을 빼앗으려는 측량 기사의 속셈

아우: 땅으로?

측량 기사: 네, 지금 가지고 계신 <u>땅의 반절을 주세요.</u>
터무니없는 요구

아우: (망설이는 태도로) 하지만, 부모님에게서 물려받은 땅은…….

측량 기사: 그래도 땅을 주고 벽을 만드는 게 낫습니다. <u>젖소들이 저쪽으로 넘어가 버리면 당신만 큰 손해 아닙니까?</u>
형제 사이를 이간질하기 위한 의도

아우: 좋아요. <u>땅 반절을 드릴 테니 벽을 설치해 주세요.</u>
아우가 측량 기사의 계략에 넘어감.

조수들, 벽 공사를 시작한다. 그들은 칸막이 형태의 벽을 운반해 오더니 재빠르게 조립해서 밧줄을 따라 세워 놓는다. 형과 아우 사이에 벽이 가로놓인다.
형과 아우의 단절 ▶ 형과 아우 사이에 설치된 벽

형: 맙소사, 이런 벽이 생기다니!

아우: <u>형님 때문이야! 집도 가지겠다, 젖소들도 가지겠다는</u>
벽을 설치한 이유를 형의 탓으로 돌리고 있음.
형님의 그런 욕심만 아니었어도, 난 정말 벽 같은 건 만들지 않았을 거야.

형: 믿어지지 않아. 동생이 이럴 수가……!
아우에 대한 배신감

아우: 하지만, 형님과 완전히 갈라져 살 생각을 하니 마음이 괴로운데……. <u>그래, 벽은 잘못된 거야. 내가 너무 심했어.</u>
아우가 자신의 잘못을 반성함.

형: <u>동생 탓만은 아냐. 내 탓도 있어.</u> 내가 잠시 기분이 상해서, 동생에게 집에 들어오지 말라고 했던 건 잘못이었어.
형이 자신의 잘못을 반성함. 줄넘기 놀이에서 계속 졌기 때문에
그런 나를 동생은 얼마나 원망했을까!

아우: 형님에게 잘못했다고 빌어야겠어.

형: 동생한테 미안하다고 말해야겠어.
▶ 벽을 사이에 두고 자신의 잘못을 뉘우치는 형과 아우

형과 아우, 벽으로 다가간다. 그러나 그들은 잠시 망설인다.
형제간 마음의 벽으로 심리적 갈등을 의미하기도 함. 내적 갈등

아우: 그렇지만 형님이 나를 용서하지 않는다면, 난 어떻게 되는 거지?

형: 미안하다고 말해도 소용없다면?

아우: <u>나 혼자 독립해서 사는 것도 나쁜 건 아닐 텐데, 좀 더</u>
자신의 잘못을 반성하면서도 독립해서 살고 싶어 하는 아우의 모습
생각해 봐야겠어.

형: <u>그래도 체면이 있지, 내가 먼저 말할 수는 없어.</u>
자신의 잘못을 반성하면서도 체면과 권위를 버리지 못하는 형의 모습

아우: 그림을 그리면서 생각해 보자.

형: 동생이 먼저 말할 때까지 기다리는 게 낫겠군.

형과 아우, 각자의 그림을 그리던 곳으로 돌아가 그림을 그린다. <u>맑았던 하늘이 흐려지고, 바람이 세게 불어온다.</u>
형제간의 갈등이 심화될 것을 날씨를 통해 암시함.
▶ 화해를 망설이는 형과 아우

01 희곡의 특징 파악 희곡의 특징 답 ④

이 작품은 무대 상연을 위해 쓴 희곡으로, 인물의 갈등을 다루는 갈래라는 점에서 소설과 공통점이 있다.

✅ **오답 챙기기**

① 소설과 희곡은 모두 작가가 상상력을 통해 허구적으로 꾸며 낸 이야기라는 점에서 공통적이다.

② 희곡은 무대 상연을 목적으로 하는 연극의 대본이다.

③ 희곡은 무대에서 공연이 이루어져야 하기 때문에 시간, 공간, 등장인물의 수 등에서 제약을 받는다.

⑤ 희곡은 등장인물의 역할을 맡은 배우의 대사와 행동을 통해 내용이 전개된다.

02 지시문의 이해
답 ⑤

㉠에는 동작 지시문이 들어가는데, 조립식 벽의 비용으로 아우가 가진 땅의 반절을 달라는 측량 기사의 말에 아우는 부모님께서 물려받은 땅이라고 말끝을 흐리는 모습을 보인다. 따라서 아우가 보일 만한 반응으로는 '망설이는 태도로'가 가장 적절하다.

꿀단지 희곡의 구성 요소

내용 요소			형식 요소		
인물	사건	배경	해설	대사	지시문
소설의 구성 요소와 같음			소설과 다름		

03 사건의 전개 방향 이해
답 ②

ⓐ의 앞부분에서 형제는 화해하는 것을 망설이고 있다. 이러한 상황에서 맑았던 하늘이 흐려지면서 바람이 세게 불어오는 것은 불길하고 위태로운 분위기를 조성한다. 따라서 ⓐ는 형제간의 갈등이 보다 심화될 것임을 암시하는 장치로 볼 수 있다.

오답 챙기기

①, ⑤ ⓐ의 앞부분에서 형제가 화해를 망설이고 있고, 맑았던 하늘이 흐려지면서 바람이 세게 불어오는 위태로운 분위기가 제시되고 있으므로, 이는 형제의 반성이나 갈등의 해소와는 관련이 없다.

③ ⓐ는 날씨의 변화를 통해 형제간의 갈등이 심화되는 분위기를 드러내는 것이지, 측량 기사가 자신의 잘못을 뉘우치는 것과는 관련이 없다.

④ 이 글에 형제와 측량 기사 간의 갈등은 나타나 있지 않다.

04 소재의 기능 파악
답 벽

이 글에서 '벽'은 측량 기사의 계략에 의해 설치된 것으로, 형과 아우는 벽 앞에서 화해를 망설이고 있다. 따라서 '벽'은 형제간의 소통을 단절시킴으로써 서로 간의 갈등이 더욱 깊어지게 하는 역할을 한다.

05 ~ 08

작품 꼼꼼 강의

절정 측량 기사: 안녕하십니까? 그런데 울적한 표정이군요!

아우: 그림이 보기 흉해요. / 측량 기사: 그림이 왜요?
형과의 우애가 깨진 것 같아 불편한 감정을 느낌.
아우: 저 벽 때문에 흉측하게 됐어요.

측량 기사: 그건 저쪽의 심보 사나운 형님 탓입니다.
아우의 편을 들어주는 척하며 형에 대한 적대감을 부추김.
아우: 아뇨. 내 탓이지요.

측량 기사: 당신은 잘못한 것 없어요.

아우: 어쨌든, 이렇게 나눠진 이상, 나도 독립해서 살아야겠어요.
아우의 독립 의지

측량 기사: 잘 생각했습니다. 하지만, 당신 형님은 당신을 그냥 두지 않을 거예요. / 아우: 그게 무슨 뜻이죠?

측량 기사: 이제 곧 알게 됩니다. 저쪽의 심보 나쁜 형이 당신 땅으로 넘어올 테니까요. / 아우: 형님이?

측량 기사: 당신을 쫓아내고, 젖소들을 차지할 욕심이지요.
형을 모함하여 아우에게 불안함과 위기감을 느끼게 함.
▶ 아우에게 형에 대한 적대감을 부추기는 측량 기사

측량 기사, 호루라기를 꺼내 분다. 조수들이 검은색 가죽 가방을 들고 나온다. 그들은 가방에서 분해 상태의 장총을 꺼내 조립한다.

측량 기사: 이게 뭔지 알아요? / 아우: 총인데요.

측량 기사: 아주 성능이 좋은 총이지요. 당신은 이 총으로 벽을 지켜야 합니다. / 아우: 벽을 지켜요?

측량 기사: (아우의 손에 총을 쥐어 주며) 지금은 외상으로 드릴 테니, 대금은 나중에 땅으로 주세요.
아우의 나머지 땅도 차지하려는 속셈.
조수들: (가방에서 총알을 꺼내 놓으며) 여기 총알이 있어요.

측량 기사: 당신의 안전을 위해서 아낌없이 쏘세요!
측량 기사의 이기적이고 잔혹한 성격 ▶ 아우에게 총을 파는 측량 기사

측량 기사와 조수들, 웃으며 퇴장한다. 벽의 오른쪽에서
자신들의 계획대로 되는 것에 대한 만족감
형이 전망대 위로 올라간다. 탐조등이 켜지면서 강렬한 불빛이 벽 너머를 비춘다.

(중략)

형, 요란한 총소리에 놀라 전망대에서 황급히 내려온다.
효과음 처리
그는 두려움에 질린 모습이 되어 움츠리고 앉는다. 측량 기
형의 불안감과 두려움
사, 가죽 가방을 든 두 명의 조수와 함께 등장한다.

측량 기사: 저쪽 동생이 미쳤군요. 형님에게 총질을 하다니!
아우에 대한 형의 적대감을 부추김.
조수들: (웃으며) 완전히 미쳤어요. / 형: 무서워요······.
비웃음
측량 기사: 이젠 동생이 아니라, 적이라고 생각하는 게 좋겠
아우에 대한 적대감을 불러일으켜 형제간의 갈등을 고조시킴.
어요. 철저히 무장하고 자신을 지켜야지, 가만있다간 죽게 됩니다. (조수들에게) 여봐, 이분에게 총을 드려.

조수들: 네.

　　조수들, 가죽 가방을 열고 장총의 분해품을 꺼낸다. 그들
은 재빠르게 조립해서 형의 손에 쥐여 준다.

조수 1: 손이 떨려서 총을 잡지 못하는데요?

측량 기사: 꼭 쥐여 드리고 방아쇠 당기는 법을 가르쳐 드리
　　라고.
조수 2: (형에게) 잘 보세요. 총 쏘는 건 간단해요.

　　조수 2, 형이 쥐고 있는 장총의 방아쇠를 당긴다. 요란한
총소리가 울려 퍼진다. 벽 너머의 아우, 그 소리에 놀라 몸

을 움츠리더니 허공을 향해 위협사격을 한다. 놀란 형 역시
반사적으로 총을 쏘아 댄다. 하늘에서 번개가 치고 천둥소리

가 울린다.
▶ 서로에게 총을 쏘는 형과 아우

05 작품의 내용 파악　　　　　답 ⑤

측량 기사는 아우에게 '당신의 안전을 위해서 아낌없이 쏘세
요!'라고 말하고 있지만, 이는 아우의 안전을 염려해서 한 말이
아니라 아우가 총을 쏘게 하여 그 대금으로 아우의 땅을 빼앗
기 위해서이다. 따라서 적절하지 않은 내용이다.

오답 챙기기

① 형과의 갈등으로 인해 생긴 벽 때문에 울적한 표정을 하고 있는 아우
　의 모습을 통해 확인할 수 있다.
② '형, 요란한 총소리에 놀라 전망대에서 황급히 내려온다. 그는 두려움
　에 질린 모습이 되어 움츠리고 앉는다.'를 통해 확인할 수 있다.
③ 측량 기사는 아우에게 '저쪽의 심보 나쁜 형이 당신 땅으로 넘어올'
　것이라고 하면서 형을 모함하여 아우에게 불안감을 느끼게 하고 있
　다. 또한 측량 기사와 조수들은 형님에게 가서는 총질을 하는 아우가
　완전히 미쳤다며 동생을 적으로 생각하라고 한다. 이에 형은 불안감
　과 두려움을 느끼고 있으므로 적절한 설명이다.
④ 아우는 형을 믿지 못하고 총을 발사하고, 형은 아우가 총을 쏘자 불안
　감과 두려움을 드러낸다. 이어서 서로를 향해 위협사격을 하는 장면
　은 형제간의 갈등이 최고조에 이른 부분이라고 할 수 있다.

06 인물의 의도 파악　　　　　답 ③

측량 기사는 [A]에서 벽 때문에 울적해하는 아우에게 '저쪽의
심보 사나운 형님 탓'이라고 이간질하며 형의 잘못으로 몰아가
고 있다. 또한 심보 나쁜 형이 당신 땅으로 넘어와 당신을 쫓아
내고 젖소를 차지하려 한다고 말하여 형에 대한 아우의 적대감
을 불러일으켜 아우가 총을 사도록 하고 있다.

07 인물의 심리 파악　　　　　답 ③

㉠에서 측량 기사와 조수들이 웃으며 퇴장하는 것은, 형제를
이간질해 땅을 빼앗으려는 자신들의 계획대로 일이 실현되어
가기 때문이다. 또한 이 웃음에는 자신들의 계략에 넘어가는
형제의 어리석음에 대한 비웃음의 의미도 담겨 있다.

오답 챙기기

① 측량 기사와 조수들은 형제를 이간질해 땅을 빼앗으려는 계획을 가
　지고 있으므로 들판의 평화로움을 지킨다고 볼 수 없다.
② 측량 기사와 조수들은 형제를 이간질해 땅을 빼앗으려는 계획을 가
　지고 있으므로 형제간의 갈등을 해결한다고 볼 수 없다.
④ 측량 기사와 조수들은 자신들의 계략에 넘어가는 형제의 어리석음에
　대한 비웃음을 드러내고 있으므로, 형제가 자신들의 말을 듣지 않는
　데 대한 허탈감을 드러내고 있다고 볼 수 없다.
⑤ 측량 기사와 조수들이 부조리한 사회의 잘못을 바로잡는 내용은 드
　러나지 않는다.

08 소재의 기능 파악　　　　　답 총

아우는 형을 믿지 못하고 총을 발사하고, 형은 아우가 총을 쏘
자 불안감과 두려움을 드러낸다. 이어서 서로를 향해 위협사격
을 하는 장면은 형제간의 갈등이 최고조에 이른 부분이라고 할
수 있다. 즉 '총'은 형제간의 갈등을 극단적으로 몰아가는 소재
로, 형제간 대립과 갈등이 정점에 다다랐음을 보여 준다.

어휘 확인　　　　　　본문 149쪽

| 1 ㉠ | 2 ㉤ | 3 ㉡ | 4 ㉣ | 5 ㉢ |
| 6 ㉡ | 7 ㉠ | 8 ㉢ | 9 ㉤ | 10 ㉣ |

17 일차 ^{필수개념} 시나리오의 특징

📎 **시나리오의 특징 파악하기** 1. ○ 2. ○

필수 개념 ②

🏷 **개념 적용하기** 장면, 영화

필수 개념 시나리오의 특징 답 ②

천국의 아이들 | 박흥식 각본·연출

작품 해설 이 작품은 한 중학교 교사가 문제 학생들의 모임인 방과 후 특별반을 맡으면서 학생들과 함께 '학생 동아리 한마당'을 목표로 뮤지컬 공연을 준비해 나가는 과정을 다루고 있다. 실화를 바탕으로 재구성된 시나리오로, 중학생들의 생활 모습과 교사와의 진정한 소통을 통한 학생들의 고민과 성장 과정이 잘 드러나 있는 작품이다.

주제 교사와 학생 간의 진정한 소통과 배려

전체 줄거리

(발단) 중학교에 새로 부임한 교장 선생님은 문제 학생들을 모아 방과 후 동아리 활동 특별반을 만들고, 기간제 교사인 유진은 특별반의 지도 교사가 된다. 특별반을 맡게 된 유진은 열다섯 살 아이들의 무기력한 모습을 보고 아이들이 하고 싶어 하는 것을 찾아 활기를 돋우어 주려고 하는데, 우연히 '학생 동아리 한마당'이라는 축제를 알게 된다.

(전개) 유진은 '학생 동아리 한마당'에 나가기 위해 아이들을 다독이고, 교장 선생님은 나갈 거면 일 등을 하라고 허락을 하지만, 학생 주임인 홍구는 유진이 아이들을 데리고 대회에 나가는 것이 걱정스럽다. 그러나 유진은 학생들과 뮤지컬 공연을 준비하며 조금씩 서로를 이해하게 되고 홍구도 아이들과 점점 가까워진다.

(절정) 반항적이었던 정훈과 소극적이었던 병민, 조선족 부모를 둔 성아, 멋 부리는 것과 이야기 쓰는 것을 좋아하는 고은 등 특별반 아이들은 점점 마음을 열고 자신들의 이야기를 바탕으로 뮤지컬 줄거리를 만들고 생각을 담아 연습에 적극적으로 참여하게 된다. 그러나 어느 날 성아가 형주를 도우려다 폭력 사건에 휘말려 공연을 할 수 없게 되고, 결국 교장 선생님은 방과 후 동아리를 해체하라고 지시한다.

(하강) 그동안 뮤지컬 연습을 통해 자신의 솔직한 모습을 마음껏 드러낼 수 있었던 병민은 취소된 뮤지컬 공연에 몰래 재신청을 하고 홀로 무대에 오른다.

(대단원) 혼자서는 부족할 수밖에 없는 병민의 공연 영상을 본 특별반 친구들은 늦은 밤 놀이터에 모여 자신들만의 뮤지컬 공연을 펼친다.

📖 작품 꼼꼼 강의

(발단) **S#33 교무실(낮)**

    빠른 느낌의 경쾌한 음악이 흐르고 낮은 유리 탁자에 놓인 '학생 동아리 한마당' 포스터. 그걸 쭉 밀어서 홍구 쪽으로 보여 주는 유진. 심지어 약간 의기양양한 표정이다. <u>홍구는 인상을 찌푸리며 포스터를 본다.</u> 한참을 한 글자 한 글자
특별반 학생들이 '학생 동아리 한마당'에 나가는 것을 못마땅해 함
보는 홍구.

홍구: 그러니까 특별반 애들을 데리고 여기를 나간다고요?
▶ '학생 동아리 한마당'에 나가는 것을 못마땅해 하는 홍구

S#34 특별반 교실(낮)

    교탁에 서 있는 유진. 몹시 신난 표정이다.

유진: 응!
S#33의 홍구의 질문과도 이어지는 대답

    그러나 심드렁한 아이들 반응. 모두 어리둥절한 분위기.

성아: <u>우리가 거기 나가서 뭐해요?</u>
특별반 아이들의 무기력한 모습
▶ '학생 동아리 한마당'에 나가는 데 관심이 없는 특별반 아이들

S#35 교무실(낮)

    유진이 홍구의 질문에 대답하고 있다.
S#34의 성아의 질문과도 이어지는 대답

유진: 노래도 할 수 있고 춤도 출 수 있고……. 연극 같은 거 해도 재미있을 거 같고. 애들이 다 끼는 있으니까…….

홍구: 애들 데리고 문제 일으키지 말라고 그런 거지, 이렇게 일을 벌이라고 그런 것은 아닌데…….

유진: 어차피 모여 있는 시간이니까 목표가 있으면 좋을 것 같고……. 이게 또 애들한테 성취감도 주고, 좋은 경험도 되고……. 또 자기들끼리 우정도 쌓고……. 이게 또…….
▶ '학생 동아리 한마당'에 나가는 이유를 홍구에게 설명하는 유진

S#36 특별반 교실(낮)

유진: 돈을 준다!
의욕이 없는 아이들에게 동기 부여를 하기 위함.
아이들: 오오!

    포스터의 상금 부분을 가리키는 유진. 1등 1팀 100만 원, 2등 1팀 70만 원, 3등 1팀 50만 원.

유진: 1등 100만 원!

형주: 야, 하자 하자 하자!

고은: 와, 저 100만 원 갖고 싶어요.
▶ '학생 동아리 한마당'에 나가자고 학생들을 설득하는 유진

    이 글에서는 교무실과 특별반 교실에서 유진이 등장하는 장면이 교대로 제시되고 있는데, 이를 통해 시나리오가 희곡에 비해 장면 전환이 자유롭다는 것을 알 수 있다.

✅ **오답 챙기기**

① 막과 장은 희곡의 구성단위이다.
③ 시나리오는 희곡에 비해 작품에 등장하는 인물 수에 제약이 적다.
④ 시나리오는 희곡과 마찬가지로 서술자가 존재하지 않는다.
⑤ 무대 상연을 고려해야 하는 것은 시나리오가 아니라 희곡이다.

17일차 ^{실전} 시나리오의 특징

01 ③　　**02** ③　　**03** ②　　**04** ④
05 ③　　**06** ㉠: 당황함, 놀람 ㉡: 미안함, 반성

📎 **개념 적용하기**　볼펜, 인서트
🔍 **작품 한눈에**　장면, 선입견

01 ~ 03

첫인상이라는 이름의 선입견 | 한순정

작품 해설 이 작품은 청소년 드라마 〈반올림 2〉의 대본으로 학교에서 벌어지는 학생들의 일상을 그리고 있다. 선입견으로 시작된 친구에 대한 오해와 이로 인한 갈등, 그리고 오해가 풀리면서 겉모습만 보고 친구를 오해했던 것을 반성하는 청소년의 성장 과정을 보여 주고 있다.

주제 선입견으로 인한 오해와 반성

전체 줄거리

〔발단〕 반 아이들은 쉬는 시간에 조용히 해 줄 것을 요구하는 은서를 얼음 공주라고 부정적으로 이야기하지만, 옥림은 은서가 볼펜을 빌려주는 모습을 보며 마음이 따뜻한 아이일 것이라고 생각한다.

〔전개〕 은심은 은서가 선생님에게 문제집을 받는 모습을 보고 놀란다. 이후 지각하여 벌을 받던 옥림과 은심은 은서가 담임선생님에게 봉투를 내미는 모습을 목격하고 은서가 부잣집 딸일 것이라고 생각한다.

〔절정〕 옥림은 은서가 화장실 안에 있는 줄도 모르고 은심과 함께 은서에 대한 이야기를 하다가 이를 들은 은서에게 사과하려고 하지만 은서는 냉정하게 가 버린다. 한편 동아리 선배인 진우는 사진을 찍다가 학교 앞 공중전화 부스 안에서 은서가 놓고 간 다이어리를 발견하고 은서에게 돌려주지만 은서의 반응은 차갑다.

〔하강〕 은서는 아무 연락 없이 며칠째 결석을 하고, 진우는 옥림에게 오늘이 은서의 생일이니 한번 찾아가 보라고 조언한다. 은서의 집에 찾아간 옥림은 아픈 할머니와 둘이 살고 있는 은서의 어려운 가정 형편을 알게 된다.

〔대단원〕 옥림은 우연히 담임선생님과 학생 주임 선생님의 대화를 듣고 은서가 담임선생님에게 주었던 봉투 안에 육성회비 면제 서류가 들어 있었음을 알게 되고 그동안 은서를 오해했던 일들을 떠올리며 미안한 마음을 갖는다.

📋 작품 꼼꼼 강의

〔전개〕 **S#2. 복도와 교실(이른 아침)**

　까치발을 한 은심의 발을 가운데로, 나란히 선 옥림과 은심, 정민의 발. 복도에서 창을 통해 교실을 들여다보는 옥림과 정민의 눈. 카메라는 교실 안에 위치해야 함. 은심은 키가 작아 아직 정수리만 보일 뿐이다.

옥림: (소곤거리며) 우리가 제일 먼저 왔을 거라 생각했는데, 누구지?

은심: (아직 아래서 낑낑대며) 누구야? 어?

'누굴까' 하고 좌우로 기웃거리는 옥림과 정민. 서서히 누군가의 얼굴이 보이는데, 은서다.
이때 카메라는 '옥림'과 '정민'의 시선이므로, 교실 밖에서 안을 들여다보아야 함.

정민: 은서 아냐? / 옥림: 맞다, 은서.

은심: 얼음 공주 최은서? 어디? 어디? (까치발을 하여 가까스로 고개를 내밀고) 냉정하고 차갑게 자신의 의견을 말하는 은서의 별명 세상에! 우리보다 일찍 왔으면 도대체 아침에 몇 시에 일어나서 왔다는 거야? 대단하다. (힘이 빠져 아래로 쭉 — 내려갔다가 다시 고개를 삐죽삐죽 내민다.)

은서: (책상 속에서 강냉이를 한 움큼 꺼내 먹는다.)

정민: 아침부터 강냉이를 먹네?
은서에 대한 오해를 불러일으키는 소재 ①: 다이어트 때문이라고 생각함.
은심: 뻔하지. 다이어트 하느라고 먹는 거 아니겠어? 몸을 봐. 비 사이로 막 가게 생겼잖아. 내가 해 봐서 안다니까.
　　　▶ 일찍 등교해 강냉이를 먹고 있는 은서를 보는 친구들

S#3. 교실(아침)

　자율 학습을 하고 있는 반 아이들. 졸린 눈을 비벼 가며 자습을 하는 옥림과는 대조적으로 차분히 앉아 한 장 한 장 책을 넘겨 가며 공부를 하는 은서.

내레이션: 반 친구들은 은서를 별로 좋아하지 않는다. 그러나 그것은 공부도 잘하고 얼굴도 예쁜 은서에 대한 반 친구들의 질투쯤이라고 생각한다.
'얼음 공주'라는 별명을 통해서도 알 수 있음.
옥림은 은서를 긍정적으로 생각함.

　공책에 필기를 하던 옥림. 갑자기 볼펜이 나오지 않는다. 필통 속을 뒤적이며 다른 볼펜을 찾는데, 마땅한 것이 없다. 이때 은서, 옥림 앞에 볼펜을 내민다.
은서의 배려할 줄 아는 마음씨를 엿볼 수 있는 소재

은서: 쓰고 돌려줘.

옥림: 고마워. (볼펜을 받고 은서를 보며)

내레이션: 은서가 차갑다고? 가장 가까이에서 은서를 봐 온 나는 은서가 다른 사람보다 조금 더 냉철할 뿐 마음은 따뜻하다고 생각한다. 난 왠지 그런 은서가 좋아질 것 같다.
　　　▶ 옥림에게 볼펜을 빌려주는 은서

S#8. 교무실 앞 복도(낮)

　이때 담임선생님 앞으로 봉투를 내미는 은서. 담임선생님, 흡족한 미소를 지으며 봉투를 다이어리에 넣는다.
은서에 대한 오해를 불러일으키는 소재 ②: 부잣집 딸

은심: 봤니? / 옥림: 응.

은심: 분명히 봉투 맞지? / 옥림: 응.

옥림, 은심: (다정하게 이야기를 나누는 담임선생님과 은서를 곁눈질하면서 본다.)
은서에 대한 좋지 않은 감정이 담겨 있음.
　　　▶ 담임선생님에게 봉투를 건네는 은서를 보는 친구들

 S#9 화장실(오후)

놀란 얼굴로 화장실에서 속닥이는 옥림과 은심.
은서가 담임선생님께 돈 봉투를 건넸다고 생각하는 옥림과 은심

옥림: 믿어지지 않아. 어떻게 이런 일이 있을 수 있지? (사이) 은서네 부자야?
은서를 긍정적으로 생각했던 옥림이도 은서에 대해 오해하기 시작함.
은심: 그럼, 생긴 거 봐. 딱 부잣집 외동딸같이 생겼잖아.
논리적이고 확실한 근거 없이 감정적으로 추측하는 모습
(은서 엄마를 흉내 내며) 오— 은서야, 못되게 굴어도 좋다. 부디 공부만 잘해다오—.

이때 화장실 안에서 누군가 나오는 소리가 난다. 순간 놀란 옥림과 은심은 말을 멈춘다. 아무렇지도 않은 표정으로 세면대로 가서 손을 씻는 은서. 놀라서 아무 말도 못 하는 옥림과 은심. ▶ 은서에 대한 이야기를 하다 은서와 마주친 친구들

01 시나리오의 특징 파악 <시나리오의 특징> 답 ③

시간과 공간 및 등장인물의 수에 제한을 크게 받는 것은 시나리오가 아니라 희곡이다. 시나리오는 희곡에 비해 시간과 공간 및 등장인물의 수에 제한이 적다.

✓ 오답 챙기기

① 이 작품은 TV 드라마 상영을 위해 쓴 시나리오 대본이다.
② 시나리오는 장면(scene)을 단위로 하여 구성된다.
④ 시나리오는 서술자가 없으며, 인물의 대사와 행동을 통해 내용이 전개된다.
⑤ 시나리오는 현재형의 문장을 통해 현재 눈앞에서 벌어지는 사건을 표현한다.

02 연출 계획의 이해 답 ③

주인공 옥림의 내레이션을 통해 작중 상황과 이에 대한 옥림의 심리를 진솔하게 전달하고 있다. 따라서 등장인물이 아닌 제3자의 목소리로 제시하고 있다고 볼 수 없으며, 상황을 객관적으로 전달하고 있지도 않다.

✓ 오답 챙기기

① 시나리오는 촬영을 목적으로 한 대본이다. S#2에서 교실을 들여다보는 옥림과 정민의 상황을 고려할 때, 교실 안에 있는 은서의 얼굴이 보이도록 하기 위해서는 옥림과 정민의 시선 방향과 같이 카메라가 교실 밖에서 안을 촬영해야 함을 알 수 있다.
② 각 장면의 공간이 'S#2 복도와 교실', 'S#3 교실', 'S#8 교무실 앞 복도' 등인 것으로 보아 학교라는 일상적인 공간을 배경으로 하고 있으며, 학교 안에서 자율 학습을 하고 있는 반 아이들의 모습을 자연스럽게 연출해야 함을 알 수 있다.
④ '봉투'는 옥림과 은심이 은서에 대해 오해를 하게 되는 계기가 되어 사건 전개에 중요한 역할을 하는 소재이므로, 은서가 담임선생님 앞으로 내미는 봉투를 클로즈업, 즉 두드러지게 확대하여 촬영하는 것이 적절함을 알 수 있다.

⑤ S#9의 화장실에서 은서에 대한 이야기를 하며 속닥이던 옥림과 은심은 화장실 안에서 나오는 은서를 보고 놀라서 말을 멈춘다. 따라서 배우들에게 인물들의 당황한 심리가 잘 드러나도록 연기해 달라고 요청하는 것은 적절하다.

03 작품의 내용 파악 답 ②

S#3에서 옥림은 볼펜을 빌려주는 은서를 보며 반 친구들의 생각과 달리 은서의 마음이 따뜻하다고 생각하고 있다.

✓ 오답 챙기기

① S#9에서 은심이 은서의 엄마 흉내를 내고 있지만, 이는 은서가 부잣집 외동딸일 것이라는 은심의 상상에 의한 것일 뿐, 은심이 은서의 엄마를 만났다는 내용은 제시되어 있지 않다.
③ 은서가 강냉이를 먹는 것이 현재 자신의 외모에 만족하지 못하기 때문이라는 근거는 찾아볼 수 없다. 은심이 은서가 강냉이를 먹는 것을 보며 다이어트를 위한 것이라고 추측하고 있을 뿐이다.
④ 은심과 옥림은 은서가 담임선생님께 봉투를 내미는 것을 보고 은서가 부잣집 외동딸일 것이라고 생각하고 있지만, 부잣집 딸인 척한다고 여기고 있지는 않다.
⑤ 은서가 옥림에게 볼펜을 빌려준 것은 은서가 배려심이 있는 성격임을 드러내는 것일 뿐, 은서와 은심이 옥림을 사이에 두고 경쟁하고 있는 것은 아니다.

04 ~ 06

📖 작품 꼼꼼 강의

<강> S#16. 동아리 방(오후)

옥림, 동아리 방에 들어와 탁자에 던지듯이 가방을 놓는데 탁자 위에 놓여 있던 진우의 다이어리가 눈에 들어온다. 다이어리 밖으로 삐죽 나온 사진들. 그 중 은서의 사진이 있다. 평소 봐 온 은서의 모습과 전혀 달라 사진을 빼서 유심히 보는 옥림. 잠시 후, 진우 들어온다.

옥림: (움찔) 죄송해요. 탁자에 나와 있기에……. (사진을 제자리에 놓는다.)
진우: (사진 보며) 사진이라는 게 참 신기해. 우리가 보지 못하는 모습까지 담아내니 말이야.
옥림: 이 사진 언제 찍은 거예요?
진우: 집에 가다가 우연히…… (은서의 사진을 보며) 절대 안 팎으로 모조리 차가운 애가 아닌데…… 무슨 일이 있었는지 눈물까지 글썽이고……. 얘기 들어 보니까 은서 며칠째 결석이라는데 이유가 뭐야? / 옥림: 몰라요.
진우: 너무 했다. 같은 반 친구인데.
옥림: (멋쩍은 듯 머리를 긁는다.)
진우: 고민이 많은 것 같던데…….

옥림: (의외다.) 은서가요? (사이) 무슨 고민이요?
　　은서에 대한 선입견으로 인해 은서가 고민이 없을 것이라 생각함.
진우: (혼잣말처럼) 함부로 아는 척하지 말라고 했는데……
　　(사이) 그렇게 궁금하면 네가 한번 물어보든가. 오늘 은서
　　생일인데 재밌게 보내고 있나 모르겠네.

옥림: 생일까지 알고 있어요?

진우: 생일 아는 게 뭐 별거야? 네 생일 11월 29일, 정민이
　　생일 4월 8일, 은심이가…… 6월이던가? 아직 은심이까
　　지는 접수가 안 됐네. / 옥림: ……. (걱정되고 고민된다.)
　　　　　　　　　　　화장실에서 있었던 일이 마음에 걸림.
진우: 가 봐. 생일도 축하해 줄 겸.
　　　　　　　　　▶ 옥림에게 은서를 찾아가 보라고 권유하는 진우

S#19. 은서네 집 앞(밤)

　　골목 지나는 길에 문이 나 있는 은서네 집. 옥림, 메모지
를 들고 은서네 집 앞으로 온다. 허름한 집과 주변. '정말 은
서네일까?' 하고 의심이 드는데……. 은서, 연탄재 들린 연
은서가 부잣집 딸이라 담임에게 돈 봉투를 건넸다고 생각했기 때문
탄집게를 들고 나온다. 옥림을 보고 무척 당황하는 기색
은서의 처지를 보여 주는 소재
의 은서. 옥림 역시 그런 은서를 보고 당황한다. 옥림이 "저
기……." 하고 말을 붙이려고 하는 순간 은서는 조금 화난
듯한 표정으로 연탄재를 버린다. 어찌할 줄 몰라 말도 붙이
힘겹게 사는 모습을 들킴! 당황함과 자신을 오해한 옥림에 대한 감정으로 인한 행동
지 못한 채 보고만 있는 옥림. 은서가 다시 집으로 들어가려
는 순간 용기를 내서 말을 건넨다.

옥림: 거, 걱정돼서 왔어.

은서: (냉랭하게) 내일은 학교에 갈 거야.

옥림: 연락이라도 하지. 다들 많이 걱정해.

은서: (그대로 들어가려는데) / 옥림: 오늘 생일이지? 축하해.

　　순간 멈췄다 문을 세차게 닫고 들어가는 은서. 옥림, 어깨
　　　　옥림에게 여전히 화가 나 있는 은서의 모습이 행동으로 나타남.
에 힘이 빠진다. 한숨을 내쉬고는 조용히 문 앞에 케이크를
놓고 돌아서서 나온다.　　▶ 은서를 찾아간 옥림과 이를 외면하는 은서

S#20. 구멍가게 앞(밤)

　　동네 어귀에 있는 작고 허름한 구멍가게. 옥림, 들마루에
앉아 음료수를 마시며 동네 아주머니의 얘기를 듣고 있다.

아주머니: (강냉이를 먹으며) 어렸을 때 부모님을 모두 여의
　　고 할머니하고 둘이 사는데, 아픈 할머니 수발하느라 고
　　　　　　은서의 실제 모습으로 은서에 대한 모든 것들이 오해였음을 알게 해 줌.
　　생이 많지.

　　(인서트) 은서네 방(밤)
　　　시나리오 용어 – 화면과 화면 사이에 다른 화면을 끼우는 방법

　　호호 불어 가며 할머니에게 죽을 먹이는 은서. 할머니의
입가를 손수건으로 닦아 준다.

아주머니: (말소리) 요 며칠 할머니 병환이 갑자기 심해져서
　　　　　　　효과음　　　　은서가 학교를 결석한 이유
　　학교도 못 갔어.　　　　▶ 은서의 처지를 알게 된 옥림

04 등장인물의 이해　　　　　　　답 ④

S#19에서 은서는 자신을 찾아온 옥림을 보고 당황했다가 화가
난 표정으로 집안으로 그냥 들어가 버린다. 따라서 은서가 옥
림의 방문에 반가움을 느꼈다고 볼 수 없다. 은서는 자신을 오
해한 옥림에게 자신의 가난한 가정 형편을 들켜 당황하고 화가
난 것이다.

오답 챙기기

① S#16에서 옥림은 은서가 고민이 있어 보인다는 진우의 말을 듣고 며
　칠째 학교에 결석한 은서를 걱정하게 된다.
② S#16에서 진우가 옥림에게 은서가 며칠째 학교에 결석하는 이유를
　묻는 데서 알 수 있다.
③ S#20에서 옥림이 은서네 동네 어귀의 구멍가게 아주머니에게 은서의
　사정을 듣는 장면에서 알 수 있다.
⑤ S#16에서 진우는 옥림이 은서의 결석 이유를 모르겠다고 하자 같은
　반 친구인데 너무 했다며 은서가 고민이 많은 것 같다고 오늘이 은서
　의 생일이니 가서 축하해 주라고 말한다. 즉 진우는 옥림이 은서를 도
　와주었으면 하는 마음을 가지고 은서에게 가 보라고 말하는 것이다.

05 소재 및 연출 기법 파악　　　　답 ③

'케이크'는 옥림이 은서네 집을 찾아온 날이 은서의 생일임을
알려 주는 소재이다. 옥림은 은서에 대해 오해한 상태이고, 은
서는 그러한 옥림에 대해 화가 난 상태이므로 두 사람이 평소
각별한 사이였다고 볼 수 없다.

오답 챙기기

① S#16에서 '은서의 사진'을 본 옥림이 진우에게 사진에 대해 물어보자
　진우가 옥림에게 은서가 며칠째 결석을 하는 이유를 묻는 것을 통해
　확인할 수 있다.
② S#19에서 '연탄집게'를 통해 은서네 집이 연탄을 때고 살아가는 힘든
　형편임을 짐작할 수 있다.
④ S#20에서 '은서네 방'의 장면을 '인서트'로 삽입하여 아픈 할머니를
　돌보는 은서의 모습을 보여 줌으로써 은서가 부잣집 딸이라는 옥림
　의 오해를 보다 극적으로 보여 주고 있다.
⑤ S#20에서 '아주머니'의 말소리를 효과음으로 처리하고 있는데, 이는
　실제로는 은서가 아주머니와 주고받은 대화의 내용이다. 이를 통해
　은서가 할머니를 보살피느라 학교에 가지 못한 상황에 대한 이해를
　돕고, 시청자들에게 옥림의 마음의 울림을 전하는 것 같은 효과를 주
　고 있음을 알 수 있다.

06 인물의 심리 파악　　　답 ㉠ 당황함, 놀람 ㉡ 미안함, 반성

선생님께 봉투를 전달하는 모습을 보고 은서가 부잣집 외동딸
이라고 생각했던 옥림은 허름한 집 앞에서 연탄재를 버리는 은

서의 모습을 보고 당황하며 놀랐을 것이다. 그리고 구멍가게 아주머니로부터 은서의 가정 형편 이야기를 듣고 은서를 오해했던 것에 대해 미안함을 느끼며 반성하게 되었을 것임을 알 수 있다.

어휘 확인

1 상연　**2** 내색　**3** 경쟁　**4** 오해　**5** 성취감

18 일차 〔필수 개념〕 경수필 vs 중수필

🔖 **수필의 종류 파악하기** 1. ○　2. ✕

〔필수 개념〕 ④

🖊️ **개념 적용하기** 경험, 경수필

〔필수 개념〕 **경수필 vs 중수필**　〔답〕 ④

실수 | 나희덕

작품 해설 실수에 관한 일화를 바탕으로, 부정적 의미를 가진 '실수'가 지닌 긍정적 효과를 새로운 시각으로 전달하면서 서로의 실수를 너그럽게 받아들이는 삶의 자세가 필요함을 전하는 수필이다.

주제 실수의 긍정적 의미와 가치

구성

〔처음〕 옛날 중국의 곽휘원이라는 사람이 아내에게 편지 대신 흰 종이를 보낸 실수 이야기

〔중간〕 암자의 스님에게 빗을 빌려 달라고 한 글쓴이의 실수 이야기

〔끝〕 실수의 진정한 의미와 가치

💻 작품 꼼꼼 강의

〔중간〕 언젠가 비구니들이 사는 암자에서 하룻밤을 묵은 적이 있다. 〔큰 절에 딸린 작은 절〕 다음 날 아침 부스스해진 머리를 정돈하려고 하는데, 빗이 마땅히 눈에 띄지 않았다. 원래 여행할 때 빗이나 화장품을 찬찬히 챙겨 가지고 다니는 성격이 아닌 데다 그날은 아예 가방조차 가지고 있지 않았다. 그러던 중에 마침 노스님 한 분이 나오시기에 나는 아무 생각도 없이 이렇게 여쭈었다.

"스님, 빗 좀 빌릴 수 있을까요?"
〔스님은 빗이 필요 없기 때문에 매우 엉뚱한 질문임〕
스님은 갑자기 당황한 얼굴로 나를 바라보셨다. 그제서야 파르라니 깎은 스님의 머리가 유난히 빛을 내며 내 눈에 들어왔다. 나는 거기가 비구니들만 사는 곳이라는 사실을 깜박 잊고 엉뚱한 주문을 한 것이었다. 본의 아니게 노스님을 놀린 것처럼 되어 버려서 어쩔 줄 모르고 서 있는 나에게, 스님은 웃으시면서 저쪽 구석에 가방이 하나 있을 텐데 그 속 〔글쓴이의 실수를 이해해 주는 스님〕 에 빗이 있을지 모른다고 하셨다. (중략)

나는 그 빗으로 머리를 빗으면서 자꾸만 웃음이 나오는 걸 참을 수가 없었다. 절에서 빗을 찾은 나의 엉뚱함도 우물가에서 숭늉 찾는 격이려니와, 빗이라는 말 한마디에 그토록 〔속담의 활용 – 일의 순서도 모르고 성급하게 덤빔을 비유적으로 이르는 말〕 당황하고 어리둥절하던 노스님의 표정이 자꾸 생각나서였다. 그러나 그 순간 나는 보았다. 시간을 거슬러 올라가 검은 머리칼이 있던, 빗을 썼던 그 까마득한 시절을 더듬고 있는 그분의 눈빛을. 20년 또는 30년, 마치 물길을 거슬러 올라가는 연어 떼처럼 참으로 오랜 시간이 그 눈빛 위로 스쳐 지나가는 듯했다.

그 순식간에 이루어진 회상의 끄트머리에는 그리움인지 〔지난 일을 돌이켜 생각함.〕

무상함인지 모를 묘한 미소가 반짝하고 빛났다. 나의 실수 한마디가 산사의 생활에 익숙해져 있던 그분의 잠든 시간을 흔들어 깨운 셈이다. 그걸로 작은 보시는 한 셈이라고 오히
스님이 과거를 회상하는 계기가 되었으므로
려 스스로를 위로해 보기까지 했다.
▶ 스님에게 빗을 빌려 달라고 한 글쓴이의 실수
이처럼 악의가 섞이지 않은 실수는 봐줄 만한 구석이 있다. 그래서인지 내가 번번이 저지르는 실수는 나를 곤경에 빠뜨리거나 어떤 관계를 불화로 이끌기보다는 의외의 수확
실수의 긍정적 효과
이나 즐거움을 가져다줄 때가 많았다. 겉으로는 비교적 차분하고 꼼꼼해 보이는 인상이어서 나에게 긴장을 하던 상대
글쓴이가 인간관계를 맺을 때 실수를 하여 얻은 긍정적 효과
방도 이내 나의 모자란 구석을 발견하고는 긴장을 푸는 때가 많았다.
▶ 글쓴이가 일상생활에서 실수를 하면서 얻은 긍정적 효과

이 글은 '실수'와 관련한 글쓴이의 개인적 경험과 이에 대한 글쓴이의 주관적인 생각을 솔직하고 개성적으로 표현한 경수필이다. 글쓴이는 스님에게 빗을 빌려 달라고 했던 자신의 실수가 스님에게 잊고 있던 추억을 선물하게 하였다면서, 실수가 관계의 불화보다는 긴장을 풀어 주고 즐거움을 가져다준다는 깨달음을 전달하고 있다.

✅ 오답 챙기기

①, ② 글쓴이는 실수의 긍정적인 측면을 이야기하고 있으므로, 다시는 실수하지 않겠다는 다짐이나 상대방을 더욱 배려하겠다는 반성은 나타나 있지 않다.
③ 글쓴이가 스님을 대단하게 여기는 내용은 나타나 있지 않다.
⑤ 글쓴이는 스님에게 빗을 빌려 달라고 했던 실수의 경험을 이야기하고 있을 뿐, 빗이 귀한 물건이라는 내용은 찾아볼 수 없다.

18 일차 실전 경수필 vs 중수필

01 ⑤　　**02** ④　　**03** ④　　**04** 비판적

🏷 **개념 적용하기** 사회적, 논리적

🔍 **작품 한눈에** 입양, 책임감

01 ~ 04

개 기르지 맙시다 | 서민

작품 해설 이 글은 무책임하게 개를 기르는 이기적인 현대인들의 태도를 비판하면서, 쉽게 개를 버리지 말고 책임감을 가지고 개를 입양하여 길러야 함을 강조하고 있는 중수필이다.

주제 개를 기를 때에는 책임감을 가져야 한다.

구성

처음 사람을 차별하지 않고 주인에게 충성하는 개

중간 사람들이 개를 버리는 이유와 개를 키우려는 사람이 갖추어야 할 자격

끝 쉽게 개를 버리는 사람들의 태도와 대조되는 개의 충성심

📋 **작품 꼼꼼 강의**

처음 개가 인간의 벗이 된 데는 사람이 흉내 낼 수 없는 충직성이 있고 어느 정도의 의사소통이 가능하기 때문이리라. 흔히 '개만도 못하다.'라는 말을 쓰지만, 개와 더불어 생활하
인간으로서의 도리를 저버린 행실이 형편없는 사람을 비난하는 말
다 보면 개가 왜 그런 대접을 받아야 하는지 의아해진다. 사
개를 부정적으로 생각하는 인식에 대한 반론 제기
람은 월수입과 사는 동네에 따라 상대를 차별하지만, 개는 그 주인이 어느 대학을 나왔는지, 정규직인지 아닌지에 관심
개는 사람과 달리 상대를 차별하지 않음.
이 없다. 게다가 개들은 주인을 위해 온몸을 던지길 마다하
개는 주인을 위해 온몸을 바침.
지 않는다. 『불길 속에 몸을 던져 주인을 구한 개도 있고, 당
『 』: 개의 충직성과 헌신을 보여 주는 사례
뇨병을 앓던 주인이 쓰러지자 휴대 전화로 119를 눌러 주인을 구한 개도 있다.』 정도의 차이만 있을 뿐, 모든 개들이 다 그런 마음을 갖고 있다고 생각한다.
▶ 사람을 차별하지 않고 주인에게 충성하는 개
중간 그럼에도 사람들은 개를 버린다. 아파트로 이사해서,
개의 충직성과 헌신에도 불구하고
개가 늙고 병들어서, 애를 낳아서, 그냥 귀찮아서 등등 나
사람들이 개를 버리는 이유
름의 이유로 그런 일을 벌인다. 『그 개들은 거리의 개가 되어
『 』: 주인에게 버림받은 개의 비참한 처지
쓰레기통을 뒤지는 신세가 되고, 결국 차에 치여 죽거나 보호소에 잡혀가 안락사를 당함으로써 생을 마감한다.』 버려지는 개들이 안쓰러워 유기견 보호소를 차리는 분들이 있지만, 그리 넉넉지 못한 형편이라 사룟값을 충당하기에도 벅차다.
유기견 보호소의 문제 ①: 경제적 열악함
『얼마 전부터 고양에 있는 유기견 보호소에 한 달에 한 번
『 』: 힘든 상황에서도 유기견을 돌보는 할아버지를 이용하는 사람들을 비판함.
씩 사료를 후원하고 있는데, 그곳을 운영하는 김 할아버지는 경제적으로 어려운 처지에서 120마리가 넘는 개들을 맡고 계신다. 김 할아버지는 "개를 놓고 가면서 다달이 사룟값을 내겠다고 말들을 하지만, 돈 얼마라도 보내는 사람을 본 적이 없다."라고 탄식하신다. 게다가 이런 분들의 이야기가 언론에

소개되면 후원하는 사람이 늘어나는 게 아니라 거기다 개를
유기견 보호소의 문제 ②: 사람들의 이기심으로 유기 동물이 오히려 많아짐.
버리고 가는 사람만 많아진다고 하니, 심란한 노릇이다.
▶ 사람들이 개를 버리는 이유와 버려진 개의 처지
개를 입양하는 건 가족을 하나 더 만드는 것과 같다. 그럼
개의 입양을 결정하기 위해서는 신중해야 하며 책임감이 필요함.
에도 사람들은 그 일을 너무 쉽게 결정한다. 입양이 쉬우니
개를 쉽게 입양하고 쉽게 버리는 세태 비판
버리는 것도 쉽다. 해마다 5만 마리가 넘는 개가 버려지는
유기견 문제가 사회적으로 심각한 상황임.
이유도 여기에 있다. 개에 대한 인식이 그리 좋지 않은 우리
나라에서 개를 버리면 그 주인이 처벌을 받는 법이 만들어지
길 기대하는 건 어려운 일이다. 그래서 말씀드린다. '개를 기
르지 마세요.'라고. 당장 심심하다고, 애들이 원한다고, 사람
개를 기르는 이유로 적절치 못함.
간의 관계에서 상처를 받았다는 게 개를 키울 이유는 되지
못한다. 『개를 자식에 준할 만큼 키울 마음이 있다면, 그리
『 』: 개를 키우기 위해서는 책임감이 필요함.
고 그 마음이 변치 않을 자신이 있는 극소수만 개를 입양하
시라. 가족 중 한 명이라도 개 기르는 것을 반대하는 사람이
있다면 개를 입양해선 안 된다. 이사 가려는 아파트에서 개
를 못 키우게 한다면 그 계약을 취소하고 다른 아파트를 알
아볼 사람만 개를 키울 자격이 있다.
▶ 개를 키우려는 사람들이 갖추어야 할 자격
[끝] TV 프로그램에서 본 내용이다. 유기견 보호소 근처에
차가 한 대 서고, 한 남자가 문을 열고 개를 내려놓는다. 차
가 출발하자 개는 죽을힘을 다해 차를 따라간다. 그 개는 주
인이 왜 자신을 버리고 가는지 이해하지 못했을 것이다. 필
경 자신을 다시 데리러 올 거라고 생각하며 그 자리를 떠나
지 않을지도 모른다. 한 가지 확실한 건 죽을 때까지 그 개
가 주인을 원망하지 않을 거라는 것. 그게 바로 개다.
충직성을 잃지 않는 개에 대한 글쓴이의 우호적 태도가 드러남.
▶ 쉽게 개를 버리는 사람들의 태도와 대조되는 개의 충직성

01 갈래의 특징 파악 경수필 vs 중수필 · 답 ⑤

이 글은 책임감 없이 개를 입양하고 버리는 세태에 대한 글쓴
이의 생각을 논리적으로 드러내고 있는 중수필이다.

✔ 오답 챙기기

① 수필의 종류 중 기행문에 대한 설명이다.
② 수필의 종류 중 편지(서간문)에 대한 설명이다.
③ 경수필에 대한 설명이다.
④ 수필의 종류 중 일기에 대한 설명이다.

02 글쓴이의 의도 파악 · 답 ④

글쓴이는 개를 쉽게 입양하고 버리는 사람들에 대한 비판적 인
식을 드러내면서 책임감을 가지고 개를 입양하고 길러야 함을
강조하고 있다.

✔ 오답 챙기기

① 글쓴이가 주인을 위해 온몸을 던지는 개의 충직성과 영리함에 대해
언급하고는 있지만, 이 글에서는 이러한 개를 쉽게 입양하고 버리는

세태에 대한 비판을 드러내고 있을 뿐, 개의 충직성과 영리함에 대한
설명이 주된 목적은 아니다.
② 이 글에서는 개를 쉽게 입양하고 버리는 세태에 대한 비판을 드러내
고 있을 뿐, 개를 기르는 것의 장점과 단점을 알려 주는 것이 주된 목
적은 아니다.
③ 이 글에서는 많은 사람들이 유기견을 입양하도록 설득하고 있는 것
이 아니라, 책임감 없이 개를 입양하지 말 것을 주장하고 있다.
⑤ 이 글에 사람들이 반려 동물과 함께해 온 역사는 제시되어 있지 않다.

03 작품의 내용 파악 · 답 ④

글쓴이는 4문단에서 '가족 중 한 명이라도 개 기르는 것을 반대
하는 사람이 있다면 개를 입양해선 안 된다.'라고 하였다. 따라
서 개를 입양하는 것을 반대하는 가족이 있더라도 개를 데려와
키우는 것이 좋다는 설명은 적절하지 않다.

✔ 오답 챙기기

① 글쓴이는 2문단에서 사람들이 개를 버리는 이유로 '아파트로 이사해
서, 개가 늙고 병들어서, 애를 낳아서, 그냥 귀찮아서 등등'의 이유를
들고 있다. 따라서 단순히 귀찮다는 이유로 개를 버리기도 한다는 설
명은 적절하다.
② 글쓴이는 4문단에서 '사람 간의 관계에서 상처를 받았다는 게 개를
키울 이유는 되지 못한다.'라고 하였다. 따라서 사람들이 사람 간의
관계에서 상처를 받아서 개를 키우게 되는 경우가 있음을 알 수 있다.
③ 글쓴이는 4문단에서 '개에 대한 인식이 그리 좋지 않은 우리나라에서
개를 버리면 그 주인이 처벌을 받는 법이 만들어지길 기대하는 건 어
려운 일이다.'라고 하였으므로 적절한 설명이다.
⑤ 글쓴이는 4문단에서 '이사 가려는 아파트에서 개를 못 키우게 한다면
그 계약을 취소하고 다른 아파트를 알아볼 사람만 개를 키울 자격이
있다.'라고 하였으므로 적절한 설명이다.

04 글쓴이의 태도 비교 · 답 비판적

이 글에서는 주인에 대한 충직성을 지닌 개와는 대조적으로 무
책임하게 개를 입양하고 버리는 이기적인 사람들에 대해 비판
하면서, 사람들이 쉽게 개를 버리지 말고 책임감을 가지고 개
를 입양하여 길러야 함을 강조하고 있다.

🔑 꿀단지 비판적 vs 우호적

'비판적'은 대상의 옳고 그름을 판단하여 밝히거나 잘못된 점을 지적하는 것을
말하는데, 문학에서는 보통 대상에 대한 부정적 태도를 나타내는 경우가 많다.
이와 반대로 '우호적'은 대상에 대한 긍정적 태도나 인식을 나타낸다.

🔧 어휘 확인 📖 본문 163쪽

| 1 ㉠ | 2 ㉫ | 3 ㉣ | 4 ㉢ | 5 ㉡ |
| 6 ㉣ | 7 ㉤ | 8 ㉡ | 9 ㉠ | 10 ㉢ |

메가스터디BOOKS

www.megastudybooks.com

내용 문의 | 02-6984-6897   구입 문의 | 02-6984-6868,9